让 我 们 一 起 追 寻

DEE BROWN

BURY MY HEART AT WOUNDED KNEE

AN INDIAN HISTORY OF
THE AMERICAN WEST

魂归伤膝谷

美国西部印第安人史

〔美〕迪伊·布朗　著

邓海平　译

社会科学文献出版社
SOCIAL SCIENCES ACADEMIC PRESS (CHINA)

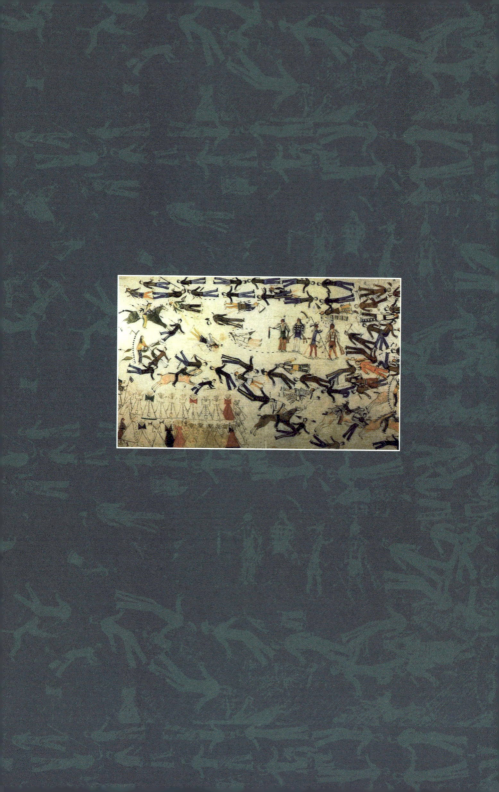

献给尼古拉斯·布雷夫·沃尔夫

目 录

插图目录

序

古老的传统告诉我们，从父母出生到他们的第一个孩子出
生之间的时间间隔平均为三十年。我们称之为一代人。三十年
前，1971年初，这本书诞生了。现在，它进入了第二代。

随着第一代的结束，说在过去的时间里发生了巨大的变化
几乎是陈词滥调。然而，巨大的变化无疑影响了今天的古老部
落先知的后代，而这些先知的故事，正是本书所要讲述的。

在上一代中，一些部落保留地繁荣起来了，而另一些则没
有。部落内部对于他们的人民应该朝哪个方向走存在分歧，而
且这种分歧可能永远都会存在。尽管获取知识和经验的年轻人
遭遇了许多挫折和困难，但见到美国印第安人律师、医生、大
学教授、计算机专家、艺术家、作家，或在几乎任何其他职业
或行业中见到印第安人，已不再是稀罕之事了。然而，在一些
保留地，合适的居住之所仍然匮乏。而美国最贫困的县则依旧
是一个部落保留地所在地。

从这些年来我收到的信来看，给这本书注入生命的读者几
乎来自全部的约100个民族，他们一起构成了这个独特而令人
敬畏的地方，这个地方叫美国。尽管美国印第安人的相对人数
很少，但几乎所有其他美国人似乎都对他们的历史、艺术和文
学，对他们关于自然世界的态度以及他们的生存哲学有着强烈
的兴趣。

这种广泛的兴趣也存在于美国之外的其他民族和其他文化

xxii 之中。可以随便举出一个小国的名字，这个国家的人民经历了不公正的和被压迫的历史，而这本书很可能能够在那里得到出版。

我们永远都无法知道文字的全部力量，无论是书面的还是口头的。我希望时间不会把这里的文字给磨灭了，希望这些文字能继续传给下一代，并且依旧如我最初所期待的那样，真实而又直接。

迪伊·布朗

2000 年

引　言

自 19 世纪初路易斯和克拉克来到太平洋海岸探索以来，已公开发表的描述美国西部"开发"的文献可谓汗牛充栋。把相关经验和观察记录下来的最为集中的时期是 1860 年至 1890 年这三十年间，这段时间也正是本书所涵盖的时期。这是一个令人难以置信的时代，暴力、贪婪、大胆、多愁善感、盲目乐观，对于那些已经拥有个人自由的人来说，人们对个人自由这一信条抱着一种近乎膜拜的态度。

在这段时间里，美国印第安人的文化和文明遭到了破坏，几乎所有关于美国西部传说的伟大神话都出现了：毛皮商人、山民、汽船领航员、淘金者、赌徒、枪手、骑兵、牛仔、妓女、传教士、女教师、农场主。偶尔才能听到印第安人的声音，而且大部分时候还是由白人记录下来的。印第安人在这些神话中始终属于黑暗力量，而且即使印第安人知道如何用英语写作，他又能去哪里找一个愿意出版他作品的印刷商或出版商呢？

然而，过去的那些印第安人的声音，并不是都消失得无影无踪了。印第安人用象形文字或英语写下了一些关于美国西部历史的真实记录，有些还设法在晦涩的期刊、小册子或发行量很小的书报上发表。19 世纪末，在白人对从战争中幸存下来的印第安人的好奇心达到顶点时，积极进取的报社记者经常会去采访一些印第安武士和酋长，给他们一个机会，让他们表达自己对西部发生的事情的看法。这些采访的质量差别很大，或受限于口译员的口译水平，或与相关印第安人是否愿意畅所欲言有关。有些人害怕说真话会遭到报复，而另一些人则喜欢用无稽之谈和一些胡编乱造的故事来欺骗记者。因此，阅读当代报纸上印第安人的那些作品时，必须保持警惕，尽管其中确实有一些作品是讽刺的杰作，而另一些则迸发出诗意的怒火。

印第安人以第一人称发表的作品多是他们与条约委员会开会的记录，以及他们与美国政府文员和军事代表举行的其他正式会议的记录。艾萨克·皮特曼（Isaac Pitman）的新速记体系在 19 世纪后半叶开始流行，当印第安人在会议上发言时，一名速记员会坐在官方翻译旁边做记录。

即使是在西部偏远地区举行的会议，通常也会有人把大家的讲话给记录下来，而且由于当场完成口译需要较长的时间，因此，大部分发言都被以常规文字记录下来。口译员往往是混血儿，懂口语，但很少有人会读或者写。像大多数口头民族一样，这些混血儿和印第安人都依靠意象来表达他们的思想，因此，相关英语翻译中充满了以图形表示的对于自然世界的明喻和隐喻。如果一个口若悬河的印第安人有一个蹩脚的翻译，他的话可能会变成平淡的散文，但反过来，一个好的口译员可以让一个蹩脚的演讲者听起来富有诗意。

大多数印第安领袖在会议中与白人官员自由、坦率地交谈，在 19 世纪七八十年代，随着他们变得越来越老练，他们开始要求由自己来选择口译员和速记员。在这一时期的后半段，各部落的所有成员都可以自由发言，一些年长的印第安人利用这样的机会来讲述他们过去亲身经历的事件，或总结他们民族的历史。尽管见证了这一文明毁灭过程的印第安人已经从地球上消失了，但他们的千言万语被保存在官方记录中。许多更重要的委员会会议记录都在政府文件和报告中得到公布。

借助所有这些几乎被遗忘了的口述历史资料，我试图从作　xxv
为受害人的印第安人的角度，尽可能地用他们自己的语言来描
述白人征服美国西部的历史。美国人在阅读这一时期的书籍时
总是向西看，现在，他们在阅读本书时应该换个角度往东看了。

这不是一本令人愉快的书，但历史总有方法影响当下，也
许读过这本书的人通过了解美国印第安人过去是什么样的人，
可以更清楚地了解他们现在是什么样的人。他们可能会因听到
印第安人口中温和且理性的话语而感到惊讶，毕竟，这些人在
美国神话中被刻画成了无情的野蛮人。他们可能会从真正的环
保主义者那里了解到自己与地球的关系。印第安人明白生命等
同于地球和它的资源，明白美国是一个天堂，却无法理解为什
么来自东方的入侵者要摧毁所有的印第安人和美国本身。

如果这本书的读者有机会看到现代印第安人保留地的贫穷、
绝望和肮脏，他们也许能够真正理解这背后的原因。

伊利诺伊州厄巴纳市

1970 年 4 月

迪伊·布朗

我不应该在那里。我应该站起来并走过去。

请把我的心埋在伤膝谷。

——斯蒂芬·文森特·贝尼特[1]

---

① 斯蒂芬·文森特·贝尼特（Stephen Vincent Benet，1898—1943）因以美国历史和美国神话为主题进行创作而闻名。其代表作包括关于美国内战的叙事长诗《约翰·布朗的遗体》（1928年，获普利策奖）。其他诗集包括《天地》（1920年）、《燃烧的城市》（1936年）和《西部之星》（1943年，未完成，获普利策奖）。还有两篇著名短篇小说《魔鬼和丹尼尔·韦伯斯特》和《巴比伦之水》。——译者注

第一章 "他们举止得体，值得称赞"

佩科特人（Pequot）今天在哪里？纳拉甘西特人（Narragansett）、莫西干人（Mohican）、波卡诺克特人（Pokanoket）和许多其他曾经强大的部落在哪里？他们在白人的贪婪和压迫下消失了，就如同夏日太阳下的雪那样。

我们会让自己不经斗争就被毁灭？就放弃我们的家园，伟大的神灵赐给我们的家园，就放弃我们先辈的坟墓，以及我们所珍视的和神圣的一切？我知道你们会和我一起呐喊："绝不！绝不！"

——特库姆塞，肖尼人（Tecumseh of the Shawnees）

一切始于克里斯托弗·哥伦布，他给这里的人们起了"印第欧人"（Indios）这个名字。在那些说着不同方言的欧洲白人口中，它变成了"印第恩人"（Indien）、"印第安纳人"（Indianer）或者"印第安人"（Indian）。后来则出现了Peaux-rouges，也就是红印第安人这个称谓。按照当时人们接待陌生人的习俗，圣萨尔瓦多岛（San Salvador）上的泰诺人（Taino）慷慨地向哥伦布和他的部下赠送了礼物，把他们奉为贵宾。

"这些人是如此温顺，如此和平，"哥伦布在给西班牙国王和王后的信中说道，"我向陛下发誓，世界上没有比这里更好的国家了。他们爱邻居如同爱自己一样，谈吐总是甜蜜而温柔，并总是微笑着；尽管他们赤身裸体，但他们举止得体，值得称赞。"

当然，这一切都被认为是软弱的表现，如果说不是一种异端的表现的话；而哥伦布，这个自恃正义的欧洲人，一直坚信应该让这些人"努力工作，种植并做其他一切事，还应该采纳我们的生活方式"。在接下来的四个世纪（1492～1890年），数百万欧洲人及其后裔一直致力于将他们的生活方式强加到这个新世界的人民身上。

哥伦布绑架了10名友好的泰诺人，把他们带到西班牙，在那里，他们可以了解白人的生活方式。其中一人在到达那里之后不久就死了，但那是在他受洗成为基督徒之后的事了。西班牙人对于他们让第一个印第安人成功地进入了天堂这件事感到很高兴，他们赶紧让这个好消息传遍了整个西印度群岛。

泰诺人和其他阿拉瓦克人（Arawak）并不反对皈依欧洲人的宗教，但当这些长着胡须的陌生人成群结队地开始在他们的岛屿上搜寻黄金和宝石时，他们确实进行了激烈的反抗。西班牙人抢劫并烧毁村庄；他们绑架了数百名男子、妇女和儿童，并将他们运到欧洲，作为奴隶出售。阿拉瓦克人的抵抗使得西班牙人使用枪支和军刀，这导致在1492年10月12日哥伦布踏上圣萨尔瓦多海滩之后不到十年的时间里，人口达数十万之巨的部落一个个被彻底摧毁了。

新大陆各部落之间的通信非常缓慢，关于欧洲人野蛮行径的消息的传播速度，根本无法跟上欧洲人征服新地方、建立定居点的速度。然而，早在1607年说英语的白人来到弗吉尼亚之前，波瓦坦人（Powhatan）就听说过西班牙人的文明和技术。英国人用了更微妙的方法。为了确保有足够长的和平时期，以便在詹姆斯敦（Jamestown）建立定居点，他们给瓦洪索纳库克（Wahunsonacook）的头上戴了一顶金王冠，称他为波瓦坦国王，并说服他让他的人民为白人定居者提供食物。瓦洪索纳库克在反抗英国人的土著和英国人之间摇摆不定，但在约翰·罗尔夫（John Rolfe）娶了他的女儿波卡洪塔斯（Pocahontas）之后，他显然认为自己更像英国人而不是印第安人。瓦洪索纳库克死后，波瓦坦人奋起报复，把英国人赶回海里，但印第安人低估了英国人武器的威力。波瓦坦人的数量很快就从八千降到了一千以下。

在马萨诸塞，故事的开局有些不同，但结局却与弗吉尼亚 3 的基本相同。1620 年，英国人在普利茅斯登陆，如果没有友好的新大陆土著的援助，他们中的大多数人可能会成为饿死鬼。一个名叫萨莫塞特（Samoset）的佩马奎德人（Pemaquid）和三个分别名叫马萨索伊特（Massasoit）、斯匡托（Squanto）和霍巴莫克（Hobomah）的万帕诺亚格人（Wampanoag），自封为向朝圣者传教的传教士。他们都会说一些英语，是从前几年登陆海岸的探险家那里学到的。斯匡托被一名英国海员绑架了，并在西班牙被当作奴隶出售，但他在另一名英国人的帮助下逃脱了，最后设法回到了家乡。他和其他印第安人一样，把普利茅斯殖民者看作一群无助的孩子。他们和他们分享部落仓库里的玉米，告诉他们哪里有鱼以及如何捕鱼，并帮助他们度过了第一个冬天。春天来了，他们给了白人一些玉米种子，并教他们如何种植和培育玉米。

在接下来的好些年中，这些英国人和他们的印第安邻居和平共处，但更多的白人船只不断靠岸。斧头的砍削声和树木倒下的轰隆声在这片被白人称为新英格兰土地的海岸线上不停地回响着。定居点开始一个挨着一个地建了起来。1625 年，一些殖民者要求萨莫塞特再给他们 12000 英亩的佩马奎德族的土地。萨莫塞特知道土地来自伟大的神灵，这土地像天空一样无边无际，不属于任何人。然而，为了用那些陌生人的奇怪方式满足那些陌生人，他举行了一次土地转让仪式，并在一张纸上为他们做了标记。这是印第安人把土地出让给英国殖民者的第一张契约。

大多数其他定居者（那时已经有数千人之多了）懒得去参加这样的仪式。当万帕诺亚格人的伟大首领马萨索伊特于 1662 年去世时，他的人民正被驱赶到荒野之中去。他的儿子元通（Metacom）预言除非所有的印第安人团结起来抵抗侵略者，否则，大家都会遭受灭顶之灾。尽管新英格兰人奉承元通，将他加冕为波卡诺克特的菲利普国王，但他将大部分时间用于与纳拉甘西特人和该地区的其他部落结盟。

1675 年，在殖民者的一系列傲慢行为之后，菲利普国王带领他的印第安联盟发动了一场旨在让部落免遭灭绝的战争。印第安人袭击了 52 个定居点，完全摧毁了其中的 12 个，但经过几个月的战斗，殖民者的火力几乎把万帕诺亚格人和纳拉甘西特人消灭得一干二净。菲利普国王被杀，他的头挂在普利茅斯示众了 20 年。他的妻子和年幼的儿子与其他被俘的印第安妇女和儿童一样，被当作奴隶卖到了西印度群岛。

当荷兰人来到曼哈顿岛时，彼得·米纽伊特（Peter Minuit）用价值 60 荷兰盾的鱼钩和玻璃珠买下了这座岛，但他鼓励印第安人留下来，继续用他们宝贵的毛皮来交换这些小饰物。1641 年，威廉·基夫特（Willem Kieft）向莫西干人征收贡品，并派遣士兵前往斯塔滕岛（Staten Island），以惩罚力登人（Raritans），但那些罪行并不是力登人犯下的，而是白人定居者犯下的。力登人拒捕，于是士兵杀死了其中四人。当印第安人以杀死四名荷兰人作为报复时，基夫特下令在印第安居民睡觉时屠杀了整整两座村庄。荷兰士兵用刺刀刺杀男人、女人和孩子，把他们的尸体砍成碎片，然后用火把整个村庄夷为平地。

两个多世纪以来，随着欧洲殖民者通过阿勒格尼山脉（Alleghenies）上的那些山口向内陆移动，沿着向西流动的河流到达密西西比河，然后向北沿着密苏里河一路挺进，这种事件一次又一次地重复上演着。

易洛魁人（Iroquoi）的五个部族是所有东部部落中最强大和最先进的，不停地为了和平而战斗，但他们最终徒劳无功。经过多年的流血、牺牲，他们彻底失败了。有的逃到了加拿大，有的向西逃跑，有的则待在保留地中了却残生。

18 世纪 60 年代，渥太华人（Ottawas）的首领庞蒂亚克（Pontiac）联合大湖区的各个部落，希望把英国人赶回到阿勒格尼山脉那边去，但他失败了。他的主要错误是与讲法语的白人结成联盟，这些白人在底特律围攻战的关键时刻，将军队从红印第安人身边撤走了。

一代人之后，肖尼人的特库姆塞组织了一个由中西部和南部部落组成的联盟，以保护他们的土地不受侵略。在 1812 年战争期间，特库姆塞在战场上牺牲了，这一梦想也就随之破碎了。

1795 年至 1840 年之间，迈阿密人（Miamis）进行了一场接一场的战斗，签订了一个又一个条约，放弃了他们在俄亥俄河谷的富饶土地，最后却陷入了再也没有什么土地可以割让的境地。

1812 年，战争结束后，当白人定居者涌入伊利诺伊时，索克人（Sauks）和福克斯人（Foxes）逃过密西西比河。一个下级首领，也就是"黑鹰"（Black Hawk），拒绝撤退。他与温尼贝戈人（Winnebagos）、波塔瓦托米人（Pottawotamies）和基卡普人（Kickapoos）结成了联盟，并对新的白人定居点宣战。一伙温尼贝戈人收了一个白人军官20匹马和100美元的贿赂，背叛了"黑鹰"。"黑鹰"于1832年被捕。他被投到了东部监狱中，并在好奇的人们面前示众。"黑鹰"于1838年死去，之后，刚刚建立的爱荷华领地的管辖者获得了他的骨架，并将其保存在办公室，供人们观看。

1829年，被印第安人称为"尖刀"（Sharp Knife）的安德鲁·杰克逊就任美国总统。在他的边疆生涯中，"尖刀"和他的士兵杀死了成千上万的切诺基人（Cherokees）、奇克索人（Chickasaws）、乔克托人（Choctaws）、克里克人（Creeks）和塞米诺尔人（Seminoles），但这些南部印第安人仍然人数众多，顽固地坚守着他们的部落土地，而这些土地是与白人签订了永远分配给他们的条约的。在"尖刀"写给国会的第一封信中，他建议将所有这些印第安人迁往密西西比河以西。"我建议在密西西比河以西划出一片充裕的地区……以保证印第安部落的居所。"

尽管颁布这样一部法律只会使白人对东部印第安人许下的一长串从未遵守过的承诺变得更长一些，但"尖刀"坚信印第安人和白人是不能和平共处的，他的计划是作出最后一项承诺，而且这种承诺可能永远不会再被打破。1830年5月28日，"尖刀"的建议成了法律。

两年后，他在陆军部下面设置了印第安事务专员，其职责是确保这部事关印第安人的新法律得到妥善执行。1834年6月30日，国会通过了一部法案，其名称是《规范与印第安部落的贸易和往来并确保边疆和平法案》（An Act to Regulate Trade and Intercourse with the Indian Tribesand to Preserve Peace on the Frontiers）。密西西比河以西的所有"不在密苏里州和路易斯安那州或阿肯色领地境内"的地区，都将是印第安人的领地。如果没有许可证，白人不得在印第安领地内进行贸易。任何品行恶劣的白人商人都不允许在印第安领地内居住。白人也不允许在这片印第安领地内定居。美国将动用军事力量逮捕任何被发现违反该法案的白人。

在这些法律生效之前，新一轮白人移民浪潮已经席卷了西部，建立了威斯康星领地和爱荷华领地。这使得华盛顿的政策制定者有必要将"永久的印第安人边界"由密西西比河进一步推到95°经线那里（这条线北起现在的明尼苏达－加拿大边界的伍兹湖，向南穿越现在的明尼苏达州和爱荷华州，然后沿着密苏里州、阿肯色州和路易斯安那州的西部边界到达得克萨斯州的加尔维斯顿湾）。为了阻止印第安人越过95°经线，并防止未经授权的白人越过这条经线，政府安排士兵驻扎在一连串的军事哨所中，这些哨所从密西西比河上的斯内林堡（Fort Snelling）一路南下，包括密苏里河边的阿特金森堡（Atkinson）和莱文沃思堡（Leavenworth）、阿肯色河边上的吉布森堡（Gibson）和史密斯堡（Smith）、红河上的托森堡（Fort Towson），以及路易斯安那州的杰瑟普堡（Fort Jesup）等。

自克里斯托弗·哥伦布登陆圣萨尔瓦多以来，已经过去三个多世纪了；而自英国殖民者到弗吉尼亚和新英格兰以来，也已经过去两个多世纪了。那时候，欢迎哥伦布上岸的友好的泰诺人已经被彻底消灭了。早在最后一批泰诺人死去之前，他们简单的农业和手工业文化就已经被摧毁了，取而代之的是奴隶们劳作的棉花种植园。白人殖民者砍伐热带森林以扩大他们的田地；棉花作物榨干了土壤的肥力；由于没有了森林的防护，肆虐的风吹来沙子，沙子覆盖了田地。当哥伦布第一次看到这个岛屿时，他说它"非常大，非常平坦，树木碧绿……整个岛都是那么绿，那么令人心旷神怡"。跟随他的脚步而来的欧洲人则摧毁了岛上的植被和居民——人、动物、鸟和鱼，然后，在把它变成一片荒芜之地后，就弃它而去了。

在美洲大陆，由马萨索伊特和菲利普国王领导的万帕诺亚格人消失了，一同消失的还有切萨皮克人（Chesapeakes）、奇克霍米尼人（Chickahominys）和波瓦坦联盟的波托马克人（Potomacs）——只有波卡洪塔斯（Pocahontas）才被人记住了。佩科特人、蒙托克人（Montauks）、楠蒂科克人（Nanticokes）、马查蓬加人（Machapungas）、卡托巴人（Catawbas）、奇劳人（Cheraws）、迈阿密人、休伦人（Hurons）、伊利人（Eries）、莫霍克人（Mohawks）、塞内卡人（Senecas）和莫西干人，不是分散到各地去了，就是仅有残部留了下来——只有安卡斯（Uncas）被人们记住了。他们那些像音乐般动听的名字永远留在了美国的土地上，但他们的骨头却被遗忘在一千个被烧毁的村庄里，或者被遗忘在迅速消失于两千万侵略者斧头下的森林里。曾经甜蜜的溪流，大部分都是以印第安人的名字命名的，现在已经充斥了淤泥和人类的粪便；整个地球正在被践踏和浪费。对印第安人来说，这些欧洲人似乎憎恨自然界中的一切——活生生的森林和里面的鸟兽、草地、水、土壤，甚至憎恨空气本身。

"永久的印第安人边界"建立后的那十年，对东部部落来说是很糟糕的一个时期。伟大的切诺基人熬过了白人的战争、疾病和威士忌，并生存了一百多年之久，到那时却被完全抹去了。由于切诺基人有几千人，他们迁移到西部的计划是逐步安排的，但在他们的领地内发现了阿巴拉契亚金矿后，白人要求他们立即大规模地迁移出去。1838 年秋天，温菲尔德·斯科特（Winfield Scott）将军的士兵把他们集中到俘虏营里［几百人逃到了大雾山（Smoky Mountains），这些人许多年后在北卡罗来纳州得到了一片小小的保留地］。他们被押着从俘虏营向西前往印第安领地。在冬季漫长的长途跋涉中，每四个切诺基人中就有一个死于寒冷、饥饿或疾病。他们将迁徙之路称为"眼泪之路"（血泪之路）。乔克托人、奇克索人、克里克人和塞米诺尔人也放弃了他们在南方的家园。在北部，尚存的肖尼人、迈阿密人、渥太华人、休伦人、特拉华人和许多其他曾经强大的部落的残部，带着他们破旧的物品、生锈的农具和一袋袋的玉米种子，骑着马或坐着马车迁移到密西西比河西边去了。他们都是作为难民来到这个所谓的自豪而又自由的平原印第安人之国的，他们彼此之间的关系很差。

难民们刚在"永久的印第安边界"内的安全地带安顿下来，士兵们就开始向西进入印第安人的地区。美国白人在口头上大谈和平，但行动上却一点也不和平，他们当时正在对征服了墨西哥印第安人的其他白人发动战争。1847 年，在与墨西哥的战争结束后，美国占领了从得克萨斯到加利福尼亚的大片土地。所有这些都在"永久的印第安边界"以西的地方。

1848 年，加利福尼亚发现了黄金。几个月内，成千上万想一夜暴富的白人从东边涌来，从印第安领地内横穿而过。在圣达菲小径和俄勒冈小径边上生活或狩猎的印第安人，已经习惯了偶尔看到由商人、捕猎者或传教士组成的马车队。但是，那些小径上突然开始挤满了马车，马车上挤满了白人。他们中的大多数人都是前往加利福尼亚淘金的，有些人则转向西南方向前往新墨西哥，或转向西北方向前往俄勒冈。

为了证明这些穿越"永久的印第安边界"的行为是正当的，华盛顿的决策者发明了"天命"这个词，这个词把白人对土地的饥渴提升到了一个崇高的地步。欧洲人及其后裔是命中注定要统治整个美国的。他们是占统治地位的种族，因此，他们对印第安人及其土地、森林和矿产资源负有责任。只有那些摧毁了或驱逐了所有印第安人的新英格兰人才反对天命说。

1850 年，尽管美国政府事先没有征求过莫多克人（Modocs）、莫哈维人（Mohaves）、派尤特人（Paiutes）、沙斯塔人（Shastas）、尤马人（Yumas）或太平洋沿岸的一百个不怎么为人所知的部落的意见，加利福尼亚成为美国的第三十一个州。科罗拉多的山上发现了金矿，新的勘探者成群结队地穿过平原。堪萨斯和内布拉斯加这两片新的区域被组织起来了，两个地方几乎囊括了平原部落的所有地区。1858 年，明尼苏达成了一个州，它的边界延伸到 95°经线——也就是所谓的"永久的印第安边界"——以西 100 英里的地方。

因此，在"尖刀"安德鲁·杰克逊颁布《印第安贸易和交往法》（Indian Trade And Communication Act）仅过去四分之一个世纪后，白人定居者就已经从 95°经线南北两侧涌入，白人矿工和贸易商已经渗透到中心地带。

正是在那时，在 1860 年代初，美国的白人之间爆发了一场战争，即蓝衫军与灰衣军的战争，这是一场大内战。1860 年，在美国以及其他地区大约有 30 万印第安人，其中的大多数居住在密西西比河以西。根据不同的估计，自从第一批定居者到达弗吉尼亚和新英格兰以来，印第安人的人数已经减少了一半到三分之二。幸存者们现在面临着来自东部和太平洋沿岸不断增加的白人人口的压力——那些欧洲人及其后裔超过了3000万。如果说残存的自由部落认为白人的内战会给他们带去什么喘息机会的话，那么，他们的希望很快就破灭了。

人数最多、势力最强大的西部部落是苏人（Sioux）或说达科他人，它有几个分支。桑蒂苏人（Santee Sioux）住在明尼苏达州的林地里，随着定居点的不断推进，他们好几年中都在不断地往后撤退。姆德乌坎顿（Mdewkanto）的桑蒂苏人"小乌鸦"（Little Crow）被带到东部城市参观了一圈后，确信美国的力量是无法抵抗的。他不情愿地带领他的部落沿着白人走过的道路撤退。另一位桑蒂苏人的领袖瓦巴沙（Wabasha）也接受了这一无法避免的命运，但他和"小乌鸦"都决心不再交出任何其他土地。

大平原上再往西是提顿苏人（Teton Sioux），他们都是骑马的印第安人，来去自由。他们对向定居者投降的林地桑蒂表亲们抱着一丝轻蔑之情。人数最多、最有信心保卫自己领地的是奥格拉拉提顿人（Oglala Tetons）。在白人内战初期，他们杰出的领袖是"红云"（Red Cloud），38岁，一个精明的军事首领。"疯马"（Crazy Horse）当时则是一个聪明、无畏的奥格拉拉少年，他太年幼了，因此还没有成为一名印第安武士。 10

在提顿苏人的一个较小分支洪克帕帕人（Hunkpapas）中，一名20多岁的年轻人已经因为猎人和武士的身份而誉满部落。在部落会议上，他坚决主张反对白人的任何入侵。他就是塔坦卡·尤坦卡（Tatanka Yotanka），又被称为"坐牛"（Sitting

Bull）。他是一个名叫高尔（Gall）的孤儿的导师。在十六年后的 1876 年，他们和奥格拉拉人的"疯马"一起创造了历史。

尽管还不到 40 岁，不过，"斑点尾巴"（Spotted Tail）已经是生活在遥远的西部平原上的布鲁莱提顿人（Brulé Tetons）的首席代言人了。"斑点尾巴"是一个英俊的、总挂着一脸微笑的印第安人，他喜欢精美的宴会和顺从的女人。他享受自己的生活方式和土地，但为了避免战争，他愿意做出妥协。

与提顿苏人关系密切的是夏延人（Cheyennes）。以前，夏延人居住在明尼苏达桑蒂苏人的土地上，但后来逐渐向西迁移，并获得了马匹。现在，北夏延人与苏人一起居住在粉河（Powder River）和大角县（Bighorn county），并经常在那附近露营。"钝刀"（Dull Knife）40 多岁，是北夏延人的杰出领袖。〔北夏延人都以"晨星"（Morning Star）来称呼他，但苏人则称他为"钝刀"，因此，大多数当代文献都使用了"钝刀"这个名字。〕

南夏延人转移到了普拉特河（Platte River）以南的地方，在科罗拉多和堪萨斯平原上建立了村庄。"黑水壶"（Black Kettle）年轻时曾是一名"大武士"。在他中年后期，他是公认的首领，但年轻一些的人和南夏延人之中的霍塔米塔尼奥人（Hotamitaneos）（也就是"犬兵"的意思），则更倾向于追随诸如"高牛"（Tall Bull）和"罗马鼻"（Roman Nose）这样正处在盛年的领袖。

阿拉帕霍人（Arapahos）是夏延人古老的伙伴，他们住在同一地区。一些人留在了夏延北部，其他人则跟随夏延人南部分支南下了。40 多岁的"小渡鸦"（Little Raven）那时是最有名的部落酋长。

居住在堪萨斯－内布拉斯加一线的野牛草场以南的则是基奥瓦人（Kiowas）。一些年长的基奥瓦人还有些留恋黑山（Black Hills），但在苏人、夏延人和阿拉帕霍人巨大的联合力量面前，这个部落只能被迫南下。到 1860 年，基奥瓦人与北方平原部落实现了和睦相处，成了科曼奇人（Comanches）的盟友，他们进入了科曼奇人的南部平原。基奥瓦人有几位伟大的领袖，分别是一位年老的名叫萨坦克（Satank）的酋长，两位30 多岁的精力充沛的分别名叫萨坦塔（Satanta）和"独狼"（Lone Wolf）的斗士，还有一位名叫"踢鸟"（Kicking Bird）的聪明的政治家。

科曼奇人总在不断地迁徙，并分裂成了许多小部落，因此不像其他部落那样有什么好的领袖。"十只熊"（Ten Bears）已经非常年迈了，与其说他是个武士酋长，还不如说他是个诗人。1860 年，混血儿夸纳·帕克（Quanah Parker）还不到 20 岁，他将带领科曼奇人进行最后一次伟大的斗争，这场斗争的目的是保住他们的野牛草场。

居住在干旱的西南部地区的则是阿帕奇人（Apaches），他们是与西班牙人打了 250 年游击战的老兵，西班牙人教会了他们酷刑和残害技艺，但从未真正地制服过他们。尽管人数很少，可能不超过 6000 人，而且还分成了几个小部落，但他们作为顽强斗士的声誉已经广为人知了。年近六旬的曼加斯·科罗拉多（Mangas Colorado）曾与美国签署了友好条约，但由于大量矿工和士兵涌入了他的领土，他对此大失所望。他的女婿科奇斯（Cochise）仍然相信他能和美国白人融洽相处。维克多里奥（Victorio）和德尔谢（Delshay）不信任白人入侵者，对他们唯恐避之不及。纳纳（Nana）50 多岁了，但很坚强，他认为讲英语的白人和他一生与之战斗的说西班牙语的墨西哥人没有什么不同。20 多岁的杰罗尼莫（Geronimo）则还没有机会来证明自己。

纳瓦霍人（Navahos）与阿帕奇人有血缘关系，但大多数纳瓦霍人都走上了西班牙白人的道路，开始饲养绵羊和山羊，种植谷物和水果。作为牧民和织布工，这些人变得富有起来。其他的纳瓦霍人则继续以游牧民族的身份活动，袭击他们的宿敌普韦布洛人（Pueblos）、白人定居者或他们部落内部的富裕成员。曼努埃利托（Manuelito），一个有着大胡子的坚定的放牧者，在纳瓦霍人1855 年举行的选举中被推举为最高酋长。1859年，当一些野蛮的纳瓦霍人袭击了他们领地上的美国公民后，美国军队的报复不是追捕罪犯，而是摧毁纳瓦霍人的泥盖木屋，并开枪把属于曼努埃利托和他的部落成员的所有牲畜都打死。

12   1860 年，曼努埃利托和一些纳瓦霍追随者在新墨西哥北部和亚利桑那与美国进行了一场未曾公开宣战的战争。

在阿帕奇和纳瓦霍人领地北边的落基山脉中居住的则是尤特人（Utes），一个富有侵略性的山地部落，这个部落总是会去袭击他们那些更爱好和平的南部邻居。他们最著名的领袖是乌雷（Ouray），他赞同与白人和平相处，甚至曾以雇佣兵的身份跟着白人去对抗其他印第安部落。

在遥远的西部，大多数部落因为太小、太分散或太弱，所以无法进行太多的抵抗。加利福尼亚北部和俄勒冈南部的莫多克人不到一千人，他们以游击战的方式来保护他们的土地。被加利福尼亚定居者称为"杰克船长"（Captain Jack）的金普什（Kintpuash），在1860 年时还是一个年轻人；他作为一个领袖所应承受的磨难，十几年之后才会到来。

在莫多克人的西北部，自从 1805 年路易斯和克拉克从他们的领土上穿过以来，内兹珀斯人（Nez Percés）一直与白人和平共处。1855 年，该部落的一个分支将内兹珀斯人的土地割让给了美国定居者，并同意让整个部落在一个大的保留地内定居。该部落的其他分支则继续在俄勒冈的蓝山山脉（Blue Mountains）和爱达荷的比特鲁特山脉（Bitterroots）之间游荡。由于西北地区幅员辽阔，内兹珀斯人认为，总会有足够的土地供白人和印第安人使用的。后来，被称为"约瑟夫酋长"的山雷（Heinmot Tooyalaket）将不得不在 1877 年做出一个要么和平、要么战争的攸关命运的决定。而在 1860 年，他才 20 岁，是一个酋长的儿子。

在内华达的派尤特人中，将出现一个名叫沃沃卡（Wovoka）的弥赛亚一样的人物，1860 年他才 4 岁，但在后来，他对西部的印第安人产生了短暂而巨大的影响。

在接下来的三十年里，这些印第安人的领袖和其他一些人将一一登上历史舞台，并成为传奇。他们的名字将和那些试图摧毁他们的人一样广为人知。他们中的大多数，无论老少，在印第安人的自由于 1890 年 12 月在伤膝谷标志性地终结之前，早已长眠于地下了。一个世纪后的今天，在一个没有英雄的时代，他们可能是所有美国人之中最英勇的。

第二章　纳瓦霍人的长征

13 **1860 年**　3 月 12 日，美国国会通过了《优先购买法案》（Pre-emption Bill），该法案向西部地区的定居者免费提供土地。4 月 3 日，驿马快递（Pony Express）的第一匹马从密苏里州的圣约瑟夫（St. Joseph）出发；4 月 13 日，邮件被投递到了加利福尼亚州的萨克拉门托（Sacramento）。4 月 23 日，在南卡罗来纳州查尔斯顿举行的民主党全国代表大会上，在奴隶制问题上出现了分歧。5 月 16～18 日，芝加哥共和党全国代表大会提名亚伯拉罕·林肯为总统。6 月，美国人口总数达 31443321。7 月，斯宾塞（Spencer）发明了连发步枪。11 月 6 日，亚伯拉罕·林肯只获得了 40% 的普选票，却最终赢得了总统大选。12 月 20 日，南卡罗来纳州脱离联邦。

1861 年　2 月 4 日，南方邦联大会在阿拉巴马州的蒙哥马利召开。2 月 9 日，杰斐逊·戴维斯当选为南方邦联总统。2 月 11 日，亚伯拉罕·林肯在伊利诺伊州斯普林菲尔德（Springfield）挥手向朋友和邻居道别，登上了前往华盛顿的火车。3 月，戴维斯总统命令 10 万士兵保卫邦联。4 月 12 日，邦联部队向萨姆特堡（Fort Sumter）开火，南北战争爆发。4 月 14

日，萨姆特堡陷落。4 月 15 日，林肯总统下令召集
75000 名志愿兵。7 月 21 日，第一次奔牛河战役打
响了；联邦部队败退回华盛顿。10 月 6 日，暴乱的
俄国学生关闭了圣彼得堡大学。10 月 25 日，圣路
易斯和旧金山之间的太平洋电报线路竣工。12 月 5
日，加特林枪获得了专利。12 月 14 日，英国举国
哀悼维多利亚女王的丈夫阿尔伯特亲王的逝世。12
月 30 日，美国的银行暂停黄金兑付业务。

　　我们的父辈还活着的时候，就听说过美国人要向西横渡大 14
河。……我们听说过枪、火药和铅弹——首先是燧发枪，接下
来出现了单发枪，现在则是连发步枪。我们第一次见到美国人
是在卡顿伍德街（Cottonwood Wash）。我们与墨西哥人及普韦
布洛人发生过战争。我们从墨西哥人那里缴获了骡子，并且是
许多骡子。美国人来和我们做生意。美国人第一次来的时候，
我们举行了盛大的舞会，他们和我们的女人一起跳舞。我们进
行了交易。

　　　　　　　　　　　　　　——曼努埃利托，纳瓦霍人

曼努埃利托和其他纳瓦霍领袖一起与美国人签订了条约。
"然后，士兵们在这里建起了堡垒，"曼努埃利托回忆道，"还
给我们派了一个事务官。那个事务官告诉我们要好好表现。他
告诉我们要与白人和平共处，遵守诺言。他们把诺言写了下来，
这样一来，我们就可以永远记住了。"[1]

曼努埃利托努力地遵守着条约中所规定的义务，但是，当
美国士兵拿一些野蛮的纳瓦霍年轻人所干的事当借口，烧了他
的泥盖木屋，杀了他的牲口之后，他对美国人很生气。他和他
的人民本来很富有，但士兵们使他们变得贫穷了。为了再次成
为富有的人，他们必须去袭击南面的墨西哥人，为此，墨西哥
人称他们为"强盗"或"小偷"。从人们记事起，墨西哥人就
一直在袭击纳瓦霍人，偷走他们年幼的孩子，并把他们当作奴
隶；同样，纳瓦霍人一直都通过袭击墨西哥人进行报复。

当美国人来到圣达菲并把这片土地称作新墨西哥后，他们
就开始保护墨西哥人了，因为那些人已经成了美国公民。纳瓦
霍人则不是美国公民，因为他们是印第安人，当他们袭击墨西
哥人时，士兵们就会冲进纳瓦霍人的领地，把他们当作亡命之
徒来惩罚。这让曼努埃利托和他的人民既感到愤怒又困惑不解，
因为他们知道许多墨西哥人都有印第安人的血统，但从来没有
士兵因为墨西哥人偷了纳瓦霍人的孩子而去惩罚墨西哥人。

美国人在纳瓦霍的土地上建造的第一座堡垒位于博尼托峡
谷（Canyon Bonito）口的一个长满青草的山谷里。他们称之为
迪法恩斯堡（Fort Defiance），并在曼努埃利托和他的人民长期
以来非常珍视的牧场上放牧他们的马匹。小军官对纳瓦霍人说
那个牧场是属于迪法恩斯堡的，并告诫纳瓦霍人不要让他们的
牲口到那片牧场上去。因为没有围栏，纳瓦霍人无法阻止他们

的牲畜误入那片禁地。一天早晨，一队骑兵从堡垒里冲出来，开枪把纳瓦霍人所有的牲口都打死了。

为了报复，纳瓦霍人袭击了士兵们的马群和补给车。接下来，士兵们又开始攻击纳瓦霍人。1860年2月，曼努埃利托率领五百名武士去抢军队的马匹，当时，那些军马正在迪法恩斯堡以北几英里处吃草。纳瓦霍人的长矛和箭根本不是全副武装的士兵卫队的对手。他们伤亡了三十多人，但只抓到了区区几匹马。在接下来的几个星期里，曼努埃利托和他的盟友巴本西托（Barboncito）一起建立了一支由一千多名武士组成的部队，并在4月30日凌晨的黑暗中，包围了迪法恩斯堡。在黎明前的两个小时，纳瓦霍人从三个方向进攻这个要塞。他们决心把它从他们的土地上抹去。

他们差一点就成功了。纳瓦霍人用他们的几支老式的"嘎嘎"作响的西班牙枪打退了哨兵，并占领了好几座建筑物。当受惊的士兵们从营房里涌出来时，他们遭遇了密密麻麻的弓箭，但是，在最初几分钟的混乱过去之后，士兵们排成了纵队，很快用步枪稳步还击起来。天亮时分，纳瓦霍人撤退到了山里，他们对自己给了士兵们好一顿教训的行为感到心满意足。

然而，美国陆军认为这次袭击是对悬挂在迪法恩斯堡上空的美国国旗的挑战，是一种战争行为。几周后，爱德华·理查德·斯普里格·坎比（Edward Richard Sprigg Canby）上校率领六个骑兵连和九个步兵连，在楚斯卡山脉（Chuska Mountains）搜捕曼努埃利托及其手下。军队深入这片红岩土地的腹地，马匹筋疲力尽，几乎都要渴死了。尽管他们很少见到纳瓦霍人，但这群印第安人似乎无处不在，不断地从侧翼出来骚扰他们，而不是对他们发动正面进攻。到了年底，双方都厌倦了这种愚蠢的战争游戏。士兵们无法惩罚纳瓦霍人，纳瓦霍人也无法照料他们的庄稼和牲畜。

1861 年 1 月，曼努埃利托、巴本西托、埃雷罗·格兰德（Herrero Grande）、阿米霍（Armijo）、德尔加蒂托（Delgadito）和纳瓦霍其他一些富有的领导人同意与坎比上校在迪法恩斯堡东南 35 英里处修建的新堡垒会谈。为了纪念一名将领，这个新的堡垒被命名为方特勒罗伊堡（Fort Fauntleroy）。与坎比的谈判结束后，纳瓦霍人选择了埃雷罗·格兰德担任大酋长（1861年 2 月 21 日）。领袖们一致认为最好和平共处，埃雷罗·格兰德答应把所有的"强盗"都赶出部落。曼努埃利托不确定这个承诺能否实现，但他在坎比给出的协议上签了字。他又是一个富裕的畜牧业者了，他相信和平与诚实这两种美德。

在方特勒罗伊堡的冬季会议之后，士兵们和纳瓦霍人之间有了几个月的友谊。印第安人听说在遥远的东方某处发生了一场大战，一场发生在美国北方白人和南方白人之间的战争。他们得知坎比的一些士兵把他们的蓝大衣换成了灰大衣，然后向东开拔，去和蓝衣士兵作战了。其中的一名蓝衣士兵是"老鹰酋长"①（Eagle Chief）托马斯·方特勒罗伊上校。现在，他的名字被抹掉了，士兵们将这个堡垒的名字改成了温盖特堡（Fort Wingate）。

在这段友好时期，纳瓦霍人经常去方特勒罗伊堡（温盖特堡）交易，并从他们的事务官那里领取口粮。大多数士兵都欢迎他们，纳瓦霍人和士兵们还举行过赛马。所有的纳瓦霍人都很期待这些比赛，在比赛日，数以百计的男人、女人和孩子会

---

① 印第安人喜欢按照自己的习惯，称美国军官为"酋长"。——译者注

**1. 曼努埃利托，纳瓦霍酋长，1891 年由朱利安·斯科特为美国人口 17
普查局绘制。**

穿着他们最鲜艳的服装，骑着他们最好的小矮马去温盖特堡。9月一个阳光明媚的早晨举行了几场赛马比赛，不过，当天最特别的比赛则被安排在了中午。这是一场在骑着纳瓦霍小矮马的"手枪子弹"（士兵们给曼努埃利托起的名字）和一个骑着夸特马①的中尉之间进行的比赛。在这场比赛中，人们下了很多赌注：钱、毯子、牲畜和珠子——任何可以用来打赌的东西。两匹马齐头冲了出去，但几秒钟后，每个人都能看到"手枪子弹"（曼努埃利托）出了问题。他失去了对小矮马的控制，小矮马跑出了跑道。很快，大家就都知道"手枪子弹"的缰绳被人用刀割断了。纳瓦霍人去见裁判——那些裁判都由士兵担任，要求重新举行比赛。但裁判们拒绝了；他们宣布中尉的夸特马获胜。士兵们立即列队，准备进入要塞，收集赌注。

纳瓦霍人被这种诡计激怒了，他们冲了上去，但是堡垒的大门当着他们的面关上了。当一个纳瓦霍人试图强行闯入时，一个哨兵开枪打死了他。

白人士兵尼古拉斯·霍特（Nicholas Hodt）上尉把接下来所发生的事情记录了下来：

> 纳瓦霍人——包括妇女和孩子们——开始往四面八方逃跑，但招呼他们的是枪击和刺刀。我成功地把大约20个人给组织了起来……然后，我向哨所的东边赶去，在那里，我看见一个士兵正在刺杀两个小孩和一个女人。我立即向那个士兵大喝一声，叫他住手。他抬头看了看我，但没有听从我的命令。我以最快的速度跑了过去，但已经来不及

---

① 夸特马（Quarter horse）是一种矮种马，能够在短距离内很快冲刺。——译者注

2. 胡安妮塔（Juanita），曼努埃利托的妻子，1874 年曾作为纳瓦霍代表团成员前往华盛顿。照片由史密森学会提供。　19

了，我没能阻止他杀死那两个无辜的孩子，并把那名妇女刺成重伤。我命令把他的皮带取下来，然后把他带到哨所关押起来……与此同时，上校命令当值的军官把大炮（山地榴弹炮）调出来，向印第安人开火。负责山地榴弹炮的中士假装不理解上校下达的命令，因为他认为这是一个非法的命令；但接下来，他受到了当值军官的咒骂和威胁，因此不得不执行命令，否则，他会惹上麻烦。印第安人散落在哨所下面的山谷里，他们袭击了驿站的牧群，打伤了那个负责放牧的墨西哥牧民，但没有抢到任何牲畜；他们还袭击了离哨所大约10英里远的邮递员，抢走了他的马和邮袋，打伤了他的胳膊。在大屠杀之后，除了几名军官最喜欢的印第安女人之外，放眼望去，再也看不到任何印第安人了。指挥官试图再次与纳瓦霍人和好，派了一些他们所宠爱的印第安女人去和首长们谈判，但这些印第安女人得到的唯一的东西就是一顿狠狠的鞭打。[2]

20 　　自1861年9月22日之后，过了很长时间，白人和纳瓦霍人之间才重新建立起友谊。

　　与此同时，南方邦联的一支灰衣军已经挺进到了新墨西哥，并在格兰德河（Rio Grande）沿岸与蓝衫军展开了激烈的战斗。"掷绳者"（Rope Thrower）基特·卡森（Kit Carson）是蓝衫军的头儿。大多数纳瓦霍人都信任"掷绳者"卡森，因为他总是与印第安人协商，因此，印第安人希望在他与灰衣军的战斗结束之后，与他建立起友好关系。

　　然而，在1862年春天，更多的蓝衫军从西部来到新墨西哥。他们自称为"加州纵队"（California Column）。他们的首领是詹姆斯·卡尔顿（James Carleton）将军，他肩上挂着星星，比卡森的级别更高。这些加州人在格兰德河流域安营扎寨，但他们无所事事，因为灰衣军老早就都逃到得克萨斯去了。

纳瓦霍人很快就会知道，这位"星星酋长"卡尔顿对他们的土地以及隐藏在其中的任何金属财富，都有着极大的欲望。他说这是"一个雄伟的国度，一个壮丽的田园和矿产之国"。由于他有许多无所事事的士兵，他们只是挥舞着枪在阅兵场上转来转去而已，于是，他开始派他们四处去找印第安人战斗。他说，纳瓦霍人是"穿山越岭的狼"，必须把他们给制服。

卡尔顿首先把注意力放在了梅斯卡佩罗阿帕奇人（Mescalero Apaches）身上，他们的人数不到一千人，分散居住在格兰德河和佩科斯河（Pecos）之间。他的计划是杀死或俘虏所有梅斯卡佩罗人，然后把幸存者约束在佩科斯河岸边一个毫无价值的保留地里。这将使得他可以用富饶的格兰德河流域来满足美国公民对土地和定居点的渴求。1862 年 9 月，他下达了一道命令：

> 不和印第安人进行任何谈判。无论何时何地，只要能找到这些人，他们都要被杀死。妇女和儿童可以作为囚犯被抓起来，当然不能把他们也给杀死。[3]

这并不是基特·卡森与印第安人打交道的方式，在此前进行贸易的时候，他把许多印第安人视为朋友。他派遣士兵进入山区，但同时也打通了与梅斯卡佩罗人的领袖们沟通的渠道。到深秋，他已经安排了五名酋长访问圣达菲，与卡尔顿将军进行谈判。在前往圣达菲的途中，两名酋长和他们的护卫人员遇到了一支由前酒馆老板詹姆斯·格雷顿（James Graydon），昵称"帕迪"上尉指挥的小分队。格雷顿假装对梅斯卡佩罗人很友好，给他们面粉和牛肉，以备长途旅行之用。不久之后，在加利纳泉（Gallina Springs）附近，格雷顿的侦察队又一次来到了梅斯卡佩罗人的身边。至于后来发生了什么，谁都不清楚，因为没有任何一个梅斯卡佩罗人幸免于难。白人小军官阿瑟·莫里森（Arthur Morrison）少校简短地报告说："这是格雷顿上尉犯下的一宗非常奇怪的罪行……据我所知，他欺骗了这些印第安人，直接进入了他们的营地，给他们酒，然后开枪把他们都打死了，他们当然认为他是带着友好的目的来的，因为他给了他们面粉、牛肉和粮食。"

另外三名酋长——卡德特（Cadette）、查托（Chato）和埃斯特雷利亚（Estrella）——则来到了圣达菲，他们向卡尔顿将军保证，他们的人民将与白人和平相处，只要白人别来山里面打扰他们就行。"你们比我们强大，"卡德特说，"只要我们有来复枪和火药，我们就一直与你们作战；但你们的武器比我们的好。只要给我们武器，放我们出去，我们必将再来与你们作战；但我们已经厌倦了；没有那种心气了；没有补给，也没有赖以生活的手段了；你们的军队到处都是；我们的泉水和水洞不是被你们的年轻人占领了，就是被他们看守着。你们把我们赶出了我们最后的，也是最好的据点，我们再也没有心气了。你们可以按照你们觉得好的方式来对待我们，但请不要忘记我们也都是男人，都是勇士。"[4]

卡尔顿傲慢地告诉他们，梅斯卡佩罗人得到和平的唯一途径就是离开他们的家园，到博斯克雷东多（Bosque Redondo）去，这是他为他们在佩科斯河边准备好的一块保留地。在那里，他们将被士兵看管在一个叫萨姆纳堡（Fort Sumner）的新军事哨所。

由于兵力不足无法保护自己的妇女和儿童，并且相信"掷绳者"卡森的善意，梅斯卡佩罗人的酋长们顺从了卡尔顿的要求，他们带着自己人进入了位于博斯克雷东多的监禁之地。

看着卡尔顿迅速而无情地征服了他们的堂兄弟梅斯卡佩罗阿帕奇人，纳瓦霍人有些不安。12月，18名富有的领导人——包括德尔加迪托和巴本西托在内，但不包括曼努埃利托——来到圣达菲拜见卡尔顿将军。他们告诉将军，他们代表的是和平的纳瓦霍牧民和农民，他们不想打仗。这是他们第一次见到"星星酋长"卡尔顿。他脸上毛茸茸的，目光凶狠，说话也毫不留情。当他对德尔加迪托和其他人说话时，一点笑容都不曾露出来。"除非在口头保证之外，你们还能给出其他额外的保证，否则，你们不会得到和平。回家告诉你们的人。我不相信你们的诺言。"[5]

到了1863年春天，梅斯卡佩罗人中的大部分要么逃到墨西哥去了，要么被赶进了博斯克雷东多。4月，卡尔顿去温盖特堡"收集信息，以便在草长到足够马儿吃的时候，发起一场针对纳瓦霍人的战役"。他在库比罗（Cubero）附近与德尔加迪托和巴本西托见了一次面，直截了当地告诉这两位酋长：他们证明自己和平意愿的唯一途径，就是带领他们的人民离开纳瓦霍地区，进入博斯克雷东多，与"心满意足的"梅斯卡佩罗人一起生活。对此，巴本西托回答道："我是不会去博斯克的。我永远不会离开我的家园，即使那意味着我会被杀死。"

6月23日，卡尔顿规定了纳瓦霍人搬迁的最后期限。"再

叫德尔加迪托和巴本西托来，"他命令温盖特堡的指挥官道，
"把我之前讲给他们的话，再向他们说一遍，并告诉他们，如
果他们拒绝听从的话，我将会感到非常抱歉……告诉他们，他
们最迟今年 7 月 20 日；从那以后，我们所看见的每一个纳瓦霍
人都将被视为敌对分子，并受到相应的对待；从那以后，如今
敞开的大门将被彻底关上。"[6]7 月 20 日来了又过去了，但没有
纳瓦霍人主动过来投降。

23　　　与此同时，卡尔顿命令基特·卡森将他的军队从梅斯卡佩
罗人所在的地区转移到温盖特堡，准备与纳瓦霍人开战。卡森
很不情愿，他抱怨他很乐意和南方军作战，但不愿意和印第安
人作战，于是，他向卡尔顿递交了辞职信。

　　　基特·卡森喜欢印第安人。以前，他和他们一起一住就是
好几个月，没有见过任何其他白人。他曾和一个阿拉帕霍女人
生了一个孩子，并和一个夏延女人同居了一段时间。然而，在
他娶了陶斯（Taos）印第安人唐·弗朗西斯科·哈拉米略
（Don Francisco Jaramillo）的女儿何塞法（Josefa）之后，卡森
焕然一新，变得富裕起来，并索要了作为牧场的土地。他发现，
在新墨西哥，即便是一个粗野的、迷信又不识字的山里人，也
能够在山顶找到一席之地。他学会了简单的读写。尽管他只有
5 英尺 6 英寸高，但他的声名可谓如日中天。尽管他声名在外，
但这个"掷绳者"从未克服他对于那些衣着考究的、说话圆滑
的上层人士的敬畏。1863 年，在新墨西哥，最有权势的人就是
"星星酋长"卡尔顿。所以，在那年夏天，基特·卡森最终撤
回了辞呈，并带领部队前往温盖特堡攻打纳瓦霍人。在战役结
束之前，他给卡尔顿的报告呼应了给他下达命令的傲慢的卡尔
顿所谓的"天定命运"。

纳瓦霍人尊重作为军人的卡森，但他们一点都瞧不起他手下的那些新墨西哥志愿兵。这些志愿兵中有许多人是墨西哥人，在老早之前，他们被纳瓦霍人给赶得四处逃命。纳瓦霍人的数量是梅斯卡佩罗人的十倍，而且他们拥有一个优势：他们的所在地是一片幅员辽阔、崎岖不平的区域，到处都是深谷、陡峭的旱谷和悬崖两侧的台地。他们最强的据点是切利峡谷（Canyon de Chelly），这个峡谷从楚斯卡山脉向西绵延了30英里。有些地方红岩峡谷的宽度只有50码，但两边的峭壁却高达1000英尺，甚至更高，峭壁上突出的岩架是抵御入侵者的极佳防御位置。在峡谷中宽达几百码的地方，纳瓦霍人会放牧绵羊和山羊，或者种植玉米、小麦、水果和瓜类。他们尤其为自己的桃园而感到自豪，自西班牙人时代以来，他们就一直精心照料着这些桃园。在一年中的大部分时间里，峡谷中水量充沛，还有足够多的作柴火用的棉白杨和白蜡槭树。

即使在得知了卡森正带领着一千名士兵朝科罗拉多的普韦布洛部落地区逼来，并雇用了他的老朋友尤特人作为向导的消息后，纳瓦霍人仍然不屑一顾。酋长们提醒他们的人民，在过去他们是如何把西班牙人赶出他们的土地的。"如果美国人来抓我们，我们会杀了他们的。"酋长们说道，不过，他们采取了预防措施，以确保妇女和儿童的安全。他们知道唯利是图的尤特人会试图俘虏他们，然后卖给富有的墨西哥人。

7月下旬，卡森进入迪法恩斯堡，用印第安人的老对手坎比的名字给这个军堡改了名，然后派遣侦察分队四处侦察。他对于几乎找不到什么纳瓦霍人并不感到惊讶。他知道征服他们的唯一办法就是摧毁他们的庄稼和牲畜，也就是实施焦土政策。7月25日，他派约瑟夫·卡明斯（Joseph Cummings）少校把所

24

有能找到的牲畜都聚拢起来，并沿着博尼图河（Bonito）收割或烧毁所有的玉米和小麦。纳瓦霍人发现卡明斯摧毁了他们过冬的食物之后，立即把他视为眼中钉。不久后，一名纳瓦霍神枪手把他从马鞍上给打了下来，他当场毙命。他们还突袭了卡森在坎比堡附近的畜栏，夺回了一些绵羊和山羊，还偷走了"掷绳者"最喜欢的马。

与卡森相比，卡尔顿将军对此类情况更为愤怒，卡森则由于与印第安人一起生活的时间太长了，知道卡尔顿将军接下来的奋力反击对印第安人来说意味着什么。8月18日，这位将军决定根据士兵所俘获的纳瓦霍人的牲畜的情况来发放赏金，以此来"激发军队的作战热情"。他说只要夺得"一匹健康的、可用的马或骡子"，就可以获得20美元的赏金；而每将一只羊赶到坎比堡的军需部，就可以获得1美元的赏金。

由于士兵们每月的工资不到20美元，悬赏策略确实大大激励了他们，一些人开始对他们能够找到的为数不多的纳瓦霍人大开杀戒。为了证明他们的能力，他们开始从被他们杀死的纳瓦霍人头上割下带发结的头皮。纳瓦霍人不敢相信基特·卡森居然会纵容这种剥头皮的行为，他们认为这是西班牙人才会有的野蛮习俗（这种习俗可能不是由欧洲人带到新大陆的，但西班牙、法国、荷兰和英国的殖民者实施了根据割下来的敌人的头皮数量来发放赏金的制度，使得这个习俗流行起来）。

尽管卡森继续不断地破坏谷物、大豆和南瓜地，但他的行动太慢了，无法让卡尔顿将军感到满意。9月，卡尔顿下令：以后，只要见到纳瓦霍男子，都必须将他杀死或者逮捕起来。对于卡森应该对被俘的纳瓦霍人说什么，他甚至都做了明确规定。"对他们说：'去博斯克雷东多，否则，我们会追杀你们。

我们不会在任何其他条件下与你们讲和。……即便这场战争会
持续数年的时间，我们也不会停下来，我们会一直战斗下去，
直到你们不再存在或者无法动弹为止。在这个问题上，没其他
好说的。'"

大约在同一时间，卡尔顿将军写信给华盛顿的陆军部，要
求为他增派一个骑兵团。他说在纳瓦霍人地区以西不远的地方
又找到了黄金，因此需要更多的士兵，以便"打败印第安人，
保护前往矿场的人们。……上天保佑我们……金子就在我们脚
下，只要俯身去捡就行了！"[7]

在卡尔顿的不断催促下，基特·卡森开始加速实施"焦土
计划"，到了秋天，坎比堡和切利峡谷之间的大部分牲畜和谷
物都被摧毁了。10月17日，两名纳瓦霍人举着停战旗来到了
温盖特堡。其中一人是埃尔·索尔多（El Sordo），他是由哥哥
德尔加迪托和巴本西托以及他们的五百多名追随者所派出来的
和谈使者。埃尔·索尔多说，他们没有食物，只能靠矮松果过
活。他们也几乎没有衣服和毯子了，但又害怕被侦察兵发现，
因此不敢生火取暖。他们不想去很远的博斯克雷东多，但会在
温盖特堡附近建造泥盖木屋，他们将永远作为和平的印第安人
在士兵们的眼皮底下生活。九天后，德尔加迪托和巴本西托就
会带着五百人过来。酋长们愿意去圣达菲见"星星酋长"，请
求和平。

温盖特堡的指挥官拉斐尔·查康（Rafael Chacon）上尉建
议卡尔顿将军妥协，但卡尔顿将军回答道："纳瓦霍印第安人
在这件事上别无选择；他们要么进入博斯克雷东多，要么留在
自己的家园继续与我们战斗。"[8]

德尔加迪托别无选择，他只能带着那些挨饿受冻的妇女和

26

儿童前来投降。巴本西托、埃尔·索尔多和许多武士都在山上等着，看他们的人民将会面临什么样的命运。

那些投降的纳瓦霍人被送到了博斯克雷东多，但卡尔顿刻意做了安排，让第一批俘虏在被转移的途中和到达博斯克后获得一些特别待遇——最好的口粮和最好的住所。尽管博斯克雷东多和佩科斯河边上那片贫瘠的平原令人望而生畏，但看管他们的人的这种仁慈给德尔加迪托留下了深刻的印象。当"星星酋长"告诉他，如果他能说服其他纳瓦霍酋长在博斯克生活比在外面忍饥挨饿和受冻要好的话，他就可以带着家人回到温盖特堡，德尔加迪托同意了。同时，卡尔顿将军命令基特·卡森进入切利峡谷，摧毁食物和牲畜，杀死或俘虏在这个最后的据点的纳瓦霍人。

为切利战役做准备时，卡森准备了一批运送物资的驮畜，然而，12 月 13 日，巴本西托和他手下的武士对这支运输队发动了猛攻，他们将骡子赶到了峡谷中，作为纳瓦霍人过冬的肉类储备。卡森派出了两个分队的士兵去追击，但纳瓦霍人分成几个小分队，在一场暴风雪的掩护下逃走了。多纳西亚诺·蒙托亚（Donaciano Montoya）中尉率领的骑兵偶然发现了一个小营地，冲了进去，把纳瓦霍人赶进了一片雪林，还俘虏了 13 名妇女和儿童。中尉报告说："印第安人首领的右肋被击中了，但他成功地从杂乱的矮树林中逃脱了。他的儿子，一个 10 岁的小男孩——对于印第安人来说是一个非常聪明的小孩，不久之后被俘了。他说他的父亲死在了旁边一个峡谷的岩石丛中。"

由于没有骡子来运输补给，基特·卡森只得告诉卡尔顿将军，进攻切利峡谷的行动不得不推迟。卡尔顿将军很快就回答说："你不能因为缺乏运输工具就推迟行动。你要让士兵们带上毯子，而且，如果有必要的话，在随身背包中放上三四天的口粮。"[9]

1864 年 1 月 6 日，士兵们从坎比堡出发了。阿尔伯特·法伊弗（Albert Pfeiffer）上尉率领一支小分队，准备从切利峡谷的东端进去。基特·卡森则率领一支更大的分队从西端突进。地面上覆盖着六英寸厚的积雪，气温在零度以下，部队行进缓慢。

一周后，法伊弗进入了峡谷。数百名饥肠辘辘的纳瓦霍人从峡谷边缘和岩架上居高临下地对着士兵们投掷石块和木块，还用西班牙人的诅咒不停地咒骂他们，但这一切都阻止不了他们。法伊弗的士兵们摧毁了泥盖木屋、食物储藏室以及牲畜。他们杀死了步枪射程内的 3 名纳瓦霍人，发现了 2 名被冻死了的纳瓦霍老人，并抓获了 19 名妇女和儿童。

与此同时，卡森在西端建立了一个营地，他正在外围对峡谷展开侦察。1 月 12 日，他的一个巡逻队遇到了一群纳瓦霍人，并打死了其中的 11 人。两天后，东、西两个指挥部之间建立起了联系。他们在穿越整个峡谷的过程中，没有遇到什么大的战斗。

那天晚上，3 名纳瓦霍人举着停战旗来到了营地。他们告诉卡森：他们的人民饥寒交迫，他们选择投降而不是被饿死、冻死。"你们最晚可以在明天早上投降，"卡森回答道，"否则，在那之后，我的士兵们会来捉拿你们。"第二天早上，60 个衣衫褴褛又瘦弱不堪的纳瓦霍人来到营地投降了。

在返回坎比堡之前，卡森下令彻底摧毁峡谷内纳瓦霍人的财产，包括他们美丽的桃园，总计有 5000 多棵桃树。纳瓦霍人可以原谅"掷绳者"以军人的身份来与他们战斗、囚禁他们甚至摧毁他们的食物，但是，在砍倒他们心爱的桃树这件事情上，他们从来都没有原谅过他。

在接下来的几个星期里，士兵们进入切利峡谷的消息在隐藏于峡谷内的纳瓦霍人的营地里传开，纳瓦霍人失去了信心。"我们为我们的家园而战，因为我们不想失去它，"曼努埃利托在事后说道，"但我们几乎失去了一切。……美国这个国家太强大了，我们无法与之战斗。有时候，我们在感到精力充沛时会勉强战斗几天，但很快我们就筋疲力尽了，美国士兵完全可以饿死我们。"[10]

1月31日，德尔加迪托对博斯克雷东多的条件作出保证，从而说服了680名纳瓦霍人在温盖特堡投降。冬季恶劣的天气和缺乏食物的现状也迫使其他人来到坎比堡。到了2月中旬，又有1200名饥肠辘辘的、一贫如洗的纳瓦霍人过来了。军队给他们发了很少的口粮，年老的和年幼的纳瓦霍人正纷纷死去。2月21日，埃雷罗·格兰德带着他的人来到了温盖特堡，这使得总人数增加到了1500人。到了3月初，总计有3000人在两个军堡投降，往北延伸的小道上满是心怀恐惧的纳瓦霍人，他们正越过冰冻的雪地朝保留地走去。但富裕的酋长们都拒绝投降，包括曼努埃利托、巴本西托和阿米霍在内。他们带着自己的人留在山里面，坚决不肯投降。

3月，纳瓦霍人前往萨姆纳堡和博斯克雷东多的长途跋涉开始了。第一批有1430人，他们于3月13日抵达萨姆纳堡；10人在途中死亡了；3名儿童被绑架了，他们可能是被士兵护卫队中的墨西哥人绑架的。

与此同时，第二批2400人也离开了坎比堡，还在坎比堡时，就有126人死去了。长长的队伍中包括30辆货车、3000只羊和473匹马。纳瓦霍人有勇气去忍受严寒的天气、饥饿、痢疾、士兵的嘲笑和长达300英里的艰苦旅程，但他们无法忍受乡愁和失去土地的痛苦。他们哭了，其中的197人在到达荒凉的目的地之前就已经死去了。

3月20日，800多个纳瓦霍人离开了坎比堡，其中大多数是妇女、儿童和老人。军队只给他们提供了23辆货车。"在第二天的行军中，"指挥官报告说，"一场非常猛烈的暴风雪持续了四天，异常严寒，它给印第安人带去了巨大的痛苦，他们中的许多人几乎赤身裸体，当然无法抵挡住这样的风暴。"当他们到达阿尔伯克基（Albuquerque）南边的洛斯皮诺斯（Los Pinos）时，军队征用了他们的货车，纳瓦霍人不得不在露天扎营。当他们再次踏上旅程时，几个孩子已经不见了。"在这个地方，"一名中尉写道，"负责看守印第安人的军官必须保持高度警惕，否则，印第安人的孩子就会被偷走并被出售。"这支队伍于1864年5月11日到达博斯克。"我带着800人离开了坎比堡，在前往萨姆纳堡的途中又收留了146人，总共是946人。其中约有110人在途中死去了。"

4月下旬，抵抗派酋长之一阿米霍来到了坎比堡，并通知哨所指挥官阿萨·凯里（Asa Carey）上尉：几天后，曼努埃利托将带着正在遥远的北部小科罗拉多河（Little Colorado）和圣胡安河（San Juan）边过冬的纳瓦霍人过来。几天后，阿米霍的400多人来了，但是曼努埃利托让他的人在几英里外一个叫奎利塔斯（Quelitas）的地方停了下来，并派了一个信使来通知哨所指挥官，说他想和指挥官谈谈。在随后的谈判中，曼努埃利托说他的人民希望留在堡垒附近，像往常一样种植谷物和放牧羊群。

"只有一个地方适合你们，"凯里上尉回答道，"那就是博斯克。"

"我们为什么非得去博斯克?"曼努埃利托问道。"我们从未偷窃或谋杀，而且我们一直遵守着与坎比将军达成的和平约定。"他还说，他的人民担心他们会被集中在博斯克，这样一来，士兵们就可以像1861年在方特勒罗伊堡那样把他们都给枪杀了。凯里向他保证不会那样，但曼努埃利托说，在他与老朋友埃雷罗·格兰德或其他已经在博斯克的纳瓦霍酋长交谈之前，他不会让他的人民投降的。

当卡尔顿将军听说曼努埃利托有可能投降时，他从博斯克精心挑选了4名纳瓦霍人（但不包括埃雷罗·格兰德），想通过利用他们对这位心有不甘的军事酋长的影响来说服他。他们没有说服曼努埃利托。6月的一个晚上，他们谈过之后，曼努埃利托和他的人从奎利塔斯消失了，回到了他们在小科罗拉多河边的藏身之所。

30　　9月，他听说他的老盟友巴本西托在切利峡谷被俘了。现在，他，曼努埃利托，最后一个富有的抵抗者，知道美国士兵一定在到处找他。

秋天，从博斯克雷东多逃出来的纳瓦霍人描述了那里的可怕情况，他们向人们讲述了那里所发生的一切。他们说，那是一片凄凉的土地。士兵们用刺刀捅他们，把他们赶到了土坯墙院落。在那里，军官总是在清点人数，并将情况记在小册子上。军官们答应过给他们衣服、毯子和更好的食物，但这些承诺从未兑现过。所有的棉白杨和牧豆树都被砍掉了，只剩下树根可以当柴火了。为了躲避雨水和阳光，他们不得不在沙地上挖洞，将编织的草席铺在地上、盖在洞顶上。他们像草原土拨鼠一样生活在洞穴里。士兵给了他们一些工具，他们把佩科斯河洼地中的土壤翻了个底朝天，然后种上了粮食，但是洪水、干旱和害虫毁了庄稼，现在，每个人都只有一半的口粮可以吃了。他们挤在一起，疾病开始夺走老弱者的生命。这是一个糟糕的地方，尽管由于士兵的监视，逃跑是困难和危险的，但许多人还是冒着生命危险逃出来了。

与此同时，"星星酋长"卡尔顿说服圣达菲的教区长唱了一首《赞美诗》，以庆祝军队成功地将纳瓦霍人迁到了博斯克。将军向他在华盛顿的上级报告说这个地方是"一个很好的保留地……按理说他们（纳瓦霍人）是美国最幸福、最繁荣和食物最充足的一群印第安人。……无论如何……与和他们战斗相比，我们供养他们的代价要低得多"。

在"星星酋长"眼里，他的俘虏只不过是嘴和身体而已。"这 6000 张口要吃的，这 6000 具身体要穿衣服。考虑到他们交出了一片如此壮丽的牧场和矿场——这是一片难以估价的土地，相比之下，为了获得他们的自然遗产，我们付出的代价就显得微不足道了。"

而且，其他主张天命论的人，都不像他那样那么赤裸裸地支持这一理论："整个民族从他们祖先留下来的土地上离开，这种景象不仅有趣而且感人。多年来，他们英勇地与我们战斗；他们以其他任何民族都会引以为傲的英勇精神保卫他们的山脉和峡谷；但最终，他们发现这也是他们的命运，如同他们那些居住在太阳升起的地方的兄弟一样：他们的命运就是一个部落接一个部落地给我们这个永不满足的进步的种族让位，他们放下了武器，以值得我们钦佩和尊敬的勇士的身份来到我们面前。他们觉得我们太强大、太公正了，因此不能用卑鄙的或忽视的

态度来回报我们对他们的信心，因为他们觉得，在他们牺牲了
自己美丽的家园、房屋、生命的纽带以及被传统赋予了神圣感
的土地的情况下，在我们得到了一个无价王国的情况下，我们
不会对他们过于吝啬。"[11]

　　然而，曼努埃利托并没有放下武器，对卡尔顿将军来说，
他是一个非常重要的酋长，因此卡尔顿不会允许这种不可救药
的情况继续下去。1865 年 2 月，一群来自温盖特堡的纳瓦霍人
给曼努埃利托带来了一条来自"星星酋长"的信息：除非曼努
埃利托和他的人在春天前之前和平地投降，否则，他们将被追
杀至死。"我没有伤害任何人，"曼努埃利托对来者这样说道，
"我不会离开我的土地的。我希望我会死在这里。"但是他最终
同意和一些在博斯克雷东多的印第安酋长再谈一次。

　　2 月底，埃雷罗·格兰德和其他五位来自博斯克的纳瓦霍
酋长被安排在祖尼（Zuni）贸易站附近会见曼努埃利托。天气
很冷，地上覆盖着厚厚的雪。在拥抱了他的老朋友后，曼努埃
利托把他们带到了他的人所藏匿的山里。曼努埃利托的人只剩
下大约一百个男人、女人和孩子了；他们有几匹马和几只羊。
"这就是我所拥有的一切，"曼努埃利托说道，"你看，这是多
么微不足道的数目。你看他们有多穷。我的孩子们只能吃巴拿
马草根。"停顿了一会儿，他补充道，他的马不适合去博斯克。
埃雷罗回答说，他无权延长投降时间，他友好地警告曼努埃利
托：如果他不过去投降，他的人民都会有生命危险。曼努埃利
托动摇了。他说，为了妇女和儿童，他将投降；然后，他又补
充道，他需要三个月的时间恢复牲畜。最后，他又断然说他不
能离开自己的土地。

　　"我的神和我的母亲生活在西部，我不会离开他们的。我

们族人的传统是：我们决不能越过格兰德河、圣胡安河和科罗拉多河这三条河。我也不能离开楚斯卡山脉。我出生在那里。我会留下来。我没有什么可失去的，我只有我的生命，他们随时都可以来取，但我不会离开的。我从来没有对美国人或墨西哥人做过任何错事。我从来没有抢劫过。如果我被杀了，从我身上流淌出来的将是无辜的血。"

埃雷罗对他说："我已经尽我所能为你着想了，我给了你最好的建议，现在，我要带着你的坟墓已经掘好了的心情离开了。"[12]

几天后，格兰德在圣达菲向卡尔顿将军通报了曼努埃利托那种具有挑衅性的立场。作为回应，卡尔顿对温盖特堡指挥官下达了一道严厉的命令："我知道，如果曼努埃利托……能被俘虏，他的人无疑会过来投降；如果你能和他经常去做交易的祖尼村的印第安人达成某种约定，他们会配合你抓住他的。……尽一切努力抓住曼努埃利托。把他用铁链拴起来，小心看管。如果受他控制的人能抓住或杀死他，对他来说，那会是一种怜悯。我更希望把他抓住。但如果他试图逃跑……他就只能被打死了。"[13]

但曼努埃利托太聪明了，他根本没有落入卡尔顿在祖尼设下的圈套，他设法在1865年春夏期间躲过了被抓的命运。夏末，巴本西托和他的几个武士从博斯克雷东多逃了出来；据说，他们躲在埃斯卡德洛山脉（Sierra del Escadello）的阿帕奇地区。有太多的纳瓦霍人从保留地逃走了，以至于卡尔顿只能在萨姆纳堡周围40英里处建立固定的岗哨。8月，卡尔顿将军给各个哨所指挥官下达命令：对于任何不在保留地内但又没有通行证的纳瓦霍人，可以就地开枪将他们打死。

33　　1865 年秋天，博斯克雷东多的粮食再次歉收，军队给了纳瓦霍人一些玉米粉、面粉和熏肉，这些食物被认为不适合士兵食用，因此被卡尔顿征用来给纳瓦霍人吃。纳瓦霍人的死亡人数又开始上升了，企图逃出去的人也越来越多。

　　尽管卡尔顿将军因为博斯克雷东多的状况而受到了新墨西哥人的公开批评，但他还是继续追捕纳瓦霍人。最后，在 1866 年 9 月 1 日，他最想得到的首领曼努埃利托带着 23 个被打败了的武士，一瘸一拐地走进温盖特堡——他们投降了。他们都衣衫褴褛，骨瘦如柴。他们的手腕上仍然戴着防止自己的手被弓弦打伤的皮箍，但他们已经没有弓和箭了。曼努埃利托的一只胳膊也受伤了，毫无用处地垂在身边。不久之后，巴本西托带着 21 个追随者来了，他第二次投降了。现在，不存在没投降的军事酋长了。

　　具有讽刺意味的是，就在曼努埃利托投降后的第 18 天，卡尔顿将军被解除了新墨西哥军区指挥官的职务。曾经让"星星酋长"卡尔顿得以掌握权势的内战已经持续一年多了，新墨西哥人受够了他和他那种浮夸的作风。

　　在曼努埃利托到达博斯克时，一个名叫 A. B. 诺顿（A. B. Norton）的人成了保留地的新任主管。在查看了保留地的土壤之后，他宣布那里是盐碱地，根本不适合种植谷物。诺顿还说道："这里的水又黑又咸，味道难以忍受，印第安人说水不健康，因为他们四分之一的人口都被疾病夺去了生命。"诺顿补充道，这块保留地给政府造成了数百万美元的损失。"它越早被抛弃，印第安人越早被转移，就越好。我听说下面已经有人在议论这些事情了。……你认为，当一个印第安人被剥夺了正常的生活条件时他会满足吗？可是缺少这些时，白人在任何地方都不会感到满足的。哪一个明智的人会选择这样一个地方作为 8000 个印第安人的保留地呢？那里的水几乎难以下咽，土壤贫瘠荒凉，印第安人唯一可以用的木材——牧豆树的根，也远在 12 英里之外。……如果继续留在这片保留地，他们必定屈从于武力而非出于自愿。哦！让他们回去，或者把他们带到一个地方，那里有清凉的水喝，有足够的木材防止他们被冻死，那里的土地会为他们提供食物……"[14]

34

两年来，华盛顿的调查人员和官员络绎不绝地前来保留地考察。有些人对印第安人的处境报以同情；另一些人则主要关心如何节省开支。

"我们在那里待了几年，"曼努埃利托回忆道，"我们许多人死于寒冷。……华盛顿来的一个人和我们开了个会。这个人解释了白人是如何惩罚那些违反法律的人的。我们答应说，如果允许我们回到自己的家园，我们将遵守法律。我们答应遵守条约。……我们答应过四次。我们都'同意'签署条约，他给了我们很好的建议。那个人就是谢尔曼将军。"

当纳瓦霍人的酋长们第一次看到"大武士"谢尔曼时，他们对他感到恐惧，因为他的脸和"星星酋长"卡尔顿一样——须发很多，看起来很凶猛，嘴巴显得很残酷，但他的眼睛不同，只有曾饱受痛苦的人才会有那样的一双眼睛，他能理解别人的痛苦。

"我们告诉他，我们会尽量记住他所说的话，"曼努埃利托回忆道，"他说：'我要你们所有人都看着我。'他站起来了，让我们都可以看着他。他说如果我们说话算话，我们就应该直视他人。他说：'孩子们，我要送你们回家。'"

在离开之前，酋长们必须签署新的条约（1868 年 6 月 1 日），

35 **3. 1860 年代的一名纳瓦霍武士。约翰·盖·米姆（John Gaw Meem）
摄，经丹佛艺术博物馆许可后复制。**

条约的开头是这样的："自即日起，本协议各方之间的所有战争将永远停止。"巴本西托先签了名，然后是阿米霍、德尔加迪托、曼努埃利托、格兰德和其他七个人。

"我们回家之前的那些日日夜夜都很漫长，"曼努埃利托说，"在出发的前一天，我们往家的方向走了一小段路，因为我们太急于回家了。后来，我们回来了，美国人给了我们一点物资，我们为此感谢他们。我们叫车夫用鞭子赶骡子，因为我们太迫切了。当我们在阿尔伯克基看到山顶时，我们想知道那些是不是我们的大山，我们想和大地交谈，我们非常爱这里，一些老人和妇女回到家后都高兴得哭了起来。"[15]

纳瓦霍人就这样回家了。在新的保留地边界被勘定后，他们最好的牧场的大部分都被白人殖民者拿走了。生活不容易。他们将不得不挣扎着忍受。尽管情况很糟糕，纳瓦霍人知道他们的不幸是所有西部印第安人中程度最轻的。对其他人来说，痛苦的考验还没有开始呢。

我以神圣的方式活着

以神圣的方式

我活着。

举头对着天空

我凝目。

我以神圣的方式活着。

我的马

很多。

第三章 "小乌鸦"的战争

1862 年 4 月 6 日,格兰特将军在夏洛战役(Battle of Shiloh)中击败邦联部队。5 月 6 日,亨利·D. 梭罗逝世,享年 45 岁。5 月 20 日,国会通过宅地法(Homestead Act),以每英亩 1.25 美元的价格向定居者出售西部 160 英亩的土地。7 月 2 日,国会通过用出售土地所得资金来设立大学的《莫里尔法案》(Morrill Act)。7 月 10 日,中太平洋铁路公司创立。8 月 30 日,联邦部队在第二次牛奔河战役中战败。9 月 17 日,南方邦联部队在安提塔姆(Antietam)战役被击败。9 月 22 日,林肯宣布自 1863 年 1 月 1 日起,所有奴隶均将获得自由。10 月 13 日,在普鲁士,俾斯麦发表"血与铁"的演讲。12 月 13 日,联邦部队在弗雷德里克斯堡遭到惨痛的损失和失败;整个国家陷入一片阴霾之中;一些军队在进入冬季营区时近乎兵变。12 月 29 日,谢尔曼将军在奇克索河口战败。维克多·雨果的《悲惨世界》和屠格涅夫的《父与子》出版。

1863 年 4 月 2 日,弗吉尼亚州里士满发生面包暴乱。5 月 2~4 日,南方邦联在钱瑟勒斯维尔之战中获胜。7 月 1~3 日,联邦部队在葛底斯堡击败邦联部队。7 月 4 日,维克斯堡落入格兰特部队之手。7 月 11 日，联邦军队开始征兵。7 月 13~17 日，纽约市征兵骚乱造成数百人丧生；其他许多城市也发生骚乱。7 月 15 日，戴维斯总统第一次下令在南方征兵。9 月 5 日，莫比尔发生面包暴乱；邦联美元的价值跌至 8 美分。10 月 1 日，五艘俄国战舰进入纽约港，受到热烈欢迎。11 月 24~25日，邦联部队在查特努加战败。12 月 8 日，林肯总统特赦那些愿意效忠联邦的邦联人士。

38　　　白人总是试图让印第安人放弃他们的生活，学习像白人那样种地和努力劳作，而印第安人不知道该怎么做，而且无论如何也不想这样做。……如果印第安人试图让白人像他们那样生活，白人同样也会反抗，许多印第安人所做的不过就是那种反抗而已。

　　　　　　　　　　　　——瓦姆迪坦卡（"大鹰"），桑蒂苏人

在纳瓦霍人所在地以北将近一千英里的地方，在白人内战的同一时间，桑蒂苏人正永久地失去自己的家园。桑蒂人有四个分支：姆德乌坎顿人、瓦佩顿人（Wahpetons）、瓦佩库蒂人（Wahpekutes）和西塞顿人（Sissetons）。他们都属于林地苏人，但与他们的草原兄弟，也就是扬克顿人（Yanktons）和提顿人（Tetons），保持着密切的联系，并有着强烈的部落自豪感。桑蒂人是"远方的人"，是苏族领地的边疆卫士。

在内战爆发前的十年里，超过15万白人定居者涌入了桑蒂县，彻底打破了"永久的印第安边界"左翼。由于签署了两个具有欺骗性的条约，林地苏人交出了他们90%的土地，并被排挤到了明尼苏达河沿岸一片狭长的地带。从一开始，印第安事务官和商人们就围着他们打转，就像秃鹰围着被屠宰了的野牛尸体一样，这帮人有计划地将他们因放弃土地而得到的大部分年金都骗走了。

"许多白人经常欺负印第安人，对他们不友善，""大鹰"（Big Eagle）说道，"也许他们有借口，但印第安人不这么认为。许多白人一看到印第安人，行为上总表现出'我比你强'的样子，印第安人不喜欢这样。白人这么做有他们的理由，但达科他人（苏人）不相信世界上还有比他们更好的人。一些白人男子以某种方式欺负印第安妇女，让她们蒙羞，而这怎么也说不过去。所有的这一切都使得许多印第安人不喜欢白人。"[1]

1862年夏天，桑蒂人和白人之间的关系似乎一团糟。大部分野生动物从保留地离开了，当印第安人越境进入现今已被白人定居者占领的狩猎场时，经常会遇到麻烦。连续两年，印第安人的农作物产量很低，他们中的许多人不得不去商人那里赊购粮食。桑蒂人已经开始憎恨这种借贷制度了，因为他们根本无法控制自己的账户。当他们从华盛顿收到年金时，那些商人首先要求获得这笔钱，而无论商人在他们的账户中申报多少钱，政府机构都会支付。一些桑蒂人已经学会了记账，尽管根据他们的记录，商人的数额要小很多，但政府官员根本不接受。

1862年夏天，"小乌鸦"（Ta-oya-te-duta，Little Crow），变得对商人们非常不满。"小乌鸦"和他父亲、祖父一样，都是姆德乌坎顿人的酋长。他60岁了，总是穿着能把前臂和手腕遮起来的长袖衣服，因为他年轻时在战斗中受了伤，那些伤口愈合得很不好，手腕和胳膊都发生了萎缩。"小乌鸦"签了两个条约，它们诱使他的人民拱手让出了土地，也让出了应得的补偿款。他去华盛顿拜见过"上父"①，也就是布坎南总统。他换下自己的腰布和毯子，穿上了美国人穿的裤子和带黄铜扣子的西服。他加入了美国圣公会，盖了一所房子，还开辟了一个农场。但在1862年夏天，"小乌鸦"的失望转变成了愤怒。

7月，数千名桑蒂人来到位于黄药河上游的印第安事务处（Upper Agency on Yellow Medicine River），领取条约所规定的年金，以便换取食物。但钱没有到，有传言说华盛顿的大议会（国会）在内战中耗光了所有的黄金，因此无法给印第安人寄钱了。由于自己的人民在挨饿，"小乌鸦"和其他一些酋长去找了当地的印第安事务官托马斯·加尔布雷斯（Thomas Galbraith），质问为什么不能从装满粮食的仓库里给他们分发一些食物。加尔布雷斯回答说，在钱到位之前他不能这么做，他安排了100名士兵守卫仓库。8月4日，500名桑蒂人把士兵包围起来了，其他桑蒂人则闯入仓库，开始一袋一袋地往外搬面

---

① 印第安人称美国总统为"Great Father"，这里翻译为"上父"。印第安人认定的"父亲"，本质上是"保护者"的意思。——译者注

4. "小乌鸦",也叫谢顿·瓦卡瓦·马尼(Tshe-ton Wa-ka-wa Ma-ni),意思是"捕猎行走者的鹰"。A. 泽诺·欣德勒(A. Zeno Shindler)摄于 1858 年。由史密森学会提供。

41

粉。白人军官蒂莫西·希恩（Timothy Sheehan）同情桑蒂人。他没有向他们开火，而是说服加尔布雷斯给印第安人发放了猪肉和面粉，然后再等政府把钱付过来。加尔布雷斯同意了，桑蒂人平静地离开。然而，"小乌鸦"并没有离开，直到印第安事务官加尔布雷斯答应向位于下游事务处即30英里处的雷德伍德（Redwood）的桑蒂人发放同等数量的食物。

尽管"小乌鸦"的村庄就在下游事务处附近，加尔布雷斯还是让他等了好几天，直到8月15日，他才在雷德伍德组织了一次会议。那天一大早，"小乌鸦"和几百个饥肠辘辘的姆德乌坎顿人聚集在一起，显然，从一开始，加尔布雷斯和下游事务处的四个商人并不打算在年金到位之前就从他们的商店中给印第安人发放什么食品。

对于又一次被爽约，"小乌鸦"感到很愤怒，他站起来，代表他的人民面对着加尔布雷斯说了一番话："我们已经等很久了。钱是我们的，但我们却拿不到。我们没有食物，但你们的仓库中却装满了食物。我们请你，事务官，做些安排，让我们能从仓库里得到食物，否则，我们只能通过自己的方式来避免挨饿了。人饿了，就只能自己动手了。"[2]

加尔布雷斯没有回答，而是转向了商人们，问他们该怎么办。商人安德鲁·迈里克（Andrew Myrick）轻蔑地说："就我而言，如果他们饿了，就让他们吃草或吃自己的粪吧。"[3]

印第安人沉默了一会儿后，暴发出了愤怒的吼声。桑蒂人齐刷刷地站了起来，离开了会议现场。

42　　安德鲁·迈里克的话激怒了所有的桑蒂人，尤其对"小乌鸦"来说，这些话无异于火上浇油。多年来，他一直努力地遵守条约，听从白人的建议，带领他的人民走白人的道路。现在看来，他已经失去了一切。他的人民对他失去了信心，把他们的不幸归咎于他；现在，事务官和商人也都转而和他作对了。那年夏天的早些时候，下游事务处的姆德乌坎顿人指责"小乌鸦"在签署转让土地的条约时就已经背叛了他们。他们选了"游走的冰雹"（Traveling Hail）来代替"小乌鸦"作为他们的发言人。如果"小乌鸦"能够说服加尔布雷斯和商人给他们食物，他们会再次尊重他，但他失败了。

在过去，他可以通过开战来重新获得领导权，但条约规定他不得对白人或其他部落发动任何敌对行动。他想知道，为什么美国人总在他们和印第安人之间、印第安人和印第安人之间谈论和平，而他们自己却与灰衣军进行了一场如此野蛮的战争，以致没钱来偿还他们所欠下的桑蒂人的一小笔债呢？他知道他们中的一些年轻人已经公开鼓吹要与白人一战，把白人赶出明尼苏达山谷了。他们说这是和白人作战的好时机，因为许多蓝衫军士兵已经外出与灰衣军作战去了。"小乌鸦"认为这样的主张是愚蠢的，因为他去过东边，见识过美国人的力量。他们就像蝗虫一样到处都是，用雷鸣般的大炮来摧毁敌人。向白人发动战争是不可想象的。

8月17日，星期日，"小乌鸦"到下游事务处的圣公会教堂参加礼拜，聆听了塞缪尔·欣曼（Samuel Hinman）牧师的布道。礼拜结束后，他和其他礼拜者握手告别，回到了位于下游事务处上游两英里处的家中。

那天深夜，"小乌鸦"被许多人说话的声音以及几个桑蒂老人进门的声音给吵醒了。他听出了沙科皮（Shakopee）的声音。一定是发生了非常重要、非常糟糕的事情。沙科皮、曼凯托（Mankato）、"药瓶"（Medecine Bottle）和"大鹰"都来了，他们说瓦巴沙（Wabasha）也很快就会过来一起开会。

43　　原来，在那个阳光明媚的下午，沙科皮手下的四个饥肠辘辘的年轻人去河那边的大树林打猎，之后发生了一件非常糟糕的事情。"大鹰"把整件事讲了一遍："他们来到一个定居者的篱笆前，然后发现了一个鸡窝，里面有一些鸡蛋。其中一人拿了鸡蛋，另一人说：'不要拿，那是白人的，我们会有麻烦的。'那个人很生气，因为他很饿，想吃鸡蛋，于是，他把鸡蛋摔在了地上，回答道：'你是一个懦夫。你害怕白人。你连一个鸡蛋都不敢从白人那里拿走，尽管你快要饿死了。是的，你就是一个懦夫，我会告诉每一个人的。'另一个人回答说：'我不是懦夫。我不怕那个白人，为了让你知道我不是懦夫，我会去房子里把他给毙了。你有勇气和我一起去吗？'那个叫他胆小鬼的人回答道：'当然，我和你一起去，看看我们两个人中谁更勇敢。'他们的两个同伴接着说：'我们要和你们一起进去，因为我们也很勇敢。'他们一起进入了那个白人的家。那个白人很惊慌，跑到另一栋有一些白人男女的房子去了。四个印第安人跟了上去，杀了三男两女。然后，白人召集了一支属于另一个定居者的队伍，来到了沙科皮的营地……并把发生的一切告诉了沙科皮。"4

听到白人被杀的消息后，"小乌鸦"斥责了这四个年轻人，然后讽刺地问沙科皮和其他人：为什么在选择"游走的冰雹"当代言人的时候，没有过来征询他的意见。酋长们向"小乌鸦"保证，他仍然是他们的军事酋长。他们说，在发生了这样的杀人事件之后，桑蒂人都命悬一线。如果印第安人中的一个或几个犯了事，白人的方法就是让所有印第安人都受罚，因此桑蒂人最好先发制人，而不是等着白人士兵来杀他们。最好是趁白人在遥远的南方互相残杀的时候，与他们开战。

"小乌鸦"驳斥了他们的论点。他说白人太强大了。但他承认，定居者会因为白人妇女被杀而进行激烈的报复。当时在场的"小乌鸦"的儿子后来回忆道：父亲的脸色变得很难看，额头上冒出了大颗的汗珠。

最后，一个年轻的印第安勇士喊道："塔欧亚特杜达 ['小乌鸦'] 就是一个懦夫！"

"懦夫"这个词诱发了之前的杀人事件，当时，那个年轻人就是因为饿着肚子却不敢吃白人的鸡蛋而被同伴这样奚落。"懦夫"这个词是苏族酋长不会轻易接受的词，哪怕他已经走在了白人的路上。

"小乌鸦"回答道（根据他的小儿子的记述）："塔欧亚特杜达不是懦夫，他也不是傻瓜！面对敌人，他什么时候逃跑过？他什么时候丢下过勇敢的武士而逃回帐篷？当他从你们的敌人那里跑开的时候，他是跟在你们后面的，他把你们给掩护起来了，就像母熊掩护幼崽那样！塔欧亚特杜达没有敌人的头皮吗？看他的战羽！看呐，你们的仇敌的发绺，就挂在他的棚屋的柱子顶上！你们还叫他懦夫吗？他不是懦夫，也不是傻瓜。勇士们，你们就像一些小孩子，你们不知道自己在做些什么。

"你们身上已经沾满了白人的邪恶之水。你就像'热月'（Hot Moon）里的狗，疯狂地奔跑，对着自己的影子狂吠。我们不过是几头散落的小野牛，曾经主宰这片草原的大牛群已经不复存在。看！——白种人就像蝗虫一样，遮天蔽日。你能杀一人、两人或十人，是的，甚至可以杀死和那边森林里树叶一样多的人，但他们的兄弟不会想念他们。杀了一人、两人或十人，他们会以十倍的数量来报复你们。请用你们的手指数数，没等你们数到十，手里端着枪的白人就来了。

"是的，他们之间正在战斗，在很远的地方战斗。你们听到他们大炮的轰鸣声了吗？不，你们要花两个月的时间才能跑到他们战斗的地方，而你将会看到一路上都是白人士兵，密得就像奥吉布韦斯（Ojibways）河边沼泽地里的落叶松。是的，他们彼此争战，但你们若攻击他们，他们就会联合起来攻击你们，吞噬你们和你们的妇人、孩子，就像蝗虫落在树上，一天之内就把所有的叶子吞噬掉一样。

"你们这些傻瓜。你们看不清楚自己酋长的脸了，你们的眼睛被愤怒的黑烟熏得眯起来了。你听不见他的声音了，你的耳朵充满了汹涌的咆哮。勇士们，你们都还只是小孩子，你们都是一群傻瓜。你们会像兔子一样在1月的严寒之月遭饥饿的狼群猎杀而死。

"塔欧亚特杜达不是懦夫，他会和你们一起赴死。"[5]

"大鹰"随后呼吁和平，但大家把他给嘘下来了。十年以来，白人的虐待——毁约，夺走狩猎场，不兑现承诺，不交付年金，事务处仓库堆满了他们渴望的食物，以及安德鲁·迈里克的侮辱性言辞——都让大家觉得杀掉白人定居者是应该的。

"小乌鸦"派使者去上游召集瓦佩顿人和西塞顿人加入战斗。妇女被唤起来练习射击，武士们则擦亮枪械。

"'小乌鸦'下了命令，第二天一大早就要攻击事务处，并杀死所有商人，""大鹰"随后说道，"第二天早上，当大家开始攻击事务处时，我也跟着去了。我没有带上我的人，也没有参加战斗。我是想着只要有可能，我就要把我的两个朋友救出来。我想其他人也是出于同样的原因才去的，因为几乎每个印第安人都有一个他想保住的朋友；当然，大家对于别人的朋友是否被杀是不关心的。当我到达那里时，战斗几乎已经结束了。'小乌鸦'在那里指挥战斗。……那个名叫安德鲁·迈里克的商人，他妻子其实是一个印第安人，当印第安人请求他提供一些粮食时，他拒绝赊账给饥饿不堪的印第安人。他对他们说：'你们去吃草吧。'现在，他躺在地上死了，嘴里塞满了草，印第安人讥讽地说：'迈里克正在吃草。'"[6]

桑蒂人杀死了20名男子，俘虏了10名妇女和儿童，抢空了仓库中的粮食，并把其他建筑物都烧了。剩下的47名居民（其中一些人是在友好的桑蒂人的帮助下逃跑的）逃到了河对面下游13英里处的里奇利堡（Fort Ridgely）。

在前往里奇利堡的路上，幸存者遇到了一个由45名士兵组成的连队，他们正前往事务处。一天前曾给"小乌鸦"等人做最后一次布道的欣曼牧师劝士兵往后撤。带队的长官约翰·马什（John Marsh）拒绝后退，结果遭到了桑蒂人的伏击。他的手下只有24人活着逃回了要塞。

因为首战告捷，"小乌鸦"决定袭击士兵们的大本营，也就是里奇利堡。瓦巴沙和他的人已经到达了，更多的印第安武士加入了曼凯托的队伍，据说，新的盟友也在从上游事务处赶来的路上。自己的人民已经投身战斗，"大鹰"无法再保持中立。

当天夜里，酋长们和他们的几百名武士沿着明尼苏达山谷一路前进，8月19日清晨，他们开始在堡垒西面的草原上集结。"年轻人都急着发动进攻，"参加过那场战斗的印第安人"闪电毯子（Lightning Blanket）"说道，"我们都按照印第安武士的样子来装扮自己，我们身上涂了战斗油彩，缠了腰布和绑腿，还挂了一条用来装食物和弹药的大肩带。"[7]

当一些未经考验的年轻人看到士兵们的房子由坚硬的石头砌成，且全副武装的蓝衫军正整装待命时，对于是否要对这个地方发动进攻，他们变得犹豫不决。在从下游事务处赶来的路上，他们一直说可以轻而易举地攻下卡顿伍德河边的新乌尔姆市（New Ulm）。河对岸的那个小镇满是物资，而且没什么士兵。为什么他们不能在新乌尔姆作战？"小乌鸦"告诉他们，桑蒂人正在打仗，如果他们想要取得胜利，就必须打败蓝衫军。如果他们能把士兵赶出山谷，那么，所有的白人定居者就都会离开。桑蒂人如果只是在新乌尔姆杀死几个白人，终将一无所获。

尽管"小乌鸦"不断地责骂、恳求，然而年轻人还是开始向河边跑去。"小乌鸦"和其他酋长商量了之后，决定把进攻里奇利堡的时间推迟到第二天。

那天晚上，那群年轻人从新乌尔姆回来了。他们说自己把那里的人给吓坏了，但是，那个城镇的防卫太强了，而且下午还突然下了一场猛烈的雷雨。"大鹰"称他们是一群没有酋长带领的"乌合之众"。当晚，他们都同意待在一起，第二天早上一起进攻里奇利堡。

"我们是在日出时分出发的，""闪电毯子"说，"然后，我们乘渡船在事务处过了河，沿着路来到了法里博溪（Faribault's Creek）流经的一座小山的山顶，在那里休息了一会儿。'小乌鸦'就是在那里向大家传达进攻堡垒的计划的……

"到达堡垒后，'药瓶'手下的人要打出三发子弹，作为进攻信号，同时引开士兵的注意力和火力，这样一来，东边的人（由'大鹰'带领）和西边的、南边的人（由'小乌鸦'和沙科皮带领）就可以冲进去占领堡垒了。

"我们在中午前到了三里溪（Three Mile Creek），做了点吃的。饭后，我们就分开了，我是跟着步兵往北走的。离开'小乌鸦'以后，我们就不管什么酋长不酋长的了，大家各行其是。两队人马差不多在同一时间抵达堡垒，因为我们可以看到'小乌鸦'正骑着一匹黑色小马向西边跑去。进攻信号，也就是三声枪响，是由我们这边'药瓶'手下的人发出的。信号发出后，东面、南面和西面的人都迟迟没有发起进攻。我们一边开枪，一边跑到那幢大石头房子旁边的一所小房子里。我们跑进去后，看见一个守着大炮的人，我们都认识他。因为我们是他唯一能看见的人，于是他向我们开炮了，在此之前，在听到我们那个方向传来的枪声时，他就已经做好战斗准备了。如果'小乌鸦'的人在我们发出信号后开火，向我们开火的那个士兵就会被打死。我们中的两人被打死了，三人受了伤（其中的两人随后也死了）。我们跑回小溪，不知道其他人是否会顶上来支援我们，后来，他们确实顶上来了，但敌人的大炮又把他们从那个方向给赶了回去。如果之前就知道他们会顶上来的话，我们可以同时开火，这样就能杀掉所有人，因为白人士兵那时都在各个建筑物之间的空地上。我们不像白人那样有一名军官指挥战斗，而是各自为政，胡乱开枪。冲进大楼的计划被迫放弃了，我们朝窗户开枪，主要是朝那栋大石头建筑开枪，因为我们认为那里面有许多白人。

"我们看不到他们，所以不确定我们是否打死了人。在枪战的过程中，我们试图用火焰箭点燃建筑物，但它就是不起火，所以我们必须得到更多的火药和子弹。当我们绕到堡垒的西边时，太阳大约还有两个小时就要落山了，我们决定撤回到'小乌鸦'的村子去，第二天再继续战斗……

48　　　　"在这次袭击中，大约有400名印第安人参加了战斗，没有任何妇女。她们都待在'小乌鸦'的村子里。做饭的则是一群10岁到15岁的男孩，他们太小了，无法上阵打仗。"[8]

那天晚上，在村子里，"小乌鸦"和"大鹰"的情绪都很低落，因为没有攻占"士兵的房子"。"大鹰"反对再次发动进攻。他说，桑蒂人没有足够的武士来对抗白人士兵的大炮。如果再发动一次进攻，他们可能会遭受更大的伤亡。"小乌鸦"说他要再考虑一下该怎么做。与此同时，每个人都应该去制造尽可能多的子弹；而事务处的仓库里还有非常多的火药。

晚上的晚些时候，情况发生了变化。400名瓦佩顿武士和西塞顿武士从上游事务处赶来，提出要加入姆德乌坎顿人针对白人的战斗。"小乌鸦"高兴极了。桑蒂苏人再次联合起来，总计有800人之多，足以让他们攻占里奇利堡。他召集了一次战前会议，对第二天的战斗下达严格的命令。——这次决不能失败。

"8月22日一大早，我们就出发了，""闪电毯子"说，"但草地上的露水很多，比第一天发起进攻的时候还要多。我们还没有走多远，太阳就已经老高了，到达堡垒时已经是中午了。……这一次，我们没有停下来吃饭，而是各自从裤带里拿出吃的，在中午时分边战斗边吃。"[9]

"大鹰"说，发生在里奇利堡的第二场战斗非常激烈。"我们下定决心要占领这个堡垒，因为我们知道拥有它对我们来说至关重要。如果我们能攻下它的话，那么，我们很快就能掌控整个明尼苏达山谷。"

这一次，桑蒂武士没有直接朝堡垒冲过去，而是在头上插了草和花，好把自己隐蔽起来，然后在山沟和灌木丛中匍匐前进，直到来到守军附近。一阵密密麻麻的火焰箭点着了屋顶；

5. "大鹰"。西蒙斯（Simons）和谢泼德（Shepherd）拍摄于爱荷华州达 49
文波特的麦克莱伦营地（Camp McClellan）。由明尼苏达历史学会提供。

接下来，桑蒂人冲进了马厩。"在这场战斗中，"瓦康达亚曼尼（Wakonkdayamanne）说道，"我从南边冲向马厩，准备去弄一匹马。当我牵着它出来时，一枚炮弹落入马厩，在我身边爆炸了，那匹马从我身上跃了过去，还把我给撞倒了。当我站起来的时候，我看到一头骡子在那里瞎跑，我气得开枪把它给打死了。"[10]马厩周围发生了几分钟的肉搏战，但在白人士兵猛烈炮火的攻击下，桑蒂人又不得不往后撤退了。

"小乌鸦"受了伤，尽管伤得不重，但失血使他变得虚弱起来。在他退出战场以便恢复体力之时，曼凯托又发动了一次进攻。然而，猛烈的双筒霰弹炮把冲锋的印第安武士都打倒，进攻失败了。

"要不是那些大炮，我想我们已经占领了堡垒，""大鹰"说道，"白人士兵非常勇敢地与我们作战，我们觉得他们的人数似乎比实际的还要多。"（8月22日，大约150名士兵和25名武装平民保卫了里奇利堡。）在那天的战斗中，"大鹰"损失的人最多。

下午晚些时候，桑蒂领导人取消了袭击。"太阳已经落山了，""闪电毯子"说道，"当我们看到南边和西边的人被大炮赶了回来，看到'小乌鸦'和他的人往西北方向前进的时候，我们决定加入他们，看看接下来该怎么办……追上他们之后，我们以为是要回'小乌鸦'的村子去召集更多的武士……'小乌鸦'告诉我们，已经没有更多的武士了，接着，大家展开了讨论。一些人想在第二天早上继续进攻，然后去新乌尔姆；另一些想在第二天一早进攻新乌尔姆，然后再回来攻占堡垒。我们担心白人士兵会先于我们抵达新乌尔姆。"[11]

"闪电毯子"口中的白人士兵是指从圣保罗（St. Paul）赶

来的明尼苏达第 6 团的 1400 名士兵。他们由一位桑蒂苏人都很熟悉的长官带领，这个人就是号称"多头交易商"的亨利·H. 西布里（Henry H. Sibley）上校。根据第一份协议，桑蒂人应得 47.5 万美元，西布里主张他的美国皮草公司应得 14.5 万美元，因为其公司之前多付了桑蒂人钱。桑蒂人则认为这家公司实际上是少付了，但事务官亚历山大·拉姆齐（Alexander Ramsey）接受了西布里以及其他商人的要求，因此，桑蒂人交出了土地，却几乎没有得到任何钱。（拉姆齐那时已经是明尼苏达州州长，正是他任命"多头交易商"担任明尼苏达团的"老鹰酋长"。）

8 月 23 日上午，桑蒂人袭击了新乌尔姆。在明亮的阳光下，他们从树林里冒了出来，在大草原上排成一道弧线，快速地向新乌尔姆冲过去。新乌尔姆的市民已经做好准备。在 8 月 19 日年轻的印第安武士的进攻失败后，镇上的居民就筑起了路障，并准备了更多的武器，他们还得到了山谷下游城镇的民兵的支援。当桑蒂人来到离白人前线不到一英里半的地方时，印第安武士已经呈扇形散开了。与此同时，他们加快速度，并开始大声呐喊，以此来吓唬白人。曼凯托是当天的指挥官（"小乌鸦"受伤后躺在自己的村子里养伤），他的计划是包围这个城镇。

双方的火力都很迅猛，但居民用有炮眼的建筑物作为防御阵地，减缓了印第安人的涌入速度。下午早些时候，桑蒂人在新乌尔姆的上风侧放火焚烧了几栋建筑物，希望能在烟幕的掩护下继续前进。60 名武士或骑马或徒步冲向街垒，但被猛烈的火力打回来了。这是一场漫长而艰苦的战斗，在街道、民居、屋外和商店展开。夜幕降临后，桑蒂人没有取得胜利就离开了，但他们把 190 栋建筑物烧成了灰烬，给新乌尔姆那些坚定的守卫者造成了一百多人的伤亡。

三天后，"多头交易商"带领的明尼苏达团的先遣纵队抵达了里奇利堡，桑蒂人开始向明尼苏达山谷中撤退。他们带着200多名囚犯，大部分是白人妇女和儿童，还有相当多的同情白人的混血儿。在离上游事务处大约40英里的地方建起一个临时村庄后，"小乌鸦"开始与该地区的其他苏族酋长商量，希望能获得他们的支持。他没有取得成功。他们缺乏热情的一个原因是"小乌鸦"没能把白人士兵赶出里奇利堡。另一个原因是当"小乌鸦"围攻里奇利堡时，一群毫无纪律的年轻人在明尼苏达河北岸对白人定居者展开了一场不分青红皂白的大屠杀。几百名定居者在毫无防备的情况下被困在他们的小屋里。许多人被杀死了。一些人逃到了安全的地方，还有一些则逃到了苏族部落的村庄，而"小乌鸦"正希望后者能够和他一起并肩战斗。

尽管"小乌鸦"鄙视那些对毫无防备的定居者发动攻击的人，但他知道，既然决定发动战斗，袭击在所难免。但现在回头已经太晚了。只要他还有可以投入战斗的印第安武士，那么，这场针对白人士兵的战斗就会继续下去。

9月1日，他决定派一队侦察兵顺流而下，去试探一下"多头交易商"西布里军队的实力。桑蒂人分成两个小队，"小乌鸦"率领110名武士沿着明尼苏达州北岸前进，"大鹰"和曼凯托则率领更多的兵力在南岸侦察。

"小乌鸦"的计划是避免与白人士兵发生正面交锋，溜到西布里防线的后方，夺取他们的补给车。为此，他向北方前进，经过一个大迂回后，把武士们带到了几个定居点附近，这些定居点在过去两周顶住了印第安劫掠者的袭击。面对可以进攻一些较小的定居点的诱惑，"小乌鸦"的追随者中出现了不和。在侦察行动的第二天，其中的一个小酋长召集了一次军事会议，会议决定去攻打定居点并抢东西。"小乌鸦"反对。他坚持说他们的敌人是士兵，他们必须与士兵作战。会议结束后，75 名武士加入了小酋长所带领的主张劫掠的队伍，而留在"小乌鸦"身边的忠实追随者只有 35 人。

第二天早上，"小乌鸦"的小队伍意外地遇到了一个有 75 名士兵的白人士兵连。在接下来的战斗中，一天前跟随小酋长的那些桑蒂人在听到战斗声之后，连忙赶回来支援"小乌鸦"。在血腥的近距离战斗中，白人士兵动用了刺刀，但桑蒂人杀死了 6 名白人士兵并打伤了 15 人，迫使白人士兵仓促地往哈钦森（Hutchinson）方向撤退。

在接下来的两天里，桑蒂人在哈钦森和森林城（Forest City）周围侦察，但白人士兵一直固守在城内。9 月 5 日，通信兵带来了西南几英里处的战斗报告。"大鹰"和曼凯托在桦树谷（Birch Coulee）困住了"多头交易商"的士兵。

桦树谷战役的前一天晚上，"大鹰"和曼凯托悄悄包围了士兵的营地，士兵们已经无法逃脱了。"天刚亮，战斗就打响了，""大鹰"说道，"它持续了一整个白天以及随之而来的夜晚，一直到第二天早上的晚些时候。双方都打得很英勇。白人的战斗方式让他们损失了许多人。而印第安人所采取的战斗方式则令自己损失了很少……下午 3 点左右，因为战斗进展缓慢而白人很顽强，我们的人开始不满，于是，准备向士兵营地发起总攻的消息在各条战线上传播开来。勇敢的曼凯托想在凌晨一点过后就发起冲锋……

"就在我们要冲锋的时候，传来了大批骑兵正从东边朝里奇利堡赶来的消息。这个消息让大家暂停了冲锋计划，并变得兴奋起来。曼凯托立刻从桦树谷中带了一些人出去拦截他们。……曼凯托指挥他的手下虚张声势，躲在桦树谷中的所有印第安人都大声呐喊着，最后，白人被吓得开始后退，退了大约两英里之后开始在那里构筑胸墙。曼凯托跟了上去，留下了大约30人在那里守着，然后，他带着其他人回到桦树谷继续参加战斗。印第安人回来时，对于白人被自己骗了这件事感到很开心，我们都很高兴，因为白人没有继续推进，也没有把我们赶走……

"第二天早上，西布里将军带着一支庞大的队伍过来了，把我们赶出了战场。我们慢慢地往后撤退。我们中的一些人说，他们一直待到了西布里过来为止，当西布里的士兵和战场上的一些人握手时，他们朝士兵开了枪。我们这些在大草原上的人回到了西边，沿着山谷继续前进。……没有人追击我们。我们离开战场时，白人用大炮向我们开了火，这不过是虚张声势，根本没有给我们造成伤害。他们只是制造了一阵噪声。过河后，我们回到了老村子里的营地，然后沿着河往上游走，到黄药河和奇珀瓦河（Chippewa）河口时，'小乌鸦'加入了我们。……最后，消息传来，西布里和他的军队又开始来追击我们了。……他在桦树谷战场上把一根树枝劈开，在里面给'小乌鸦'留了一封信，我们中的一些人看到了那封信，把它带过来了……"[12]

54 "多头交易商"留下的信简短而粗略：

> 如果"小乌鸦"有什么提议，让他派一个混血儿来找我，他在营地内外都会受到保护。
>
> H. H. 西布里上校[13]

"小乌鸦"当然不再相信这个人，这个人太狡猾了，他拿走了条约所规定的桑蒂人应得的钱。但他决定回信。他想，也许这个之前远在怀特罗克（White Rock，即圣保罗）的"多头交易商"并不知道桑蒂人为什么会发动这场战争。"小乌鸦"还是希望拉姆齐州长了解桑蒂人发动战争的原因。对于拉姆齐对明尼苏达白人说过的话，许多桑蒂人中的中立者感到害怕："要么消灭印第安苏人，要么将他们永远赶出州境。"[14]

"小乌鸦"9月7日写给西布里将军的信是这样的：

> 我要告诉你，我们为什么发动这场战争。是因为加尔布雷斯少校。我们和政府订了一个条约，但为了得到一丁点儿东西，我们都要苦苦哀求，而且要等到我们的孩子们快饿死了时才能得到。是那些商人造成了这一切。A. J. 迈里克先生叫印第安人去吃草或吃泥土。福布斯先生对下游苏人说他们根本就不是人。而罗伯茨和他的朋友们则一起骗我们的钱。[①] 如果说年轻的武士们侵犯了白人，那么，我也是其中的一分子。所以，我要你把这一切都告诉拉姆齐州长。我抓到了很多俘虏，他们是妇女和儿童。……我要你给我一个答复。

西布里的回答是：

> "小乌鸦"——你在缺乏充分理由的情况下杀害了许

---

① 托马斯·J. 加尔布雷斯是保留地印第安事务官。A. J. 迈里克、威廉·福布斯和刘易斯·罗伯茨都是位于黄药河下游事务处的商人。——作者注

多我们的人。举着休战旗把俘虏还给我，到时候，我会像个男人一样跟你说话。[15]

在"多头交易商"明确是否会执行拉姆齐州长的命令——要么消灭桑蒂人，要么把他们赶出州境——之前，"小乌鸦"无意归还俘虏。他想把俘虏作为讨价还价的筹码。然而，在各派的会议上，桑蒂人对于在西布里的军队到达黄药河之前大家应该怎么做有很大分歧。上游事务处的西塞顿人保罗·马扎库特曼（Paul Mazakootemane）谴责"小乌鸦"挑起战斗的行为。"把这些白人俘虏都给我，"他要求道，"我会把他们都交给他们的朋友。……停止战斗。任何一个与白人战斗的人都不会变得富有，都无法在一个地方待上哪怕两天，相反，他总是在逃跑，总是在挨饿。"[16]

曾参加过里奇利堡和新乌尔姆战斗的瓦巴沙也赞成通过释放俘虏来开辟一条通往和平的道路，但他的女婿瑞达因延卡（Rda-in-yan-ka）则说出了"小乌鸦"和大多数武士的心声："我赞成继续战斗，反对交出俘虏。我不认为我们放掉这些白人俘虏后，他们会遵守任何已达成的协议。自从我们和他们打交道以来，他们的事务官和商人就一直在抢劫和欺骗我们。我们有些人被枪杀了，有些人被吊死了，有些人被扔在浮冰上淹死了，还有许多人在监狱里挨饿。在那四个人从阿克顿（Acton）回来并告诉我们他们所做的一切之前，我们这个民族并不打算杀害任何一个白人。当他们回来并叙说了一切之后，所有的年轻人都激动起来了，然后才开始了大屠杀。如果可以的话，老人们可以阻止他们，但自从条约生效以来，老人们已经完全失去了影响力。我们可能会为所发生的事感到遗憾，但这件事已经无法补救了。我们得死了。那么，就让我们尽可能多地杀死白人，让俘虏给我们陪葬吧。"[17]

9月12日，"小乌鸦"给了"多头交易商"结束战争、停止流血的最后一次机会。他在信中向西布里保证，俘虏受到了友善的对待。"作为朋友，我想从你那里知道，我怎样才能为我的人民带来和平。"

"小乌鸦"并不知道，就在同一天，瓦巴沙给西布里发了一个秘密消息，指责"小乌鸦"挑起了战争，并声称他瓦巴沙是"好白人"的朋友，对于自己几周前曾在里奇利堡和新乌尔姆与白人作战的事，他闭口不提。"我一直受到威胁，如果我为白人提供帮助，我就会被杀死，"他说，"但如果你现在指定一个让我过来见你的地方，我和我仅有的几个朋友将尽我们所能地带上所有俘虏，并带上我们的家人，到你指定的地方去见你。"

西布里立即给两人都回了信。他斥责"小乌鸦"不交出俘虏的行为，告诉他那不是取得和平的方式，但他没有回答"小乌鸦"所提出的该如何结束这场战争的问题。相反，西布里给背叛"小乌鸦"的瓦巴沙写了一封长信，明确指示他举着停战旗并把俘虏送过去。"我将高兴地接待白人真正的朋友们，"西布里许诺说，"以及他们所带来的那些俘虏，而且我有足够的力量来镇压所有阻止我军行进的人，惩罚那些双手浸满了无辜鲜血的人。"[18]

在收到了"多头交易商"对他的恳求的冷淡答复后，"小乌鸦"明白，除非卑躬屈膝地投降，否则没有任何实现和平的希望。如果无法打败白人士兵，那么桑蒂苏人的命运，就要么是被消灭，要么是被流放。

9月22日，侦察兵报告说西布里的士兵已经在伍德湖（Wood Lake）边上扎营了。"小乌鸦"决定在他们抵达黄药河之前和他们一战。

"我们所有的战斗首领都在场，我们所有最优秀的战斗印第安人都在场，""大鹰"说，"我们觉得这将是一场决定性的战斗。"正如他们在桦树谷里所做的那样，桑蒂人悄悄地给白人士兵设下了埋伏。"我们能听到他们的笑声和歌声。当我们将一切准备就绪后，'小乌鸦'和我还有其他一些酋长去了西边的土堆或小山，以便在战斗开始之后更好地观察战斗情况……

"早晨来了，一场意外打乱了我们的计划。由于某种原因，西布里没有像我们预期的那样很早就行动。我们的人都躲了起来，耐心地等待着。有些人离峡谷中的白人士兵的营地很近，但白人士兵没有注意到我们中的任何一个人。我不认为他们发现了我们设下的埋伏。太阳升起后，似乎过了相当长的一段时间，我们才看见四五辆马车载着一些士兵从营地出发了，朝着黄药河事务处方向驶去。后来，我们得知，他们是在没有接到任何命令的情况下私自去五英里外的事务处挖土豆的。他们的车从草原上经过，而我们所设下的埋伏圈中的一部分就在那里。有些马车偏离了道路，如果这些马车一直往前开的话，就会从我们躺在草地里的人身上碾过。最后，因为他们实在靠得太近了，我们的人不得不站起来对他们开火。这样一来，战斗就打响了，但不是按照我们所计划的方式。'小乌鸦'看到这个情况后，感觉非常不妙……

"当时参加战斗的印第安人表现很好，但我们中有几百人没有参加战斗，没有开过一枪。他们离战场太远了。大部分战斗是由埋伏在山洞中以及埋伏在通往那条山洞的路边的人进行的。那些在山上的人尽了最大的努力，但很快就被赶跑了。曼凯托牺牲了，我们失去了一位非常优秀的、勇敢的军事酋长。他被一颗炮弹砸死了。那颗炮弹是一颗哑炮，他一点都不害怕，但当他趴在地上时，它恰好落在他的背上，把他给砸死了。白人发起了冲锋，把我们的人赶出了山洞，战斗就这样结束了。尽管白人并没有追赶，我们还是在混乱中撤退了。我们穿越了一片大草原，但他们的骑兵并没有追上来。我们牺牲了十四五个人，还有不少人受了伤。有些伤员后来死了，但我不知道这种情况到底存在多少。我们没有运走阵亡的人，但带走了所有伤员。据我所知，我们所有战死的人都被白人士兵割下了头皮。"（看到士兵们如此对待死去的桑蒂人的行为之后，西布里发布了一项禁令："死者的尸体，即使是一具野蛮的敌人的尸体，任何文明人和基督徒都不应该去侮辱。"）[19]

那天晚上，在黄药河上游 12 英里处的桑蒂人营地，酋长们举行了最后一次会议。他们中的大多数人现在都认为"多头交易商"对他们来说太强大了。林地苏人要么投降，要么只能逃跑投靠他们的表亲——达科他的草原苏人。那些没有参加过战斗的人决定留下来投降，他们确信，释放白人俘虏能够为他们赢来"多头交易商"西布里长久的友谊。瓦巴沙和他们一起留了下来，他还说服他女婿瑞达因延卡一起留下来。在最后一刻，"大鹰"也决定留下来。一些混血儿向他保证，如果他投降的话，他只会被当作俘虏关押很短一段时间。他会为自己的决定后悔。

第二天早上，带着 60 年来的苦涩与重负，"小乌鸦"对追随者发表了最后一次演讲。"我羞于称自己为苏人，"他说， 58

"我们 700 名最优秀的武士昨天被白人打败了。现在，我们最好分散开来，像野牛和狼分散在平原上一样。不错，白人有马车和更好的武器，而且他们的人数更多。但这并不是我们不能战胜他们的原因，因为我们是勇敢的苏人，白人则和懦弱的女人没什么两样。我无法理解这种可耻的失败。一定是我们当中出了叛徒。"[20] 接着，他、沙科皮和"药瓶"命令他们的人拆掉帐篷。他们从印第安事务处里找来了几辆货车，装上货物和粮食，并让妇女和儿童都上车，然后向西出发了。"野稻之月"（Moon of the Wild Rice）9 月即将过去，寒冷的月份马上就要来临了。

9 月 26 日，在瓦巴沙和保罗·马扎库特曼的协助下，西布里进入了桑蒂人营地，要求他们立即释放俘虏。107 名白人和162 名混血儿被释放了。在随后召开的一次会议上，西布里宣布桑蒂人都是战俘，直到他确认并绞死其中的罪犯为止。那些主张求和的酋长用一种谄媚的态度说双方应该友好相处。比如保罗·马扎库特曼就说："我就像你的孩子一样长大了。你用你的一切使我长大，现在，我拉着你的手，就好像小孩子拉父亲的手一样。……我把所有的白人都当作我的朋友，我相信他们也会这样对我的。"[21]

西布里的回应是在营地周围设置了一圈炮台。然后，他派出一些混血儿信使，告诫明尼苏达山谷里所有的桑蒂人都必须来所谓的"解救营地"（他给这个地方新起的名字）。那些拒绝自愿前来的人，将遭到追击、逮捕甚至被杀死。在桑蒂人被围起来并被解除了武装后，白人士兵把树砍倒了，建起了一幢巨大的木屋。这栋木屋的用途很快就清楚了：大部分桑蒂男子——大约是 2000 名印第安人中的 600 人——被用铁链成对地拴在一起，然后被囚禁在木屋里。

与此同时，西布里挑选了5名军官组成了军事法庭，对所有涉嫌参与起义的桑蒂人进行审判。由于印第安人在法律上没有什么权利，因此，他认为没有必要为他们指定辩护律师。

第一个被带上法庭的嫌疑人是名叫戈弗雷（Godfrey）的混血儿，他娶了瓦巴沙手下的一个女人为妻，在黄药河下游事务处生活了四年。目击证人是3名白人妇女，她们都曾是俘虏。没有人指控他强奸，也没有人见过他犯下了杀人罪，但她们说自己曾听到戈弗雷吹嘘在新乌尔姆杀害了7名白人。根据这一证据，军事法庭认定戈弗雷犯有杀人罪，并判处绞刑。

后来，戈弗雷得知，如果他愿意指认曾参与袭击的桑蒂人，法庭将为他减刑，他就开始主动指认其他人。整个审判进展得很顺利，每天有多达40名印第安人被判处监禁或死刑。11月5日，审判结束了，303名桑蒂人被判处死刑，16人被判处长期监禁。

要夺走这么多人的生命——尽管他们是"人面恶魔""多头交易商"西布里也不想独自承担这一责任。他把整个责任推到了西北军区司令约翰·波普（John Pope）将军身上。波普将军又把最后的决定交给了美国总统亚伯拉罕·林肯。"除非总统禁止，否则，苏族囚犯都应被处决，"波普将军对拉姆齐州长说，"我相信他是不会这么做的。"

然而，作为一个有良知的人，亚伯拉罕·林肯要求"完整的定罪记录；如果相关记录不能完全表明罪犯的罪过或恶行的话，请认真写下来并交给我看"。在收到审判记录后，总统指派两名律师进行了复查，以便将杀人凶手和只是参与战斗的人区分开来。

林肯拒绝批准立即绞死303名被判刑的桑蒂人的提议，这激怒了波普将军和拉姆齐州长。波普抗议道："在任何情况下，被定罪的罪犯都应该被立即处决，毫无例外。……人道主义要求立即处理此案。"拉姆齐则要求总统授权，下令迅速处决303名死刑犯，并警告说，如果林肯不迅速采取行动的话，明尼苏达州人民将对囚犯进行"私人报复"。[22]

在林肯总统审查审判记录时，西布里把被判刑的印第安人转移到了明尼苏达河南本德（South Bend）的一个俘虏营。他们被押送着经过新乌尔姆时，一群包括许多妇女在内的市民用干草叉、滚烫的水和石块对囚犯们进行"私人报复"。士兵们押着囚犯终于从镇子出来后，15名囚犯受伤了，其中一人的下巴骨折了。12月4日晚，一伙暴民再次冲进了俘虏营，试图用私刑处死印第安人。士兵们阻止了这群暴徒，第二天，他们把印第安人转移到了曼凯托镇附近一个更为坚固的寨子里。

与此同时，西布里决定将剩下的1700名桑蒂人关押起来，其中大部分是妇女和儿童，尽管除了生来是印第安人之外，她们没有任何其他罪行。他下令将他们从陆路转移到斯内林堡，一路上，他们也遭到了愤怒的白人的攻击。许多人被石头砸死了，一个孩子被从母亲的怀抱中抢走了，并被殴打致死。在斯内林堡，四英里长的队伍被关押在一个潮湿洼地的围栏里。在那里，在士兵的守卫下，他们住着破旧的屋子，靠着微薄的口粮过活，曾经骄傲的林地苏人残部在等待着他们的命运。

12月6日，林肯总统通知西布里，他可以"处决"303名被定罪的桑蒂人中的39人。"其他被判刑的囚犯，你要关押起来，并等待进一步的命令，注意既不能让他们逃跑，也不能让他们遭受任何非法的暴力。"[23]

处决日期定在12月26日，也就是"鹿角脱落之月"

（Moon When the Deer Shed Their Horn）。那天早上，曼凯托镇到处都是报复心强的、带着一种病态的好奇的市民。一个团的士兵来到镇上维持秩序。在最后一刻，一名印第安人被撤销了死刑。大约10点钟，38名被判死刑的人从监狱走上了刑台。他们唱着苏人的死亡之歌，直到士兵们把白色的帽子套在他们头上、把套索套在他们脖子上为止。一名军官发出信号后，绳索被割断了，38名桑蒂苏人被毫无生气地吊在了空中。如果不是亚伯拉罕·林肯的话，可能会有300名桑蒂苏人陷入这样的命运；即便如此，一个旁观者还夸耀说这是"美国最伟大的大规模处决行动"。

几个小时后，官员们发现有两名被绞死的人不在林肯批准的名单上，但直到九年后，这件事才被披露出来。"任何错误都是令人遗憾的，"一个对此负责的人宣称，"但我确信这不是故意的。"其中一名被无辜绞死的男子，实际上在袭击的过程中曾救了一名白人妇女的命。[24]

另外几名当天被处决的人，直至最后都坚称自己无罪。其中一人是瑞达因延卡，一开始，他曾试图阻止这场战斗，但后来还是加入了"小乌鸦"的行列。当"小乌鸦"和他的追随者们逃往达科他时，瓦巴沙说服瑞达因延卡不要一起去。

在被处决之前不久，瑞达因延卡向他的酋长口述了一封告别信：

> 瓦巴沙，你骗了我。你曾告诉我，如果我们听从西布里将军的建议，向白人投降的话，一切都会好起来的，无辜的人是不会受到伤害的。我没有杀死或伤害过任何一名白人男子，或任何一名白人。我没有参与过抢夺他们财物

的行动，但今天，我依旧面临着被处死的命运，并且过几天就要被处死了，而那些真正有罪的人却可以安坐在牢房中。我的妻子是你的女儿，我的孩子是你的外孙。我把他们都交给你照顾和保护。不要让他们受苦；等我的孩子们长大了，让他们知道自己的父亲之所以死了，是因为他听从了你这位酋长的劝告，而不是因为沾染了白人的鲜血而受到了伟大神灵的惩罚。

我的妻子和孩子们是我的至爱。让他们不要为我悲伤。让他们记住，勇敢的人应该做好迎接死亡的准备；我会像任何一个达科他人那样去面对它的。

你的女婿，

瑞达因延卡[25]

那些躲过了被处死的命运的人则被判入狱。其中一人是"大鹰"，他很主动地承认自己参加了战斗。"如果早知道我会被送到监狱的话，"他说，"我就不会投降；但当我在监狱里待了三年，他们要把我赶出去的时候，我告诉他们，如果他们愿意，可以再把我关上一年，我那样说是认真的。我不喜欢他们对待我的方式。我诚心诚意地投降了，因为我知道许多白人都了解我并不是杀人犯，那些杀人事件发生时我也不在场。如果我杀了人或打伤了人的话，那些都是在公开的战斗中发生的。"[26]其他许多人也为没有追随其他印第安武士一起逃离明尼苏达州而感到后悔。

在这些人被处死的时候，"小乌鸦"和他的追随者们已经在魔鬼湖（Devil's Lake）安营扎寨了，这是苏族部落几个过冬地之一。冬天，他试图把酋长们联合成一个军事联盟，并警告他们，除非他们做好了战斗准备，否则，他们都会在白人进攻时倒下。他赢得了他们的同情，但在平原印第安人中，很少有人认为自己正面临着危险。如果白人进入达科他的话，印第安人就可以向西迁移。这块土地足够大，可以容纳所有人。

春天，"小乌鸦"、沙科皮和"药瓶"带着他们的部落北上进入了加拿大。在加里堡（Fort Garry），也就是温尼伯（Winnipeg），"小乌鸦"试图说服英国当局向桑蒂人提供援助。第一次和英国人见面时，他穿上了最好的衣服——一件天鹅绒领口的黑色外套、一块蓝色腰布和一条用鹿皮做的紧身裤。他提醒英国人，在此前英国与美国的战争中，他祖父曾是英国人的盟友，在1812年的战争中，桑蒂人曾从美国人那里夺取了一门大炮，并把它送给了英国人。"小乌鸦"说道，那一次，英国人曾向桑蒂人保证，如果他们遇到麻烦、需要帮助的话，英国人会把大炮还给他们，而且还会配上炮手。桑蒂人现在有麻烦了，他们想拿回大炮。

然而，食物是"小乌鸦"能从英属加拿大人那里得到的唯一的东西。他们没有大炮可供桑蒂人使用，甚至不能为桑蒂人的武器提供弹药。

1863年6月，也就是"草莓之月"（Strawberry Moon），"小乌鸦"决心做点什么。如果他和他的家人被迫成为平原印第安人的话，那么，他们必须有马。将他从自己的土地上赶走的白人有马，他要去夺取他们的马，以作为失去土地的补偿。他决定带一个小群人回明尼苏达州抢马。

"小乌鸦"16岁的儿子沃维纳帕（Wowinapa）后来讲述了有关这次行动的情况："父亲说他不能和白人作战，但他会去偷他们的马，然后把马送给他的孩子们，这样他们会过得舒服，然后，他就可以离开了。

"父亲还告诉我，他年纪大了，要我陪他去给他扛东西。他让几个妻子和其他孩子留在后方。和我们一起南下的有十六个男人和一个女人。我们没有马，是一路徒步到白人定居点那里的。"[27]

在"红百合盛开之月"（the Moon of the Red Blooming Lilies），他们到达了大树林（Big Woods）。几年前，这片森林还是桑蒂人的家乡，现在，却到处都是白人的农场和定居点。7 月 3 日下午，"小乌鸦"和沃维纳帕从他们隐蔽的露营地离开了，来到哈钦森定居点附近采摘覆盆子。大约在日落时分，两个猎鹿归来的白人定居者看到了他们。根据明尼苏达州最近的规定，只要割到一个苏人的头皮，就可以得到 25 美元的赏金，于是，那两个定居者立即朝他们开火。

"小乌鸦"被击中侧面，正好在臀部上方。"他的枪和我的枪都在地上，"沃维纳帕说，"他先拿起我的枪开了一枪，接着，拿起自己的枪开了第二枪。但那颗子弹击中他的枪托后反弹回来，打在他肩膀附近。就是这一枪把他给打死了。他告诉我他马上就要死了，并让我给他水喝，我马上给了他水喝。之后，他就死了。听到第一声枪响后，我就趴下了，因此，在父亲死之前，那些人并没有看到我。"

沃维纳帕急忙给死去的父亲穿上新的莫卡辛软皮鞋，以便父亲可以穿着新鞋到鬼国去。他给父亲盖上了一件外套，然后就逃往营地去了。在让其他人立即散开后，他往魔鬼湖赶去。"我只在晚上行动，因为我没有可以打猎的弹药，我没有足够的力气，因此无法快速前进。"在比格斯通湖（Big Stone Lake）附近一个废弃的村子里，他找到了一个弹匣，并成功地射杀了一只狼。"我吃了一点,这让我有力气赶路了,我继续往湖边赶去,直到被俘那天为止。"[28]

沃维纳帕被"多头交易商"西布里手下的一群士兵俘虏了,他们是在那年夏天前往达科他消灭苏人的。士兵们把这个16岁的男孩送回明尼苏达州,在那里,他受到了军事审判,并被判处绞刑。后来,他得知父亲的头皮和头骨被保存了下来,并在圣保罗展出。明尼苏达州向杀死"小乌鸦"的定居者提供了规定的赏金,还额外追加了500美元。

沃维纳帕的审判记录被送到华盛顿后,军方不同意这个判决,并将这个男孩的刑期减为监禁。几年后,沃维纳帕出狱了,他改名为托马斯·韦克曼(Thomas Wakeman),并成为一名教堂执事,在苏族建立了第一个基督教青年协会。

那段时间,沙科皮和"药瓶"仍留在加拿大,他们相信报复心强的明尼苏达白人无法追到那里去。然而,1863年12月,"多头交易商"手下的一个小头目,也就是埃德温·哈奇(Edwin Hatch)少校,率领明尼苏达骑兵营进入加拿大边境线边上的彭比纳(Pembina)。

哈奇从彭比纳派一名中尉越过边境线进入加里堡,在那里秘密会见一个名叫约翰·麦肯齐(John McKenzie)的美国人。在麦肯齐和两名加拿大人的帮助下,中尉设下了抓捕沙科皮和"药瓶"的圈套。在一次与两位桑蒂人军事酋长的会面中,他们在给酋长的酒中掺了鸦片酊,并趁他们睡着的时候用氯仿麻醉了他们,然后把他们的手脚捆绑起来,之后,把他们绑在由狗拉着的雪橇上。中尉完全不顾国际法,直接把他的俘虏拖过了边境,并送到彭比纳的哈奇少校那里。几个月后,西布里又进行了一次引人注目的审判,沙科皮和

"药瓶"被判处绞刑。对于判决结果，圣保罗的《先驱报》评论道："我们不认为明天就处决他们是不公正的行动，但如果能获得一些确凿的证据来证明他们有罪的话，那还是更好一些……在由同胞组成陪审团的审判中，没有一个白人会仅因为自己的供述就被判处绞刑。"绞刑执行完毕后，明尼苏达州议会给约翰·麦肯齐支付了 1000 美元，作为他在加拿大所作的贡献的酬劳。[29]

桑蒂苏人在明尼苏达州的日子就这样结束了。大多数印第安军事酋长和武士不是死了，就是被关在监狱里，或者逃到该州之外很远的地方去了，但这次起义却给了白人公民一个机会，即在不需要支付任何报酬的情况下，他们可以夺走桑蒂人留下的土地。以前的条约被废除了，幸存的印第安人被告知他们将被转移到达科他的保留地。甚至于那些与白人勾结过的印第安酋长也不得不离开。"消灭或放逐他们"是渴望得到土地的定居者们的一致呼声。1863 年 5 月 4 日，第一批 770 名桑蒂人乘坐汽船离开了圣保罗。明尼苏达州的白人在码头排成一排，用一阵阵大声的嘲笑与不停地向他们投掷石块的方式送别他们。

密苏里河上的乌鸦溪（Crow Creek）被选为桑蒂人的保留地。那里的土壤贫瘠，雨量稀少，野生动物稀少，水是碱性的，不适合人饮用。很快，周围的山丘上就布满了坟墓。在 1863 年被转移到这个地方的 1300 名桑蒂人中，只有不到 1000 人幸存了下来。

那一年，一个年轻的提顿苏人曾去过乌鸦溪。他同情地看着自己的桑蒂人表亲们，听他们讲述美国人夺走他们的土地并把他们赶走的故事。他觉得白人的国家就像一股新冒出来的泉水，这股水漫过了河岸，摧毁了所经之路上的一切。很快，他们就会占领野牛之国。除非印第安人足够坚强，否则，他们是无法抵挡住这股水流的。他下定决心要挡住这股水流。这个人正是塔坦卡·尤坦卡，也就是"坐牛"。

第四章　夏延人的战争

1864 年　1 月 13 日，民谣作家斯蒂芬·福斯特（Stephen Foster）逝世，享年 38 岁。4 月 10 日，马克西米利安大公（Archduke Maximilian）在法国军队的支持下成为墨西哥皇帝。4 月 17 日，佐治亚州萨凡纳发生面包骚乱。5 月 19 日，纳撒尼尔·霍桑（Nathaniel Hawthorne）逝世，享年 60 岁。6 月 30 日，美国财政部部长蔡斯辞职，他指控投机者正在密谋延长内战，以便从中渔利。议员和历史学家罗伯特·C. 温思罗普（Robert C. Winthrop）说："公开宣讲爱国主义，可能正是为了掩盖数不清的罪恶。"9 月 2 日，佐治亚州亚特兰大被联邦军队攻陷。11 月 8 日，林肯再次当选为总统。12 月 8 日，在罗马，庇护九世发布了《谬说要录》（*Syllabus Errorum*），谴责自由主义、社会主义和理性主义。12 月 21 日，谢尔曼取胜。12 月，埃德温·布斯（Edwin Booth）在纽约冬季花园剧院演出《哈姆雷特》。

尽管我遭受了许多冤屈，但我仍抱着希望活着。我没什么二心。……现在，我们又在一起缔造和平了。我的羞耻感和地球一样大，但我会按照朋友们的建议去做。我曾以为自己是唯一一个坚持和白人做朋友的人，但他们来了，他们把我们的住处、马和其他的一切一扫而空，我就很难再相信白人了。

——"黑水壶"，南夏延人

68　　　　1851 年，夏延人、阿拉帕霍人（Arapahos）、苏人、乌鸦人（Crows）和其他部落在拉勒米堡（Fort Laramie）与美国代表会面，他们同意美国人在其领地上修建道路和军事哨所。签订条约的双方宣誓："在所有的交往中均保持诚意和友善，并实现有效和持久的和平"。在条约签署后的第一个十年结束时，白人沿着普拉特河一路挺进到印第安人的领地。先是马车，然后是一连串的堡垒；接着是驿站马车和一连串挨得更紧密的堡垒；接着是驿马骑手，之后，电报的通话线就登场了。

在 1851 年的条约中，平原印第安人没有放弃任何他们对土地的权利或主张，也没有"放弃在本条约所述的土地上狩猎、捕鱼和通行的特权"。1858 年为派克山（Pike's Peak）淘金高峰期，成千上万的白人矿工在印第安人的土地上挖金矿。他们在各处建造了小村庄，1859 年，他们又建造了一个大村庄，命名为丹佛市。阿拉帕霍酋长"小渡鸦"对白人的活动很好奇，这驱使他到丹佛走了一遭，于是，他学会了抽烟，还学会了用刀叉吃肉。他还告诉矿工们，看到他们得到了金子他很高兴，但他提醒他们，这块土地属于印第安人，并表示希望他们在找到所需的所有黄色金属后，就不再待在那里。

矿工们不仅留了下来，还来了成千上万的新矿工。曾经满是野牛的普拉特河谷挤满了定居者，他们在由《拉勒米堡条约》规定分配给南夏延人和阿拉帕霍人的土地上建立了农场，并划分了土地。条约签署后仅十年，华盛顿的大议会就划定了科罗拉多领地的范围；"上父"给这里派来了长官；政客们开始谋划从印第安人手中攫取土地。

在整个过程中，夏延人和阿拉帕霍人都一直保持和平，当美国官员邀请他们的酋长到阿肯色河边上的怀斯堡（Fort Wise）

讨论一项新条约时，几位酋长作出了回应。根据两个部落的酋 69
长后来的声明，他们被告知的条约内容和实际写入条约中的内
容完全不同。酋长们的理解是：夏延人和阿拉帕霍人将保留他
们的土地所有权和在土地上狩猎野牛的自由，但他们同意生活
在以沙溪（Sand Creek）和阿肯色河（Arkansas River）为界的
三角形地区内。迁徙自由是一个特别重要的问题，因为分配给
这两个部落的保留地几乎没有野生动物，而且除非建立起灌溉
系统，否则，那里也不适合开展农业活动。

在怀斯堡签订条约是一件盛事。由于这件事很重要，印第
安事务局局长 A. B. 格林伍德（A. B. Greenwood）上校出席了活
动并发放了奖章、毯子、糖和烟草等。和夏延部落联姻的"小
白人"（Little White Man），也就是威廉·本特（William Bent），
也在那里看顾印第安人的利益。当夏延人指出他们的 44 个酋长
中只有 6 个人在场时，美国官员回答说其他人可以稍后签字。
其他酋长后来并没有在条约上签字，因此，条约的合法性一直
受到质疑。"黑水壶"、"白羚羊"（White Antelope）和"瘦熊"
（Lean Bear）是签署了这个条约的夏延人酋长。"小渡鸦"、"风
暴"（Storm）和"大嘴"（Big Mouth）则是签了这个条约的阿
拉帕霍人酋长。见证人是两名美国骑兵军官约翰·塞奇威克
（John Sedgwick）和 J. E. B·斯图尔特（J. E. B. Stuart）。（几
个月后，一直敦促印第安人保持和平的塞奇威克和斯图尔特，
在内战中相互对战，尤其具有历史讽刺意味的是，他们都是在
"荒原之战"中死去的，死的时间前后才相差几个小时。）

在白人内战的头几年，夏延人和阿拉帕霍人的狩猎队发现
越来越难以避开正在向南搜寻灰衣军的蓝衫军士兵。他们听到
了纳瓦霍人陷入麻烦的消息，并从苏族朋友那里了解到胆敢挑

战明尼苏达州白人士兵的桑蒂人的可怕命运。夏延人和阿拉帕霍人的酋长们试图让那些忙于狩猎野牛的年轻人远离白人士兵行进的路线。然而，一个又一个夏天过去了，蓝衫军的数量在不断增加，也越来越傲慢。到1864年春天，白人士兵潜入了位于烟山河（Smoky Hill）和共和河（Republic River）之间偏远的狩猎场。

那年，草长得很茂盛，"罗马鼻"和相当多夏延人的"犬兵"（Dog Soldiers）以及北方的夏延表亲们一起到粉河一带打猎。不过，"黑水壶""白羚羊"和"瘦熊"让他们的人一直待在普拉特河南边，阿拉帕霍的"小渡鸦"也是这样做的。他们小心翼翼地避开了白人士兵和猎野牛的白人，并且远离白人的堡垒、小路和定居点。

"黑水壶"和"瘦熊"在那年春天去了一趟堪萨斯的拉内德堡（Fort Larned），目的是进行交易。就在前一年，两位酋长曾被邀请到华盛顿去拜见"上父"亚伯拉罕·林肯，他们确信"上父"在拉内德堡的士兵会对他们很好。林肯总统给了他们勋章，让他们佩戴在胸前，格林伍德上校向"黑水壶"赠送了一面美国旗，那是一面巨大的驻军军旗，上面有代表34个州的白色星星，它们比在晴朗的夜空中闪烁着的星星还要大。格林伍德上校告诉他，只要那面旗帜在他头顶飘扬，就不会有士兵向他开火。"黑水壶"为自己得到了这面旗帜而感到非常自豪，在永久营地时，他总是把它挂在帐篷上一根柱子的顶端。

5月中旬，"黑水壶"和"瘦熊"听说士兵袭击了南普拉特河边的一些夏延人。他们决定解散营地，向北迁移，加入其他部落，以便增强力量、自我保护。经过一天的行军，他们进

70

入了灰溪（Ash Creek）附近的营地。第二天一早，按照惯例，猎人们很早就出去打猎了，然而，很快他们就赶回来了。原来，他们看见士兵正拖着大炮向营地逼近。

"瘦熊"喜欢热闹，他告诉"黑水壶"他要出去会会那些士兵，看看他们想要什么。他把"上父"林肯发给他的勋章别在外套上，拿上一些在华盛顿得到的、能证明他是美国人的好朋友的文件，然后骑着马带着一队印第安武士过去了。"瘦熊"骑到营地附近的一座小山上后，看见四队骑兵正向他们走来。他们中间有两门大炮，后面还拖着几辆马车。

护送"瘦熊"的年轻武士之一"狼酋长"（Wolf Chief）随后说，士兵们一看到夏延人，就立即摆出了战斗阵形。"'瘦熊'让我们这些武士待在原地别动，""狼酋长"说，"为了不让白人士兵受到惊吓，他骑马上前，想与军官握手，并出示证件。……当'瘦熊'离白人士兵只有二三十码的时候，军官突然大声下令，白人士兵就马上向'瘦熊'和我们开火了。'瘦熊'在白人军队面前从马上摔了下来，另一个夏延人'星星'（Star）也摔下了马。白人士兵随后驱马向前，在'瘦熊'和'星星'已经无助地躺在地上的时候，开枪打死了他们。我带着一队年轻人走到了一边。我们前面有一队士兵，但他们都在向'瘦熊'和其他逼近他们的夏延人开枪。在我们使用弓和枪向他们开火之前，他们根本没有注意到我们。他们离我们太近了，我们用箭射倒了几个人。他们中有两个人从马背上向后摔了下去。这时，场面一片混乱。越来越多的夏延人成群地赶过来了，白人士兵则聚拢在一起，看起来非常害怕。他们用大炮向我们开炮。葡萄弹在我们周围爆炸，但准头很差。"[1]

战斗正在进行的时候，"黑水壶"骑着马过来了，他在武士们中间来回穿梭。"停止战斗！"他大喊道，"不要发动战争！"过了很久，夏延人才终于听从了他的命令。"我们非常生气，""狼酋长"说，"但最终，他让战斗停了下来。白人士兵逃跑了。我们缴获了15匹战马，上面有马鞍、马缰和马鞍袋。几名白人士兵被杀了；'瘦熊''星星'和一个夏延人被杀了，同时还有许多人受伤。"

夏延人确信他们可以杀死所有的白人士兵，并缴获他们的山地榴弹炮，因为营地有500名夏延武士，而白人士兵则只有100名。事实上，许多年轻武士被白人残忍地杀死"瘦熊"的行为激怒了，他们不断地追赶撤退的士兵，一直追到了拉内德堡。

"黑水壶"被这场突如其来的战斗弄糊涂了。他为"瘦熊"感到难过，毕竟，他们是近半个世纪的朋友了。他记得"瘦熊"的好奇心总是会惹来麻烦。早些时候，在夏延人友好地访问阿肯色河边的阿特金森堡时，"瘦熊"看到一个军官的妻子手上戴着一枚闪亮的戒指。他冲动地抓住那个女人的手，端详着那枚戒指。女人的丈夫冲了过来，用一根大鞭子抽打"瘦熊"。"瘦熊"转过身，跳上马，跑回了营地。他在脸上涂了油彩，骑着马从营地中穿过，号召武士们和他一起去进攻堡垒。他大喊道：夏延人的一个酋长遭到了侮辱。那天，"黑水壶"和其他酋长很难让他平静下来。现在，"瘦熊"死了，他的死激起了武士们的愤怒，这种愤怒比之前"瘦熊"在阿特金森堡受到侮辱时更为强烈。

"黑水壶"不明白为什么白人士兵会毫无预兆地来进攻一个和平的营地。他想，如果有什么人知道答案的话，那一定会是他的老朋友"小白人"威廉·本特。自从这个"小白人"和他的兄弟们来到阿肯色河建造本特堡以来，已经过去三十多年了。威廉娶了一个名叫"猫头鹰女人"（Owl Woman）的印第安女人为妻；她死后，他娶了她的妹妹"黄女人"（Yellow Woman）。这些年，本特夫妇和夏延人一直保持着亲密的友谊。小白人有三个儿子和两个女儿，他们大部分时间都和母亲的家人住在一起。那年夏天，两个混血儿——乔治和查理——还曾和夏延人一起在烟山河边上捕猎野牛。

经过一番考虑，"黑水壶"派出一个信使，让他骑一匹快马去找小白人。"告诉他，我们和士兵打了一仗，打死了几个人，""黑水壶"吩咐道，"告诉他，我们不知道为什么会发生这场战斗，我们想见见他，跟他谈谈。"[2]

凑巧，"黑水壶"的信使发现威廉·本特正在拉内德堡和里昂堡（Fort Lyon）之间的路上。本特让信使回去，并让"黑水壶"在浣熊溪（Coon Creek）等他。一周后，两个老朋友见面了，两人都很关心夏延人的未来，本特特别担心他的儿子们。得知他们在大烟山打猎后，他松了一口气。那里没有任何麻烦，但他了解到在其他地方发生过两起战斗。在丹佛以北的弗里蒙特果园，一群"犬兵"曾遭到约翰·M. 奇文顿（John M. Chivington）上校率领的科罗拉多志愿兵的袭击，后者当时正在寻找被盗的战马。"犬兵"当时正赶着一匹马和一头骡子，他们当时认为这两头牲畜是无主的动物，但是奇文顿的士兵朝他们开火了，根本就没有给夏延人任何机会来解释他们是从哪里找到这两头牲畜的。在这次交战之后，奇文顿派出了一支更庞大的部队，袭击了雪松崖（Cedar Bluffs）附近的一个夏延人营地，杀死了两名妇女和两名儿童。5月16日袭击"黑水壶"营地的炮兵也是奇文顿的部下，他们是从丹佛过来的，根本就不曾得到在堪萨斯作战的授权。指挥官乔治·S. 艾尔（George S. Eayre）中尉接到的奇文顿上校的命令是："无论何时何地发现夏延人，就地杀死他们。"[3]

威廉·本特和"黑水壶"都认为如果任由事态发展，平原上肯定会爆发一场全面战争。"我无意也不想和白人作战，""黑水壶"说道，"我追求友好、和平，我想让我的部落一直都这样。我不能与白人作战。我想和平共处地生活。"

本特告诉"黑水壶"不要让他手下的年轻人开展报复性的袭击行动，同时承诺他将返回科罗拉多并试图说服军方当局，以避免他们在危险道路上越走越远。之后，他就前往里昂堡了。

"到那里之后，"这是他后来宣誓之后的证词，"我见到了奇文顿上校，把我和印第安人之间的友好谈话以及印第安酋长们期待的想法都告诉了他。他回答说，他没有得到与印第安人保持和平的授权，而且他当时正在出兵——我想他当时的原话就是这样的。然后，我对他说，继续战斗有很大的风险；许多政府的火车是开往新墨西哥和其他地方的，同时，许多公民也要到那些地方去，我认为没有足够的力量来为这一切提供保护，如果开战的话，那些地区的公民和定居者将不得不受苦。他说公民必须自己保护好自己。我就没有再对他说什么了。"[4]

6 月底，科罗拉多总督约翰·埃文斯（John Evans）向"平原上友好的印第安人"发出一份通告，说他们部落的一些成员正在与白人交战。埃文斯总督宣称"在某些情况下，他们袭击并杀死了士兵"。他没有提到士兵袭击印第安人的事情，尽管与夏延人的三场战斗都是由白人先发动的。"为此，'上父'很生气，"他接着写道，"他一定会把这些印第安人抓起来并惩罚他们的，但他不想伤害那些对白人友好的人；他希望保护、照顾他们。为此，我指示所有友好的印第安人远离那些发动战争的印第安人，躲到安全的地方去。"埃文斯命令友好的夏延人和阿拉帕霍人去他们保留地上的里昂堡报到，在那里，印第安事务官塞缪尔·G.科利（Samuel G. Colley）将为他们提供给养，并把他们带到安全的地方。"这样做的目的是防止友好的印第安人被误杀。……针对敌对的印第安人的战争将继续下去，直到他们全部被有效制服为止。"[5]

威廉·本特一得知埃文斯总督的命令，就立即让夏延人和阿拉帕霍人到里昂堡来。因为各个部落分散在堪萨斯州西部，且夏季狩猎活动正在进行，几个星期过去了，报信人员才来到他们的所在地报告这一情况。在此期间，白人士兵和印第安人之间的冲突在不断加剧。1863年和1864年，艾尔弗雷德·萨利（Alfred Sully）将军对达科他进行了惩罚性的远征，这激发了苏族武士的战斗热情，他们从北边蜂拥而下，袭击了普拉特路一线的货车、驿站和定居者。这些行动在很大的程度上都被归到了南夏延人和阿拉帕霍人身上，为此，他们承受了科罗拉多士兵的大部分进攻行动。那年7月，威廉·本特的混血儿子乔治和一大群夏延人待在所罗门河（Solomon River），他说他们曾一次又一次遭到军队无缘无故的袭击，最后，他们只能以他们所知道的唯一的方式展开报复行动——烧毁驿站、驱赶马车和掠走牲畜，它们迫使运输人员将马车停放在一个地方，然后过来与他们战斗。

"黑水壶"和其他年长的酋长试图阻止这些突袭行动，但他们的影响力被诸如"罗马鼻"和"犬兵"的年轻酋长削弱了。当"黑水壶"发现七个白人俘虏——两个女人和五个孩子——被印第安武士们带进了大烟山的营地之后，他就用自己的马赎

75

出了其中的四个俘虏，并打算之后把他们送回到各自的亲戚那里去。大约就在这个时候，他终于收到了威廉·本特的信，得知了埃文斯下令让他们到里昂堡报到的情况。

那时已经是 8 月底了，埃文斯又发布了第二份公告："授权科罗拉多的所有公民，无论是单独还是联合在一起，都可以去追杀平原上所有敌对的印第安人，并谨慎地避开那些响应我的号召到指定地点集合的印第安人；不论在何地发现敌对的印第安人，都可以杀死、摧毁他们。"[6]对于所有未到某个规定的保留地报到的印第安人而言，猎杀他们的行动已经开始。

"黑水壶"立即召开了一次会议，营地里所有的酋长都同意遵守总督所提出的和平倡议。乔治·本特曾在圣路易斯的韦伯斯特学院接受过教育，因此，大家就让他给里昂堡的印第安事务官塞缪尔·科利写一封信，说他们想要和平。"我们听说你在丹佛有一些俘虏。我们有你的七个俘虏，只要你交出你的俘虏，我们愿意交出我们的俘虏。……我们期待你能给我们一个好消息。""黑水壶"希望科利能给他一个指示，告诉他如何把他的夏延人带到科罗拉多，且不遭受根据埃文斯总督的指令而武装起来的士兵或白人群众的袭击。他并不完全信任科利；他怀疑科利曾为了自己的利益，倒卖了分配给印第安人的部分物资。（那时，"黑水壶"还不知道把平原印第安人赶出科罗拉多的计划，正是科利与埃文斯总督、奇文顿上校一起制定的。）7 月 26 日，这个印第安事务官写信对埃文斯说，不能指望任何一个印第安人会保持和平。"我现在认为一点火药再加一点铅弹是他们最好的食物。"他在最后这样写道。[7]

由于不信任科利，"黑水壶"又把自己的信抄了一遍，并打算送给威廉·本特。他把这两封一模一样的信分别交给了奥奇尼（Ochinee）（"一只眼"）和"鹰头"（Eagle Head），命令他们骑马去里昂堡。六天后，当"一只眼"和"鹰头"接近里昂堡时，他们突然遇到了三个士兵。士兵们对着他们举起了枪，但"一只眼"很快做出了和平的手势，并举起了"黑水壶"的信。不一会儿，印第安人就被当作俘虏押解到了里昂堡，交给指挥官爱德华·W. 温库普（Edward W. Wynkoop）少校处置。

"高酋长"（Tall Chief）温库普对印第安人的动机有所怀疑。当他从"一只眼"口中得知"黑水壶"想让他到大烟山营地去，然后把印第安人带到保留地去的时候，他问那里有多少印第安人。"一只眼"回答有 2000 名夏延人和阿拉帕霍人，也许还有 200 个从北边过来的、厌倦了被士兵追赶的生活的苏族朋友。对此，温库普没有回应。他只有不到 100 名骑兵，而且他知道印第安人了解他部队的规模。他怀疑有陷阱，于是下令将夏延人的两个信使囚禁在警卫室，并召集军官们开会。"高酋长"很年轻，才二十几岁，他唯一的军事经验就是曾在新墨西哥与得克萨斯州的邦联军作战。在他的军旅生涯中，他第一次要作出一个对他的整个部队来说可能意味着大灾难的决定。

耽搁了一天之后，温库普终于决定去一趟大烟山——不是因为听信了印第安人的说辞，而是为了营救那里的白人俘虏。毫无疑问，正是出于这个原因，"黑水壶"才在信中提到俘虏一事；他知道白人男人不能容忍白人妇女、儿童与印第安人生活在一起。

9 月 6 日，温库普带着 127 名骑兵出发了。他把"一只眼"和"鹰头"从警卫室放了出来，并告诉他们，他们既是向导，也是人质。"一旦你们的人有背叛的迹象，"温库普警告他们道，"我就会杀了你们。"

"夏延人是不会食言的，""一只眼"答道，"如果他们这样做，我也不想再活下去了。"

（后来，温库普说自己在这次行军途中与两个夏延人的谈话，使他改变了长期以来对印第安人的看法。"我觉得自己面对的是两个优等的人；这两个人是一个民族的代表，而我以前想当然地认为这个民族残忍、奸诈、嗜血，对朋友或亲戚没有什么感情或爱。"）[8]

五天后，在烟山河的源头，温库普的先遣侦察兵发现了一支由数百名印第安武士组成的部队，这些武士正准备投入战斗。

当时依旧与"黑水壶"在一起的乔治·本特说，温库普的士兵出现时，"犬兵""准备投入战斗，他们手上拿着弓和箭，骑着马迎了上去。但'黑水壶'和其他一些酋长劝阻了他们，并要求温库普少校带着他的部队往后退一点，最后，他们成功地阻止了一场战斗"[9]。

第二天早上，"黑水壶"和其他酋长一起会见温库普和他的军官们，他们一起开了一个会。"黑水壶"让其他人先发言。"犬兵"酋长"公熊"（Bull Bear）说：他和他的兄弟"瘦熊"曾试图与白人和平共处，但白人士兵无缘无故地杀害了"瘦熊"。他还说："印第安人不应该为这场战争负责。白人是狐狸，我们是无法与他们一起实现和平的；印第安人唯一能做的就是战斗。"

阿拉帕霍人"小渡鸦"同意"公熊"的观点。"我想和白人握手言和，"他说，"但恐怕他们不想和我们和好。"这时候，"一只眼"要求说话，他说听到他们这样说，他感到很惭愧。他说自己冒着生命危险去了里昂堡，并向"高酋长"温库普保证夏延人和阿拉帕霍人将和平地进入保留地。"我以我的生命向'高酋长'担保我们说话算话，""一只眼"这样说道，"如果我的人行事不真诚的话，我将和白人一起作战，且会为他们而战，而且会有很多朋友跟随我的。"

温库普承诺，他将尽一切努力阻止白人士兵与印第安人之 78 间的战争。他说自己不是什么大官，因此不能代表所有的士兵说话，但如果印第安人把白人俘虏交给他，他将和印第安酋长们一起去丹佛，帮助他们与更高的长官一起缔结和平。

这个时候，一直安静倾听的"黑水壶"（温库普说他几乎一动不动，但脸上一直带着微笑）站了起来，他说"高酋长"温库普的讲话让他很高兴。"有坏的白人和坏的印第安人，"他说道，"双方的坏人带来了眼下的麻烦。我的一些年轻人也加入了他们之列。我反对战斗，而且我一直在尽力阻止战斗的发生。我相信这次的事件应该归咎于白人。他们发动了战争，迫使印第安人参战。"他答应把他赎出的四名白人俘虏交出来；剩下的三人在更北边的一个营地，需要一段时间来谈判。

这四名俘虏都是孩子，看上去都没有受伤。事实上，当一名士兵问 8 岁的安布罗斯·阿彻（Ambrose Archer）印第安人对他怎么样时，男孩回答说他"愿意和印第安人待在一起"[10]。

经过更多的谈判，双方最终达成共识：印第安人将继续在烟山河边居住，而七名酋长则与温库普一起前往丹佛，与埃文斯总督和奇文顿上校一起进行和平协商。"黑水壶""白羚羊""公熊" 和 "一只眼"代表夏延人，内瓦（Neva）、博斯（Bosse）、"野牛群"（Heaps-of-Buffalo）和诺塔尼（Notanee）则代表阿拉帕霍人。"小渡鸦"和"左手"（Left Hand）对埃文斯和奇文顿的任何承诺都持怀疑态度，他们留下来约束手下那些年轻的阿拉帕霍人，防止他们去惹麻烦。"战帽"（War Bonnet）则约束营地中的夏延人。

9月28日，"高酋长"温库普带着骑兵车队、四名白人儿童和七名印第安酋长来到了丹佛。印第安人坐在一辆由骡子拉着的平板马车上，车上有用木板搭成的座位。一路上，"黑水壶"都把他那面大旗挂在马车上，当他们行走在丹佛尘土飞扬的街道时，星条旗就在这些印第安酋长的头顶上呼啦啦地飘扬着。丹佛市内所有人都出来驻足观看。

会议开始前，温库普拜会了埃文斯总督。总督不愿意与印第安人发生任何关系。他说夏延人和阿拉帕霍人在得到和平之前应该受到惩罚。这也是司令官塞缪尔·R. 柯蒂斯（Samuel R. Curtis）将军的看法，这位将军当天从莱文沃思堡给奇文顿上校发电报说："在印第安人遭受更多痛苦之前，我不希望与他们实现什么和平。"[11]

最后，温库普不得不恳求总督去见一下印第安人。"但是，如果我和他们实现了和平，那我的科罗拉多第三团该怎么办呢？"埃文斯问道，"它之所以成立，就是为了杀死印第安人，他们必须杀死印第安人。"他向温库普解释说，华盛顿官员之所以允许他组建这个团，就是因为他曾发誓这是对抗敌对的印第安人的必要措施，如果他现在与印第安人实现和平，华盛顿的政客会指控他之前刻意歪曲事实。科罗拉多人也对埃文斯施加了政治压力，他们希望穿上制服去对付为数不多的、武器装备很差的印第安人，而不是去对抗更东边的邦联部队，因为这样一来，他们就可以躲过1864年的征兵令了。最后，在温库普少校的再三恳求下，埃文斯终于同意了，毕竟，印第安人为了回应他的声明，已经跑了四百英里前来拜见他。[12]

会议在丹佛附近的韦尔德营（Weld Camp）举行，参会人员包括印第安酋长们、埃文斯、奇文顿、温库普和其他几位军官以及西米恩·怀特利（Simeon Whitely），西米恩·怀特利将根据总督的命令记录与会者所说的每一句话。埃文斯总督冷冷地开始了会议，他问酋长们有什么要说的。"黑水壶"用夏延语做回复，由部落长久以来的朋友兼商人约翰·S. 史密斯（John S. Smith）现场翻译：

"一看到你于1864年6月27日发出的通告，我就立即着手处理此事，现在来和你讨论此事。……温库普少校提议让我们来拜见你。我们闭着眼睛，跟随着他那一小队人马走来，好像从火中经过一样。我们只要求与白人和平相处。我们想牵着你的手。你是我们的父亲。我们一直在云雾中穿行。战争一开始，天空就一片漆黑了。和我一起的这些武士都愿意照我说的去做。我们要把好消息传给我们的人民，好让他们睡上安稳觉。我要你告诉这里的所有将领，让他们明白我们是为了和平而来的，我们已经实现了和平，这样一来，他们就不会把我们误认作敌人了。我来这里一点都不想进行任何争吵，而是想来跟你开诚布公地谈谈。我们必须住在近处就有野牛的地方，否则，我们会被饿死。当我们来到这里时，我们是毫无顾虑地来见你的；等我回去告诉我的人民我握了你和丹佛所有首领的手后，他们会感到很安心；平原上所有的不同的印第安人部落和我们一起吃喝一番后也会感到很安心。"

埃文斯回答说："对于你们没有立即对我的请求作出回应，我感到很遗憾。你们和苏人结盟了，而他们正在和我们交战。"

"黑水壶"很惊讶。"我不知道是谁告诉你这些的。"他说。

"不用管是谁说的，"埃文斯反驳道，"事实证明，你们就

80

81　　**6. 夏延人和阿拉帕霍人的酋长在韦尔德营开会，1864 年 9 月 28 日。**
左三的站立者是翻译约翰·史密斯；他的左边分别是"白翼"
（White Wing）和博斯。坐着的那一排，从左到右分别是：内瓦、
"公熊"、"黑水壶"、"一只眼"以及一个不知姓名的印第安人。前排
单膝跪着的，从左到右分别是爱德华·温库普少校和赛拉斯·索尔
（Silas Soule）上尉。

是那样做的。"

几位酋长立刻回应道："这是一个误会，我们没有与苏人或其他任何人结盟。"

埃文斯改变了话题，他说自己没有心情缔结什么和平条约。他接着说："我知道，你们都觉得白人之间正在打仗，你们正好可以把白人从这片地方赶出去，但这种想法是错误的。华盛顿的'上父'有足够的人力既把印第安人从平原上赶出去，同时打败叛军。……我给你们的建议是：站在政府这一边，用你们的行动来证明你们现在对我所表现出的友好态度。你们既想与我们的敌人在一起，与他们和睦相处，又想与我们和睦相处，这是完全不可能的。"

最年长的印第安酋长"白羚羊"在这个时候说话了："我明白你说的每一个字，并将记住它们。……夏延人，所有的夏延人，都睁大了眼睛听着你说话。我'白羚羊'对于能见到这个国家所有的白人首领而感到自豪。他将会转告他的人民。自从我到华盛顿领到这枚奖章后，我就把所有白人都称为我的兄弟。其他印第安人也去过华盛顿，拿到了奖章，但现在，士兵们却选择不和我握手，而是想杀了我。……我担心那些已经出动了的新兵，会趁着我在这里的时候，把我手下的一些人杀死。"

埃文斯直截了当地告诉他："那种风险确实很大。"

"当我们给温库普少校写信的时候，""白羚羊"继续说道，"温库普少校的人来我们营地就像经历了一场烈火或狂风，我们来这里见你的过程也同样如此。"

那时，总督埃文斯开始就普拉特河沿岸的一些具体事件向酋长们提问，试图诱使他们中的一些人承认曾参与相关突袭行动。"是谁从弗雷蒙特的果园偷走了那批牲畜的？"他问道，"今年春天，和士兵在那里以北的地方发生的第一场战斗，是谁发动的？"

"在回答这个问题之前，""白羚羊"大胆地回答道，"我想让你知道这场战争就是在那个时候开始的，我也想知道这是为什么。是一个士兵先开火的。"

"印第安人偷了大约 40 匹马，"埃文斯指控道，"士兵们去追赶偷马的人，印第安人对着他们先扫射了一番。"

"白羚羊"对此予以否认。"他们是从比茹河（Bijou）那里过来的，"他说，"他们发现了一匹马和一头骡子。他们先还了那匹马，然后一起到了格里（Gerry），希望把那头骡子交还给它的主人。他们听见士兵和印第安人在普拉特河上打仗后，就惊慌逃走了。"

"是谁在卡顿伍德抢劫的？"埃文斯问道。

"苏人；至于到底是哪个部落，我们不知道。"

"苏人接下来要做什么？"

"公熊"回答了这个问题。"他们的计划是清扫这片地方，"他说，"他们很生气，会尽可能地伤害白人。我与你以及你们的士兵同在，要与一切不听你们话的人战斗。……我从没伤害过白人。我在努力实现好的局面。我总是想和白人做朋友，想着他们也会对我好。……我弟弟'瘦熊'为了与白人保持和平而牺牲了。我愿意以同样的方式死去，并期待着那样死去。"

似乎没什么可讨论的了，总督问奇文顿上校他有什么话要对酋长们说。奇文顿站了起来。他身材高挑，胸大如桶，脖子粗壮，他曾是卫理公会传教士，并曾在矿区创办主日学校。在印第安人看来，他像一头粗毛公牛，眼睛里闪烁着一种狂暴的疯狂。"我不是什么大军事酋长,"奇文顿说,"但这片土地上所有的士兵都听命于我。不论是与白人还是与印第安人作战,我的原则是一直与他们战斗下去,直到他们放下武器、服从军事权威为止。他们(印第安人)离温库普少校最近,他们可以在准备好了的情况下,随时去找他。"[13]

会议就这样结束了,酋长们搞不清他们是否已经达成了和平。他们只对一件事有把握——他们唯一能信赖的真正的朋友是"高酋长"温库普。那个眼神凶恶的"老鹰酋长"奇文顿不是说他们应该去莱昂堡找温库普吗,而这正是他们本来就打算做的事。

"所以,我们解散了烟山河边上的营地,转移到了里昂堡东北约40英里处的沙溪,"乔治·本特说道,"然后,印第安人就从这个新营地出发,去拜见了温库普少校,堡垒里的人似乎非常友好,过了一会儿,阿拉帕霍人就离开了我们,直接搬到了堡垒里面,在那里进入了营地,定期领取口粮。"[14]

"小渡鸦"和"左手"对温库普说阿拉帕霍人在保留地内找不到野牛或其他野生动物,之后,温库普就给他们发放了口粮,他们很害怕再派人去堪萨斯捕猎野牛。他们可能已经听过奇文顿最近对士兵所下达的命令:"杀死你遇到的所有的印第安人。"[15]

温库普与印第安人的友好交往很快使他在科罗拉多和堪萨斯的军事官员中失宠了。他因擅自将印第安人的酋长带到丹佛而受到了谴责,并被指控"让印第安人在里昂堡管理事务"。11月5日,隶属于奇文顿科罗拉多志愿团的斯科特·J. 安东尼(Scott J. Anthony)少校来到里昂堡,解除了温库普所担任的哨所指挥官职务。

84

7. "小渡鸦"，阿拉帕霍人的酋长。摄影师不详，但应该拍摄于 **1877** 年之前。由史密森学会提供。

安东尼的第一个命令是削减阿拉帕霍人的口粮，并要求他们交出武器。阿拉帕霍人交出了三支步枪、一支手枪和六十张带箭的弓。几天后，一群手无寸铁的阿拉帕霍人来到要塞，想用牛皮换取口粮，安东尼命令他的卫兵向他们开火。当印第安人转身逃跑时，安东尼笑了。他对一个士兵说："他们已经让我烦透了，这是摆脱他们的唯一办法。"[16]

在沙溪那里扎营的夏延人从阿拉帕霍人那里听说，一个不友好的小个子红眼睛军官取代了他们的朋友温库普。在11月中旬，即"鹿发情之月"（Deer Rutting Moon），"黑水壶"和一队夏延人来到里昂堡，拜见了这名新的军官。他的眼睛确实是红的（这是坏血病导致的），但他假装友好。曾参加过"黑水壶"和安东尼的会面的几名军官事后作证说，安东尼向夏延人保证，如果他们返回沙溪营地的话，他们将受到里昂堡的保护。他还告诉他们，年轻的印第安人可以往东到烟山河去猎杀野牛，直到他获得向他们发放冬季口粮的军队许可为止。

"黑水壶"对安东尼所说的话很满意，他说自己和其他夏延酋长一直在考虑搬到阿肯色河以南的地方去，这样一来，他们就不会再受到士兵的伤害，但安东尼少校的话让他们觉得沙溪很安全。他们打算待在那里过冬。

夏延人的代表团离开后，安东尼命令"左手"和"小渡鸦"解散里昂堡附近的阿拉帕霍人的营地。他对他们说："你们去猎杀野牛来养活你们自己吧。"被安东尼的粗鲁吓坏了的阿拉帕霍人，赶紧收拾好行李后就离开了。在他们离开城堡很远之后，阿拉帕霍人分成了两队。"左手"带着他的人去沙溪找其他夏延人了。"小渡鸦"则带着其他人渡过了阿肯色河，向南走去——他不信任那名红眼睛的白人军官。

安东尼那时向他的上级报告说："在离哨所40英里的地方，有一群印第安人。……在我得到支援之前，我会尽量让印第安人保持安静的。"[17]

86 11月26日，当驿站商人、人称"毛毯"的格雷·约翰·史密斯（Gray "Blanket" John Smith）请求前往沙溪与印第安人进行牛皮交易时，安东尼少校显得异常配合。他为史密斯提供了一辆军用救护车来运送他的货物，还配了一个车夫，也就是科罗拉多骑兵队的列兵大卫·劳德巴克（David Louderback）。如果没有别的能让印第安人产生安全感并让他们待在原地的办法的话，那么，一个驿站商人和一个军队的和平代表应该能起到那样的作用。

24小时后，安东尼提到的为进攻印第安人所需的援军，正在靠近里昂堡。他们有600人，是奇文顿上校的科罗拉多团的士兵，大部分来自第三团，第三团是由约翰·埃文斯总督组建的，其唯一目的是与印第安人作战。当先锋部队到达堡垒时，他们把堡垒包围起来了，并禁止任何人离开，否则就处以死刑。大约在同一时间，一支由20名骑兵组成的分队到达了东边几英里处的威廉·本特农场，他们包围了本特的房子，同时禁止任何人进出。本特的两个混血儿乔治和查理，以及他的混血女婿埃德蒙·格里尔（Edmond Guerrier），当时和夏延人一起在沙溪的营地中。

当奇文顿骑马来到里昂堡的军官宿舍时，安东尼少校热情地接待了他。奇文顿开始说起"收集头皮"和"杀人见血"之类的话，安东尼回答说他"一直在等待一个对他们发动猛攻的好机会"，里昂堡的每个人都渴望加入奇文顿对印第安人的远征。[18]

　　然而，安东尼的军官中并不是所有人都渴望甚至愿意加入奇文顿精心策划的大屠杀行动。赛拉斯·索尔上尉、约瑟夫·克拉默（Joseph Cramer）中尉和詹姆斯·康纳（James Connor）中尉抗议道，对"黑水壶"的和平营地发动进攻，会违背温库普和安东尼之前对印第安人作出的安全保证。"这将是一场彻头彻尾的谋杀行动"，任何参与这种行动的军官，都会让自己的军人制服蒙上污点。

　　奇文顿对他们大发雷霆，他把拳头伸到了很贴近克拉默中尉脸的地方。"任何同情印第安人的人都该死！"他大喊道，"我是来杀印第安人的，我相信在上帝的保佑之下，不论用什么手段杀死印第安人，都是正确和光荣的。"[19]

　　索尔、克拉默和康纳不得不加入这次行动，要不然的话，他们就会遭到军事法庭的审判，但他们暗自决定，除非必须自卫，否则，他们不会命令士兵向印第安人开火。

　　11 月 28 日晚 8 点，奇文顿的部队由于安东尼部队的加入，总计超过了 700 人，他们以四人为一个单位前进。骑兵带上了四门 12 磅的山地榴弹炮。星星在晴朗的夜空中闪闪发光，空气中飘浮着一股刺骨的寒意。

　　奇文顿征召 69 岁的詹姆斯·贝克沃思（James Beckworth）为向导，他是一个混血儿，和印第安人一起生活了半个世纪之久。"药牛"（Medicine Calf）贝克沃思试图摆脱这个苦差事，但奇文顿威胁如果他拒绝带领士兵前往夏延人和阿拉帕霍人的营地的话，那么，他就会被绞死。

　　随着部队的不断前进，贝克沃思那老眼昏花的眼神和风湿性骨头疼痛越来越明显，这导致他无法发挥向导的作用。在泉底（Spring Bottom）附近的一间农房里，奇文顿停了下来，命令士兵将农场主从床上拖起来，取代贝克沃思。农场主是罗伯特·本特（Robert Bent），也就是威廉·本特的长子；本特的三个同父异母的夏延人儿子，很快就会在沙溪相聚。

夏延人的营地位于沙溪一个马蹄形的河湾上，营地南边的河床几乎都干涸了。"黑水壶"的帐篷在村子的中心，西边则是"白羚羊"和"战帽"的人。在东边，与夏延人稍微隔了一点距离的是"左手"的阿拉帕霍人营地。河湾处大约有600名印第安人，其中三分之二是妇女和儿童。大多数武士都在东边数英里处，他们为整个营地猎取野牛去了，这正是安东尼少校曾告诉他们可以去做的事情。

印第安人对于自己处在绝对安全状态感到如此自信，以至于除了把马群圈在小溪南岸之外，他们没有安排任何人守夜。他们接到第一个袭击警告是在日出时分，那是沙地上传来的蹄声。"我睡在一间小屋，"埃德蒙·格里尔说，"一开始，我听外面的一些女人说有很多野牛朝营地跑来，其他人则说那是士兵。"格里尔立刻走到外面，朝"毛毯"格雷·史密斯的帐篷走去。[20]

在同一个地方睡觉的乔治·本特说，当他听到喊叫声和人们在营地周围奔跑的声音时，他还在毯子里躺着。"大批军队正从小溪下游疾步扑来……扑向营地南部印第安马群的士兵就更多了；营地一片混乱和嘈杂，男人、妇女和孩子们穿着衣服从小屋里冲出去；妇女和儿童一看到军队就尖叫了起来；人们跑回小屋去拿武器。……我向酋长的小屋望去，看见一根长长的旗杆末端系着一面大大的美国国旗。'黑水壶'就站在他的小屋前，手扶在旗杆上，那面美国国旗在冬日黎明淡淡的光辉中飘扬着。我听见他大声呼喊，让百姓不要惧怕，士兵不会伤害他们的；但就在那时，军队从营地的两边开火了。"[21]

与此同时，年轻的格里尔来到了"毛毯"格雷·史密斯和列兵劳德巴克的帐篷里。"劳德巴克建议我们应该出去同部队见面。我们动身了。还没有走出帐篷，我们就看见士兵开始下马。我觉得他们是炮兵，他们打算要用炮轰击我们的营地。我还没有来得及开口说话，他们就用步枪和手枪射击了。当我发现自己根本无法接近他们时，只能逃跑；我离开了士兵和史密斯。"

劳德巴克停了一下，史密斯则继续朝骑兵方向走去。"开枪打死那个该死的狗娘养的！"队伍中的一个士兵喊道，"他比印第安人好不到哪里去。"第一阵零散的枪声响起后，史密斯和劳德巴克赶紧转身向帐篷跑去。史密斯的混血儿子杰克和查理·本特已经躲在那里了。[22]

那时，数百名夏延人的妇女和儿童都聚集到了"黑水壶"的旗杆周围。在干涸的河床上，还有更多的人从"白羚羊"营地朝这里赶来。毕竟，格林伍德上校不是告诉过"黑水壶"，只要美国国旗在他头顶上飘扬，就不会有士兵向他开火吗？"白羚羊"，一个 75 岁的老人，手无寸铁，黝黑的脸上的皮肤因风吹日晒都开裂了。他大步朝士兵们走去。他仍然相信，士兵们一看到美国国旗和"黑水壶"命人升起的白色投降旗，就会停止射击。

"药牛"贝克沃思骑着马跟在奇文顿上校旁边，看着"白羚羊"朝他走来。"他跑过来迎接部队，"贝克沃思后来作证说，"并举起双手说'别开枪！别开枪！'他和我一样能说一些简单的英语。他停了下来，双臂交叉着放在胸前，然后就被打倒了。"²³ 幸存的夏延人说"白羚羊"在死前唱了死亡之歌：

> 没有什么能活得长久
> 除了大地和山脉。

阿拉帕霍营地那边，"左手"和他手下的人也曾试图来到"黑水壶"的旗帜下。当"左手"看到军队时，他抱着双臂站着，说他不会和白人作战，因为他们是他的朋友。结果，他被打倒了。

不情愿地骑着马跟在奇文顿上校身边的罗伯特·本特说，当他们来到营地时，"我看到美国国旗在飘扬，听见'黑水壶'让印第安人都围拢到国旗边上来，他们挤成一团，有男人、女人和孩子。当时，我们离印第安人不到 50 码。我还看到一面白旗升了起来。这两面旗帜非常显眼，一眼就能看到。军队开火后，印第安人跑开了，一些人跑进了他们的住所，可能是去拿武器。……我认为总共有 600 名印第安人。我猜有 35 个武士和一些老人，总共大约 60 人……其余的人都离开营地打猎去了。……遭到射击后，武士把妇女和孩子聚拢在一起，武士在外面围成一圈形成保护。我看见有五个妇女在河岸下面避难。军队走到她们面前后，她们就跑了出来，好让士兵知道她们是妇女，并乞求饶恕，但士兵把她们都杀了。我看见一个妇女躺在河岸上，她的一条腿被炮弹炸断了；一个士兵拿着拔出来的军刀朝她走了过去。当他用军刀去砍她时，她举起胳膊挡了一下，结果胳膊被砍断了。她翻了个身，举起另一只胳膊来抵挡，但那只胳膊也被砍断了，然后，那个士兵没有杀死她，转身离开了。不分青红皂白，男人、妇女和儿童都遭到了屠杀。34 个妇女躲

90

在一个洞里，她们派出来一个 6 岁左右的小女孩，手里拿着一面白旗；还没走几步，她就被枪杀了。那个洞里的所有妇女后来都被杀了，外面的四五个小伙子也被杀了。妇女们根本无法抵抗。我看见每一个死去的人的头皮都被割了。我看见一个妇女的肚子被切开了，我想我看见她那还没有出生的孩子掉出来了，躺在她身边。索尔上尉后来告诉我确实是那样的。我看到了'白羚羊'的尸体，士兵把他的生殖器切了下来，我听到一个士兵说他要用它做一个烟袋。我看见一个妇女的生殖器也被切掉了。……我看见一个 5 岁左右的小女孩躲在沙子里，但两个士兵发现了她，他们拔出手枪就朝她开枪，然后用胳膊把她从沙地里拉了出来。我看见很多婴儿和他们的母亲一起被枪杀了。"[24]

（在这场大屠杀发生之前不久，奇文顿上校在丹佛的一次公开讲话中主张杀死所有的印第安人，并割下他们的头皮，甚至连婴儿也不能放过。"虱卵终会变成虱子的！"他这样宣称。）

罗伯特·本特对士兵暴行的描述，得到了詹姆斯·康纳中尉的证实："第二天，我在战场没有看见一具没有被割去头皮的男女老幼的尸体，在许多情况下，这些尸体都以最可怖的方式被肢解了——男人、女人和儿童的生殖器都被切掉了。我听见一个士兵说，他把一个女人的生殖器割了下来，又在一根棍子顶端，到处向人展示。我听见另一个士兵说，他把一个印第安人的手指割下来了，目的是把戒指拿下来。据我所知，J. M. 奇文顿对所有这些暴行都是清楚的，但我没有看到他采取措施去阻止这一切。我听说有一次，一个几个月大的孩子被扔到了马车的饲料箱里，马车走了一段路之后，那个孩子又被扔到了地上，任由他自生自灭。我还听说许多女人的生殖器被割了下来，然后被挂在马鞍或者帽子上。"[25]

91　　一个训练有素且纪律严明的团无疑可以把沙溪毫无防备的所有印第安人都消灭得一干二净。但科罗拉多部队纪律涣散、在夜间行军时喝了大量威士忌，再加上胆小、枪法很差，因此，许多印第安人得以逃脱。许多夏延人在干涸的小溪高高的堤岸下挖了一些步枪坑，他们顽强作战，直到黄昏到来。其他人则单独地或成群结队地逃离了平原。战斗结束时，105 名印第安妇女和儿童以及 28 名印第安男子被残忍杀死了。奇文顿在他的官方报告中声称有 400 到 500 名印第安武士在此次战斗中丧生。他这边则是 9 人死亡、38 人受伤，许多伤亡是由于士兵不小心打到自己人而造成的。印第安酋长中的"白羚羊""一只眼"和"战帽"都死了。"黑水壶"奇迹般地沿着一条山沟往北逃跑了，但他的妻子受了重伤。"左手"虽然被白人士兵打倒了，但他最后活了下来。

战斗结束时，士兵总共俘虏了 7 人——约翰·史密斯的夏延人妻子、里昂堡另一名白人平民的妻子和三个孩子，以及混血儿杰克·史密斯和查理·本特。士兵想杀死那些混血儿，因为他们当时穿着印第安人的衣服。"药牛"贝克沃思把查理·本特和一个受伤的军官一起藏在一辆马车里，后来，又把他转交给了他的兄弟罗伯特。但是，贝克沃思却救不了杰克·史密斯：一个士兵透过关押杰克·史密斯的帐篷上的一个洞，开枪打死了他。

本特的第三个儿子乔治，在战斗一开始时就和查理分开了。他和那些在高高的河岸下挖掘步枪坑的夏延人待在一起。"就在我们刚到那个地方的时候，"他说，"我的屁股中了一枪，我跌倒了，但我拼命爬到了一个坑里，然后躺在那里，和印第安武士、妇女和儿童一起。"夜幕降临之后，他们都从坑里爬了出来。天气非常冷，他们伤口上的血都被冻住了，但他们不敢生火。他们脑子里唯一的想法就是向东逃到烟山河去，加入其他印第安武士之列。"这是一次可怕的行军，"乔治·本特回忆道，"我们中的大多数人是徒步前进的，没有食物，衣衫褴褛，而且还拖着妇女和儿童。"他们走了50英里，一路伴随着刺骨的寒风、饥饿和伤痛，但最终，他们来到了狩猎的营地。"进入营地时，我们看到了悲伤的一幕。每个人都在哭，甚至武士也一样，妇女和儿童则在那里尖叫、恸哭。几乎所有在场的人都失去了一些亲戚或朋友，他们中的许多人在悲痛中用刀划伤了自己，任由鲜血不停地流淌。"26

　　乔治的伤口一愈合，就回到了他父亲的农场。在那里，他从兄弟查理的口中听到了士兵在沙溪大屠杀中所犯下的暴行的更多细节：可怕的割头皮和毁尸行为，对儿童和婴儿的无情杀戮，等等。几天后，兄弟俩一致认为，作为混血儿，他们不想成为白人文明的一部分。他们决定抛弃父亲的血统，并悄悄地离开了他的农场。查理的母亲，也就是"黄女人"，和他们一起走了，她发誓她再也不会和白人生活在一起了。他们一路向北，打算加入夏延人的队伍。

　　那时已经是1月了，也就是"严寒之月"（Moon of Strong Cold），平原印第安人的传统是在他们的小屋里生火，一直讲故事到很晚，然后早上也起得很晚。但这是一个可怕的时期，当沙溪大屠杀的消息传遍整个平原时，夏延人、阿拉帕霍人和苏人不停地派人去各地传递信息，号召大家对暴虐的白人发动一场报复性战争。

　　在"黄女人"和本特兄弟来到他们在共和河边上的亲戚那

8. 乔治·本特和妻子"喜鹊"（Magpie）。拍摄于 1867 年。由科罗拉多州历史学会提供。

里时，夏延人已经得到了数千个同情的盟友的支持——"斑点尾巴"的布鲁莱苏人（Brulé Sioux）、"波尼杀手"（Pawnee Killer）的奥格拉拉苏人（Oglala Sioux）以及大量的北阿拉帕霍人。那些之前拒绝去沙溪的夏延人的"犬兵"（现在由"高牛"指挥）以及"罗马鼻"和他手下的年轻武士，也都来了。当夏延人在哀悼他们死去的亲人时，部落酋长们则一边抽着烟斗，一边制定着战略。

在沙溪最疯狂的几个小时中，奇文顿和他的士兵彻底摧毁了坚持与白人和平共处的夏延人和阿拉帕霍人酋长手下的生力军。那些幸存的印第安人逃出去之后，拒绝了"黑水壶"和"左手"的领导，转而求助于那些军事酋长，以免自己遭受同样的灭顶之灾。

94

与此同时，美国官员呼吁对埃文斯总督和奇文顿上校进行调查，尽管他们那时知道避免一场全面的印第安战争为时已晚，但他们还是派"药牛"贝克沃思作为特使去见"黑水壶"，看是否有实现和平的可能性。

贝克沃思找到了夏延人，但他很快就了解到"黑水壶"与几个亲戚和老人一起转移到别处去了。现在领头的酋长是"水中之腿"（Leg-in-the-Water）。

"我去了'水中之腿'的小屋，"贝克沃思说，"我进去的时候，他站了起来，说：'"药牛"，你来这里干什么？你又要把白人都叫来，然后把我们家人都杀了吗？'我告诉他我是来和他谈谈的，并请他召集一次会议。不久，他们都来了，他们都想知道我是来干什么的。我告诉他们，我是来劝说他们与白人和好的，因为白人的数量像树叶一样多，他们没有足够的力

95　　**9.** 埃德蒙·格里尔，翻译。摄影师不详，拍摄于 1877 年之前。由史密森学会提供。

量来与白人作战。'我们知道，'这是与会的人的普遍反应，'但我们靠什么活下去？白人夺走了我们的土地，杀死了我们所有的猎物；他们还不满足于此，又杀害了我们的妻子和孩子。现在没有和平了。我们想去神鬼之乡见我们的家人。之前，我们一直爱白人，而现在我们发现他们骗了我们，甚至夺走了我们的一切。我们只能举起战斧，直至战死。'

"当时他们问我，为什么我要带着士兵一起来到沙溪，为什么我会把那个地方透露给士兵。我告诉他们，如果我不来的话，白人首领会绞死我。'去和你的白人兄弟待在一起吧，但我们要战斗到死。'我服从命令回来了，并准备置身事外。"[27]

1865 年 1 月，夏延人、阿拉帕霍人和苏人的联盟在南普拉特河一线发动了一系列的袭击行动。他们袭击了马车、驿站和小型军事哨所。他们烧毁了朱尔斯堡（Julesburg），割掉了白人士兵的头皮，以此来报复白人士兵在沙溪割掉印第安人头皮的暴行。他们拆掉了几英里长的电报线。他们在普拉特河一线发动突袭并掠夺物资，切断了所有的通讯和补给。在丹佛，食品短缺开始加剧，人们恐慌起来。

96

回到共和河边上大树林（Big Timbers）里的冬季营房后，武士们举行了一场盛大的舞会，庆祝他们第一次复仇行动所取得的成功。平原上白雪茫茫，但酋长们知道白人士兵很快就会带着他们的大口径枪支从四面八方冲过来。舞会还在进行之时，酋长们召开了一次会议，以便决定他们应该到哪里躲避白人士兵的追击。"黑水壶"也在场，他说应该去南方，到阿肯色河南边去，那里的夏天很长，野牛很多。其他大多数酋长都表示愿意穿过普拉特河北上，到粉河地区与他们的亲人团聚。没有白人士兵胆敢进入提顿苏人和北夏延人的大本营。在会议结束之前，联盟同意派人到粉河报告接下来的北上计划。

然而，"黑水壶"却不肯走，大约四百夏延人愿意跟着他南下，其中大部分是老人、妇女和一些受了重伤的战士。在离开营地之前的最后一天，乔治·本特向他母亲所在部落仅剩的最后一些南夏延人告别。"我在营地里走来走去，和'黑水壶'及我所有的朋友握手告别。'黑水壶'手下的这些人要到阿肯色河南边去，与南阿拉帕霍人、基奥瓦人和科曼奇人一起生活。"[28]

夏延人（包括"黄女人"和本特兄弟）跟随着大约 3000 苏人和阿拉帕霍人一起向北迁移，迁往他们之中很少有人曾到过的地方。一路上，尽管他们与从拉勒米堡过来的士兵发生了一些战斗，但他们这一大队人马对于士兵来说太强大了，印第安人赶走他们就像是一个巨大的野牛群赶走袭扰它们的郊狼一样轻易。

南夏延人到达粉河一带时，受到了他们的亲属（即北夏延人）的欢迎。南方人身上披着布毯子、脚上绑着绑腿，这些都是通过和白人交易换来的。他们觉得穿着野牛皮长袍和鹿皮绑腿的北方夏延人看起来很有野性。北方夏延人用漆了红漆的鹿皮把发辫包裹起来，上面插着乌鸦羽毛，而且，他们说话时夹杂着大量的苏族词汇，这让南夏延人很难听懂。"晨星"是北夏延人的主要首领，他和苏人一起生活、狩猎的时间太长了，以至于几乎所有人都以他的苏族名字"钝刀"来称呼他。

起初，南方人在粉河边扎营时，与北方人相距大约半英里，但由于双方往来非常多，于是，他们很快决定一起扎营，把帐篷扎在一个古老的部落圈子里，各个部落都围着这个圈子聚集在一起。从那时起，夏延人就很少区分谁是南方人、谁是北方人了。

1865 年春天，为了让马匹可以吃到更丰盛的水草，他们转移到了舌河（Tongue River）对岸之后，就在"红云"所领导的奥格拉拉苏人附近扎营。南夏延人从来没有见过这么多印第安人一起扎营，他们总共有 8000 多人，日日夜夜都在狩猎、举行仪式、宴会和舞蹈。乔治·本特后来曾提起他所在的"弯矛部族"（Crooked Lances）接纳一个苏人的故事，那个苏人名叫"年轻的怕马人"。这说明当时苏人和夏延人之间是非常亲近的。

尽管每个部落都有自己的法律和习俗，但这些印第安人开始觉得自己是"人民"了，他们对自己的权力充满信心，确信自己有权根据自己的想法生活。白人入侵者在达科他东部和普拉特河南部向他们发起挑战，但他们已经做好了迎接所有挑战的准备。"神灵养育了白人和印第安人，"红云说，"我想，他先养育了印第安人。他在这片土地上养育我，这片土地是属于我的。白人在大海那边长大，他的地在那边。自从他们渡海而来后，我给了他们空间。现在，我周围都是白人。我只剩下一小块地了。伟大的神灵告诉我要保住它。"[29]

整个春天，印第安人不断地派侦察队南下，去观察守卫普拉特河沿岸的道路和电报线的白人士兵的情况。侦察兵报告说，那里的士兵比平时多了许多，其中的一些士兵正沿着博兹曼小径（Bozeman's Trail）一路向北，看起来准备穿过整个粉河地区。红云和其他酋长决定是时候给士兵们上一课了；他们将在士兵来到最北边，也就是白人所说的普拉特桥站（Platte Bridge Station）时，对他们发动进攻。

由于来自南方的夏延武士想要为在沙溪被屠杀的亲人报仇雪恨，因此，他们中的大多数人都被邀请参加这次战斗。"弯矛部族"的"罗马鼻"是这些南夏延人的首领，他骑着马与"红云""钝刀"和"年老的怕马人"（Old-Man-Afraid-of-His-Horses）走在一起。这支队伍总计近 3000 名印第安武士。本特兄弟也在其中，他们身上涂着油彩，穿戴整齐，随时准备投入战斗。

7 月 24 日，他们来到了能够俯瞰北普拉特河上的一座大桥的小山上。桥的另一端是军事哨所，由一道栅栏、一个驿站和一个电报局组成。大约有 100 名士兵驻防在哨所。酋长们用望远镜观察了一番后，决定把桥给烧了，然后在下游一个浅滩处过河，再包围哨所。但首先，他们会想办法把士兵引到外面，并尽可能多地消灭他们。

下午，10 个武士过去了，但士兵不肯从他们的哨所出来。第二天早上，又有一群武士过去了，他们把士兵引到了桥上，但士兵再也不肯往前走半步了。第三天早上，让印第安人意外的是，一排骑兵从堡垒里骑着马出来了，过桥之后，一路向西小跑。几秒后，几百名夏延人和苏人立即跨上自己的战马，朝山下向蓝衫军冲去。"当我们冲到白人部队中的时候，"乔治·本特说，"在浓密的灰尘和硝烟中，我看见一个军官骑着马从我身边冲了过去。他的马就要把他甩下去了……中尉的前额中了一箭，脸上流着血。"［这个受了致命伤的军官是卡斯珀·柯林斯（Caspar Collins）中尉］。一些骑兵逃脱后跑到了桥上，汇入了赶过来救援的一个步兵营。炮火从堡垒里打出来，击退了追击的印第安人。

战斗还在进行之时，当时还在山上的印第安人就搞清楚了白人骑兵部队从堡垒里出来的原因：他们准备去迎接一个从西边过来的马车队。几分钟之后，印第安人包围了马车，但士兵在马车下挖了战壕，顽强地抵抗着。在战斗的最初几分钟，"罗马鼻"的哥哥就被打死了。"罗马鼻"听到哥哥战死的消息 99 后很生气，并决定报复。他号召所有的夏延人准备发起进攻。"我们要让士兵的弹药一下子都打光!"他喊道。"罗马鼻"戴着药帽，拿着盾牌，因此他知道子弹伤不了他。他带着夏延人围成一圈，包围了马车，并骑着马快速往前冲。当包围圈越来越小时，士兵打光了所有的弹药，接下来，夏延人就直接朝马车队冲过去，打死了所有的士兵。但货车里的东西让他们感到失望，因为里面除了士兵的被褥和杂物箱之外，什么也没有。

那天晚上，在营地，"红云"和其他酋长都认为他们已经让白人士兵领教了印第安人的力量。于是，他们回到了粉河地区，认定白人现在应该会遵守《拉勒米堡条约》了，不会再在未经许可的情况下进入普拉特河以北的印第安人地区了。

与此同时，"黑水壶"和南夏延人的残部则转移到阿肯色河南边去了。他们加入了"小渡鸦"的阿拉帕霍人行列。此时，他们对沙溪大屠杀有所耳闻，正在哀悼在沙溪死去的亲朋好友。夏天（1865 年），他们的猎人在阿肯色河南边发现了为数很少的野牛，然而他们再也不敢到北方去了，尽管在那里，在烟山河和共和河之间，有大群低着头吃草的野牛。

夏末，送信人员从四面八方赶来寻找"黑水壶"和"小渡鸦"。突然之间，他们变得非常重要。一些白人官员从华盛顿赶来寻找夏延人和阿拉帕霍人，想告诉他们"上父"及其议会对他们充满了怜悯。政府官员想签订一项新的条约。

尽管夏延人和阿拉帕霍人被赶出了科罗拉多，白人定居者也夺取了他们的土地，但土地的所有权似乎并不清楚。根据旧条约的规定，丹佛市在夏延人和阿拉帕霍人的领地范围内。但政府希望印第安人让出整个科罗拉多土地的所有权，这样一来，白人定居者就可以安稳地拥有这片土地了。

"黑水壶"和"小渡鸦"不同意会见政府官员，但在收到小白人威廉·本特的消息之后，他们的想法发生了改变。他告诉他们说，他曾试图说服美国政府将位于烟山河和共和河之间的那片满是野牛的土地的永久居留权给予印第安人，但政府拒绝这样做，因为一条邮路将从那里经过，而且一条即将开建的铁路也会从那里经过，因此，会有更多的白人定居者进入那片地方。由此一来，夏延人和阿拉帕霍人只能在阿肯色河以南的地方定居了。

在"干草之月"（Drying Grass Moon），"黑水壶"和"小渡鸦"在小阿肯色河河口会见了由政府派来的代表。"黑水壶"他们之前见过其中的两个人——"黑胡子"桑伯恩（Black Whiskers Sanborn）和"白胡子"哈尼（White Whiskers Harney）。他们认为桑伯恩是他们的朋友，同时记得哈尼于1855年在内布拉斯加的蓝水河（Blue Water）杀害过布鲁莱苏人。印第安事务官墨菲（Murphy）和莱文沃思也在场，此外，还有说话直来直去的詹姆斯·斯蒂尔（James Steele）。"掷绳者"卡森也在场，正是他迫使纳瓦霍人离开了自己的部落土地。与印第安人一起经历了沙溪大屠杀的"毛毯"格雷·史密斯也在那里，他充当翻译，而"小白人"在场的主要目的是尽可能地为印第安人争取利益。

"我们都在这里了，阿拉帕霍人和夏延人，""黑水壶"说道，"除了极少数的几人之外，我们属于同一个民族。……我所有的朋友，那些踌躇不前的印第安人，都不敢进来，他们害怕会遭到背叛，就像我之前曾遭受过的那样。"

"离开上帝给我们的土地是一件非常困难的事情，""小渡鸦"说道，"我们的朋友都埋在那里，我们不愿意离开那个地方。……那帮愚蠢的士兵把我们的住所毁坏了，杀害了我们的妇女和儿童，对此，我们很气愤。我们难以接受。在沙溪，"白羚羊"和许多其他酋长都倒下了，我们的妇女和儿童也都倒下了。我们在那里的住所都被毁了，我们的马也被夺走了，我不想马上去一个新的地方，而把它们都扔下不管。"

詹姆斯·斯蒂尔回答道："我们都充分意识到，任何人都很难离开自己的家园和祖坟，但是，对你们来说，不幸的是，在你们的土地上发现了黄金，白人要去那里居住，其中许多人是印第安人最大的敌人，他们不关心印第安人的利益，为了牟利，他们不惜犯下任何罪行。现在，在你们的土地上，这样的人到处都是，你们已经无法在那里生活下去了，因为你们将不得不和他们打交道。这种情况的后果是：你们将经常处于危险之中，而不得不凭借武力来自卫。正因如此，委员会认为，在你们以前的那片家园中，已经没有足够大的地方供你们和平生活了。"

"黑水壶"说："我们祖先在世的时候，曾在这个国家的各个角落生活；他们根本没有动过做坏事的念头；后来，他们死了，去了一个我也不知道的所在，我们都迷路了。……我们的'上父'派你们将他的话带给我们，我们已经听到了。尽管军队袭击了我们，但我们把一切都抛在脑后，很高兴地来与你们进行和平、友好的会面。你们来这里的目的，总统派你们来的目的，我一点都不反对，只能说同意。……白人可以去任何他们想去的地方，他们不会被我们打扰，我要你们这样告诉他们。……我们是不同的民族，但我们都是'大众'的一员，白人和所有人都是如此。……我再一次牵着你们的手，我感到很开心。和我们在一起的这些人都很高兴，他们认为我们又有了和平，可以睡安稳觉了，可以活下去了。"[30]

因此，他们同意住在阿肯色河南边，在原本属于基奥瓦人的土地上，与基奥瓦人共同生活。1865 年 10 月 14 日，南夏延人和阿拉帕霍人的酋长们签署了一项新条约，同意"永久和平"。条约第二条规定："各印第安部落进一步同意……今后，他们将……并在此放弃……下列范围内土地的所有权或权利：从普拉特河的南、北支流交汇处开始，沿着北支流一直到落基山脉的主山脉也就是红峰（Red Buttes）为止的地方；接着，从那里沿着落基山脉的顶峰，向南一直到阿肯色河的源头；接着，从那里沿着阿肯色河一直到阿肯色河的锡马龙（Cimarone）渡口；接着，从那里一直到起点；他们原来拥有这片地区，且从未放弃过它的所有权。"[31]

夏延人和阿拉帕霍人就这样放弃了对科罗拉多的土地所有权。这是沙溪大屠杀所带来的真正后果。

他们奔驰而来

看他们
在那里奔驰。
他们来了
马儿发出了嘶鸣。
他们来了,
一个马背上的民族。
看他们
在那里奔驰。
他们来了
马儿发出了嘶鸣。
他们来了。

第五章　粉河入侵

103　**1865 年**　4 月 2 日，邦联军放弃了里士满。4 月 9 日，李将军在阿波马托克斯向格兰特投降；南北战争结束。4 月 14 日，约翰·威尔克斯·布斯刺杀了林肯总统；安德鲁·约翰逊成为总统。6 月 13 日，约翰逊总统发布重建南方邦联各州的公告。10 月，美国要求法国从墨西哥召回法国军队。12 月 18 日，美国宪法第十三条修正案废除了奴隶制。刘易斯·卡罗尔的《爱丽丝梦游仙境》和托尔斯泰的《战争与和平》出版。

谁的声音第一次在这片土地上响起？是手持弓箭的红皮肤人的声音。……白人在我的国家所做的一切都不是我想要的，也不是我要求的；白人在我的国家穿梭……当白人来到我的国家时，他们身后留下了斑斑血迹……我在那个国家有两座山——黑山（Black Hills）和大角山（Big Horn Mountain）。我希望"上父"不要让道路从它们中间穿过。这些事我已经讲了三次，现在，我来这里对他们讲第四次。

——马皮亚·卢塔（Mahpiua Luta），又名"红云"，
奥格拉拉苏人

在普拉特桥战役结束后回到粉河地区后，平原印第安人开 104
始为他们通常的夏季行医仪式做准备。各个部落都在粉河的支
流"疯女人河汊"（Crazy Woman's Fork）附近扎营。沿着那条
河和小密苏里河往北有一些提顿苏人，当年为了躲避萨利将军
在达科他的部队，他们向西迁移到了这个地方。"坐牛"带着
他的洪克帕帕人在那里，这些奥格拉拉苏人的堂兄弟派使者南
下，一起来参加盛大的太阳舞，这是提顿人每年一度的宗教仪
式。在提顿人跳太阳舞之时，夏延人举行了为期四天的药箭仪
式。守箭人从由郊狼皮做成的包里拿出四支神秘的箭，部落里
所有的男子都从这里经过，对着箭献祭并祷告。

"黑熊"（Black Bear）是北阿拉帕霍人的主要酋长之一，
他决定带领族人西行到舌河那里去；他邀请了一些南阿拉帕霍
人一起去，他们是在沙溪大屠杀之后来到北方的。他说，他们
会在舌河建立一个村庄，在寒冷的月份到来之前，他们可以进
行许多狩猎活动，还可以尽情地跳舞。

1865 年 8 月底，粉河地区的各个部落由西向东分散在从大
角山到黑山一带的广大地区。他们坚信这片地区坚不可摧，以
至于当第一次听到白人士兵正从四面八方向他们逼近的传闻时，
他们中的大多数都对传闻抱着一丝怀疑。

其中的三个纵队由帕特里克·E. 康纳（Patrick E.
Connor）将军率领，他于 5 月被从犹他调过来，任务是与普拉
特河一线的印第安人作战。1863 年，"星星酋长"康纳包围了
熊河（Bear River）上派尤特人的一个营地，并屠杀了其中的
278 人。经此一战，他开始被白人誉为前线抵御"红色敌人"
的勇士。

1865 年 7 月，康纳宣布普拉特河以北的印第安人"必须像

狼一样被猎杀"，为此，他开始组织三个纵队的士兵入侵粉河
地区。纳尔逊·科尔（Nelson Cole）上校率领的一支纵队由内
布拉斯加向达科他的黑山进军。塞缪尔·沃克（Samuel
Walker）上校率领的第二纵队由拉勒米堡直接向北移动，最终
在黑山与科尔会合。第三支纵队则由康纳亲自指挥，这支纵队
将沿着博兹曼公路（Bozeman Road）向西北方向朝蒙大拿挺进。
康纳将军希望将印第安人困在他的纵队与由科尔和沃克两人率
领的纵队的中间。他警告军官们不要接受印第安人的和平提议，
并直截了当地命令："攻击并杀死每一个 12 岁以上的印第安
男子。"[1]

8 月初，三个纵队出动了。如果一切按计划进行的话，他
们将于 9 月 1 日在敌对的印第安人领土的中心，也就是罗斯巴
德河（Rosebud River）处会合。

第四支纵队与康纳的远征军毫无关系，但这支纵队也正从
东边朝粉河地区逼近。这支纵队由一个名叫詹姆斯·A. 索耶斯
（James A. Sawyers）的平民组织，他正在开辟一条通往蒙大拿
金矿区的新的陆路线路，除此之外，他们没有任何其他目的。
不过，索耶斯知道自己将进入根据条约规定属于印第安人的领
土，所以他知道自己会遭到抵抗，为此，他组织了两个步兵连
来护送他的 73 名淘金者和 80 辆补给车。

大约在 8 月 14 日或 15 日，驻扎在粉河边的苏人和夏延人
才第一次得知索耶斯的车队正朝他们驶来的消息。"我们的猎
人骑着马非常兴奋地进入营地，"乔治·本特事后回忆道，"并
说白人士兵已经到了粉河上游。我们这个村一个名叫'公熊'
的喊话人骑着马在我们的营地里跑来跑去，大喊着白人士兵来
了。'红云'骑上马，去苏人的营地走了一遭，也大喊着告诉

他们白人士兵来了。大家都跑去牵马。在这种情况下，一个人可以骑上任何他想要骑的马；如果马在战斗中被杀死了，骑手也不必向马主人付钱，但是骑手在战斗中缴获的一切都归马主人所有。所有人都上了马之后，我们骑着马沿着粉河走了大约15英里，在那里，我们遇到了索耶斯所谓的'修路队'，也就是一大群移民，两边则是护卫士兵。"[2]

在普拉特桥之战中，作为战利品的一部分，印第安人带回了一些军服和军号。离开营地时，乔治·本特急忙穿上一件军官的上衣，他的哥哥查理则扛着军号。他们认为这样可能会让白人士兵感到迷惑，同时让他们感到紧张。大约有500个苏人和夏延人参加了这场战斗，"红云"和"钝刀"也都跟着去了。酋长对于士兵未经允许就进入他们领地的行为感到异常愤怒。

当他们第一次看到马车队时，马车队正在两座小山之间行进，后面跟随着大约300头牛。印第安人分成了两队，在相对的两个小山坡上各就各位。一得到进攻的信号，他们就向护卫士兵开火了。几分钟后，马车队就围成了一个圆形的畜栏，牛被关在里面，马车车轮则被相互锁住。

在两三个小时内，印第安武士打得很开心，他们不停地从车子底下爬过去，然后突然朝白人士兵近距离开火。几个胆大的骑手则骑马跑到很近的地方，绕着马车转一圈后，又往外跑出了白人士兵的射程。白人士兵使用他们的两门榴弹炮开炮后，武士就躲到小山丘后面，大声呼喊并咒骂白人士兵。查理·本特吹了好几次号角，喊出了他在父亲的贸易站所听过的盎格鲁-撒克逊人会说的所有脏话。（"他们以最恶劣的方式嘲笑我们，"一名被困的淘金者事后说，"他们中的一些人能说英语，用所有能想到的卑鄙的字眼来咒骂我们。"[3]）

马车无法移动，但印第安人也无法接近它。中午时分，为了打破僵局，酋长们下令升起一面白旗。几分钟后，一个穿鹿皮的人从那一圈马车后面走了出来。因为本特兄弟会说英语，所以他们俩被派去见那个人。那个人名叫胡安·苏塞（Juan Suse），是一个很有耐心的墨西哥人。他对本特兄弟的一口英语以及乔治身上穿的蓝色军服上衣感到很惊讶。苏塞几乎不懂英语，因此他不得不用手语来表达，但他设法使本特兄弟了解到他们的头儿愿意与印第安人的酋长们谈谈。

会谈很快得到了安排，本特兄弟担任"红云"和"钝刀"的翻译。索耶斯上校和乔治·威利福德（George Williford）上尉带着一小队护卫从马车队后面出来了。索耶斯的上校头衔实际上是荣誉衔，但他自认为是马车队的总指挥。威利福德上尉的头衔是实衔；他的两个连的士兵都是"伪北方佬"①，之前曾是南方邦联的战俘。威利福德很紧张。他对自己部下的能力没有信心，对于自己在这次行动中到底有多大权威也不自信。他一直盯着有着一半夏延人血统的翻译乔治·本特身上那件蓝色军服上衣看个不停。

当"红云"要求他们解释为什么白人士兵会出现在印第安人的领土范围内时，威利福德上尉则要求"红云"解释印第安人为什么会袭击和平的白人。仍然因沙溪大屠杀的记忆而感到痛苦的查理·本特则告诉威利福德：夏延人将与所有白人作战，直到政府绞死奇文顿上校为止。索耶斯抗议道，他不是来和印第安人作战的；他在寻找一条通往蒙大拿金矿区的捷径，他只是想从这个地方穿过而已。

---

① "伪北方佬"（Galvanized Yankees）是南方邦联人对归顺了联邦政府并在联邦部队中服役的南方人的一种带有贬义的称呼。——译者注

"我向酋长们进行了翻译，"乔治·本特事后回忆说，"'红云'回答说，如果白人离开他的领地，不在这里修路，那就没事了。'钝刀'也代表夏延人说了同样的话；然后，两个酋长都要求军官（威利福德）带着车队离开，让他们先朝正西方向走，然后再向北拐，等到经过大角山时，他们就离开印第安人的领地了。"[4]

索耶斯再次抗议了。这条路太远了；他说他想沿着粉河河谷北上，去寻找一座康纳将军正在那里建造的堡垒。

这是"红云"和"钝刀"第一次听说康纳将军及其入侵行动。对于白人士兵竟敢在狩猎场的中心地带修建堡垒的行为，他们既惊讶，又愤怒。看到酋长们越来越不满后，索耶斯很快提议给他们一车货物，包括面粉、糖、咖啡和烟草。"红云"要求再加上火药、子弹和火药帽，但威利福德上尉强烈反对；事实上，这名军官反对给印第安人任何东西。

108

最后，酋长们同意接受满车的面粉、糖、咖啡和烟草，作为交换，他们允许车队继续朝粉河方向前进。"军官告诉我，"乔治·本特后来说，"让印第安人从车队边上往后撤，他会把货物卸在地上的。他想去河边露营。那时是中午时分。他到了河边，把马车停在那里，这时，村里又过来了一群苏人。由于之前那车货物已经被最早的那批印第安人瓜分了，所以，这些新来的印第安人也要求得到货物，军官拒绝后，他们就开始朝马车队开火。"[5]

第二批苏人骚扰了索耶斯和威利福德好几天，但是"红云"和"钝刀"以及他们的武士都没有参与其中。他们继续沿着河谷北上，去验证白人士兵在粉河边建堡垒的传闻是不是真的。

10. "红云"，又名马皮亚·卢塔，达科他奥格拉拉印第安人。查尔斯·M. 贝尔于 1880 年摄于华盛顿特区。由史密森学会提供。

　　与此同时，"星星酋长"康纳开始在粉河的支流"疯女人河汉"以南大约60英里处建造了一个哨所，并以自己的名字将之命名为康纳堡。康纳所在的纵队中有一个由弗兰克·诺思（Frank North）上尉指挥的波尼人侦察连。波尼人是苏人、夏延人和阿拉帕霍人的老对手，他们被征召参加战斗，领取正规骑兵的薪水。当士兵们为康纳的哨所砍柴的时候，波尼人则在这个地区进行侦察，以寻找他们的敌人。8月16日，他们看到一小队夏延人从南方过来了。查理·本特的母亲"黄女人"也在其中。

　　她和另外四个男子骑马走在队伍稍微前面一点，当她看到波尼人出现在一个低矮的山丘上时，她以为是夏延人或苏人。波尼人指着自己身上披的毯子，示意他们自己是朋友，于是，夏延人就朝他们走了过去，一点都没有意识到会有危险。当夏延人靠近小山时，波尼人突然对他们发动了进攻。而那个因为丈夫威廉·本特是白人而离开了他的"黄女人"，就这样死在了作为白人雇佣兵的自己种族之人的手中。而那一天，她儿子查理就在东边几英里的地方，和"钝刀"手下的武士在一起，他们刚从围困索耶斯的马车队的战斗中凯旋。

　　8月22日，康纳将军认为粉河上的哨所已经足够坚固了，一个骑兵连就可以守住。于是，他把大部分补给都留在了那里，然后带着剩下的部队朝舌河流域挺进，并让侦察兵去寻找印第安人的大型聚集地。要是他当时沿着粉河向北行进的话，他可能就会遭遇成千上万渴望战斗的印第安人，也就是由"红云"和"钝刀"带领的、正在寻找康纳部队的武士。

　　大约在康纳的纵队离开粉河一周之后，一个名叫"小马"（Little Horse）的夏延武士带着他的妻子和小儿子从这个地方经过。"小马"的妻子是一个阿拉帕霍妇女，她要去位于舌河边上的、"黑熊"的阿拉帕霍人营地看望亲戚。一天，在路上，他妻子马上的一包东西松动了。下马把那包东西绑紧一点的时候，她碰巧回头看了一眼山脊。一队白人骑兵正远远地沿着他们身后的小路走来。

"看那边！"她对"小马"喊道。

"他们是白人士兵！""小马"大喊道，"快点！"

他们一翻过下一座小山，在士兵看不见的地方，就离开了那条小路。"小马"砍断了年幼儿子坐的雪橇车的绳子，让他坐在自己身后，然后骑着马飞奔起来——他们穿过山野，朝"黑熊"营地奔去。他们的马疾驰而入，打破了坐落在河边台地上、由250间小屋组成的村庄的宁静。那一年，阿拉帕霍人养了很多矮种马，河边总共有3000匹。

阿拉帕霍人甚至都不认为方圆几百英里内会有白人士兵，因此，当"小马"的妻子试图让喊话人去通知大家时，他说："'小马'搞错了，他看到的只是一些从小路上经过的印第安人而已，不会是其他什么人。""小马"和妻子确信自己看到的骑兵是白人士兵，于是，他们赶紧去找"小马"妻子的亲戚。她的哥哥"黑豹"（Panther）当时正在自己的帐篷前休息。他们对他说白人士兵来了，他最好赶快离开。"把你想带的东西都打包好，""小马"说，"我们今晚必须走。"

"黑豹"嘲笑了自己这位夏延人妹夫。"你总是提心吊胆的，把事情搞错，"他说，"你看到的只是一些野牛而已。"

"那好吧，""小马"回答说，"你想不想离开随你，但我们今晚必须离开。"他的妻子设法说服其他亲戚收拾好了行李，在天黑之前，他们离开了村子，沿着舌河走了几英里。[6]

第二天一大早，"星星酋长"康纳的士兵袭击了阿拉帕霍人的营地。偶然地，一个带着他的一匹赛马出去训练的武士，碰巧看到白人部队正在山脊后面集结。他以最快的速度飞奔回营地，为一些阿拉帕霍人赢得了逃命的机会。

没过多久，随着号角声和榴弹炮的轰鸣声响起，康纳手下的 80 名波尼侦察兵和 250 名骑兵从两个方向冲向村庄。波尼人的目标是那 3000 匹矮种马，阿拉帕霍牧民正拼命地赶开那些马。这个几分钟之前还宁静祥和的村庄，突然陷入了一片可怕的混乱——马儿前蹄跃起，不停地嘶叫，狗也叫个不停，女人们在尖叫，孩子们在大哭，战士们则在那里大声地呐喊和咒骂。

阿拉帕霍人试图组织一道防线来掩护他们的非战斗人员逃跑，但两边刚一交火，一些妇女和儿童就卡在了印第安武士和白人骑兵中间。康纳手下的一个军官回忆说："骑兵们打死了一个印第安武士，他从马背上摔了下来，他带在身边的一个或两个孩子也被带下来了。在撤退的过程中，印第安人把孩子们留在两条战线的中间，任何一方都无法接近那些孩子。"孩子们都被打倒了。[7]

"当时，我在村子里与印第安武士、妇女进行肉搏战，"另一名军官说，"因为这个部落的许多妇女像男子一样勇敢地投入战斗。不幸的是，对妇女和儿童来说，我们的士兵没有时间来精确瞄准以便避开他们……妇女和儿童，以及印第安武士，不是死就是伤，他们都倒下了。"[8]

阿拉帕霍人一追上马群，就飞身上马，然后沿着狼溪（Wolf Creek）往上游撤退，白人士兵则在后面紧追不舍。和这些白人士兵在一起的人中，有一个穿着鹿皮的侦察兵，一些年长的阿拉帕霍人认出他是一个老熟人——多年前，他曾在舌河

112

和粉河一带用陷阱捕猎，并且娶了一个阿拉帕霍女子为妻。他们一直都认为他是朋友。他们称他为"毛毯"，"毛毯"·吉姆·布里杰（Blanket Jim Bridger）。现在，他和波尼人一样，成了白人的雇佣兵。

那天，阿拉帕霍人撤退了10英里，当白人士兵的马累了时，武士就用他们的老式枪支去进攻蓝衫军，同时用弓箭射他们。中午刚过，"黑熊"和他的武士就把康纳的骑兵赶回了村子，但是白人炮兵已经在那里架设了两门榴弹炮，金属声回荡在空中。阿拉帕霍人无法再前进一步。

阿拉帕霍人只能在山上眼睁睁地看着白人士兵拆毁村里所有的房屋，只见他们将木杆、帐篷盖、牛皮袍、毯子、毛皮和30吨干肉饼堆成一堆，然后放火烧了。阿拉帕霍人所有的住所、衣服和冬季食物都化为灰烬。接着，士兵和波尼人重新上马，带着他们掳获的马匹，总计有1000匹之多，相当于整个部落全部马匹的三分之一，扬长而去。

下午，"小马"——也就是那个曾试图警告阿拉帕霍人白人士兵来了的夏延人——听到了大炮的轰鸣声。士兵们一离开，他和妻子以及那些听从了他们的劝告而躲开了的亲戚，就赶紧回到了被烧毁的村庄。他们发现了五十多个死去的印第安人。"小马"的姐夫"黑豹"躺在一圈被烧得焦黄的草地旁，那天早晨，他的小屋还在那里呢。其他许多人——包括"黑熊"的儿子——都受了重伤，他们很快就会死去。阿拉帕霍人一无所有了，只剩下一些没有被掳走的马、几把旧枪和一些弓箭，以及白人士兵冲进村子时身上所穿的一身衣服。发生在"大雁脱毛之月"（the Moon When the Geese Shed Their Feathers）的舌河之战，就这样结束了。

第二天早上，一些武士跟在康纳的骑兵后面，他们正往北朝罗斯巴德河行进。同一天，苏人和夏延人两周前曾围攻过的索耶斯马车队，正从阿拉帕霍人的领地上经过。看到这么多人入侵他们的领地，印第安人被激怒了，他们伏击了车队前负责侦察的士兵，并将跟在车队后面的牛群吓得到处乱窜，他们还掳走了一个马车夫。由于阿拉帕霍人在与康纳的骑兵作战的过程中消耗掉了大部分弹药，因此，他们没有足够的力量包围索耶斯的马车队并发动进攻。不过，他们不断地骚扰这群淘金者，直到他们离开大角山、进入蒙大拿后方才罢休。

与此同时，"星星酋长"康纳则正朝罗斯巴德河前进，如饥似渴地寻找更多的印第安人村庄，然后摧毁它们。接近罗斯巴德河的会合点时，他向四面八方派出侦察兵，以与另外两个纵队取得联系，那两个纵队由两个"老鹰酋长"即科尔和沃克率领。两个纵队踪迹全无，他们本该在一周前就到达的。9月9日，康纳命令诺思上尉带领他的波尼人士兵向粉河行进，希望能够找到其他两支纵队。第二天，波尼雇佣兵遭遇了一场令人睁不开眼的暴风雪，两天后，他们找到了科尔和沃克不久前曾扎营的营地。地上全是死去的马匹，总共有900匹之多。波尼士兵"看到这一景象之后，既吃惊，又好奇，因为他们不知道这些马匹是怎么死去的。许多马都是头部中了枪"[9]。旁边是烧焦的残骸，他们在里面发现了一些金属扣、马镫和圆环——是被烧毁的马鞍和马具的残留物。诺思上尉不知道该怎样看待这场灾难的证据；他立刻转身朝罗斯巴德河走去，向康纳将军报告。

8月18日，科尔和沃克率领的两支纵队在黑山脚下的贝尔富什河（Belle Fourche River）会合了。2000 名士兵士气低落；
他们是内战的志愿兵，他们觉得自己本应在 4 月战争结束后就
复员。在离开拉勒米堡之前，沃克所在的堪萨斯州的一个团的
士兵发生了兵变，他们不肯出发，最后是在被炮兵炮口对着的
情况下才勉强出发的。到 8 月底，联合纵队的口粮非常短缺，
他们开始屠宰骡子、靠吃肉过活。他们中暴发了坏血病。由于
缺少草和水，他们的战马变得越来越虚弱。在这种条件下，无
论是科尔还是沃克，都不想与印第安人发生战斗。他们一心想
着赶到罗斯巴德河处与康纳将军会合。

印第安人那边，在黑山（Paha Sapa）这片圣地上，有成千
上万的人。这是夏天，是与伟大的神灵交流的时节，他们祈求
他的怜悯，寻求他的指引。所有部落的成员都在这个世界的中
心，单独地或以小团体的形式参加宗教仪式。他们看着 2000 名
士兵和他们的马匹、马车踏起的灰尘，对这些士兵亵渎黑山的
行为深恶痛绝，而世界正是从黑山朝四方延伸。但印第安人并
没有组织战斗部队，他们躲着嘈杂的、尘土飞扬的白人士兵
纵队。

8 月 28 日，科尔和沃克到粉河后，派侦察兵前往舌河和罗
斯巴德河寻找康纳将军，但那天他仍远在南边，正准备摧毁
"黑熊"的阿拉帕霍村庄。当侦察兵返回营地并报告说没有找
到康纳将军后，两名指挥官下令全体士兵的口粮减半，并决定
向南转移，以免大家都被饿死。

在士兵驻扎在粉河往北弯向黄石（Yellowstone）的河湾的
那几天里，成群结队的洪克帕帕人和明尼康茹（Minneconjou）
苏人沿着他们的足迹走出了黑山。9 月 1 日，跟踪他们的印第
安武士已经有近 400 名了。和他们一起的是洪克帕帕人的酋长

"坐牛"。两年前，从明尼苏达流落到乌鸦溪的桑蒂人营地之后，他曾发誓，只要有必要，他就会投入战斗，使野牛之乡免遭对土地如饥似渴的白人的蹂躏。

苏人武士发现士兵在粉河边的树林扎营后，几个年轻的印第安武士想骑着马、举着停战旗过去，看看能否说服蓝衫军给他们烟草和糖，以此来换取和平。虽然"坐牛"不相信白人，也反对这种乞讨行为，但他还是忍住了，默许其他人派一个停战代表团去白人营地。

士兵一直等苏人的停战代表团进入步枪射程之后，才突然向他们开枪，打死、打伤了其中几人，其他人则逃脱了。在逃回主营地的路上，几个印第安人从白人士兵的马群中抢走了几匹马。

对于士兵对待和平的印第安人代表的方式，"坐牛"并不感到惊讶。看了看从士兵那抢来的几匹憔悴的战马后，他认定骑着健步如飞的战马的400名苏人，应该可以和骑着半饥半饱战马的2000名白人士兵一较高下。"黑月亮"（Black Moon）、"快熊"（Swift Bear）、"红叶"（Red Leaf）、"回头墩子"（Stands-Looking-Back）以及其他大多数武士都赞同他的看法。在达科他的时候，"回头墩子"曾从萨利将军手下的一个士兵手里夺了一把军刀，他正想在白人士兵身上试试这把军刀的锋芒呢。

根据"坐牛"后来以象形文字写下的自传，他那天腿上裹着缀有珠子的绑腿，头上戴着带耳罩的皮帽。他拿着一把前膛枪、一张弓以及箭袋，还有雷鸟盾。

苏人排成一队，骑着马来到白人营地，他们包围了看守马群的士兵，一个接一个地解决他们，直到一个骑兵连沿着粉河河岸冲上来为止。苏人迅速骑着马撤退，一直躲到白人骑兵射程之外，直到蓝衫军骨瘦如柴的坐骑开始跌跌撞撞。然后，他们转身冲向正朝他们而来的白人骑兵，"回头墩子"冲在最前面，他挥舞军刀，把一个白人士兵砍下马后，又毫发无损地骑着马跑回来了，一路为自己的壮举而兴奋地呐喊。

几分钟后，士兵调整了阵型，一阵号角声之后，他们再次朝苏人冲过来。苏人健步如飞的马又一次带着他们冲到了白人射程之外，他们朝四面八方飞奔，受挫的白人士兵最后不得不停下脚步。这时，苏人从四面八方发起反攻，在士兵中间横冲直撞，将他们打下了马背。"坐牛"捕获了一匹黑马，后来，在以象形文字写下的自传中，他还画了这匹马的样子。

印第安人的进攻让"老鹰酋长"科尔和沃克感到震惊，他们把部队组织起来后，带着他们沿着粉河向南推进。苏人连续跟踪了他们好几天，印第安人会突然出现在山脊上，或者对负责断后的士兵发起小规模的进攻，以不断地吓唬他们。看到蓝衫军居然变得这么胆小，"坐牛"和其他酋长觉得很好笑，只见他们总是龟缩在一起，一边不停地回头张望，一边急急忙忙地赶路，试图甩开印第安人。

暴风雪来临时，印第安人躲避了两天，一天早晨，他们听到从白人士兵逃走的方向传来了稀疏的枪声。第二天，他们发现废弃的营地上到处都是死马。他们发现那些马已经被冻雨覆盖了，白人士兵之所以开枪打死它们，是因为它们再也走不动了。

由于许多担惊受怕的蓝衫军现在只能徒步了，苏人决定继续追踪他们，让他们发疯，直到他们害怕得再也不敢回黑山。一路上，这些洪克帕帕人和明尼康茹人遇到了由奥格拉拉苏人和夏延人组成的侦察队，侦察队是出来寻找"星星酋长"康纳的部队的。见到自己人后，大家都很兴奋。南边几英里处有一个很大的夏延人村庄，送信人员把各个部落的酋长召集到一起开会之后，酋长们决定对白人士兵展开一次大规模的伏击行动。

那年夏天，"罗马鼻"举行了大量的药物禁食仪式，以使自己在面对敌人时可以刀枪不入。就像"红云"和"坐牛"一样，他决心为自己的国家而战，也下定决心要取得胜利。"白牛"（White Bull），一个夏延人的老药师，建议他一个人去附近的一个药湖，和水神待一段时间。"罗马鼻"在湖中的木筏上躺了四天，不吃不喝，白天忍受着烈日，晚上忍受着雷雨，不停地向伟大的药神（Great Medicine Man）和水神祈祷。"罗马鼻"回到营地后，"白牛"为他做了一顶防弹帽，里面装满了许多鹰的羽毛。当他骑上马时，战帽的尾巴几乎拖到了地上。

9月，当夏延人第一次听说白人士兵正沿着粉河向南逃跑的消息时，"罗马鼻"请求酋长们允许他带队对蓝衫军发动进攻。一两天后，白人士兵在一个河湾附近扎营，河湾的一边是高耸的断崖，另一边则是密密的林地。酋长们认为这是一个极佳的进攻地点，于是，他们在营地周围布置了几百名武士，并派出了一些印第安人，试图把士兵从他们用马车围成的阵地中引诱出来。但白人士兵死活都不肯出来。

现在，"罗马鼻"骑在他那匹白色的战马上，战帽拖在身后，脸上涂满了战斗的油彩。他号召武士们不要像以前那样单打独斗，而是要像白人士兵那样集体战斗。他命令他们在河和断崖之间的空地上组成一条进攻线。武士们骑着小马，排成一排，不断地朝白人士兵逼近，而白人士兵则在他们的马车前站着，组成了一条防线。"罗马鼻"骑着白色的小马，走在武士

117

的前面，他告诉他们要稳住，直到他让白人士兵的子弹都打空了为止。接着，他用手掌使劲拍了一下身下的小白马，然后像箭一样朝白人士兵队伍的一头冲了过去。当他近得能够看清士兵的脸时，他改变了方向，骑马顺着白人士兵的防线一路飞奔，白人士兵纷纷朝他开枪。到了白人士兵队伍的另一头之后，他调转马头，再一次从白人士兵前面跑过。

"就这样，他从队伍的一头冲向另一头，来回冲了三四次，"乔治·本特说，"然后，他的小白马被射中了，倒在了他的身下。看到这一幕后，武士们大叫了一声，冲了上去。他们对着白人士兵的防线发起了全面进攻，但任何地方都无法形成突破。"[10]

"罗马鼻"失去了他的马，但他的保命药救了他的命。那天，通过与蓝衫军作战，他学到了一些东西，"红云""坐牛""钝刀"和其他酋长也都学到了这些东西。如果装备只有弓箭、长矛、棍棒和皮毛狩猎时代的老式猎枪，那么，勇敢、人数众多和大规模的冲锋都毫无意义。（"我们的四面八方都遭到了攻击，包括正面、后面和侧面，"沃克上校报告说，"但印第安人似乎没有什么火器。"[11]）白人士兵装备了内战中使用的现代步枪，并有榴弹炮的支援。

这场战斗被印第安人称为"罗马鼻之战"，在战斗结束后的几天内，夏延人和苏人继续骚扰、袭击白人士兵，蓝衫军光着脚，衣衫褴褛，除了靠骨瘦如柴的马过活外，没有其他赖以生存的东西。他们只能生吃马肉，因为印第安人一直步步紧逼，他们不敢生火。终于，在9月末的"干草之月"，"星星酋长"康纳的纵队过来了，把科尔和沃克手下那些可怜的士兵给救了出来。士兵都在康纳堡周围扎营，直到从拉勒米堡过来的传令兵发布让他们回去的命令为止（除了两个连之外，其他部队都被召回去了，这两个连将继续留在康纳堡）。

被命令待在康纳堡［很快将被更名为里诺堡（Fort Reno）］过冬的那两个连队，正是护送索耶斯的货车西行到金矿区的"伪北方佬"。为了让这支由前南方邦联士兵组成的部队保卫康纳堡，康纳将军给他们留下了六门榴弹炮。"红云"和其他酋长一直在远处观察这个堡垒。他们知道自己有足够多的武士可以冲进这个哨所，但太多的人会因为大炮的猛烈轰炸而丧命。最终，他们商定了一个基本的策略，那就是持续监视这个堡垒以及从拉勒米堡过来的那条补给线。整个冬天，他们都把士兵堵在堡垒里，并切断了从拉勒米堡过来的补给。

在那个冬天过去之前，半数"伪北方佬"都因坏血病、营养不良和肺炎而死去了。许多人厌倦了被监禁的状态，就冒着外面有印第安人的风险偷偷溜走了。

至于印第安人，除了留下一小队武士守着这个堡垒之外，所有人都回黑山去了，那里有大量的羚羊和野牛，可以供他们在温暖的小屋里享用，同时把身体养得胖乎乎的。在漫长的冬夜里，酋长们讲述着"星星酋长"康纳带领部队入侵的故事。因为阿拉帕霍人过于自信和粗心大意，他们失去了一个村庄、几条生命，以及大量的马儿中的一小部分。其他部落也牺牲了几条生命，但没有失去马和住所。他们抓获了许多带有美国铭牌的马和骡子。他们从白人士兵那里抢来了许多卡宾枪、马鞍和其他装备。最重要的是，对于将蓝衫军赶出印第安人领地的能力，他们有了新的信心。

119

　　"如果白人再次进入我的领地的话，我将再次惩罚他们。""红云"如此说道，但他也知道，除非他能以某种方式获得更多之前从白人士兵那里缴获的枪支及足够多的弹药，否则，印第安人就不可能继续惩罚那些白人士兵。

第六章 "红云"的战争

1866年　3月27日，约翰逊总统否决了《民权法案》。4月1日，国会推翻了总统对《民权法案》的否决，该法案赋予所有在美国出生的人以平等的权利（但印第安人除外）；总统下令动用军队执行该法案。6月13日，美国宪法赋予黑人公民权的第十四条修正案通过，并已递交各州批准。7月21日，数百人在伦敦的霍乱疫情中丧生。7月30日，新奥尔良发生种族骚乱。维尔纳·冯·西门子发明了发电机。陀思妥耶夫斯基的《罪与罚》和惠蒂埃的《大雪封门》出版。

1867年　2月9日，内布拉斯加成为联邦的第三十七个州。2月17日，第一艘船通过了苏伊士运河。3月12日，最后一支法国军队离开了墨西哥。3月30日，美国以720万美元从俄国人手中购买了阿拉斯加。5月20日，在伦敦，约翰·斯图尔特·密尔提出的允许妇女投票的法案被议会否决。6月19日，墨西哥人处死马克西米利安皇帝。7月1日，加拿大自治领成立。10月27日，加里波第进军罗马。11月25日，众议院作出决议，决定以"犯下重罪和品行不端"为由弹劾约翰逊总统。阿尔弗雷德·诺贝尔发

明了炸药。克里斯托弗·L. 肖尔斯发明了第一台实
用打字机。约翰·施特劳斯创作了《蓝色多瑙河》，
卡尔·马克思《资本论》第一卷出版。

122 　　这场战争并不是由我们在我们的土地上发起的；这场战争
是"上父"的子孙们强加给我们的，他们不支付分文就夺走了
我们的土地，并在我们的土地上做了许多坏事。"上父"和他
的孩子们要为这件事情负责。……我们一直希望和平地生活在
我们的家园，为增进我们人民的福祉和利益做些事，但是"上
父"在这里安置了只想置我们于死地的士兵。我们中的一些人
为了避祸而离开了这里，其他一些人则移居到北方打猎去了，
因为他们在这里遭到了士兵的攻击，但他们到了北边之后，又
遭到了那边士兵的攻击，而现在，当他们想回归家园时，士兵
们又拦住了他们的回家之路。在我看来，应该有比这更好的方
法。遇到麻烦时，大家最好不要拿起武器打仗，而是要一起商
量，寻找一个和平的解决办法。

　　　　　　　　　　　　——"斑点尾巴"（Sinte-Galeshka），

　　　　　　　　　　　　　　　　　　　　　布鲁莱苏人

1865年夏末秋初，当粉河一带的印第安人展示出他们强大的军事力量时，美国政府派出了一个条约委员会，他们沿着密苏里河上游一路行进。在河边的每一个苏族村庄，委员们都会停下来，与他们能找到的任何印第安人酋长进行谈判。最近被任命为达科他领地总督的牛顿·埃德蒙兹（Newton Edmunds）是这个委员会的主要成员。另一个成员是"多头交易商"亨利·西布里，他曾在三年前把桑蒂苏人赶出了明尼苏达州。埃德蒙兹和西布里向他们见到的印第安人分发毯子、蜜糖、饼干和其他礼物，他们毫不费力地就说服了那些酋长签署了新条约。他们还派人到黑山和粉河一带邀请印第安人的军事酋长们过来签约，但酋长们忙于与由康纳将军带领的军队作战，根本无暇响应。

那一年春天，白人的内战结束了，白人移民到西部的涓涓细流变成了一股洪流。这个委员会想要的是在印第安人领地修筑小径、公路以及最终修建铁路的权利。 123

在秋天过去之前，委员们与包括布鲁莱人、洪克帕帕人、奥格拉拉人和明尼康茹人在内的苏人签订了九项条约，这些苏人的军事酋长大多不在密苏里河边的村庄里。华盛顿当局称赞这些条约象征着印第安人敌对行动的终结。他们说，平原印第安人终于得到了安抚；再也没必要开展像康纳将军的粉河远征那样代价高昂的行动了，该行动的目的是消灭印第安人，"以每人一百多万美元的代价，而我们的数百名士兵也因此丧生，我们的许多边疆定居者被屠杀，许多财产被毁"。[1]

但埃德蒙兹总督和其他委员会成员都非常清楚，这些条约没有什么实际意义，因为没有一个印第安人的军事酋长签署这些条约。尽管委员们已将副本提交到华盛顿供国会批准，不过，他们仍继续说服"红云"和粉河的其他一些军事酋长在任何方便的地点与他们会面，以便进一步签署条约。由于博兹曼小径是由拉勒米堡通往蒙大拿最重要的路线，因此，迫于巨大的压力，拉勒米堡的军事长官们一直在劝说"红云"和其他军事酋长不要再封锁这条道路，尽早来拉勒米堡签约。

被派驻拉勒米堡并担任"伪北方佬"团团长的亨利·迈纳迪耶（Henry Maynadier）上校，试图雇用一个值得信赖的边疆人，比如"毛毯"吉姆·布里杰或"药牛"贝克沃思之类，去充当联络"红云"的中间人，但在康纳的入侵行动激起了印第安部落的愤慨之后，没有人愿意这么快就跑到粉河地区去。最后，迈纳迪耶决定雇用五个苏人担任信使，这五个人分别是"大嘴"、"大排骨"（Big Ribs）、"鹰脚"（Eagle Foot）、"旋风"（Whirlwind）和"小乌鸦"①，他们大部分时间都在拉勒米堡生活。这些印第安商人虽然被人轻蔑地称为"拉勒米懒汉"，但他们实际上是精明的企业家。如果一个白人想花个好价钱买一件上等的野牛皮长袍，或者一个住在舌河上的印第安人想从堡垒的物资仓库中买点什么，"拉勒米懒汉"就会安排这种交易。在"红云"战争期间，作为印第安人的军火供应商，他们发挥了重要作用。

"大嘴"和他手下的一行人已经出去两个月了，他们四下传递这个消息：如果军事酋长们愿意到拉勒米堡来签署新的条约，他们将得到精美的礼物。1866 年 1 月 16 日，信使带着布鲁莱人两个一贫如洗的部落来了，它们的酋长分别是"站鹿"

---

① 这里的"小乌鸦"，不是第三章提到过的桑蒂苏人的酋长"小乌鸦"，酋长已于 1863 年 7 月 3 日死去。——译者注

（Standing Elk）和"快熊"。"站鹿"说，他的人民在暴风雪中失去了许多马，而共和河边上几乎没什么野味可以打了。"斑点尾巴"，也就是布鲁莱人的头儿，一旦他的女儿能够再次上路了，也会立即过来。她得了咳嗽病。"站鹿"和"快熊"都急于签约，这样一来，他们的人民可以马上得到衣物和粮食。

"那'红云'呢？"迈纳迪耶上校问道，"'红云''怕马人'和'钝刀'，也就是与康纳将军作战的那几个酋长，他们在哪里？""大嘴"和其他"拉勒米懒汉"向他保证，那些军事酋长很快也会过来。不能太催他们了，尤其是在严寒之月。

几个星期过去了，3月初，一个从"斑点尾巴"处过来的信使告诉迈纳迪耶上校："斑点尾巴"要来讨论签约的事情。"斑点尾巴"的女儿"快脚"（Fleet Foot）病得很重，他希望白人士兵的医生能让她尽快康复。几天后，当迈纳迪耶听说"快脚"在途中死了时，他就骑着马率领一队士兵、带着一辆救护车，去迎接一路哀悼的布鲁莱人的队伍。那是一个寒冷的雨雪天，怀俄明的大地一片凄凉，溪流被冻住了，原本褐色的山丘上到处都是积雪。那个死去的女人被裹在鹿皮里，紧紧地捆了起来，并且用烟熏过；粗糙的棺材架在她最喜欢的两匹白色的马中间。

"快脚"的尸体被转移到了救护车上，她那两匹白色小马则被拴在救护车后面，队伍继续向拉勒米堡行进。当"斑点尾巴"一行到达拉勒米堡时，迈纳迪耶上校让整个堡垒的人都出来，向悲伤不已的印第安人致哀。

上校邀请"斑点尾巴"到他的指挥部去，并对他失去女儿表示哀悼。这位印第安人的酋长说，在白人和印第安人和平相处的日子里，他曾多次带女儿到拉勒米堡来，她很喜欢这个堡

125

垒，他希望把女儿安葬在堡垒后面的墓地里。迈纳迪耶上校立即同意了。他惊讶地看到"斑点尾巴"的眼睛里充满了泪水；他以前不知道印第安人也会哭。上校有些尴尬地转换了话题。华盛顿的"上父"在春天派出了一个新的和平委员会；他希望"斑点尾巴"能一直待在堡垒附近，直到委员们到达为止；现在迫切需要保障博兹曼公路的通行安全。"我接到通知说，明年打这里经过的人会非常多，"上校说，"人们要到爱达荷和蒙大拿的矿山去。"

"我们认为自己蒙受了很大的冤屈，""斑点尾巴"回答说，"我们有权得到赔偿，因为在我们的土地上修了那么多路，把野牛和其他野生动物都赶跑了、摧毁了，这造成了很大的损失和痛苦。我的心很悲伤，无法谈什么公事，我要等'上父'派出的委员们到了再说。"[2]

第二天，迈纳迪耶为"快脚"安排了一场军事葬礼，在日落之前，送葬队伍跟在"快脚"的棺材后面，来到了拉勒米堡公墓。棺材上铺着红色的毯子，被安放在炮兵的弹药车上。按照布鲁莱人的习俗，妇女们把棺材抬到脚手架上，并在上面铺上一层新鲜的野牛皮，然后用皮带把棺材扎牢。天空乌云密布，狂风大作，黄昏时分就下起了雨夹雪。一声令下，士兵们向外开火，连续鸣枪三次。随后，他们和印第安人一起回到了堡垒。一队炮兵整夜守在脚手架旁；他们把松木堆起来并点燃，还每半小时发射一枚榴弹炮，一直到天亮为止。

四天后，"红云"和一大队奥格拉拉人突然来到了堡垒外。他们首先在"斑点尾巴"的营地停了一下，两位提顿酋长重逢了。这时，迈纳迪耶带着一队卫兵过来了，他们敲着鼓、吹着号，大张旗鼓地把"红云"一行带到了他的指挥部。

当迈纳迪耶告诉"红云"新的和平委员会委员们几个星期 126
之后才会抵达拉勒米堡时，"红云"很生气。"大嘴"和其他信
使告诉他，如果他过来签署条约的话，他就会收到礼物。他需
要枪、火药和给养。迈纳迪耶回答说，他可以从军队的仓库为
奥格拉人发放一些给养，但他没有权力向他们提供枪支和火
药。"红云"想知道条约会为他的人民带来什么；他们以前签
过条约，似乎每次都是印第安人给白人东西。这次，白人必须
给印第安人一些东西。

迈纳迪耶想起新委员会的主席 E. B. 泰勒（E. B. Taylor）
在奥马哈，于是建议"红云"给泰勒发一封电报。"红云"很
怀疑，他不完全相信电报线的魔力。耽搁了一些时间之后，他
同意和上校一起去堡垒的电报局，并通过口译员口述了一封有
关和平与友谊的电报，传给了"上父"在奥马哈的委员们。

泰勒很快就回电了。"华盛顿'上父'……希望你成为他
的朋友和白人的朋友。如果你签署和平条约的话，他希望向你
和你的人民赠送礼物，以示友谊。一队满载着物资和礼物的车
队最迟会在 6 月 1 日从密苏里河抵达拉勒米堡，他希望他的委
员们大约在那个时候与你会面并缔结条约。"[3]

"红云"很受触动。他也喜欢迈纳迪耶上校那种直截了当
的态度。他可以等到"绿草生长之月"（the Moon When the
Green Grass Is Up）再签署条约。这意味着他有足够的时间回到
粉河，并派人把消息带给分散在各处的苏人、夏延人和阿拉帕
霍人。这将使印第安人有时间收集更多野牛皮和海狸皮，在他
们来到拉勒米堡之后，他们可以拿那些动物皮进行交易。

为表善意，迈纳迪耶给奥格拉人发放了少量的火药和铅
弹，他们很开心地骑着马离开了。迈纳迪耶没有提要打通博兹

127　　**11.** "斑点尾巴"，布鲁莱苏人。作者的藏品。

曼公路的事情；"红云"也没有提粉河边上的里诺堡的事情，那个堡垒仍然被包围着。这些问题可以等到与条约委员会见面 128 时再讨论。

"红云"没有等到"绿草生长之月"就开始行动了。他于5月重新回到了拉勒米堡，那时正值"马换毛之月"（the Moon When the Ponies Shed）。他带着他的主要副手"怕马人"以及1000多名奥格拉人来了。"钝刀"带来了几个夏延人的村落，"红叶"也带着他手下的布鲁莱人部落过来了。他们和"斑点尾巴"的人以及其他布鲁莱人一起，在普拉特河沿岸搭建了一个巨大的营地。贸易站和随军商贩忙成一团。"大嘴"和"拉勒米懒汉"从来没有这么忙碌过。

几天后，和平委员会的委员们到达了。6月5日，正式程序开始，委员会成员和各个部落的印第安酋长都发表了长篇讲话。然后，"红云"意外地要求把签约一事推迟几天，因为他要等其他想签署条约的提顿人过来之后，再一起签署条约。泰勒同意把签约时间推迟到6月13日。

也许是命运捉弄人：6月13日，由亨利·B. 卡林顿（Henry B. Carrington）上校带领的第18步兵团的700名官兵也来到了拉勒米堡附近。该团从内布拉斯加的卡尼堡（Fort Kearney）出发，其任务是沿博兹曼公路建立一系列的堡垒，为白人在夏季前往蒙大拿的长途旅行做准备。尽管远征的计划已经进行了数周，但在受邀参加条约签署仪式的印第安人中，没有一个人被告知针对粉河一带的军事占领计划。

为了避免与驻扎在拉勒米堡周围的2000名印第安人发生冲突，卡林顿命令部队在哨所东边四英里处扎营。冬天就来到了这里的布鲁莱人的酋长之一"站鹿"在自己的帐篷外，看到白

人士兵用马车围成了一个中空的方形。于是，他骑马来到了白
人士兵的营地，卫兵带他去见卡林顿上校。卡林顿让他的一个
向导来担任翻译，在他们一起抽完烟斗后，"站鹿"直截了当
地问道："你们要去哪里？"

卡林顿坦率地回答说，他要带着他的军队去粉河地区，守
卫通往蒙大拿的道路。

"你要去的那个地方的苏人正在拉勒米堡签订一项条约，"
"站鹿"对他说，"如果你们要去那里，就必须和苏族武士
作战。"

卡林顿说，他不会对苏人发动战争，他只是去守卫道路
而已。

"他们不会把猎场卖给白人来修路的，""站鹿"坚持说，
"除非你们把他们打败，否则，他们不会让你们修路的。"他马
上接着说，他是一个布鲁莱人，他和"斑点尾巴"是白人的朋
友，但"红云"所领导的奥格拉拉人和明尼康茹人会与任何穿
越到普拉特河北边的白人作战。[4]

第二天，在条约签署之前，每一个在拉勒米堡的印第安人
都知道了这支蓝衫军的存在及其目的了。第二天早上，当卡林
顿骑马进入堡垒时，泰勒委员决定把他介绍给酋长们，并悄悄
地把委员们事先就知道的情况也告诉了酋长们：美国政府的打
算是，不管条约怎么写，政府都要在粉河地区开辟一条公路。

卡林顿刚一说话，就被印第安人不满的声音给淹没了。当
他再次开口讲话时，印第安人继续在那里嘀咕，并在他们所在
的阅兵场的松木板凳上不安地扭动着身体。卡林顿的翻译低声
建议，或许应该让酋长们先发言。

"怕马人"先走上了讲台。他说得慷慨激昂。他明确表示，

如果白人士兵进军苏人领地的话，那么，他的人民将与他们战斗。"只要两个月，白人士兵就会全军覆没。"他这样宣称。[5]

轮到"红云"讲话了。他披着一条轻便的毯子，穿着一双软皮鞋，步履轻盈地来到讲台中央。他那中分的黑色直发搭在肩膀上，一直垂到腰际。在鹰钩鼻下，他那张大嘴显得很坚毅。当他开始责备和平委员会的委员们把印第安人当作孩子一样对待时，他的眼睛闪着光。他指责他们假装为了一片地区进行谈判，背地里却准备征服它。"年复一年，白人把印第安人挤走了，直到我们被迫迁居到普拉特河以北的一小片领地，而现在，我们最后的那片狩猎场和家园，也即将被夺走。我们的妇女和儿童将挨饿，但就我而言，我宁愿战斗至死而非被饿死。……'上父'送给我们礼物，以便开辟新的道路。但白人首领们却在印第安人说'同意'或'不同意'之前就派士兵去偷偷修路了！"在口译员还在试图把苏语单词翻译成英语时，听他讲话的印第安人开始喧嚷起来，以至于泰勒不得不宣布当天的会议结束。"红云"大步从卡林顿身边走过，仿佛他根本不存在。接着，他穿过阅兵场，朝奥格拉拉人的营地走去。第二天黎明前，奥格拉拉人就已经从拉勒米堡消失了。[6]

在接下来的几个星期里，当卡林顿的马车队沿着博兹曼公路向北行进时，印第安人得到了评估这支队伍的规模和力量的机会。这200辆货车装载着割草机、制瓦机和制砖机、木门、推拉窗框、锁、钉子、供由25人组成的军乐队使用的乐器、摇椅、搅拌器、罐头食品和蔬菜种子，还装着这类马车队经常携带的弹药、火药和其他军事物资。蓝衫军显然希望待在粉河一带；他们中的一些人还带着妻儿，以及各种各样的宠物和仆人。他们的装备包括前膛枪和一些后膛斯宾塞卡宾枪，还有四门大

130

炮。他们的向导是"毛毯"吉姆·布里杰和"药牛"贝克沃思，两人都知道，在车队沿着粉河地区的道路向前推进时，印第安人每天都在密切地注视他们。

6月28日，卡林顿军团来到了里诺堡，把那两个"伪北方佬"连队给解救了出来，在整个冬季和春季，他们都被堵在里诺堡里面。卡林顿留下大约四分之一的兵力守卫里诺堡，然后带着其余兵力继续向北移动，去寻找一个可以作为指挥部的地方。数百名印第安武士从粉河和舌河两岸的印第安人营地聚拢过来，在车队两侧监视他们的一举一动。

7月13日，卡林顿的部队在小松溪（Little Piney）和大松溪（Big Piney）的分岔口停了下来。在松林茂密的大角山山脚下草原茂盛的中心地带，也就是在平原印第安人最好的狩猎场上，蓝衫军开始安营扎寨，并着手建造菲尔·卡尼堡（Fort Phil Kearny）。

三天后，一大群夏延人来到了营地。带队的酋长包括"双月"（Two Moon）、"黑马"和"钝刀"，但"钝刀"躲在幕后，因为他之前曾留在拉勒米堡并签署了一份允许士兵建造堡垒和开放粉河公路的文件，遭到了其他酋长的严厉斥责。"钝刀"坚持说自己之所以在拉勒米堡签字，是为了得到毛毯、弹药等物资，他并不知道纸上写了什么。然而，在"红云"拒绝了白人、蔑视了他们的礼物并聚集战士加以反抗的情况下，他还是签署了那些文件，对此，酋长们很不满。

夏延人举着停战旗，与"白人小酋长"（Little White Chief）卡林顿进行了一次谈判。40名酋长和武士获准参观军营。卡林顿从内布拉斯加的卡尼堡带过来的军乐队也参与了这次见面，他让军乐队用充满活力的军乐欢迎到访的印第安人。"毛毯"

吉姆·布里杰也在那里,夏延人知道自己骗不了"毛毯",但他们确实骗过了"白人小酋长",让他相信他们是为了讨论和平而来。在双方边抽烟斗边准备发言时,酋长们仔细观察了白人士兵的力量。

在夏延人准备离开前,"白人小酋长"指了指一座山上的一门榴弹炮,并让士兵打出了一发球形的霰弹。"它可以连续打出两发炮弹,""黑马"以故作严肃的口吻说道,"白人酋长打出一发炮弹。然后,白人酋长伟大的神为白人孩子们打出第二发炮弹。"[7]

大炮的威力给印第安人留下了深刻的印象,这正合卡林顿之意,但他并不觉得"黑马"说伟大的神灵"为白人孩子们打出第二发炮弹"时是出于嘲讽。在夏延人离开之前,"白人小酋长"给了他们几张纸,说他们此前已经同意"与白人和路上的所有旅行者保持持久的和平",之后,夏延人离开了。几个小时之后,舌河和粉河两岸的村庄就听见夏延人说新的堡垒太坚固了,不可能在不遭受重大伤亡的情况下攻下那座堡垒。他们必须把士兵引到外面来,这样一来,他们更容易受到攻击。

第二天清晨,"红云"手下的一群奥格拉拉人从卡林顿的牧群里赶了 175 匹马和骡子。当士兵骑马追来时,印第安人和他们周旋了 15 英里,第一次给粉河地带的蓝衫入侵者造成了伤亡。

从那一天到 1866 年夏天,"白人小酋长"一直在进行一场无情的游击战争。沿博兹曼公路前进的众多货车,无论是民用的还是军用的,没有一辆车不曾遭到印第安人的突然袭击。骑兵护卫队的力量很分散,士兵们很快就意识到自己随时可能遭到致命的伏击。被派到离菲尔·卡尼堡几英里远的地方砍木头

132

的士兵，总是会遭到致命的袭扰。

夏天过后，印第安人在粉河上游建立了一个补给基地，他们的大战略很快就变得清晰起来：让在那条道路上旅行变得困难和危险，切断卡林顿部队的补给，孤立他们，并对他们发动攻击。

"红云"可以说无处不在，而且他的盟友每天都在增加。"黑熊"是阿拉帕霍人的酋长，他的村庄在去年夏天被康纳将军摧毁了，他告诉"红云"，他的武士们渴望加入战斗。"栗毛马"（Sorrel Horse），另一个阿拉帕霍人，也带着他的武士加入了联盟。而仍然抱着和平信仰的"斑点尾巴"，已经到共和河沿岸狩猎野牛去了，但他手下的许多布鲁莱武士都来到了北方，加入了"红云"的队伍。夏天，"坐牛"也过来了；他后来用象形文字记录了自己在粉河边上从白人旅行者那里抢来一匹耳朵裂开了的马的事迹。高尔，一个年轻的洪克帕帕人，也在那里。他和一个叫"驼峰"（Hump）的明尼康茹人、一个叫"疯马"的奥格拉拉年轻人一起想出了一个主意，来嘲弄、激怒然后引诱士兵或移民进入他们事先精心布置好的陷阱。

133　　8月初，卡林顿认为菲尔·卡尼堡足够坚固了，于是他再次分兵北上。他按照陆军部的指示，派了150人向北推进了90英里，在博兹曼公路沿线修建了第三座堡垒，也就是 C. F. 史密斯堡（Fort C. F. Smith）。同时，他派布里杰和贝克沃思去与"红云"沟通。这是一项艰巨的任务，但这两个年迈的边疆居民还是出发了，他们要去寻找和"红云"交好的中间人。

在大角山以北的一个乌鸦人村庄，布里杰得到了一些令人惊讶的信息。尽管苏人和乌鸦人世代为敌，并把乌鸦人从富饶的狩猎场上赶了出去，但"红云"最近为了与乌鸦人和解而访问了乌鸦人部落，想说服后者加入他的印第安联盟。据说，"红云"当时是这样说的："我们希望你们帮助我们消灭白人。"这位苏人的酋长接下来吹嘘道，他会在下雪时节切断士兵的补给，让他们在堡垒里面挨饿，逼他们出动，然后把他们全部杀死。[8]布里杰听说有一些乌鸦人同意加入"红云"的队伍，但当他在另一个乌鸦村找到贝克沃思时，贝克沃思声称他正在招募愿意加入卡林顿队伍与苏人作战的乌鸦人。（"药牛"贝克沃思再也没有回到菲尔·卡尼堡。他突然死在了那个乌鸦村，可能是一个戴了绿帽子的男子给他投了毒，但更可能是自然死亡。）

夏末，"红云"的队伍中总计有3000名武士。在朋友"拉勒米懒汉"的帮助下，他们设法搞到了一些步枪和弹药，但大多数武士仍然只有弓箭。初秋，"红云"和其他酋长一致同意：他们必须集中力量对付"白人小酋长"和松树岭那个令人痛恨的堡垒。为此，在"寒月"（Cold Moons）到来之前，他们转移到了大角山，并在舌河源头扎营。从那里，他们轻松地与菲尔·卡尼堡保持着攻击距离。

在夏季的突袭中，两个分别叫"高背骨"（High Back Bone）和"黄鹰"（Yellow Eagle）的奥格拉拉人，精心策划了一个让白人士兵上当的计谋，并在士兵落入他们的圈套之后，展现出了高超的骑术和大胆的徒手搏击能力，两人因此声名鹊起。"高背骨"和"黄鹰"有时会与年轻的"疯马"一起策划复杂的圈套。在"树苗生长之月"（the Moon of Popping Trees）的月初，他们开始在松树林中故意挑逗伐木士兵和守卫运木材到菲尔·卡尼堡的马车的士兵。

12月6日，大角山山坡上冷风阵阵，"高背骨"和"黄鹰"

134

带着大约 100 名武士，分散在松林路上的各个地方。"红云"和另一队武士则躲在山脊上。山脊上的武士用镜子、旗子给"高背骨"他们发信号，告知有关白人士兵行进的情况。那天，印第安人让蓝衫军疲于奔命。有一次，"白人小酋长"卡林顿亲自出来追击。"疯马"瞅准时机下了马，让自己暴露在卡林顿手下一个头脑发热的青年骑兵军官面前，那个军官立即带领一队士兵快马加鞭前来追赶。等士兵进入狭窄的小道并分散开来之后，"黄鹰"就带着武士从他们身后的隐蔽处冲了出来。几秒钟后，印第安人就把白人士兵给冲垮了。［在这场战斗中，霍雷肖·宾厄姆（Horatio Bingham）中尉和 G. R. 鲍尔斯（G. R. Bowers）中士被杀，另外还有几名士兵受了重伤。］

在当晚以及随后的几天里，酋长们和武士们一直都在说蓝衫军的表现有多么的愚蠢。"红云"确信，只要能够诱使更多的士兵离开堡垒，1000 名只带着弓箭的印第安武士就足以把他们全部消灭。在这一周中的某个时刻，酋长们决定在下一个满月来临之后，给"白人小酋长"和他的士兵设一个大陷阱。

到 12 月的第三个星期，一切准备就绪，大约 2000 名武士开始沿着舌河向南移动。天气很冷，他们穿着野牛皮长袍，头发都被包裹起来了，腿上绑着深色羊毛绑腿，脚上穿着高帮野牛皮鞋，马鞍上则垫着红色的哈得孙湾毛毯。他们中的大多数都骑驮马前进，用套索牵引他们的快步战马。有些人有来复枪，但大多数人只带着弓箭、刀和长矛。他们携带的干肉饼足够他们吃好几天，而且，只要有机会，小群体可以离开小路，去杀死一只鹿，然后尽量把肉放在马鞍上。

在菲尔·卡尼堡以北大约 10 英里处，他们建立了一个临时营地，其中，苏人、夏延人和阿拉帕霍人各自聚集。他们在营地和堡垒之间选择了一个伏击点——佩诺溪（Peno Creek）小溪谷。

12月21日凌晨，酋长们和药师们认为这是一个取得胜利的吉日。在第一缕灰蒙蒙的晨曦中，一队武士分散开来，朝运木材的马车道进发了，他们要在那里对马车队发动佯攻。同时，他们选了十个年轻的武士，去执行将士兵从堡垒里引诱出来的危险任务——两个夏延人、两个阿拉帕霍人，此外从三个苏人部落即奥格拉拉苏人、明尼康茹人和布鲁莱人各选了两个人。十人中负责带队的是"疯马""驼峰"和"小狼"（Little Wolf）。当这队武士骑着马向洛奇路山脊（Lodge Trail Ridge）进发时，主力部队则沿着博兹曼路前进。博兹曼路两边山脊背阴的山坡上覆盖着大片冰雪，不过天气晴朗，空气寒冷而干燥。在离堡垒大约三英里处，即博兹曼路开始顺着一条狭窄的山脊向下延伸到佩诺溪的那个地方，他们设下了埋伏。夏延人和阿拉帕霍人在西边。一些苏人则埋伏在对面一块长满草的平地上；另一些人仍然骑在马上，躲在两块岩石山脊后面。到上午时，大约有2000名武士在那里等待着将蓝衫军诱骗到陷阱中来的那十个作为诱饵的武士。

当队伍佯攻运木材的车队时，"疯马"和其他武士下了马，躲在一个面向堡垒的斜坡上静静地等待。一听到枪响，一队白人士兵就从堡垒里冲了出来，急着去营救那些伐木的士兵。蓝衫军一从自己的视线离开，"疯马"他们就从斜坡上冒了出来，向堡垒跑去。"疯马"挥舞着他的红毯子，在冰冻的松溪边上的灌木丛里跑来跑去。几分钟后，堡垒里的"白人小酋长"下令对他们开炮。于是，他们沿着斜坡散开、跳跃、来回奔跑并叫喊着，让士兵们误以为他们受到了大炮的惊吓。这时，那队发动佯攻的人马已经撤走了，奋力朝洛奇路山脊跑去。几分钟后，士兵们追了上来，有的人骑着马，有的则是徒步前进。〔带队的是威廉·J. 费特曼（William J. Fetterman）上尉，他得到的明确命令是不要越过洛奇路山。〕

那时，"疯马"和其他诱兵跳上马，开始沿着洛奇路山脊的斜坡来回奔跑，嘲弄士兵并激怒他们，好让他们疯狂地开火。子弹打在岩石上叮当作响，"疯马"他们慢慢地往后退。当士兵们放慢前进速度或停下脚步时，"疯马"就会下马，假装调整缰绳或检查马蹄。子弹在他周围呼啸作响，士兵终于登上了山脊，他们要把这队诱兵赶到佩诺溪去。他们是士兵视野中唯一一队印第安人，又只有十个人，因此，士兵骑着马去抓他们。

诱兵越过佩诺溪后，81 名骑兵和步兵就进入了埋伏圈。那时，诱兵分成了两队，快速地交换了一下位置。这是发动进攻的信号。

"小马"，即一年前曾警告过阿拉帕霍人康纳将军正在逼近他们的那个夏延人，负责向他的部落中藏匿在西区沟壑中的人发出进攻信号。看到他举起长矛后，所有骑在马上的夏延人和阿拉帕霍人立即发起了猛冲，雷鸣般的马蹄声突然响彻整个山谷。

对面的苏人也发起了进攻。几分钟内，印第安人就和步兵陷入了混乱的肉搏战。步兵很快都被杀死了，但是骑兵则撤退到了山脊尽头一处很高的岩石丛。他们放走了马匹，并试图利用结了冰的巨石作掩护。

那一天，"小马"为自己赢得了声名。他在岩石和沟壑中不断地跳跃，一直来到离被围困的骑兵不到 40 英尺的地方。明尼康茹人"白牛"在山坡上的血战中也表现出色。他只带着一张弓和一根长矛，向一名端着卡宾枪冲他开火的骑兵冲了过去。
"白牛"后来用象形文字记录了这场战斗：他身穿红色的斗篷，　137
对着那个士兵的心脏射出了一箭，然后，再用长矛打碎了那个
士兵的头颅。

战斗接近尾声时，从一边发动进攻的夏延人和阿拉帕霍人，
与从对面发动进攻的苏人靠得很近了，他们射出的箭已经会造
成误伤。一切就这样结束了。没有一个士兵活着。一条狗从死
人堆中走了出来，一个苏人跑上前去抓它，打算把它带回家，
但一个名叫"大坏蛋"（Big Rascal）的夏延人说："别让狗跑
了。"于是，有人就用箭把狗射死了。这就是那场被白人称为
"费特曼大屠杀"（Fetterman Massacre）的战斗，而印第安人则
称之为"百人杀戮之战"（Battle of the Hundred Slain）。[9]

印第安人的伤亡也很惨重，死伤近 200 人。由于天气严寒，
他们决定把伤员送回临时营地，在那里，他们不至于被冻死。
第二天，一场暴风雪把武士们困在了临时搭建的棚子里，风暴
减弱后，他们才回到舌河上的村庄。

那时已是"严寒之月"，暂时不会有什么战斗了。那些躲
在堡垒中的白人士兵尝到了失败的苦涩滋味。如果他们还不吸
取教训，在春天绿草如茵之时还在那里的话，那么，战争就会
继续下去。

"费特曼大屠杀"让卡林顿上校很受震动。他看到印第安
人毁伤白人士兵肢体的行为后很震惊：肚子被剖开了，四肢给
砍下来了，"私处被割了下来并被放到死者身上"。他思考着这
种野蛮行为的原因，并写了一篇关于这个问题的文章，在文章
中，他认为印第安人是因为受到了某种异端信仰的驱使，才做

出了这种让他永生难忘的可怕举动。如果卡林顿上校去发生在费特曼大屠杀之前两年的"沙溪大屠杀"现场走一走的话，他就会发现奇文顿上校的士兵曾对印第安人实施同样的残害。伏击费特曼的印第安人只是在模仿他们的敌人而已，这种报复方法，不论是在战争中还是在平民生活中，都被认为是最真诚的恭维。

138 　　"费特曼大屠杀"也让美国政府大为震动。这是美军在印第安战争中遭遇的最为惨重的失败，也是美国历史上第二场没有任何士兵生还的战斗。卡林顿被召回去了，增援部队被派往粉河地区的各个要塞，一个新的和平委员会从华盛顿朝拉勒米堡赶去。

　　这个新的委员会由"黑胡子"约翰·桑伯恩领导，他曾在1865年说服"黑水壶"领导的南夏延人放弃他们在堪萨斯州的狩猎场，迁居到阿肯色河南边去。桑伯恩和艾尔弗雷德·萨利将军于1867年4月抵达拉勒米堡，他们的任务是说服"红云"和苏人放弃粉河一带的狩猎场，搬到保留地去居住。和前一年一样，布鲁莱人是第一个出现的——来的人包括"斑点尾巴""快熊""站鹿"和"铁蛋"（Iron Shell）。

　　"小伤口"（Little Wound）和"波尼杀手"带着他们的奥格拉拉人到普拉特河边寻找野牛，他们也进来看看委员们带来了什么礼物。"红云"的代表"怕马人"也来了。当委员们问他"红云"是否会来参加和平谈判时，"怕马人"回答说在所有白人士兵撤出粉河地带之前，"红云"是不会过来参加和平谈判的。

　　在谈判中，桑伯恩要求"斑点尾巴"向聚集在一起的印第安人发表讲话。"斑点尾巴"建议大家放弃与白人的战争，和平、幸福地生活下去。为此，他和布鲁莱人得到了足够的火药和铅弹，可以去共和河边猎杀野牛了。依旧保持着敌意的奥格拉拉人一无所获。"怕马人"回到了"红云"的身边，那时，"红云"已经重新开始沿着博兹曼公路展开突袭行动了。"小伤口"和"波尼杀手"跟随布鲁莱人来到了野牛草场，和他们的老夏延人朋友"火鸡腿"（Turkey Leg）待在一起。"黑胡子"桑伯恩的和平委员会一无所获。

　　在夏天过去之前，"波尼杀手"和"火鸡腿"与一个白人军官扯上了关系，他们给他起了"硬背"（Hard Backsides）这个名字，因为他曾一刻不离马鞍地连续追了他们好几个小时。后来，他们又叫他"长发卡斯特"（Long Hair Custer）。当卡斯特将军邀请他们到麦克弗森堡（Fort McPherson）谈判时，他们过去了，领到了糖和咖啡。他们对"硬背"说，他们是白人的朋友，但他们不喜欢在铁轨上奔跑的"铁马"，这种"铁马"一路喷着烟、呼啸着，吓跑了普拉特河谷所有的猎物。（1867年，联合太平洋铁路已经铺设到了内布拉斯加州的西部。）

　　在寻找野牛和羚羊的过程中，奥格拉拉人和夏延人那年夏天曾多次从那条铁路上穿过。有时，他们看到"铁马"拖着装有轮子的木屋在铁轨上以极快的速度呼啸而过。他们对木屋里面装着什么很好奇，有一天，一个夏延人决定用绳子将一匹"铁马"从铁轨上拉下来。但相反，"铁马"把他从马背上给拽下来了，毫不留情地拖着他往前冲，直到他从套索中挣脱出来为止。

　　"睡兔"（Sleeping Rabbit）建议用另一种方法去抓一匹"铁马"。"如果我们能把一截铁轨拉起来并往旁边挪一挪的话，'铁马'可能会掉下来，"他说道，"然后我们就可以看到带轮子的木屋里有什么了。"他们依计行事，等待火车的到来。果然，"铁马"侧身倒在了地上，不停地冒着烟。有人从火车里跑了出来，除了两人逃走之外，印第安人把其他人都杀死了。接着，印第安人打开了带轮子的房子，发现里面有一袋袋的面粉、糖和咖啡，一盒盒的鞋子和一桶桶的威士忌。他们喝了一些威士忌，然后把布头系在马匹的尾巴上。马儿在草原上疾驰着，长长的布条在它们身后上下飞舞。过了一会儿，印第安人将失事机车中的煤取了出来，并点燃了火车厢。在白人士兵过来惩罚他们之前，他们已经骑着马溜之大吉了。[10]

这类事件，加上"红云"持续不断的战斗，使得平民要从粉河地带通过变得几乎不可能，这对美国政府及其高级军事指挥部产生了重大影响。政府决心保护联合太平洋铁路，但即使是像谢尔曼将军这样的老战犬也开始觉得，将粉河地带留给印第安人，以换取普拉特河谷的和平是否明智。

7月下旬，在举行了太阳舞和药箭仪式后，苏人和夏延人决定摧毁博兹曼公路上的一个堡垒。"红云"想攻打菲尔·卡尼堡，但"钝刀"和"双月"认为攻占 C. F. 史密斯堡更容易，因为夏延人的武士已经杀死或俘获了那里几乎所有的战马。最后，在酋长们无法达成共识的情况下，苏人说他们将去进攻菲尔·卡尼堡，而夏延人则向北去攻打 C. F. 史密斯堡。

8月1日，在距史密斯堡两英里的一片草地上，五六百名夏延人武士围困了30名士兵和平民。夏延人并不知道，这些人装备了新的连发步枪，冲向士兵们构筑的木栏时，他们遭遇了猛烈的火力攻击，只有一名武士成功突破了那道防御工事，但他被打死了。夏延人随后放火烧了木栏周围被堆得高高的干草。（"大火像海浪一样滚滚而来，"一名士兵后来说道，"到达离木栏不到 20 英尺的地方后，他突然停下了脚步，好像被某种超自然的力量给挡住了。火苗突然往上蹿了至少 40 英尺高，在那里摇晃了一两下，然后突然发出了'噼啪'声，仿佛帆布在狂风中发出的声音，接着一下子彻底熄灭了。紧接着，风把烟……吹到了印第安人的那边，印第安人利用这阵烟的掩护，把死伤的人员带走了。"[11]

对夏延人来说，这一切已经够了。许多武士在敌人的猛烈火力下受了重伤，大约有 20 人死亡。他们撤回南边去了，想去看看菲尔·卡尼堡的苏人的运气是否好一些。

苏人的运气一样糟糕。绕着堡垒做了几次试探性的进攻之后，"红云"决定采用曾在费特曼上尉身上起到很好效果的诱敌出动计谋。"疯马"会去进攻伐木士兵的营地，当堡垒里的士兵出来救援时，"高背骨"会带着 800 名武士对援兵发动猛攻。"疯马"带着诱兵完美地完成了诱敌出动的任务，但不知什么原因，那 800 名武士过早地从隐蔽处冲了出来，惊动了堡垒附近的马群，让堡垒里的士兵一下子意识到外面有伏兵。

为了取得一些战果，"红云"转而去攻击伐木的士兵，他们躲在一个用原木加固的由 14 个车棚组成的畜栏后面。几百名骑着马的武士不停地围着他们盘旋，但和史密斯堡一样，白人士兵装备的是后上膛的春田步枪[①]。面对新式武器持续而又快速的火力，苏人赶紧骑着马逃出了敌人的射程。"然后我们把马留在沟壑中，徒步发起了冲锋，"一个名叫"火雷"（Fire Thunder）的武士后来说道，"但我们就像枯草一样被大火点燃了。这种情况下，我们赶紧把伤员抬起来撤退了。我不知道有

---

① 春田步枪（Springfield rifle）是由美国斯普林菲尔德（Sprinfield）兵工厂生产的一种步枪。该工厂始建于 1794 年，1964 年倒闭。——译者注

多少人被杀了，总之有很多人。很糟糕。"[12]

（这两次战斗被白人称为"干草场之战"和"马车厢之战"，围绕这两次战斗，白人编出了许多传奇故事。一个富有想象力的编年史作家说这些货车箱周围堆满了死去的印第安人；另一个编年史作家则说，印第安人总计有 1137 人伤亡，尽管在场的印第安人总数还不到 1000）。

印第安人认为这两次战斗都算不上失败，而且尽管一些白人士兵可能认为他们在"干草场之战"和"马车厢之战"中取得了胜利，但美国政府却不这么认为。几个星期后，谢尔曼将军亲自带着一个新的和平委员会来到了西部。这一次，军方决心用投降以外的任何手段来结束与"红云"的战争。

1867 年夏末，"斑点尾巴"收到了来自新任印第安事务局局长纳撒尼尔·泰勒（Nathaniel Taylor）的消息。布鲁莱人一直在普拉特河南边平静地过着游牧生活，局长想让"斑点尾巴"尽可能多地通知平原地区的印第安酋长：在"干草之月"的某个时候，政府会向所有友好的印第安人发放弹药。酋长们应在内布拉斯加州西部联合太平洋铁路的尽头集合。"大武士"谢尔曼和六名新的和平专员将坐着"铁马"去那里，与酋长们商谈该如何结束与"红云"的战争。

"斑点尾巴"派人通知了"红云"，但"红云"再次拒绝出席，只派了"怕马人"代表他出席。"波尼杀手"和"火鸡腿"来了，"大嘴"和"拉勒米懒汉"也来了。"快熊""站鹿"以及其他几个布鲁莱酋长也应邀过来了。

9 月 19 日，一列闪亮的火车驶入普拉特市车站，"大武士"谢尔曼、泰勒局长、"白胡子"哈尼、"黑胡子"桑伯恩、约翰·

亨德森（John Henderson）、塞缪尔·塔潘（Samuel Tappan）和艾尔弗雷德·特里（Alfred Terry）将军下了车。除了长腿的、苦着脸的特里将军之外，印第安人对这些人都很熟悉。九年后，他们中的一些人将在小比格霍恩（Little Bighorn，也作小大角）与这位"一星"特里在完全不同的情境下进行较量。

泰勒局长开启了会议议程："我们被派到这里来，是为了调查并找出问题所在。我们想听你们说说你们的冤屈和苦处。我的朋友们，请畅所欲言，和盘托出。……战争是不好的，和平是好的。我们必须选择好的而不是不好的。……接下来，就让我听你们说吧。"

"斑点尾巴"回答说："'上父'修筑了横跨东西的道路。那些路是我们所有麻烦的根源。……我们居住的领地被白人占领了。我们的野生动物都没有了。这是造成大麻烦的原因。我以前是白人的朋友，现在也是。……如果你们不再修路的话，我们就能找到猎物了。粉河地带是属于苏人的。……我的朋友们，帮帮我们，可怜可怜我们吧。"

在第一天的会议中，其他酋长一直都在重复"斑点尾巴"说过的话。尽管这些印第安人中很少有人把粉河地带视为自己的家园（他们更喜欢内布拉斯加州和堪萨斯州的平原），但所有人都支持"红云"保护最后一个大狩猎场不受侵犯的决心。"这些路把我们所有的猎物都吓跑了，"其中一个酋长说，"我希望你们不要在粉河地带修路了。""别打扰我们的猎物，"另一人说，"别打扰它们，你们也就会有生活了。""我们的'上父'是谁？""波尼杀手"好奇地问道，"他是一个什么样的人？他派你们来解决我们的麻烦，这是真的吗？我们的麻烦的起因是你们在粉河地带修路。……如果'上父'停止在粉河地带修

143

路的话，我觉得你们的人民可以在这条铁路上旅行，不会受到任何骚扰。"

第二天，"大武士"谢尔曼向酋长们发表了讲话，温和地向他们保证：他整晚都在想他们的话，现在准备给他们一个答复。"修建粉河公路是为了给我们的人民提供给养，"他说道，"'上父'认为你们去年春天在拉勒米堡同意我们修建那条路，但似乎有些印第安人并不在场，后来就与我们打起仗来了。"酋长们压抑的笑声也许让谢尔曼有些惊讶，但他接着往下说，并且声音变得严厉起来："尽管印第安人会继续在这条路上开战，但我们是不会放弃的。但是，如果在11月拉勒米堡的考察中，我们发现这条路会给你们带来伤害的话，我们可能就会放弃修这条路，或者为这条路支付相应的价款。如果你们有任何诉求，请在拉勒米堡向我们提出来。"

谢尔曼开始讨论起印第安人对自己土地的需求，他建议他们放弃对野生动物的依赖，然后他突然发出了像霹雳一样的声音："因此，我们提议让整个苏人选择在密苏里河上游选择一片地方定居，那里有白土河（White Earth River）和夏延河。他们可以像白人一样永久地拥有那些土地，我们也会建议所有白人远离那里，除了印第安事务官和你们所选择的商人。"

这些话被翻译出来后，印第安人都非常惊讶，开始窃窃私语起来。所以，这就是新委员们希望他们做的！收拾行装，搬到遥远的密苏里河去？多年来，提顿苏人一直为了获得野生动物而从那里向西迁徙；他们为什么要回到密苏里挨饿呢？为什么他们不能和平地生活在现在这个还能找到猎物的地方？难道白人贪婪的眼睛已经盯上了这片富饶的土地吗？

在接下来的讨论中，印第安人很不安。"快熊"和"波尼杀手"发表了友好的讲话，要求获得火药和铅弹，但在会议结束时，"大武士"谢尔曼说只有布鲁莱人才能得到弹药，这使得整个会场陷入了骚乱。当委员泰勒局长和"白胡子"哈尼指出，所有酋长被邀参加会议时，就已经得到了发放狩猎弹药的承诺，至此，"大武士"撤回了他的反对意见，并向印第安人提供了少量的火药和铅弹。[13]

144

"怕马人"立即回到了粉河边"红云"的营地中。如果说"红云"本来还想着在"叶落之月"（Moon of Falling Leaves）去拉勒米堡拜见新的和平委员们的话，那么，在听了"怕马人"讲述"大武士"谢尔曼的高压态度及其要求苏人都移居到密苏里河的那番话之后，他的想法就变了。

11月9日，当委员们到达拉勒米堡时，他们发现只有几个乌鸦人的酋长在那里等着与他们会面。乌鸦人很友好，但其中的一个人——"熊牙"（Bear Tooth）——发表了一番令人惊讶的演讲，他在演讲中谴责所有的白人肆无忌惮地破坏野生动物和自然环境。"父亲们，父亲们，父亲们，请好好地听我说。把你们的年轻人从大角山叫回去吧。他们在我们的土地上横行，毁坏树木和草地，烧毁我们的家园。父亲们，你们的年轻人摧毁了这片地方，杀死了我们的动物，麋鹿、鹿、羚羊，还有野牛。他们不是为了吃而杀死它们的，而是任由它们在那里腐烂。父亲们，如果我到你们的领地去杀你们的动物，你们会怎么说？难道我那样做不是错的吗？难道你们不会对我开战吗？"[14]

在委员们与乌鸦人会面的几天之后，"红云"派来了使者。使者告诉委员们，只要士兵从粉河路边上的堡垒中撤出，他就会来拉勒米堡进行和平谈判。他反复强调，这场战争的目的只有一个，就是为了拯救"粉河谷"这个仅存的狩猎场，让它不再受白人的侵扰。"'上父'派他的士兵到这里来杀人。先杀人的不是我。……如果'上父'不让白人进入我们的领地的话，和平将永远持续下去；但如果他们来打扰我的话，就不会有和平。……伟大的神灵在这片土地上养育了我，在另一片土地上养育了你们。我所说的我都是认真的。我下定决心要保住这片土地。"[15]

145　　　两年内，和平委员会第三次失败了。不过，在返回华盛顿之前，他们给"红云"送了一批烟草，并说希望在冬雪融化后的春天，他能到拉勒米堡来。"红云"礼貌地回答说，他收到了代表和平的烟草，他会抽那些烟草的；只要士兵一离开他的领地，他就会到拉勒米堡来。

　　1868 年春天，"大武士"谢尔曼和同一个和平委员会回到了拉勒米堡。这一次，他们接到了急不可耐的政府的死命令：放弃粉河路上的堡垒，与"红云"达成和平协议。这一次，他们从印第安事务局派了一个专员，让他亲自邀请奥格拉拉领导人过来签署和平协议。"红云"告诉专员：他需要大约十天与盟友们商量的时间，可能会在"马换毛之月"的 5 月到拉勒米堡来。

　　然而，在专员返回拉勒米堡几天后，"红云"就传来消息："我们在山上看着士兵和堡垒。当我们看到士兵离开、堡垒被放弃之时，我就过来讨论。"[16]

　　对"大武士"谢尔曼和委员们来说，这一切都是非常丢脸、非常尴尬的。他们设法通过送物品的方式让几个小酋长过来签了名，但随着时间的推移，沮丧的委员们一个接一个悄无声息地回到东边去了。到晚春时，只剩下"黑胡子"桑伯恩和"白胡子"哈尼，但"红云"和他的盟友们整个夏天都待在粉河，密切注视着那条通往蒙大拿的道路以及路边的堡垒。

最后，陆军部很不情愿地下令放弃粉河地带。7月29日，史密斯堡的部队收拾好行装，开始向南撤退。第二天一早，"红云"带着一队欢庆的武士进入哨所，他们放火烧掉了每一座建筑。一个月后，菲尔·卡尼堡也被放弃了，烧光这个地方的光荣任务交给了"小狼"手下的夏延人。几天后，最后一名白人士兵离开了里诺堡，粉河公路正式关闭了。

经过两年的抗争，"红云"取得了胜利。他让条约制定者等了几个星期，然后于11月6日在一群带着胜利的喜悦的武士的簇拥下，骑马来到了拉勒米堡。现在，他是一个凯旋的英雄，他将签署条约："自即日起，本协议双方之间的所有战争将永远停止。美国政府渴望和平，谨此宣誓维护和平。印第安人渴望和平，谨此宣誓以自身荣誉来维护和平。" 146

然而，在接下来的20年里，这项签署于1868年的条约中的另外16条内容，一直让印第安人和美国政府争论不已。许多酋长所理解的条约中的内容，和国会实际批准的条约中的内容就像两匹颜色不同的马。

（九年后，"斑点尾巴"说："这些承诺都没有兑现。……所有的话都证明是假的。……谢尔曼将军、桑伯恩将军和哈尼将军签订了一项条约。当时，将军告诉我们，根据条约，在接下来的35年，我们每年都可以得到年金和物资。他就是这么说的，但他没有说实话。"[17]）

太阳舞祷词

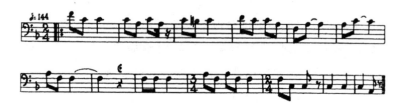

看看那个年轻人。

他感觉很好

因为他的爱人

正在看着他。

第七章 "唯一善良的印第安人是死去的印第安人"

1868 年   2 月 24 日，美国众议院作出了弹劾约翰逊总统的决
议。3 月 5 日，参议院组织了弹劾审判；约翰逊总
统被传唤出庭。5 月 22 日，世界上第一起火车抢劫
案发生在印第安纳州。5 月 26 日，参议院未能宣判
约翰逊总统有罪。7 月 28 日，第十四条修正案（除
印第安人外，所有人均享有平等的权利）成为美国
宪法的一部分。7 月 25 日，国会划出达科他、犹他
和爱达荷的部分地区，组成了怀俄明领地。10 月 11
日，托马斯·爱迪生为他的第一项发明（一种电子
投票记录器）申请了专利。11 月 3 日，尤利西斯·
格兰特当选为总统。12 月 1 日，约翰·洛克菲勒开
始与石油行业的竞争对手展开激烈的竞争。

148 　　我们从来没有伤害过白人，我们也不打算伤害白人。……我们愿意和白人做朋友。……野牛正在迅速减少。羚羊，几年以前是很多的，现在也很少了。如果我们饿肚子的话，我们都会死去；我们想要能吃的东西，我们将被迫到堡垒里来。你们的年轻人请不要向我们开火；他们一看见我们就向我们开火，我们也只好还击。

——"高牛"

致温菲尔德·斯科特·汉考克

（Winfield Scott Hancock）将军

　　女人和孩子不是比男人更胆小吗？夏延人的武士不怕，但你们难道没有听说过沙溪吗？你们的士兵看起来就像那些在那里屠杀妇女和儿童的人。

——"罗马鼻"致温菲尔德·斯科特·汉考克将军

　　我们曾经是白人的朋友，但你们利用阴谋把我们给推开了，现在，当我们一起开会时，你们还继续相互推诿扯皮。你们为什么不敞开了说，直截了当一些，让一切都好起来呢？

——"黑水壶"致药溪小屋的印第安人

1866 年春，正当"红云"准备为粉河而战时，相当一批与他在一起的思乡的南夏延人，决定在夏天的时候到南边去。他们想继续在他们深爱的烟山河捕猎野牛，并希望能见到一些跟着"黑水壶"到阿肯色河南边的老朋友和亲戚。这些人包括"高牛""白马""灰胡子""公熊"和其他"犬兵酋长"。大军事酋长"罗马鼻"也跟着去了，还带上了混血的本特兄弟俩。

在烟山河谷，他们发现了几个年轻的夏延人和阿拉帕霍人，他们是从阿肯色河南边"黑水壶"和"小渡鸦"的营地里溜出来的。他们到堪萨斯州来打猎，这违背了酋长们的意愿，因为他们在 1865 年签署了条约，放弃了部落对原有狩猎场的所有权。"罗马鼻"和"犬兵酋长"对那个条约嗤之以鼻；他们都没有签署那个条约，也没有接受它。他们刚刚赢得了粉河的自由和独立，对那些签了字、把部落土地拱手让出去的酋长很不屑。

回到南方的流亡者很少有人去探望"黑水壶"。乔治·本特是其中之一。他特别想看看"黑水壶"的侄女"喜鹊"。他们重逢后不久，他就娶她为妻了。重新加入"黑水壶"的部落后，本特发现南夏延人的老朋友爱德华·温库普现在是这个部落的印第安事务官。"那是我们很幸福的一段日子，"乔治·本特后来说，"'黑水壶'是个好人，认识他的人都很尊敬他。"[1]

当温库普得知"犬兵"又在烟山河边狩猎时，他就去见了酋长们，试图说服他们像"黑水壶"那样签署条约。他们断然拒绝了，说他们再也不会离开自己的家园了。温库普警告他们，如果他们留在堪萨斯州的话，士兵可能会攻击他们，但他们回答说，他们将"与那里共存亡"。他们能给温库普的唯一承诺

149

是：他们会约束好他们的年轻人。

夏末，"犬兵"听到"红云"在粉河成功击败白人士兵的传闻。既然苏人和北夏延人可以通过一场战争来保住他们的领地，那么，为什么南夏延人和阿拉帕霍人不能通过战斗来保住他们在烟山河和共和河之间的那片领地呢？

在"罗马鼻"的统一领导下，许多部落聚集到一起，酋长们计划不再让白人沿大烟山路通行。在这批夏延人滞留在北方的时候，一条新的马车道已经开通了，那条路正好经过他们最好的野牛草场的中心。沿着大烟山路，一座座车站如雨后春笋般地涌了出来，印第安人一致认为，如果要阻止客车和货车的话，就必须毁掉这些车站。

150　　正是在这一时期，乔治和查理·本特兄弟俩走上了不同的道路。乔治决心追随"黑水壶"，但查理则是"罗马鼻"的狂热信徒。10 月，在扎拉堡（Fort Zarah）与他们的白人父亲见面时，查理勃然大怒，指责他的兄弟和父亲背叛了夏延人。他甚至威胁要杀了他俩，因此大家不得不强制解除了他的武装。（查理重新加入了"犬兵"的行列，并领导了几次对驿站的突袭；1868 年，他受了伤，染上了疟疾，最后在一个夏延人的营地死去。）

1866 年秋末，"罗马鼻"和一队武士来到了华莱士堡（Fort Wallace），并通知陆上马车运输公司（Overland Stage Company）的代理人：如果他不在 15 天内停止在印第安人的土地上开展的马车运输活动的话，那么，印第安人将对其发动进攻。然而，在"罗马鼻"发动攻击之前，好几场下得比较早的暴风雪就中断了那条路上的旅行；"犬兵"只好对车站的牲畜栏发动了几次突袭。面对漫长的冬天，"犬兵"决定在共和河边上

的大树林里建立一个永久的营地，在那里等待1867年春天的
到来。

为了在那个冬天挣点钱，乔治·本特花了几个星期和基奥
瓦人做野牛皮长袍的交易。春天，当他回到"黑水壶"的村庄
时，他发现每个人都很兴奋，因为有传闻说大批蓝衫军正向西
穿过堪萨斯平原，向拉内德堡进发。"黑水壶"召集了一次会
议，这样告诉他的人民：除了带来麻烦之外，士兵什么都不会
带来。然后，他命令他们收拾行装，准备向南迁居到加拿大河
（Canadian River）。这就是为什么印第安事务官温库普派出的信
使直到麻烦发生之后——"黑水壶"准确预言了麻烦的到
来——才找到"黑水壶"的原因。

温库普的信使们确实找到了大多数"犬兵"酋长，他们中
的14人同意到拉内德堡去，听听温菲尔德·斯科特·汉考克将
军想对他们说的话。"高牛""白马""灰胡子"和"公熊"带
着大约500户人家来到了波尼溪（Pawnee Creek），在离拉内德
堡35英里的地方建了一个很大的营地，然后，由于暴风雪耽搁
了几天后，他们骑马进入了拉内德堡。他们中有几个人穿着在
北方缴获的蓝色军大衣，可以看出，汉考克将军对此并不喜欢。
他穿着同样的外套，肩上有肩章，胸前有闪亮的勋章。他以傲
慢而狂暴的态度接待了他们，让他们领教了他手下的1400名士
兵的力量，这些士兵包括由"硬背"卡斯特指挥的、新组建的
第7骑兵团。作为迎接印第安人的仪式的一部分，汉考克将军
安排他手下的炮兵打了几发炮弹，于是，印第安人给他安了个
"雷霆老人"（Old Man of the Thunder）的名字。

尽管他们的朋友"高酋长"温库普也在那里，但他们一开
始就对"雷霆老人"满腹怀疑。他没有等到第二天再讨论，而

151

是在当晚就把他们召集起来开会。他们认为晚上开会是一个坏兆头。

"来的酋长并不多，"汉考克抱怨道，"原因是什么呢？我有很多话要对印第安人说，但我想和他们一起谈。……明天我要去你们的营地。"这样的话，夏延人听着就不喜欢。妇女和孩子待在营地里面，其中的许多人是三年前沙溪恐怖事件的幸存者。汉考克会带着他的1400名士兵和雷鸣般的大炮再次袭击他们吗？酋长们静静地坐着，篝火的光芒照在他们严肃的脸上，等待汉考克继续发言。"我听说很多印第安人想打仗。很好，我们已经来到了这里，我们为战争做好了准备。如果你们想要和平的话，你们都知道条件是什么；如果你们想要战争，那就要小心后果。"他告诉了他们有关铁路的事。此前，他们对这件事有所耳闻：铁轨会经过赖利堡（Fort Riley），然后直奔烟山河地区。

"白人来得如此之快，没有什么能阻止他们，"汉考克夸耀说，"他从东方来、从西方来，就像草原上的草在狂风中燃烧一样。什么也阻止不了他们。因为白人人数众多，而且他们正在四处扩张。他们需要空间，无法阻挡。生活在西边大海边的人希望与生活在东边大海边的人交流，这就是他们修建这些道路、铁路和电报线路的原因。……你们不能让你们的年轻人去阻止他们；你们必须让你们的人远离道路。……我没什么好说的了。我要等你们商量好了，再看看你们是想要战争还是和平。"[2]

152

汉考克坐了下来，当翻译说完最后一句话时，他脸上充满了期待。但夏延人一直保持沉默，他们凝视着篝火对面的将军和他手下的军官。最后，"高牛"点燃了一个烟斗，吸了一口，然后递给了其他酋长。他站了起来，把红黑相间的毯子叠了起来，腾出右手，然后伸向了"雷霆老人"。

"是你叫我们来的，""高牛"说道，"我们来了。……我们从未伤害过白人；我们也无意伤害白人。我们的事务官温库普上校让我们来这里见你。无论何时你想去烟山河，都可以去；你可以走任何一条路。我们上路的时候，你们的年轻人不能开枪。我们愿意和白人做朋友。……你说明天要去我们村。如果你去的话，我要说的不会比今天更多。我想说的都说了。"[3]

"雷霆老人"站起来，又摆出一副傲慢的样子。"为什么'罗马鼻'不在这里？"他问道。酋长们告诉他说，尽管"罗马鼻"是一个伟大的武士，但他不是酋长，只有酋长们才被邀请来参加这次会议。

"如果'罗马鼻'不来找我，我就去找他，"汉考克说，"明天，我要把我的军队开到你的村子里去。"

会议一结束，"高牛"就去找温库普，求他劝说"雷霆老人"不要带部队冲到夏延人的营地去。"高牛"担心一旦蓝衫军出现在营地，他们和那些头脑发热的年轻"犬兵"之间就会有麻烦。

温库普同意他的看法。"在汉考克将军离开之前，"温库普后来说，"对于他的军队立即向印第安人村庄进军将会导致的后果，我表达了我的担心；但是，尽管如此，他还是坚持那样做。"汉考克的部队由骑兵、步兵和炮兵组成，"和任何曾在战场上行军、迎敌的人一样，他们有着令人生畏的、好战的外表"。

在向波尼河分叉处行进的时候，一些酋长提前去警告夏延人的武士士兵要过来这件事。另一些酋长则和温库普一起骑马

153

前进，温库普后来说，尽管表现方式各异，但酋长们"都很担忧这种行动带来的结果，他们并不是担忧自己会失去了生命或自由……而是担心白人部队会给妇女和儿童带去恐慌"[4]。

与此同时，夏延人已经得知了士兵要来的消息。信使们说"雷霆老人"很生气，原因是"罗马鼻"没有去拉内德堡拜见他。"罗马鼻"觉得这简直是高抬他了，但他和"波尼杀手"（他带着苏人在附近扎营）都无意让"雷霆老人"将士兵带到他们未设防的村庄附近。"罗马鼻"和"波尼杀手"召集了大约300名武士，然后带着他们出去侦察不断靠近的白人部队。他们放火烧了村庄周围的草地，这样士兵就无法在他们村庄附近扎营了。

白天，"波尼杀手"来到白人部队，和汉考克进行谈判。他告诉将军：如果士兵们不在村子附近扎营的话，第二天早上，他和"罗马鼻"将过来与他开会。大约在日落时分，士兵们停下来扎营了，离波尼河分叉处的营地几英里的样子。那天是4月13日，正值"红草冒芽之月"（Moon of the Red Grass Appearing）。

当晚，"波尼杀手"和夏延人的几个酋长离开了白人士兵的营地，回到他们的村中召开会议，商议下一步该怎么做。酋长们的意见分歧太大，最后，他们什么也没做。"罗马鼻"想拆掉帐篷、向北迁移并分散开来，这样士兵们就抓不到他们了，但是亲眼见识过汉考克士兵的力量的其他酋长则不希望这样做，怕激怒士兵展开无情追击。

第二天早上，酋长们试图说服"罗马鼻"和他们一起去见汉考克，但"罗马鼻"担心会落入圈套。毕竟，"雷霆老人"不是点名找他吗？他不是率领一支军队穿过平原，专门找他"罗马鼻"来了吗？由于天色渐晚，"公熊"决定自己最好骑马去军营一趟。他发现汉考克态度傲慢，不断要求知道"罗马鼻"在哪里。"公熊"只好打太极；他说，"罗马鼻"和其他酋长去捕猎野牛了，因此耽搁了。这反而让汉考克更生气了。他告诉"公熊"，他要带着他的部队开到村子里去，在那里扎营，直到他看到"罗马鼻"为止。"公熊"没有回答。他漫不经心地跨上马，慢慢地往前走了几分钟，之后，快马加鞭地朝村庄跑去。

白人士兵要来的消息让印第安人营地立即行动起来。"我要一个人骑马冲出去杀了这个汉考克！""罗马鼻"喊道。没有时间拆除小屋或打包任何东西了。他们让妇女和儿童都上了马，让他们向北逃跑。然后，所有的武士都拿好了弓、长矛、枪、刀和棍棒。酋长们推举"罗马鼻"担任他们的军事首领，但同时指派"公熊"骑马陪在他身边，以确保他不会因一时愤怒而做出愚蠢的事情。

"罗马鼻"穿上了自己的上衣，上面有着和汉考克衣服上一样闪闪发亮的金肩章。他把一把卡宾枪插进剑鞘里，还把两把手枪别在腰带里，由于弹药不足，他又带上了弓和箭袋。最后，他带上了停战旗。他让300名武士列队在平原上前进，整个队伍有一英里长。武士们都带着长矛、弓、步枪和手枪。他带领他们缓慢地前进，去迎接1400名士兵和他们那雷鸣般的大炮。

"他们口中那个叫汉考克的军官，""罗马鼻"对"公熊"说，"他很想打一仗。那就让我在他的人面前把他给杀了吧，好让他们领教一下什么是打仗。"[5]

"公熊"的回答很小心翼翼，他说，白人士兵的数量几乎有五倍之多；而且他们还配备了快速步枪和大炮；士兵们的战

12. "罗马鼻"，南夏延人。A. 泽诺·辛德勒于 1868 年在华盛顿特区拍摄或复制。由史密森学会提供。

马皮毛光滑，吃得很饱，非常健硕，而驮着印第安妇女和孩子逃跑的马匹，由于整个冬天都没有吃到草，已经很虚弱了。如果真发生战斗的话，士兵们能够抓住他们并杀死所有人。

几分钟后，他们看到纵队过来了，他们知道士兵们也看到了他们，因为那些士兵立即形成了一条战线。"硬背"卡斯特立即部署好骑兵，做好了投入战斗的准备，只见他们拔出军刀，疾驰而来。

"罗马鼻"平静地示意武士们停下脚步。他举起了休战旗。 156
士兵们看到了之后也放慢了脚步，他们在离印第安人大约 150
码的地方停了下来。两方的旗子在大风中猎猎飘扬着。大约过了一分钟，印第安人看见"高酋长"温库普独自骑着马过来了。"他们立即围住了我的马，"温库普事后说道，"看到我在那里他们很高兴，说现在他们知道了，一切都会没事的，他们不会受到伤害。……我带着印第安人的重要人物，在两军之间，见到了汉考克将军和他手下的那些军官、参谋。"[6]

"罗马鼻"驱马来到军官们身边。他坐在马上，面对着"雷霆老人"，直视着他的眼睛。

"你想要和平还是战争？"汉考克厉声问道。

"我们不想要战争，""罗马鼻"回答说，"如果我们想要战争的话，我们就不会离你们的大炮这么近了。"

"你为什么不来拉内德堡开会？"汉考克接着问道。

"我的马很虚弱，""罗马鼻"回答说，"而且每一个来找我说你意图的人，说法都不相同。"

"高牛""灰胡子"和"公熊"就紧跟在边上。他们很担心，因为"罗马鼻"表现得太平静了。"公熊"说话了，他要求将军不要再带着他的士兵靠近印第安人的营地了。"我们没能留住我们的妇女和儿童，"他说，"他们被吓坏了，逃跑了，再也不会回来了。他们害怕士兵。"

"你必须让他们回来，"汉考克严厉地命令道，"我希望你能这样做。"

正当"公熊"沮丧地转身离开时，"罗马鼻"轻声令他把其他酋长带回印第安人的阵地。"我要杀了汉考克。"他说。"公熊"抓住了"罗马鼻"的缰绳，把他拉到一边，警告说他这么做必定会让整个部落都遭受灭顶之灾。

风越来越大，吹起了沙子，让两边的交谈变得很困难。汉考克命令酋长们立即出发，把妇女和孩子都带回来，然后宣布会谈就此结束。[7]

157　　尽管酋长和武士顺从地朝他们的妇女和孩子所走的路走去，但他们并没有把他们带回来。他们也没有主动回来。等了一两天后，汉考克怒火冲天。然后，他命令卡斯特带领骑兵去追击印第安人，同时让步兵进入印第安人废弃的营地。士兵们以一种有条不紊的方式，清点了小屋和其中的物品，然后一把火烧了所有的东西——251 顶帐篷、962 件野牛皮长袍、436 副马鞍，数百件生皮革、套索、垫子，以及各种炊具、食具和生活用品。士兵们摧毁了这些印第安人所拥有的一切，除了他们骑走的马匹以及背上裹着的毯子和衣服。

因白人烧毁村庄而产生的愤懑之情，"犬兵"和他们的苏族盟友在平原上尽情地发泄了一通。他们突袭了驿站，拆掉了电报线，袭击了铁路工人的营地，让大烟山路上的通行彻底中断了。陆路快车公司向其代理人发出了这样的通知："如果印第安人进入你们的射程，就开枪打死他们。不要怜悯他们，因为他们也不会对你们有任何怜悯。汉考克将军会为你们和我们的财产提供保护。"[8]汉考克原本是前来阻止这场战争的，现在，他愚蠢地促成了这场战争。卡斯特带着他的第7骑兵团，从一个堡垒赶到另一个堡垒，却没有看到任何印第安人。

"我很遗憾地说，汉考克将军的出征并没有带来任何好处，相反，它带来了许多不好的东西。"印第安事务主管托马斯·墨菲写信对华盛顿的泰勒局长这样说道。

"汉考克将军的行动，""黑胡子"桑伯恩对内政部部长说，"已经给公众利益带来了灾难性的后果。同时，在我看来，他的做法非常不人道，因此，我认为应该就这个问题向你表达我的看法。……我们这样一个强大的国家，在这种情况下，居然同几个游牧民族进行战争，这是非常可耻的，是一种无与伦比的不公正，是一种令人发指的种族主义罪行，它迟早会让我们或我们的子孙后代遭到上天的惩罚。"

"大武士"谢尔曼在给陆军部部长斯坦顿的报告中的观点则不同。"我的意见是，如果允许50名印第安人留在阿肯色河和普拉特河之间，我们将不得不守卫每一个车站、每一列火车并保护所有铁路上的工作人员。换言之，50名敌对的印第安人将拖住3000名士兵。不如尽快把他们赶走，他们是被印第安人事务专员哄走，还是被杀死，二者之间没什么区别。"[9]

谢尔曼被政府当局说服了，他打算通过和平委员会来哄印第安人离开。于是，在1867年夏天，他成立了由泰勒、亨德森、塔潘、桑伯恩、哈尼和特里组成的委员会，也就是在秋天的晚些时候试图在拉勒米堡与"红云"缔结和平条约的那个委员会（见第六章）。汉考克被调离了平原，他的士兵则被分散至沿途的各个堡垒中。

新的南部平原和平计划不仅涵盖了夏延人和阿拉帕霍人，

还包括基奥瓦人、科曼奇人和草原阿帕奇人。这五个部落都将被安顿至阿肯色河以南的一大片保留地，政府将为他们提供牛，并教他们如何种植庄稼。

位于拉内德堡以南 60 英里处的药屋溪（Medicine Lodge Creek）被确定为举行和平谈判的地点，会议将于 10 月初举行。为了确保所有重要的酋长都到场，印第安事务局在拉内德堡准备了礼物，并派了一些精心挑选的信使去送信。那时，给"高酋长"温库普担任翻译的乔治·本特，也是信使中的一员。他毫不费力地说服了"黑水壶"来参会。阿拉帕霍的"小渡鸦"和科曼奇的"十只熊"也愿意去药屋溪参加会议。但是，当本特去"犬兵"营地时，他发现酋长不愿意听从他的建议，"雷霆老人"致使他们对与军官的会面保有警惕。"罗马鼻"直截了当地说，只要"大武士"谢尔曼还在药屋溪，他就不会过去。

本特知道，委员们都清楚"罗马鼻"是与夏延人实现和平的关键。这位军事首领现在得到了来自各个夏延部落的数百名武士的拥戴。如果"罗马鼻"不签署条约的话，这个条约对堪萨斯州的和平将毫无意义。可能是在本特的建议下，爱德蒙·格里尔被选中去拜访"罗马鼻"，他要说服"罗马鼻"至少到药屋溪去一趟，初步进行一些协商。从沙溪中幸存下来的格里尔娶了本特的妹妹为妻；"罗马鼻"则娶了格里尔的表妹为妻。有这样的家庭关系，两人之间的交往应该不会遇到困难。

9 月 27 日，格里尔带着"罗马鼻"和"灰胡子"来到了药屋溪。"罗马鼻"坚持让"灰胡子"来当他的发言人；"灰胡子"懂几句英语，不会轻易被翻译欺骗。在委员们到达之前安排事宜的印第安事务主管托马斯·墨菲热情地迎接了夏延人酋长，他告诉他们：即将到来的会议对他们来说最为重要，同时承诺委员们将保证向他们提供给养，"牵着他们的手，为和平开辟一条好路"。

"狗才会看见东西就冲过去吃，""灰胡子"回答说，"你给我们带来的食物让我们感到恶心。我们可以靠野牛生存，但我们需要的主要物品，像火药、铅弹和火帽，我们都没有看到。只有当你带给我们那些东西时，我们才会相信你是真诚的。"

墨菲回答说，美国只向友好的印第安人发放弹药，他想知道为什么一些夏延人如此不友好，不断地发动袭击。"因为汉考克烧了我们的村庄，""罗马鼻"和"灰胡子"异口同声地回答，"我们只是以牙还牙而已。"[10]

墨菲向他们保证，"上父"并没有授权汉考克烧毁他们的村庄；"上父"已经因为汉考克的恶行而把他调离平原了。至于"罗马鼻"不希望看到的"大武士"谢尔曼，"上父"也把他召回华盛顿了。"罗马鼻"终于同意妥协了。他和他的追随者们会在60英里外的锡马龙河扎营；他们会从远处观察会议情况，如果对会议进展感到满意，他们就会过来参加会议。

在"换季之月"（Moon of the Changing Season），即10月16日，会议在药屋溪一片高大的树林里开始了。阿拉帕霍人、科曼奇人、基奥瓦人和草原阿帕奇人在会场旁树木丛生的河岸安营扎寨。"黑水壶"则在河的另一边宿营。万一有麻烦，他和负责守卫委员们的200名白人骑兵之间，至少隔了一条小溪。"罗马鼻"和"犬兵"酋长则在"黑水壶"的营地安排了人员，这些人员可以向他们汇报会议的进展。这些人员对"黑水壶"和委员们都保持着警惕，他们不希望"黑水壶"以夏延人的名义签署对其不利的条约。

160

尽管有四千多印第安人聚集在药屋溪，但在场的夏延人很少，因此，整件事情一开始似乎只关于基奥瓦人、科曼奇人和阿拉帕霍人。这让委员们很担心，因为他们的主要目的是让"犬兵"相信，他们最好的去处就是阿肯色河南边的保留地，这样一来就能实现和平共处了。"黑水壶""小长袍"（Little Robe）和乔治·本特赢得了一些原本心有不甘的酋长的支持，但其他人则一直非常敌对，他们威胁说，除非"黑水壶"退出会议，否则，他们会杀死"黑水壶"所有的马。

10 月 21 日，基奥瓦人和科曼奇人签署了条约，承诺与夏延人、阿拉帕霍人共同居住在一片保留地，此外，他们还同意将狩猎野牛的范围限制在阿肯色河南边，并且不再对美国政府在烟山河沿线修建铁路一事持任何反对意见。然而，"黑水壶"不同意签署条约，他希望有更多的夏延人酋长过来一起签；"小渡鸦"和阿拉帕霍人则说，除非夏延人签约，否则，他们不会签。受挫的委员们同意再等一个星期，"黑水壶"和"小长袍"去"犬兵"营地继续说服其他人。五天过去了，还是没有任何夏延人过来。然后，10 月 26 日下午的晚些时候，"小长袍"从犬兵营回来了。

"小长袍"说，夏延人的酋长们马上就会过来，他们会带着大约 500 名武士过来。他们会带着武器，很可能会以鸣枪的方式来表达他们希望获得秋季狩猎用的弹药的愿望。他们不会伤害任何人，如果他们收到弹药的话，他们就会签署条约。

第二天中午，在秋日温暖的阳光下，夏延人果真骑马疾驰而来。当他们登上会场南边的那道山脊时，他们像硬背的骑兵一样，每四人排成一排，肩并肩站着。一些人穿着从白人士兵处缴获的军装，其他人则裹着红色的毯子。他们的长矛和银饰品在阳光下闪闪发光。当他们一行来到会场对面时，武士们排成了一排，与小溪对岸的委员们隔河相望。一个夏延人吹响了号角，马向前冲去，500名印第安人齐声大喊"嗨呀，嗨——呀——！"他们挥舞着长矛，举起了弓箭，并举起几支步枪和手枪对着空中开了一枪，然后骑着马跳进小溪里，溅起了大片的水花。走在最前面的人已经要骑着马上岸了，离"白胡子"哈尼只有不到几英尺的距离，而哈尼一动不动地站在那里迎接他们，其他委员则急急忙忙地要找个地方躲起来。酋长们和武士们勒住缰绳，迅速停下了脚步，把受惊的委员们团团围住，哈哈大笑起来，然后和委员们一一握手。他们以这种方式生动地展示了夏延武士的英勇无畏。

初步寒暄结束后，大家就开始纷纷讲话了。"高牛""白马""公熊"和"野牛酋长"（Buffalo Chief）都发言了。他们说，他们不想要战争，但如果不能得到一个体面的和平的话，他们宁愿投入战争。

"野牛酋长"再一次请求保留烟山河一带的狩猎场。他承诺说，夏延人不会再去干涉铁路，然后，他用一种理智的口吻补充说："让我们一起拥有这片土地吧——夏延人仍然可以在那里狩猎。"但是，参会的白人根本不愿意与印第安人共享阿肯色河以北的任何一片地方。第二天早上，咖啡端上来之后，夏延人和阿拉帕霍人的酋长们听了白人宣读的条约内容，乔治·本特在现场做口译。起初，"公熊"和"白马"拒绝签字，但本特把他们拉到一边说服了他们，说这是他们保住权力和与部落生活在一起的唯一途径。条约签署后，委员们发放了礼物，包括狩猎用的弹药。药屋溪和谈结束了。现在，大部分夏延人和阿拉帕霍人会像他们承诺的那样向南迁移。但也有一些人不

162

愿意离开。已经有三四百人从锡马龙往北走了，他们的命运将与一个不肯投降的武士联结在一起。"罗马鼻"的名字没有出现在条约上。[11]

1867 年至 1868 年的冬天，大部分夏延人和阿拉帕霍人都在阿肯色河南边的拉内德堡附近扎营。在秋天的狩猎中，他们已经获得了足够多的肉，足以熬过寒冷之月，但到了春天，食物短缺现象变得严重起来。"高酋长"温库普偶尔会从堡垒里出来，分发他从印第安事务局那里获得的少量物资。他告诉酋长们，华盛顿的大议会仍在为条约一事争论不休，还没有依据条约规定向他们提供购买食品和衣服的资金。酋长们回答说，如果有武器和弹药的话，他们可以到红河去猎杀足够的野牛，来供养他们的人民。但温库普没有武器和弹药可以提供给他们。

随着温暖的春日越来越长，年轻人变得越来越不安分了，他们因为吃不饱而发牢骚，不停地咒骂当时在药屋溪签约的白人的失信行为。他们成群结队地向北朝着烟山河边的一片古老的狩猎场走去。"高牛""白马"和"公熊"迫于手下那些骄傲的"犬兵"的压力，也越过阿肯色河来到了北边。一路上，一些野蛮的年轻人袭击了一些偏僻的定居点，希望能从那里找到食物和枪支。

印第安事务官温库普急忙赶到"黑水壶"的村庄，恳求酋长们耐心点，让他们的年轻人不要挑事，尽管"上父"背信弃义在先。

"我们的白人兄弟们正在抽回他们在药屋溪伸向我们的那只手，""黑水壶"说，"但我们会努力抓住它的。我们希望'上父'同情我们，让我们得到他答应给出的枪支弹药，这样我们就可以去狩猎野牛，避免家人挨饿。"[12]

温库普觉得，考虑到"上父"已经派出了一位新的"星星酋长"——菲利普·谢里登（Philip Sheridan）将军了，由他来负责统领堪萨斯要塞中的士兵，那么，武器和弹药应该马上就会有了。他安排几位酋长在拉内德堡与谢里登会面，包括"黑水壶"和"石牛"（Stone Calf）在内。

163

看到谢里登的时候，印第安酋长们发现他腿短，脖子粗，手却很长，就像一只坏脾气的熊一样。会面期间，温库普问将军是否可以向印第安人发放武器。"可以，给他们武器，"谢里登大吼道，"但如果他们胆敢来打仗，我的士兵会毫不犹豫地杀了他们。"

"石牛"反驳道："让你们的士兵长出长发，这样我们杀他们才够劲。"

这次会面一点都不友好，尽管温库普给他们弄到了几把过时的步枪，但留在阿肯色河南边狩猎的夏延人和阿拉帕霍人开始感到不安。他们手下的许多年轻人以及大部分"犬兵"仍然在阿肯色河北岸游荡，其中一些人只要发现白人就会发动袭击并杀死他们。

8月下旬，北边的大部分夏延人都聚集在共和河的阿里卡里（Arikaree）支流处。"高牛""白马""罗马鼻"和大约300名武士及其家人就在那里。为数不多的阿拉帕霍人和"波尼杀手"的苏人也在附近扎营。他们从在所罗门河扎营的"公熊"及其部落处得知：谢里登将军已经组织一队侦察兵去侦察印第安人的营地了，但是，印第安人正忙着为冬天收集肉类，根本就没有心思去管侦察兵或白人士兵。

在"鹿爪刨地之月"（Moon When the Deer Paw the Earth）

的某一天，即 9 月 16 日，一支来自"波尼杀手"营地的苏人狩猎队看到大约有 50 名白人在阿里卡里河那里扎营，那个地方就在印第安人营地南边大约 20 英里处。白人中只有三四个人穿着蓝色制服，其他人都穿着粗糙的边疆服装。这是由谢里登组织的一支特殊队伍——"福赛思侦察兵"（Forsyth's Scouts）。

苏族猎人刚把这个情况通知部落，"波尼杀手"就立刻派人去了夏延人的营地，要求他们一起对入侵他们狩猎场的白人侦察兵发动进攻。"高牛"和"白马"立即派喊话人在营地中敦促武士们准备好战斗装备，并涂上战斗油彩。他们去见了164 "罗马鼻"，他当时正在帐篷里接受洗净之礼。几天前，夏延人和苏人一起聚餐时，其中一个苏族妇女用铁叉子做了油炸面包，"罗马鼻"吃完面包后才知道是用铁叉子烤的。任何接触了金属的食物都会对他的药力产生不利影响；除非他完成洗净之礼，否则，他身上不会有那种躲避白人子弹的魔力。

夏延人的酋长们认为这种信念是理所当然的。"高牛"告诉"罗马鼻"赶快完成仪式，以恢复他的药力。"高牛"确信：只要夏延人和苏人联合起来，就可以消灭那 50 名白人侦察兵，但附近可能有蓝衣部队，如果那样的话，印第安人很快就会需要"罗马鼻"来领导他们对蓝衣部队发起进攻。"罗马鼻"让他们先出发。他完成仪式之后就来。

由于距离侦察兵营地很远，酋长们决定等到第二天天亮后再发动进攻。他们骑着最好的战马，手持最好的长矛、弓和步枪，沿着阿里卡里河谷行进。苏人戴着插着鹰羽毛的帽子；夏延人则戴着插着乌鸦羽毛的帽子。他们在离侦察兵营地不远的地方停了下来，此前，酋长们下达了严格的命令：不许任何人单独出动去攻击敌人。所有人都要像"罗马鼻"之前所教的那样，一起发动进攻；他们会先用优势力量压制住侦察兵，然后再消灭他们。

尽管酋长们下达了死命令，但六个苏人和两个夏延人——都是很年轻的人——还是在日出前就溜出去抢白人的战马了。天刚亮，他们就冲了过去，大声喊叫着，手中挥舞着毛毯，去吓唬那些马。他们确实抓获了几匹马，但这让福赛思侦察连意识到印第安人过来了。还没有等苏人和夏延人的主力部队对营地发起冲锋，侦察兵就抓紧时间转移到了阿里卡里干涸河床的一个小岛上，并在柳树丛中和高高的草丛里隐蔽起来。

印第安人组成了一条很宽的冲锋线，从雾蒙蒙的溪谷往前冲，马蹄声在大地上响个不停。靠近时，他们发现侦察兵正匆匆往那个长满灌木丛的小岛撤退。这时，一个夏延人武士吹响了号角。印第安人本来是打算占领营地的。现在，他们不得不转身冲向干河床。侦察兵的斯宾塞连发步枪扫向了冲在最前面那排武士，打散了他们。冲锋武士分开了，一些往左，一些往右，包围了整个小岛。

整个上午，印第安人都围着那个小岛。他们唯一看得见的目标是侦察兵那些高高站在草丛中的马。当武士们把它们击倒时，侦察兵就用它们来做掩体。一些武士对着小岛发起了冲锋，他们下了马，试图从灌木丛中爬到侦察兵那里去。但是快速步枪的火力太猛了。一个名叫"狼肚子"（Wolf Belly）的夏延人骑着马，对侦察兵构筑的防御圈发动了两次冲锋。他穿着一件神奇的豹皮。这件豹皮带给他很强的药力，没有一颗子弹碰到过他。

刚到下午，"罗马鼻"就来到了战场，他站在能够俯瞰那个小岛的高地。大多数武士都停止了战斗，等待"罗马鼻"接下来的安排。"高牛"和"白马"去找他商量，但没有请他带

165

领他们出战。这时，一个名叫"白色反面"（White Contrary）的老人走过来说："这是'罗马鼻'，我们所仰仗的人，他就坐在这座山的后面。"

"罗马鼻"大笑了起来。对于自己那天要做什么，他已经下定了决心，而且他预感自己就要死了，但听到老人所说的话之后，他不禁笑了起来。

"所有在外面战斗的人都觉得他们是属于你的，""白色反面"接着说，"他们会照你所说的去做，而你就在这座山后面。"[13]

"罗马鼻"走到一边，做好了投入战斗的准备：把额头涂成黄色，鼻子涂成红色，下巴涂成黑色。然后，他戴上了帽尾上插着40根羽毛的单角战帽。准备好之后，他就骑着马来到了干涸的河床上，武士们排成队形，等待他带领他们取得胜利。

他们一开始慢跑，然后加速，最后毫不留情地鞭打着小马，这样一来，就没有什么能够阻止他们冲上小岛了。但是，福赛思侦察兵的火力再一次打散了冲在最前面的武士，减弱了这种不顾一切地冲锋的力量。"罗马鼻"冲到了柳树林的外缘。这时，侦察兵的交叉火力击中了他臀部以上的地方，一颗子弹穿透了他的脊椎。他掉落在灌木丛里，一直躺到天黑，才设法爬到了岸边。一些年轻的武士正在那里找他。他们把他抬到了高地，那里有专门照顾伤员的夏延人和苏人的妇女。当晚，"罗马鼻"就死了。

对于年轻的夏延武士来说，"罗马鼻"的死就像天空中一道巨大的亮光消失了。他相信并让大家相信，如果他们像"红云"一样为自己的国家而战的话，那么，总有一天，他们会胜利的。

　　夏延人和苏人都不想再打下去了，但他们把福赛思侦察兵围困在灌木丛和沙地里达八天之久。侦察兵不得不吃死马肉，并在沙子里挖水坑找水喝。到第八天，一队救援士兵来了，印第安人才离开了那个散发着恶臭的小岛。

　　白人非常重视这场战斗，他们用在这场战斗中战死的年轻的弗雷德里克·比彻中尉的名字将它命名为"比彻岛之战"（Battle of Beecher's Island）。幸存下来的士兵吹嘘自己杀死了"数百名红人"，尽管印第安人计算的数字不到三十，但"罗马鼻"之死带来的损失是无法估量的。在印第安人的记忆中，这场战斗将永远是"'罗马鼻'被杀的战斗"。

　　围攻结束后，相当多的夏延人开始向南移动。到处都有追捕他们的士兵，他们生存的唯一希望就是到位于阿肯色河南边的亲戚那里去。他们认为尽管"黑水壶"是一个被打败了的老人，但至少还活着，他依旧是南夏延人的酋长。

　　当然，他们根本不知道的是：那个看起来像一只愤怒的熊的军人谢里登，正计划着在阿肯色河南边发动一场冬季战役。当寒冷之月的雪落下，他就会派卡斯特带领骑兵去摧毁"野蛮的"印第安人的村庄，而他们中的大多数都履行着条约所规定的义务。在谢里登看来，任何一个在遭到攻击时反抗的印第安人都是"野蛮人"。

　　那年秋天，"黑水壶"在羚羊山（Antelope Hills）以东40英里处的沃希托河（Washita River）建立了一个村庄。当年轻人从堪萨斯州回来时，他斥责了他们的错误行为，但同时又像一个宽容的父亲一样，允许他们重新回到部落。11月，当他听到有士兵要来的传闻时，他与"小长袍"以及两位阿拉帕霍人的酋长沿着沃希托河谷跋涉了近百英里，来到位于阿肯色河南边的印第安事务处科布堡（Fort Cobb）。威廉·B. 黑森（William B. Hazen）将军是这个堡垒的指挥官，夏延人和阿拉帕霍人在夏季访问时发现他很友好，很有同情心。

然而，在此紧急关头，黑森却并不热情。当"黑水壶"请求允许将他的 180 间小屋转移到科布堡附近，以便获得保护时，黑森拒绝了。他也不允许夏延人和阿拉帕霍人搬到基奥瓦人和科曼奇人的村庄中去。他向"黑水壶"保证，如果他们回到自己的村庄，把年轻人约束在村子里，他们就不会受到攻击。在给客人们发了糖、咖啡和烟草之后，黑森就把他们打发走了，因为他知道自己可能再也见不到他们了。他对谢里登的作战计划了如指掌。

11 月 26 日晚，顶着暴风雪前越刮越凶的北风，失望的酋长们回到了各自的村庄。尽管长途奔波让"黑水壶"疲惫不堪，但他立刻召集部落酋长们开会。（乔治·本特没有出席，他带着妻子——"黑水壶"的侄女——去科罗拉多威廉·本特的农场做客去了。）

"黑水壶"告诉他的族人们，这一次，他们一定不能再像沙溪那样被打个措手不及了。他不会干等着士兵过来，而是会带着一个代表团去会见士兵，让他们知道夏延人的村庄是和平的。雪很深，而且还在下着，但是，一旦天空放晴，他们就会出去迎接士兵的到来。

尽管"黑水壶"那天晚上很晚才睡，但他还是像往常一样在黎明前就醒了。他走出小屋，很高兴地看到天空放晴了。一场大雾笼罩着沃希托河谷，但他可以看得见河对岸山脊上厚厚的雪。

突然，他听到一个女人在大喊，当她走近时，她的声音变得更清晰了。"士兵！士兵！"她喊道。"黑水壶"像条件反射一样，冲进他的小屋取来复枪。在他重新回到外面之前的几秒钟里，他已经想好了必须怎么做来唤醒整个村庄的人，好让每个人都可以逃跑。一定不会再有沙溪那样的大屠杀了。他会独自在沃希托浅滩与士兵会面，并与他们谈判。他把步枪指向天空，扣动了扳机。这个举动让全村人都惊醒了过来。当他大声命令大家骑马离开时，他的妻子解开他的马的缰绳，把马牵过来给他。

他正要骑马赶往浅滩，就听见了大雾中传来的军号声，接着是冲锋士兵的号令声和呐喊声。因为地上铺满了雪，所以没有听到马蹄声，而只听到马鞍的"嘎嘎"声、马具的"叮当"声和马发出的嘶哑叫声，以及到处都是的喇叭声。（卡斯特带着他的军乐队穿过了雪地，并命令他们在士兵冲锋时演奏《加里·欧文》[①]。）

"黑水壶"原以为士兵会骑着马从沃希托浅滩冲过来，但实际上他们从四个方向冲出迷雾。他怎么可能会见四支冲锋纵队，并与他们谈论和平呢？这又是一场沙溪大屠杀。他伸手抓住妻子的手，把她拉到身后，使劲抽打战马，让它猛跑起来。她和他一起在沙溪中幸存下来了；现在，就像受尽折磨的做梦人再次做了一个同样的噩梦，他们又从呼啸的子弹中逃走了。

快到浅滩时，他看到了冲锋的骑兵，他们穿着厚厚的蓝色外套，戴着毛皮帽子。"黑水壶"让马放慢了速度，举起手来

---

① 曲目起源不详，但整首曲子的主旨就是"奋勇杀敌"。一些欧美部队会用作非正式的军歌。据说，拿破仑在发动冲锋时就曾让军乐队演奏过这支曲子。——译者注

表示和平。一颗子弹射入了他的肚子，他的小马突然转头跑开了。另一颗子弹击中了他的后背，他滑进了河边的雪地里。几颗子弹把他妻子打倒在他身边，然后，马跑开了。骑兵们骑马涉水穿过浅滩，踩在"黑水壶"和他妻子身上，马蹄把泥巴溅到了他们的尸体上。

卡斯特从谢里登处得到的命令很明确："向南朝羚羊山方向前进，到了那里之后向沃希托河前进，敌对部落的冬季营地就在河边；摧毁他们的村庄和马，杀死或绞死所有的武士，并带回所有的妇女和儿童。"[14]

几分钟后，卡斯特的骑兵就摧毁了"黑水壶"的村庄；在几分钟的血腥屠杀中，他们用枪炮消灭了几百匹被关在围栏里的马。杀死或绞死所有的武士意味着将他们与老人、妇女和儿童分开。这项工作对骑兵来说太慢、太危险了，他们发现不分青红皂白的杀戮更有效、更安全。他们杀死了 103 个夏延人，但其中只有 11 人是武士。他们抓获了 53 名妇女和儿童。

这时，山谷里回荡着的枪声引来了一大群来自附近村庄的阿拉帕霍人，他们和夏延人一起抵抗。一队阿拉帕霍人包围了一个由 19 名士兵组成的排，排长是乔尔·埃利奥特（Joel Elliott）少校。他们把这个排的士兵全部都打死了。大约在中午时分，基奥瓦人和科曼奇人也从下游更远的地方赶来了。当卡斯特看到附近山丘上印第安武士越来越多时，他赶紧集合他抓获的俘虏，顾不上寻找失踪的埃利奥特少校，就往北撤退了，朝加拿大河上作为临时基地的补给营跑去。

谢里登将军正在补给营急切地等待着卡斯特胜利的消息。当他得知骑兵团马上就要回来时，他命令整个哨所都出去迎接。军乐队高声演奏着军乐，凯旋的士兵挥舞着"黑水壶"和其他死去的"野蛮人"的头皮走进了哨所，谢里登也在大家面前对卡斯特"高效而勇敢的表现"表示祝贺。

谢里登将军在他提交的有关这场针对"野蛮屠夫"和"野蛮的掠夺者"所取得的胜利的官方报告中，兴高采烈地说他"消灭了那个老朽的'黑水壶'……一个过时了的、毫无价值的旧人"。然后他说，他曾承诺，如果"黑水壶"在他开始军事行动之前进入堡垒的话，他将保障"黑水壶"的安全。"但他拒绝了，"谢里登撒谎说，"然后就在战斗中被杀死了。"[15]

"高酋长"温库普曾用辞职来抗议谢里登的政策，听到"黑水壶"死去的消息时，他已经远在费城了。温库普说他的老朋友被出卖，并且"他是死在白人手上的，而导致他死亡的正是他对白人的致命信任，这些白人正得意扬扬地挥舞他的头皮"。其他认识并喜欢"黑水壶"的白人也抨击了谢里登的战争政策，但谢里登不屑一顾，他说这帮人都是"一些善良而虔诚的传教士……他们帮助和教唆那些毫无怜悯地谋杀男人、女人和孩子的野蛮人"[16]。

"大武士"谢尔曼也支持谢里登，并命令他继续消灭敌对的印第安人和他们的马匹，但同时建议他允许友好的印第安人建立营地，并向营地里的印第安人提供食物，同时让他们接触白人文明的文化。

为此，谢里登和卡斯特来到了科布堡，之后，他们向该地区的四个部落派出了信使，警告部落过来表示友好，否则就会遭受被猎杀的命运。卡斯特本人也出去通知那些友好的印第安人了。出发之前，他从夏延人俘虏中选择了一个妩媚的年轻女子与他同行。她被列入翻译行列，尽管她根本不懂英语。

12月底，"黑水壶"部落的幸存者陆陆续续来到了科布堡。

170

171　　**13.** "银刀"，科曼奇人的酋长。**1872年由亚历山大·加德纳在华盛顿特区拍摄。由史密森学会提供**

他们不得不步行而来，因为卡斯特杀死了他们所有的马。"小长袍"现在成了部落名义上的酋长，当他被带去见谢里登时，他对那个像熊一样的军官说，他的人民正在挨饿。卡斯特烧掉了他们为冬季储存的肉；沃希托河一带也找不到野牛了；他们已经吃光了所有的狗。

谢里登回答说，如果夏延人全部进入科布堡并无条件投降的话，他们就会得到食物。"你们不能现在表示和好，然后在春天又开始杀害白人，"谢里登接着说，"如果你们不愿意达成彻底的和平的话，你们大可以回去，我们会通过战斗来解决这件事的。"

"小长袍"知道他只能作出一种回答。"你怎么说，我们就怎么做。"他回答道。[17]

阿拉帕霍人的"黄熊"（Yellow Bear）也同意把他的人带来科布堡。几天后，"银刀"（Tosawi）带着第一个科曼奇人的部落过来投降了。当他被介绍给谢里登时，托萨维的眼睛亮了起来。他报上了自己的名字，还加了两个蹩脚的英语单词。"'银刀'，好印第安人。"他说道。

就在那时，谢里登将军说出了一句遗臭万年的话："我见过的唯一善良的印第安人都已经死了。"[18]在场的查尔斯·诺德斯特罗姆（Charles Nordstrom）中尉记住了这些话，并把它传了出去，它最终成了一句美国格言：唯一善良的印第安人是死去的印第安人。

172

那个冬天，夏延人、阿拉帕霍人以及一些科曼奇人和基奥瓦人在科布堡靠白人的救济过活。1869 年春，美国政府决定将科曼奇人和基奥瓦人集中到希尔堡（Fort Sill）附近，而夏延人和阿拉帕霍人则被安顿在补给营周围。一些"犬兵"一直留在北边比较远的共和河营地；其他一些人则在"高牛"的率领下南下，以便换取口粮和保护。

当夏延人沿着沃希托河从科布堡转移到补给营时，"小长袍"和"高牛"吵了起来，"小长袍"指责"高牛"和他手下的年轻人给白人士兵制造了许多麻烦。"犬兵"酋长则反过来指责"小长袍"像"黑水壶"一样软弱，在白人面前点头哈腰。"高牛"宣称，他不会待在阿肯色河南边夏延人居住的贫困保留地内。他说，夏延人一直就是一个自由的民族。白人有什么权力规定他们应该住在哪里？不自由，毋宁死。

"小长袍"愤怒地命令"高牛"和他的"犬兵"永远离开夏延人的保留地。如果他们不这样做的话，他就会和白人联合起来把他们赶走。"高牛"自豪地回答说，他将带领他的人民北上，加入北夏延人的行列，北夏延人和"红云"的苏人一起将白人赶出了粉河一带。

因此，就像沙溪大屠杀那样，南夏延人再一次分裂了。有近 200 名"犬兵"和他们的家人跟着"高牛"北上了。在"马换毛之月"的 5 月，他们加入了在共和河过冬的部落。在他们为前往粉河地区漫长而危险的旅程做准备时，谢里登派尤金·A. 卡尔（Eugene A. Carr）将军带领一支骑兵部队去追击并消灭他们。卡尔的士兵发现了"犬兵"的营地，并发起了猛烈的进攻，就像卡斯特袭击"黑水壶"的村庄那样。然而，这一次，一队武士拖住了白人骑兵，用自己的生命成功地阻止了妇女和儿童被俘。

通过分成一些小群体，印第安人躲过了卡尔的追捕。几天后，"高牛"重新把武士们集合起来，带领他们对烟山河一带发动了一场报复性袭击。他们破坏了那条令人讨厌的铁路上长达两英里的铁轨，并袭击了一些小的定居点，像士兵们杀死印第安人那样残忍地杀死了定居者。"高牛"想起卡斯特把夏延人妇女当作俘虏抓了起来，于是他也从一个农场抓走了两名幸存的白人妇女。两人都是德国移民（玛丽亚·魏歇尔和苏珊娜·阿勒迪丝），没有夏延人听得懂她们说的话。这些白人妇女很麻烦，但"高牛"坚持把她们当作俘虏带上，并像蓝衫军对待夏延人妇女那样对待她们。

为了避开到处搜捕的骑兵，"高牛"和他的人不得不不断更换营地，四处转移。他们一路向西穿过了内布拉斯加，进入了科罗拉多。7月，"高牛"带着他的人马来到了萨米特斯普林斯（Summit Springs），他打算在那里渡过普拉特河。因为河水水位很高，他们不得不临时搭起了营帐。"高牛"派一些年轻人用木棍在溪流中标记好了过河路线。那时正是"樱桃成熟之月"（Moon When the Cherries Are Ripe），天气很热。大多数夏延人都在帐篷里纳凉。

凑巧的是，那天弗兰克·诺思少校带领的波尼侦察兵偶然发现了这队逃亡的夏延人的踪迹（这些波尼侦察兵就是四年前和康纳将军一起进入粉河地带，然后被"红云"的武士们赶走了的那些波尼雇佣兵）。几乎没有任何先兆，波尼士兵和卡尔将军的蓝衫军冲进了"高牛"的营地。他们从东边和西边发动了夹击，所以夏延人的唯一出路就是向南逃跑。马朝四面八方乱跑，男人设法抓住它们，女人和孩子只能徒步逃跑。

174

很多人没有逃脱。"高牛"和大约20人躲进了一个山谷。其中有他的妻子和孩子，还有那两个作为俘虏的德国妇女。当波尼雇佣兵和士兵冲进营地时，十几名武士在山谷口的防御战中牺牲了。

　　"高牛"拿起斧头，在沟壑壁上凿了几个洞，然后爬上了山顶，在那里向袭击者开火。他开了一枪，然后立即蹲了下去。当他再次起身开火时，一颗子弹击中了他的头骨。

　　在接下来的几分钟，波尼人和士兵冲进了山谷。除了"高牛"的妻子和孩子，其他所有的夏延人都死了。两名德国妇女也中了枪，但其中一人还活着。白人说是"高牛"打死了白人俘虏，但印第安人从来都不认为"高牛"会愚蠢到把子弹浪费在白人俘虏身上。

　　"罗马鼻"死了；"黑水壶"死了；"高牛"死了。现在，他们都是好印第安人了。像羚羊和野牛一样，骄傲的夏延人不断减少，几乎都要灭绝了。

第八章　多诺霍加瓦的起落

1869 年　　3 月 4 日，尤利西斯·格兰特宣誓就任总统。5 月 10
日，联合太平洋和中太平洋铁路在海角点（Promontory
Point）会合，第一条横贯大陆的铁路线诞生。9 月 13
日，杰伊·古尔德（Jay Gould）和詹姆斯·菲斯克
（James Fisk）试图垄断黄金市场。9 月 24 日，政府向
市场抛售黄金，以压低价格；"黑色星期五"让小投机
者陷入金融灾难。11 月 24 日，美国妇女选举权协会成
立。12 月 10 日，怀俄明颁布法律，赋予妇女选举权和
任职权。12 月 30 日，劳动骑士团（Knights of Labor）
在费城成立。马克·吐温的《傻子出国记》出版。

1870 年　　1 月 10 日，约翰·D. 洛克菲勒成立标准石油公司，用
来垄断石油行业。2 月 15 日，明尼苏达州开始建设北
太平洋铁路。6 月，美国人口达 38558371 人。7 月 18
日，在罗马，梵蒂冈大公会议（Vatican Council）宣布
"教皇永远无误"这一教义。7 月 19 日，法国向普鲁
士宣战。9 月 2 日，拿破仑三世向普鲁士投降。9 月 19
日，巴黎围城战开始。9 月 20 日，坦慕尼派①的"老
板"威廉·M. 特威德（William M. Tweed）被控掏

---

① 坦慕尼派是美国民主党的一个派别。特威德是坦慕尼派的领袖，人称"老
板"，他是一个非常有势力而又极度腐败的政客。——译者注

空纽约市财政。11 月 29 日，英国实行义务教育。
新英格兰开始用木浆造纸。

176 　　尽管这个国家曾经完全由印第安人居住，但曾经占据现今
密西西比河以东各州的那些部落（其中的一些曾非常强大），
在阻止西方文明进程的尝试中，一个接一个地被消灭了。……
如果有任何部落抗议他们的自然权利和条约权利遭到侵犯，那
么，这个部落的成员就会遭到不人道的枪杀，整个部落都被当
作狗来对待。……据推测，最初是出于人道主义制定了让印第
安人迁移和集中到西部的政策，从而使他们免遭种族灭绝。但
今天，由于美国人口的大量增加，白人定居点遍布整个西部，
遍及落基山脉两麓，印第安种族所面临的迅速走向灭亡的威胁，
比美国历史上的任何时期都要严重。

　　　　　　　　——多诺霍加瓦［埃利·帕克］，第一位担任
　　　　　　　　　印第安事务局局长的印第安人

当在斯普林斯山战役中幸存下来的夏延人最终到达粉河一带时，他们发现在他们待在南边的那三个冬天里，许多事情都发生了变化。"红云"赢得了战争，堡垒也被遗弃了，普拉特河以北没有蓝衫军了。但是，苏人和北夏延人的营地充满谣言：华盛顿的"上父"希望他们向东迁移到野生动物非常稀少的密苏里河那里去。他们的一些白人商人朋友告诉他们，1868 年的条约规定，提顿苏人的事务处将设在密苏里河。"红云"对这种说法不屑一顾。当他去拉勒米堡签署条约时，他曾告诉过目睹他拿起笔的蓝衫军军官，他希望拉勒米堡成为提顿苏人的贸易站，否则，他不会签署条约。当时，他们同意了。

1869 年春天，"红云"带着 1000 名奥格拉拉人去拉勒米堡进行贸易，并领取物资。哨所指挥官告诉他，苏人的贸易站是密苏里河边上的兰德尔堡（Fort Randall），他们应该去那里进行交易、获得补给。由于兰德尔堡在 300 英里外，"红云"就嘲笑了指挥官，并要求允许他在拉勒米堡进行交易。由于哨所外聚集了 1000 名武装起来的武士，指挥官只得同意，但他建议"红云"在下一个交易季节到来之前把他的人转移到兰德尔堡去。

很快，拉勒米堡的军事当局就表明他们是认真的。"斑点尾巴"和他手下和平的布鲁莱人甚至都不被允许在拉勒米堡附近宿营。"斑点尾巴"被告知，如果他想要获得补给，他就必须去兰德尔堡。他只好带领他的人民穿过平原，在兰德尔堡附近定居下来。拉勒米堡"流浪汉"轻松、惬意的生活也就此结束了；他们也被送到了兰德尔堡，他们不得不在陌生的环境中从头开始。

然而，"红云"依然坚持不走。经过一场艰苦的战争，他赢得了粉河地带。拉勒米堡是最近的贸易站，他不打算转移到密苏里河那里去，也不打算到那里去领取物资。

1869 年秋天，平原上所有的印第安人都处在和平状态，营地里到处流传着要发生大变革的传言。据说，华盛顿选出了一位新的"上父"，也就是格兰特总统。据说，这位新的"上父"选择了一个印第安人作为印第安人的"小父亲"（Little Father）。这很难让人相信。印第安事务局局长一直由某个会读会写的白人担任。伟大的神灵终于教会了一个红种人读书写字，让他得以成为印第安人的"小父亲"？

"雪飘进帐篷之月"（Moon When the Snow Drifts into the Tepees）（也就是 1870 年 1 月），一个关于黑脚人（the Blackfeet）的可怕传言传开了。在蒙大拿马里亚斯河（Marias River）旁的某个地方，士兵们包围皮根黑脚（Piegan Blackfeet）部落的一个营地，像杀死被困在洞里的兔子一样杀死了他们。这些山地印第安人曾是平原部落的宿敌，但现在一切都变了，只要士兵在任何地方杀死印第安人，所有的部落都会感到不安。军队试图保守大屠杀这个秘密，只宣布尤金·M. 贝克（Eugene M. Baker）少校曾率领一支骑兵部队从蒙大拿的埃利斯堡（Fort Ellis）出发，去惩罚一伙黑脚人的盗马贼。然而，早在情况被传达至华盛顿印第安事务局之前，平原印第安人就已经知道事情的真相。

在那场传闻中的大屠杀发生后的几个星期里，一些奇怪的事情在上平原发生了。在一些事务处，印第安人通过召开会议来表达他们的愤怒，他们在会上谴责蓝衫军，并将"上父"视为"没有耳朵和大脑的傻瓜和狗"。在两个事务处，大家的情绪变得高涨，放火烧了建筑物；事务官一度被囚禁起来，一些白人政府雇员也被赶出了保留地。[1]

由于发生在 1 月 23 日的大屠杀事件一直处在保密状态，印第安事务局局长直到三个月后才得知相关情况。年轻的军官威廉·B. 皮斯（William B. Pease）中尉是黑脚人的事务官，他冒着丢乌纱帽的风险，向印第安事务局局长汇报了真相：贝克少校以印第安人从货车上偷走了几头骡子为借口，发动了一次冬季行动，并对他们在行军途中看到的第一个营地发动了进攻。营地没有设防，大部分都是老人、妇女和儿童，其中的一些人还得了天花。营地有 219 名皮根黑脚部落人，只有 46 人逃出来，他们向世人讲述了大屠杀的经过；33 名男子、90 名女子和 50 名儿童在逃跑时被枪杀了。

局长一接到报告，就要求行政当局立即展开调查。

尽管局长的英语名字是埃利·塞缪尔·帕克（Ely Samuel Parker），但他的真名其实是多诺霍加瓦（Donehogawa），意即易洛魁人长屋①的西门守护者。他来自纽约的托纳旺达（Tonawanda）保留地，是塞内卡易洛魁人，年轻时的名字是哈萨诺安达（Hasanoanda），但他很快意识到，在白人的世界里，一个用印第安名字的人不会受到重视。于是，他把哈萨诺安达改为帕克，因为他雄心勃勃，希望白人把他当作男人来认真对待。

近半个世纪以来，帕克一直在与种族偏见作斗争，有时赢，有时输。10 岁以前，他在一个军事哨所当马童；当军官们嘲笑他蹩脚的英文时，他的自尊心受到了伤害。这个要强的塞内卡年轻人立刻想办法了进了一所教会学校。他决心学好英语读、说、写，这样白人就再也不会嘲笑他了。毕业后，他决定当一

---

① 长屋是印第安人的公共住所或议事厅。——译者注

名律师，最大限度地帮助他的人民。在那些日子里，一个年轻人在律师事务所工作，然后参加州律师考试，就可以成为一名律师。埃利·帕克在纽约州埃利科特维尔的一家律师事务所工作了三年，但在他申请律师资格时，他被告知只有白人男性公民才可以获得纽约州的律师资格。印第安人根本没有申请的资格。给自己取一个英文名字，并没有让他那古铜色的皮肤发生改变。

帕克拒绝就此放弃。在仔细了解印第安人可以进入哪些职业或行业之后，他进入了伦斯勒理工学院（Rensselaer Polytechnic Institute），学完土木工程专业的所有课程。很快，他就在伊利运河（Erie Canal）找到了工作。在他 30 岁之前，美国政府雇他来监督堤防和相关建筑物的修建。1860 年，他因为工作原因来到了伊利诺伊州的加利纳（Galena），在那里，他遇到一个马具店的店员，并和他交上了朋友。这个店员以前曾任陆军上尉，名叫尤利西斯·S. 格兰特。

内战开始后，帕克回到了纽约，计划组建一个为联邦而战的易洛魁印第安人团。但他的请求被州长拒绝了，州长直截了当地告诉他，纽约志愿兵中没有印第安人的位置。帕克不以为意，接着，他前往华盛顿，想在美国陆军部担任工程师。联邦军队急需训练有素的工程师，但不需要由印第安人担任的工程师。"内战是白人的战争，"帕克被告知说，"回家，去你的农场耕作，我们会解决自己的麻烦的，我们不需要任何印第安人的帮助。"[2]

帕克回到了托纳旺达保留地，他让朋友尤利西斯·格兰特了解到他想进入联邦军队，但遇到了很大的困难。格兰特需要工程师，在和军队的繁文缛节斗争了几个月之后，他终于设法获得了让他的印第安朋友入职的命令，于是，帕克在维克斯堡加入了格兰特的部队。他们一起从维克斯堡一直打到了里士满。李将军在阿波马托克斯投降之时，埃利·帕克中校就在现场，由于他的文字功底出色，格兰特将起草李将军投降条件的任务交给了他。

　　在内战结束后的四年里，帕克准将执行了各种任务，解决了各个印第安部落之间的分歧。1867年，菲尔·卡尼堡战役结束后，他来到密苏里河流域，调查北部平原印第安人骚乱的原因。回到华盛顿后，他提出许多改革与印第安人相关的政策的想法，但它们要等上一年才最终付诸实施。格兰特当选总统后，他任命帕克为新任印第安事务局局长，因为他相信帕克比任何白人都更懂如何与印第安人打交道。

　　帕克满怀热情地开始他的新工作，但发现印第安人事务局比他原先想象的腐败得多。清除那些根基很深的官僚看起来很有必要。在格兰特的支持下，他建立了由全国各宗教团体推荐的印第安事务官任命制度。由于有许多贵格会教徒自愿担任印第安事务官，因此，这个新计划后来被称为格兰特针对印第安人建立的"贵格会政策"或"和平政策"。

　　此外，一个由热心公民组成的印第安专员委员会（Board of Indian Commissioners）也成立了，它负责监督印第安事务局的运作。帕克建议委员会由白人和印第安人组成，但遭到了政治干预。由于找不到有政治影响力的印第安人，因此，委员会中最终没有任何印第安人。

　　在1869年末至1870年初的这个冬天，帕克局长（或说易洛魁人的多诺霍加瓦，因为他越来越认同于作为印第安人守护者的角色）对西部边疆的和平状况感到满意。然而，到了1870

180

14. 埃利·帕克，又名多诺霍加瓦，塞内卡酋长，尤利西斯·格兰特军事秘书兼印第安事务专员。拍摄于 1867 年左右。由史密森学会提供。

年春，他对于平原印第安机构传来的印第安人叛乱的消息感到不安。在皮斯中尉向他报告了可怕的皮根大屠杀之后，他对印第安人叛乱的起因有了一些了解。帕克知道，除非采取能够让印第安人相信政府善意的措施，否则，一场全面战争很可能会在夏季爆发。

帕克局长很清楚"红云"的不满，也了解这位苏人酋长保 182住他通过条约而赢得的土地的决心，以及就近建立一个贸易站的愿望。尽管"斑点尾巴"已经去了密苏里河上的兰德尔堡，但布鲁莱人是保留地印第安人中为最为叛逆的一支。在平原部落中，他们有大量的追随者。因此，在帕克局长看来，"红云"和"斑点尾巴"是实现和平的钥匙。不过，他这位易洛魁人的酋长能赢得苏族酋长们的信任吗？多诺霍加瓦不确定，但他决定试试。

帕克局长很礼貌地向"斑点尾巴"发出邀请，但作为一个印第安人，他同时也很清楚，不大可能凭借同样直接的方式让"红云"接受邀请。这种直接的邀请很可能会被"红云"不屑一顾。"红云"通过一个中间人得知，如果他想来的话，华盛顿的"上父"会很欢迎他前来家中做客。

这个想法引起了"红云"的兴趣；这将带给他一个机会，让他能与"上父"当面交谈，并告诉"上父"苏人不想到密苏里的保留地去。他也能亲眼看看印第安人的"小父亲"，这位名叫帕克的专员，是否真的是印第安人，是否真的能像白人一样舞文弄墨。

帕克局长一听说"红云"要来华盛顿，就派约翰·E.史密斯上校去拉勒米堡充当"红云"的护卫。"红云"挑选了15名奥格拉拉人陪同。5月26日，一行人登上联合太平洋号的专车，开始了一次到东部去的长途旅行。

登上宿敌的"铁马"是一种非同凡响的经历。奥马哈（一个以印第安人命名的城市）简直就是白人的一个蜂巢，芝加哥（另一个印第安名字）因其喧闹、混乱和高耸入云的建筑而让人觉得恐怖。白人像蚱蜢一样强壮、众多、漫无目的，他们总是匆匆忙忙的，但似乎一直没有到达他们要去的地方。

经过五天的叮叮咣咣、摇摇晃晃之后，"铁马"终于把他们带到了华盛顿。除了"红云"，其他印第安代表团的成员都茫然不知所措。帕克局长，一个真正的印第安人，热情地迎接了他们："我很高兴今天在这里见到你们。我知道你们远道而来是为了见'上父'这位美国总统的。我很高兴你们安全地来到了这里，没有遇到任何意外。我想听听'红云'对他自己和他的同伴们说些什么。"

"我只有几句话要说，""红云"回答道，"当我听说'上父'允许我来拜见他时，我很高兴，马上就出发了。请给我的人发个电报，说我安全抵达了。这就是我今天要说的。"[3]

当"红云"和他手下的奥格拉拉人来到位于宾夕法尼亚大道的华盛顿大厦时，他们惊讶地发现"斑点尾巴"和一群布鲁莱人也在那里等着他们。因为"斑点尾巴"已经服从政府的要求，带着他的人民移居到了密苏里河的事务处，所以，帕克局长担心两人之间会起冲突。然而，他们握手言和了。当"斑点尾巴"告诉"红云"，他和他的布鲁莱人非常痛恨达科他的保留地，很想回到他们在内布拉斯加州狩猎场以东的拉勒米堡时，"红云"将他视为一个回心转意的盟友而接纳了他。

第二天，易洛魁人的多诺霍加瓦带着他的苏族客人游览了首都，参观了正在举行会议的参议院以及海军造船厂和军火库。

在旅途中，苏人都穿上了白人的衣服，很明显，穿着紧身的黑外套和带纽扣的鞋子时，他们中的大多数人都感到有些不自在。当多诺霍加瓦告诉他们马修·布雷迪（Mathew Brady）邀请他们去他的工作室拍照时，"红云"说他不适合拍照。"我不是白人，而是苏人，"他解释说，"我都没有穿合适的衣服。"[4]

多诺霍加瓦立刻明白了，他告诉他的客人们，只要他们自己觉得可以，那么，他们可以穿着鹿皮装、毯子和鹿皮鞋在白宫与格兰特总统共进晚餐。

在白宫招待会上，数百支烛光闪烁的枝形吊灯给苏人留下的印象，远远超过"上父"和他的内阁成员，以及赶到华盛顿来看"野人"的外国外交官和国会议员给他们留下的印象。贪吃的"斑点尾巴"特别喜欢草莓和冰激凌。"白人吃的好东西，一定远比他们送给印第安人的要多得多。"他这样说道。

在接下来的几天里，多诺霍加瓦开始与"红云"和"斑点尾巴"进行谈判。为了获得永久的和平，他必须确切地知道他们想要什么，这样，他就可以与那些代表白人的政客进行周旋，而后者代表的恰恰是想要印第安人土地的人。对于一个富有同情心的印第安人来说，这可不是什么令人羡慕的职位。他在内政部安排了一次会议，邀请政府各部门的代表前来与苏族代表团见面。

内政部长雅各布·考克斯（Jacob Cox）用这些印第安人以前就听到过很多次的演说开始这次会议。政府愿意给印第安人用以狩猎的武器和弹药。考克斯说，但在确信所有的印第安人都是和平的印第安人之前，政府不会那么做。"保持和平，"他总结说，"然后，我们会做对你们有利的事。"他对位于密苏里河边上的苏族保留地只字不提。

184

"红云"的回应是与考克斯部长和其他官员握手。"看着我，"他说，"我是在这片太阳升起的土地上长大的——但现在，我却从日落之地来到这里。谁的声音第一次在这片土地上响起？是手挽弓箭的红皮肤人的声音。'上父'说他对我们很好、很仁慈。但我不这么认为。我对他的白人很好。一听到消息，我就不远千里来到了他的家里。我的脸是红的，你们的则是白的。伟大的神灵让你们读书写字，但没有让我读书写字。我没有学过读书写字。我来这里是想告诉'上父'在我的国家我不喜欢什么。你们都和'上父'亲近，都是首领。'上父'派到我们那里去的人都不讲道理，冷酷无情。"

"我不想到密苏里河的保留地去，这是我第四次这么说了。"他停顿了一下，并向"斑点尾巴"和布鲁莱代表们做了个手势，"现在，这里有一些人就是从那片保留地过来的。他们的孩子们像绵羊一样都快要死了，那个地方不适合他们。我出生在普拉特河的河岔口，我被告知这片土地从北到南、从东到西的区域都是属于我的。……你们送东西给我的时候，一路上都有人从中偷走东西，所以，当东西被送到我手上的时候，已经所剩无几了。他们拿着一份文件让我签字，那些东西就是我交出土地后所能得到的一切。我知道你们派出去的人都是骗子。看着我。我穷得光着身子。我不想和政府开战。……我要你把这一切都告诉我的'上父'。"

易洛魁人多诺霍加瓦回答说："我们将把'红云'今天所说的话向总统转达。总统告诉我，他很快就会和'红云'会谈。"

"红云"看着这个已经学会了读写的红皮肤人，他现在已经是印第安人的"小父亲"了。"你们应该可以给出我的人民所要求的火药，"他说，"我们的人很少，而你们是一个伟大而强大的民族。所有的弹药都是你们做的，我要的只是可以让我的人杀死猎物的火药。伟大的神灵让我们国家的一切都是野生的。我得去打猎；这和你们不同，你们可以出去寻找你们想要的东西。我有眼睛，我能看见你们所有的白人、你们在做些什么、养牲口，等等。我知道，过几年我也得那样做，这很好。我没什么好说的了。"[5]

其他印第安人，包括奥格拉拉人和布鲁莱人，都围在帕克局长身边，都想和他这个已经成为他们"小父亲"的红种人说说话。

与格兰特总统的会晤于6月9日在白宫办公厅举行。"红云"重复了他在内政部所说的话，强调他的人民不想迁居到密苏里河。他补充说，1868年的条约赋予了他们在拉勒米堡进行贸易的权利，并规定在普拉特河边设立一个事务处。格兰特没有直接回答"红云"，但他保证苏人会得到公正对待。总统知道国会批准的条约没有提到拉勒米堡或普拉特河；而是专门规定苏人的事务处将设在"密苏里河的某个地方"。他私下里建议考克斯部长和帕克局长第二天把印第安人召集起来，向他们解释条约的具体内容。

多诺霍加瓦度过了一个不安的夜晚；他知道苏人被骗了。当印刷好的条约被宣读并向他们解释时，他们肯定不会喜欢。第二天早上，在内政部，考克斯部长一条一条地解释了条约内容，"红云"则耐心地听着英文单词的缓慢解释。听完整个条约的解释之后，他非常坚定地说："这是我第一次听说这样的条约。我从来没听说过这样的内容，也从未想过要遵守这样的

186

内容。"

考克斯部长回答说，他不认为当时到拉勒米堡的和平委员们会对条约的内容撒谎。

"我没有说委员们撒谎了，""红云"反驳说，"但是翻译们错了。当士兵们离开堡垒时，我签署了和平条约，但我签的不是这个条约。我们想把事情弄清楚。"说完，他就站起身往外走。考克斯给了他一份条约的副本，建议他让自己的翻译给他解释一下，然后，他们再开会讨论。"我不会带走这份文件的，""红云"回答说，"上面都是谎言。"

那天晚上，在他们的旅馆里，苏人讨论着第二天回家的计划。有些人说，他们羞于回家告诉他们的人民，他们是如何上当受骗签署了1868年的条约的。大家最好就死在这里，死在华盛顿。后来，经"小父亲"多诺霍加瓦劝说，他们才同意再次会面。他答应帮助他们更好地解释条约。他见过了格兰特总统，并说服总统想办法解决眼下这个困难。

第二天早上，多诺霍加瓦在内政部迎接苏人时简单地说，考克斯部长会向他们解释对于条约的新理解。考克斯简短地说了几句。他很抱歉"红云"和他的人误解了他。尽管粉河一带确实处于永久保留地之外，却在保留给苏人的狩猎场的范围内。如果一些苏人喜欢住在狩猎场而非保留地内，他们可以这样做。他们也不必去保留地进行交易和接收物资。

这样一来，"红云"就在两年内第二次战胜了美国政府，但这次他之所以能取胜，是因为得到了一个易洛魁人的帮助。他走上前去和局长握手，对他表示感谢。"昨天，当我看到条约和其中所有虚假的东西时，"他说，"我很生气，我想，如果换作是你，你也会那样。……现在，我很高兴。……我们有32

个民族和一幢议会大厦，和你们一样。来这里之前，我们开了一个会，我向你们提出的要求也是那些没有过来的首领所要求的。我们和你们的情况其实是一样的。"

会议在友好的气氛中结束了，"红云"要求多诺霍加瓦告诉"上父"，他没有其他事务要和他谈了；他准备登上"铁马"回家。

考克斯部长满脸笑容地告诉"红云"，政府已经计划好让苏人在回家的途中到纽约去走走。

187

"我不想走那条路，""红云"回答说，"我想走一条直线。我已经看过很多城镇了。……我在纽约没有什么事情。我想按原路返回。白人到处都是。我每天都能看到他们。"[6]

后来，当被告知他受邀向纽约人民发表演讲时，"红云"改变了主意。他去了纽约，库珀研究所的观众为他热烈地鼓掌，这让他感到惊讶。这是他第一次有机会与白人百姓而不是政府官员交谈。

"我们想保持和平，"他告诉他们，"你们能帮帮我们吗？1868年，人们带着文件过来了，但我们看不懂它们，他们也没有把真正的内容如实告诉我们。我们认为条约的规定是拆除堡垒，同时，我们应该停止战斗。但他们想把我们送到密苏里河那里去。我们不想去密苏里河，我们想让贸易商就在我们所在的地方。我来到华盛顿后，'上父'向我解释了条约的内容，并告诉我是翻译人员欺骗了我。我想要的是正确和公正。我努力从'上父'那里得到正确的和公正的东西。我还没有完全成功。"[7]

"红云"确实没有完全成功地得到他认为正确和公正的东

西。尽管在回到拉勒米堡后，他觉得自己在东边有许多白人朋友，但同时，他也发现在西边他有许多白人敌人。寻求土地的人、农场主、货船主、定居者和反对在富饶的普拉特河谷附近建立苏族事务处的其他人，他们向华盛顿施加着影响。

1870 年夏秋，"红云"和他的副手"怕马人"为和平而努力着。应局长多诺霍加瓦的要求，他们召集了几十名有势力的酋长，把他们带到拉勒米堡参加会议，这次会议原本是要决定具体在什么地方设立苏族事务处。他们说服了北夏延人"钝刀"和"小狼"、北阿拉帕霍人"丰熊"（Plenty Bear）、黑脚苏人"主草"（Chief Grass），以及一向对白人持怀疑态度的明尼康茹人"大脚"（Big Foot）。洪克帕帕人"坐牛"不想与任何条约或保留地发生关系。"白人给'红云'的眼睛下了药，"他说，"这样，他们就可以随便蒙蔽他了。"

"坐牛"低估了"红云"的精明。当这位奥格拉拉人的酋长在会议中发现，政府官员想把苏族事务处设置在普拉特河以北 40 英里处的生皮山（Raw Hide Buttes）时，他坚决反对。"等你们回到'上父'那里后，"他对官员们说，"告诉他'红云'不愿意去生皮山。"[8]之后，他回到了粉河过冬，他相信易洛魁人多诺霍加瓦一定能在华盛顿把事情摆平。

然而，埃利·帕克局长的权力正在变弱。在华盛顿，他的白人敌人正对他下手。

尽管红云的顽强决心为苏人在普拉特河畔拉勒米堡以东 32 英里处争取到了一个临时事务处，但它持续的时间不得超过两年。两年后，多诺霍加瓦已经离开华盛顿。1873 年，苏族事务处在汹涌的白人移民潮中，被迁移到了内布拉斯加州西北部怀特河（White River）的源头。"斑点尾巴"和他的布鲁莱人也被允许从达科他转移到同一地区。在一年左右的时间里，罗宾逊营（Camp Robinson）就在附近建立起来了，军队将在未来麻烦的岁月里主导"红云"和"斑点尾巴"的印第安人事务处。

在1870年"红云"访问华盛顿的几周之后，多诺霍加瓦的麻烦就开始了。他的改革致使一些政界大佬（所谓的印第安帮）成了他的敌人，这些人长期以来将印第安事务局视为他们分赃体系的一部分。他挫败了大角山采矿队的行动。这是一群拓荒者，他们想进入由条约规定属于苏人的土地，这些人又成了他在西部的敌人。

（大角山协会在夏延地区成立，其成员都相信天命论："怀俄明富饶美丽的山谷注定要为盎格鲁－撒克逊种族所占有，并成为它赖以生存的地方。千百年来，藏在我们山上白雪皑皑的山峰下的财富，是上天特意放在那里的，目的是奖励那些勇敢的心灵，他们注定是文明的先锋队。印第安人必须靠边站，否则，他们会被不断前进、不断增加的移民潮淹没。土著的命运是注定了的，千真万确。宣布罗马帝国垮台的高深莫测的审判者，也宣告了美国红种人注定灭绝的命运。"[9]）

1870年夏天，多诺霍加瓦在国会的一小群敌人企图通过推迟拨付为保留地印第安人购买物资的款项的方式，让他难堪。到了仲夏，每天都有事务官发电报到他办公室，恳求为他们提供食物，这样，饥饿的印第安人就不用被迫离开去寻找野生动物了。一些事务官预测，如果不能迅速供应食物，就会发生暴力事件。

局长的应对之策是赊购物资，而不是费时间去开展招标采购。然后，他匆忙安排了物资的运输，价格略高于合同价格。

189

只有这样，保留地的印第安人才能及时收到他们的口粮，从而避免挨饿。然而，多诺霍加瓦却违反了一些小规章，这给了他的敌人一个他们一直在等待的机会。

出人意料的是，首先发动攻击的是威廉·韦尔什（William Welsh），一个商人和给印第安人传教的兼职传教士。韦尔什曾是印第安委员会的首批成员之一，但在接受任命后不久就辞职了。1870 年 12 月，他写了一封信，发表在华盛顿的几家报纸上，说明了辞职的理由。韦尔什指控局长"在处理印第安事务时欺诈又目光短浅"，并指责格兰特总统让一个"离野蛮人差不了多远"的人担任该职务。很明显，韦尔什认为印第安人之所以走上了战争之路，是因为他们不是基督徒，因此，他解决印第安人问题的办法就是让他们全部改信基督教。当他发现埃利·帕克（多诺霍加瓦）对印第安人的原始宗教持宽容态度时，他对这位"信奉异教的"局长产生了强烈的反感，于是就辞职了。

190

韦尔什的信一经发表，多诺霍加瓦的政敌就抓住了这个罢免他的绝佳机会。一周之内，众议院拨款委员会就通过一项决议，对那些针对印第安事务局局长的指控开展调查，并传唤他到众议院接受为期数日的质询。韦尔什提出了 13 项不当行为指控，而多诺霍加瓦则必须证明它们都是没有根据的。最终，调查结束后，众议院认为指控都不成立，并对他说服印第安部落相信"政府是认真的，而且可以信任政府"的行为称赞有加，说这避免了另一场印第安战争在平原上爆发，从而为财政部节省了数百万美元的资金。[10]

只有多诺霍加瓦最亲密的朋友知道整个事件对他来说有多痛苦。他认为韦尔什的攻击是一种背叛，尤其是有关他作为一个印第安人"离野蛮人差不了多远"，因此根本不适合担任印第安事务局局长的暗示。

几个月以来，他一直在考虑下一步该怎么做。最重要的是，他想帮助他的种族进步，但如果继续从政的话，他会因为印第安人的身份而不断受到政敌的抨击，他担心给他的人民带去的影响弊大于利。他还担心继续留任会给他的老朋友格兰特总统带去政治上的难堪。

1871 年夏末，他递交了辞呈。私下里，他对朋友说，他之所以辞职是因为他现在是"人人喊打"，而在公开场合，他则说他想通过经商来更好地养家糊口。正如他所预见的那样，媒体攻击他，暗示他一定是"印第安帮"中的一员，是印第安人中的犹大。

对此，多诺霍加瓦不屑一顾；半个世纪以来，他已经习惯了白人的偏见。他去了纽约市，在那个金融界的"镀金时代"发了财，并以易洛魁人长屋西门的守护者"多诺霍加瓦"之名，在那里度过了一生。

第九章　科奇斯和阿帕奇游击队

1871 年　　1 月 28 日，巴黎向普鲁士军队投降。3 月 18 日，巴黎公社起义。5 月 10 日，法德和平条约签订；法国将阿尔萨斯－洛林割让给德国。5 月 28 日，巴黎公社起义被镇压。10 月 8 日，芝加哥发生火灾。10 月 12 日，格兰特总统发布针对三 K 党的公告。11 月 10 日，亨利·M. 斯坦利（Henry M. Stanley）在非洲找到了利文斯通博士（Dr. Livingstone）[①]。印象派画家在巴黎举行首次画展。达尔文的《人类的由来》出版。

1872 年　　3 月 1 日，美国黄石国家公园是保留给美国人民的。詹姆斯·菲斯克和杰伊·古尔德腐败的印第安帮瓦解。6 月，美国国会废除了联邦所得税。10 月，一些共和党领袖被指控收受了兴业信贷公司（Crédit Mobilier）的股票贿赂，后者的目的是换取政治影响力，从而在修建联合太平洋铁路（Union Pacific Railway）时受益。11 月 5 日，在纽约州罗切斯特，苏珊·B. 安东尼（Susan B. Anthony）及其他女权主义者因试图投票而被捕。11 月 6 日，格兰特再次当选为总统。

[①]　斯坦利是英裔美国记者和探险家。利文斯通博士是英国探险家和传教士。在斯坦利到非洲找到他之前，他"失踪"许久了（其实，他不过就是在非洲探险而已）。——译者注

在我年轻的时候，我走遍了这个国家，东西南北，除了阿帕 192
奇人以外，我没有看到过其他人。过了许多个夏天，我又走了一
次，发现另一个种族的人来了。怎么会这样？为什么阿帕奇人就这
样等死呢，为什么他们过得这么苟且？他们在山丘和平原上漫游，
希望天堂降临到他们身上。阿帕奇人曾经是一个伟大的民族；现
在则人数寥寥，正因如此，他们才想死，他们过得如此苟且。

——科奇斯，奇里卡瓦（Chiricahua）阿帕奇人

我不想再翻山越岭了，我想订个大条约。……我会遵守诺
言，直至石头融化为止。……上帝创造了白人，上帝创造了阿帕
奇人，阿帕奇人和白人一样有权拥有这个国家。我想订一个永久的
条约，这样，双方就可以在全国各地旅行而不会陷入任何麻烦了。

——德尔谢（Delshay），通托（Tonto）阿帕奇人

如果不是因为大屠杀，现在这里会有更多的人；但是，在
那次屠杀之后，谁还能再忍受下去呢？当我和惠特曼
（Whitman）中尉达成和平的时候，我的心是非常宽广的、快乐
的。图森（Tucson）和圣泽维尔（San Xavier）的人一定是疯
了。他们表现得好像既没有头脑，也没有心……他们一定渴望
喝我们的血。……这些图森人为报纸撰稿，散播自己的一面之
词。但没有阿帕奇人站出来讲述自己的遭遇。

——爱斯基明津（Eskiminzin），阿拉瓦帕（Aravaipa）
阿帕奇人

在 1871 年夏天"红云"访问华盛顿之后，埃利·帕克局长和其他政府官员开始讨论邀请阿帕奇人的大酋长科奇斯访问华盛顿是不是明智之举。尽管自从内战结束、"星星酋长"卡尔顿离开阿帕奇地区后，该地区没有发生过任何军事行动，但这些印第安人的游牧部落与不断进入其领地的白人定居者、矿工和货船相遇。政府在新墨西哥和亚利桑那为不同的部落划出了四片保留地，但很少有阿帕奇人到那里去定居。帕克局长希望科奇斯能够带领阿帕奇人与美国实现永久和平，因此，他要求该局在当地的那些代表邀请科奇斯到华盛顿来。

直到 1871 年春天，才终于有一个白人找到了科奇斯，当他们好不容易才建立起联系时，科奇斯却谢绝了政府的邀请。他简单地说自己既不信任美国的军方代表，也不信任美国的文职代表。

科奇斯是奇里卡瓦阿帕奇人。他比大多数人都高，宽肩膀，高胸膛，黑眼睛，高额头，鼻子又大又直挺，还有一头浓密的黑发，看起来很有智慧。见过他的白人都说他举止文雅，干净利落。

在美国人第一次来到亚利桑那时，科奇斯对他们表示了欢迎。1856 年，在与美国第 1 龙骑兵团的伊诺克·斯蒂恩（Enoch Steen）少校会面时，科奇斯答应让美国人从南边穿过奇里卡瓦地区，而后到达加利福尼亚。在巴特菲尔德陆路邮件公司（Butterfield Overland Mail）在阿帕奇山口（Apache Pass）建立起一个驿站时，他并没有反对；事实上，住在附近的奇里卡瓦人会为驿站砍伐木材，以换取物资。

后来，在 1861 年 2 月的一天，科奇斯收到从阿帕奇山口发来的一封信，信中邀请他到驿站与一名军官会面。科奇斯认为这是一次例行公事，于是，他带着五个家庭成员——弟弟、两个侄子、一个女人和一个孩子——过去了。想见他的军官是第七步兵团的乔治·N. 巴斯科姆（George N. Bascom）中尉，他和一个连队的步兵得到了一个任务：把约翰·沃德农场被偷走的牛和一个混血男孩找回来。沃德指责科奇斯的奇里卡瓦人偷走了牛和男孩。

科奇斯和他的亲戚们一进入巴斯科姆的营帐，12 个士兵就把营帐给包围了，中尉命令奇里卡瓦人交出牛和男孩。

科奇斯听说过有一个男孩被抓走了这件事。他说是一群来自吉拉（Gila）的郊狼人（Coyoteros）袭击了沃德农场，这些人很可能就在黑山（Black Mountain）。科奇斯认为他可以通过交赎金的方式赎回男孩。巴斯科姆则继续指控是奇里卡瓦人偷走了男孩和牛。起初，科奇斯以为那个年轻的军官在开玩笑。然而，巴斯科姆脾气暴躁，当科奇斯对他表示了轻微的不满时，中尉就下令逮捕科奇斯和他的亲戚，并宣布将他们视为人质，直至牛和男孩都回来。

就在士兵们进屋逮捕科奇斯的那一刻，科奇斯在营帐上砍出一个洞，还在步枪的猛烈射击下成功逃脱。尽管受了伤，他还是设法逃脱了巴斯科姆的追捕，但他的亲属却被当作囚犯关押了起来。为了解救他们，科奇斯和他手下的武士在巴特菲尔德小径上抓了三名白人，然后试图与中尉交换。然而，巴斯科姆拒绝交换，他说得把被盗的牛和男孩一起送回来才行。

巴斯科姆不相信科奇斯的部落是无辜的，科奇斯对此怒不可遏，于是带人封锁了阿帕奇山口，并在驿站包围了巴斯科姆的步兵连。他又给了巴斯科姆一次交换人质的机会，之后，他处决了他抓获的那三个人质，并用长矛残害他们的肢体。这种

194

15. 科奇斯。复制自亚利桑那历史学会的一幅画。

残酷的行为是阿帕奇人从西班牙人那里学来的。几天后，作为报复，巴斯科姆中尉绞死了科奇斯的三个男性亲戚。

正是在这个历史时刻，奇里卡瓦人对西班牙人的仇恨转移到了美国人身上。在四分之一的世纪里，他们和其他阿帕奇人一起，将进行一场断断续续的游击战，这场战争所付出的生命和财富代价，比其他任何印第安战争都要高。

此时（1861年），阿帕奇族的大军事酋长是曼加斯·科罗拉多（Mangas Colorado），又名"红袖"（Red Sleeves）。他是一个70岁的米布雷斯人（Mimbreño），他比本来就很高的科奇斯还要高。在亚利桑那东南部和新墨西哥西南部的许多部落中，他都有追随者。科奇斯娶了曼加斯的女儿，巴斯科姆事件发生后，他们两人联合起来，目的是将美国人赶出他们的领地。他们袭击货车，拦截驿站的马车和邮车，并赶走了从奇里卡瓦山脉（Chiricahua Mountains）到莫戈永山脉（Mogollons）广大地区的几百名白人矿工。在蓝衫军和灰衣军之间的内战爆发后，曼加斯和科奇斯与灰衣军开展了一系列小规模的战斗，最后，灰衣军被迫往东撤退。

然后，1862年，"星星酋长"卡尔顿带领数千名蓝衫军，沿着穿过奇里卡瓦中心地带的一条老路，从加利福尼亚州过来了。起初，他们是一小队一小队过来的，并且总在阿帕奇山口那个废弃驿站附近的一处泉水边停下来取水。在"马之月"（Moon of the Horse），7月15日，曼加斯和科奇斯在能够俯瞰阿帕奇山口和泉水处的岩石高地上部署了500名武士。在一队骑兵和两辆马车的护卫下，三个蓝衣步兵连从西边过来了。当这300名士兵进入山口并分散开来时，阿帕奇人突然用子弹和箭对他们发动攻击。勉强还击了几分钟后，士兵们急忙从山口往后撤退。

阿帕奇人没有追击。他们知道蓝衫军还会回来的。重整队形后，步兵们再次进入山口，这一次，两辆马车紧紧地跟在后面。士兵们来到了离泉水不到几百码的地方。那个地方没有什么东西可以作为掩护。阿帕奇人在高地上控制住了水源。蓝衫军坚持了几分钟。然后，马车也赶过来了。突然，一团大火从车厢里喷了出来。浓密的黑烟也升了起来，巨大的雷鸣声在高高的岩石间回荡，飞溅的金属碎片在空中呼啸而过。阿帕奇人听到过西班牙人的小炮声，但这些轰鸣的大炮则充满了恐怖与死亡。武士们只能撤退，蓝衫军上前占领了甘甜的泉水。

曼加斯和科奇斯不打算就此放弃。如果能引开马车炮上的那一小队士兵，他们就仍有可能打败蓝衫军。第二天早上，他们看到一排骑兵正骑马往西走，可能是去给从那个方向来的其他士兵通风报信。曼加斯带着 50 名骑着马的武士冲了下去，想挡住他们。在随后的追击中，曼加斯胸部受伤，从马上摔下来并失去知觉。武士们群龙无首，惊愕不已，只好中断战斗，把满身是血的曼加斯抬回高地。

科奇斯希望保住曼加斯的命。他没有相信巫医及其念念有词的咒语，而是把岳父放在一个担架上，在武士的护送下，稳步向南骑了一百英里，进入墨西哥的亚诺斯村（Janos）。那里住着一位名声显赫的墨西哥外科医生。当他看到奄奄一息的曼加斯·科罗拉多时，他得到一个简短的最后通牒：让他康复。如果他死了，整个镇上的人都别想活命。

几个月后，曼加斯又回到了米布雷斯山（Mimbres Mountains）。他头戴宽边草帽，身上披着一件披肩，腿上绑着皮绑腿，脚上穿着他在墨西哥买的一双中国式凉鞋。他比以前瘦了，脸上的皱纹也多了，但他骑马和射击仍然可以超过比他年轻半个世纪的武士。当他在山上休息时，他听说"星星酋长"卡尔顿围困了梅斯卡佩罗人，并将他们囚禁在博斯克雷东多。他得知蓝衫军在四处搜捕阿帕奇人，一旦找到，就会用辎重炮炸死他们，就像他们之前在阿帕奇山口炸死他和科奇斯手下的 63 名武士那样。

在"飞蚁之月"（Time of the Flying Ants）（1863 年 1 月），曼加斯在米布雷斯河（Mimbres River）边安营扎寨。有一段时间，他一直在想怎样才能在死前为所有的阿帕奇人带来和平。他记得 1852 年在圣达菲签订了一项条约。在那一年，阿帕奇人和美国人民同意维护永久的和平和友谊。有那么几年，双方确实一直保持着和平与友谊，但现在陷入了敌意与死亡。他想再次看到他的人民与美国人和平共处。他知道，即使是他最勇敢、最狡黠的年轻武士，比如维克多里奥和杰罗尼莫，也不可能击败强大的美国。也许，是时候和美国人以及他们的蓝衫军签订另一项条约了，因为美国人已经多如飞蚁。

一天，一个墨西哥人举着停战旗来到了曼加斯的营地。他说附近有一些士兵，他们想和谈。对曼加斯来说，他们的到来似乎是天意。他本想直接与"星星酋长"谈，但他还是同意去见一下加州志愿兵的小队长埃德蒙·雪兰（Edmond Shirland）。他手下武士劝他不要去。难道他不记得当他去阿帕奇山口拜见士兵时，曾遭遇了什么吗？曼加斯对他们的恐惧不以为然。毕竟，他只是一个老人。士兵们能对一个只想谈和平的老人造成什么伤害呢？武士们坚持派一队人陪他去；他选了 15 个人，然后，他们沿着小路向军营走去。

198

当他们可以看到营地的时候，曼加斯和随行人员就停了下来，等待小队长过来开会。一个会说西班牙语的矿工过来了，他要将曼加斯带入营地，但是，护送的阿帕奇武士则表示，除非雪兰上尉挂上休战旗，否则，他们不会让酋长进去。白旗一升起，曼加斯就命令他的武士们掉头回去，他准备一个人进去。他得到了休战约定的保护，已经完全安全了。曼加斯骑着马向军营走去，但还没等他手下的武士走远，就有十几个士兵从他身后的灌木丛中跳了出来，他们手里端着上了膛的步枪。他被俘虏了。

"我们连忙带着曼加斯赶往我们在麦克莱恩堡（Fort McLean）的营地，"曾与加州志愿兵同行的矿工丹尼尔·康纳（Daniel Conner）说，"我们到达那里的时候，恰逢韦斯特（West）将军带着队伍过来。将军到关押曼加斯的地方去看他，他站在这位老酋长旁边时看起来特别矮，因为这位酋长比他身边的人都高出许多。曼加斯看上去满脸愁容，而且不肯说话，很明显，他觉得自己犯了一个大错，因为这一次他居然会相信一个白人的话。"[1]

两个士兵负责看守曼加斯，夜幕降临，空气变得刺骨般寒冷，他们点燃了一堆篝火，以防自己和俘虏受冻。加州的一名志愿兵——二等兵克拉克·斯托金（Clark Stocking）后来报告说，他听到了约瑟夫·韦斯特将军对卫兵下达的命令："我想在明天早上看到他到底是死的还是活的，你明白吗，我要他是死的。"[2]

由于该地区有曼加斯的阿帕奇人，天黑后，更多的哨兵被安排在营地中巡逻。丹尼尔·康纳也被安排参加了巡逻，午夜前，当他在自己的岗哨上巡逻时，他注意到守卫曼加斯的那两个士兵一直在骚扰那位老酋长，老酋长不停地奋力将脚往毯子里缩。康纳对那两个卫兵的行为很好奇，于是借着火光看着他 199们。原来，他们先将刺刀放在火上烤，然后用刺刀去碰曼加斯的脚和腿。老酋长被这样折磨了好几次之后，忍无可忍地站了起来，"并开始用西班牙语厉声告诉那两个卫兵，他不是一个可以供他们玩弄的孩子。但他的话很快就被打断了，因为他刚大声呵斥他们，他们就举起了米尼耶步枪，朝他射击，几乎同时，子弹穿过他们身体"。

曼加斯倒下后，两个卫兵把手枪里的子弹都射空了。一个卫兵割下了他的头皮，另一个则割下了他的头，在水里煮沸后剔掉皮肉，以便将头骨卖给东部的一位颅相学家。他们把无头尸体扔到一道山沟里。官方的军事报告称曼加斯是在试图逃跑时被打死的。

在那之后，正如丹尼尔·康纳所说的，"印第安人轰轰烈烈地投入了战争……他们似乎决定用所有的力量来为他的死报仇"。[3]

在从亚利桑那奇里卡瓦地区到新墨西哥米布雷斯山区的广大地区，科奇斯和他的 300 名武士发动了一场战役，目的是将那些背信弃义的白人赶出去，或者让他们丧命。维克多里奥召集了另一支队伍，从博斯克雷东多逃出来的梅斯卡佩罗人加入其中。他们突袭了格兰德河边从死亡之路（Jornado del Muerto）到埃尔帕索（El Paso）的定居点以及那一带的小径。两年以来，这两支小小的阿帕奇人军队让西南部陷入了混乱。他们大多数人只带着弓和箭，箭是那种很容易折断的三英尺长的芦苇箭，箭尾有三根羽毛，箭头则是一英寸长的、削得尖尖的三角形石英石。这种箭头直接插在箭杆头部，而不是用绳子或皮带捆在箭杆头部的，因此用起来得非常小心。但是，当箭头射进目标的身体里时，它们就会带来米尼弹所产生的那种撕裂感。从他们所拥有的全部武器来看，阿帕奇人在战斗中打得很出色，但他们和白人士兵的人数比是 1 比 100，他们看不到未来，他们的命运不是战死，就是监禁。

在内战结束且卡尔顿将军离开后，美国政府向阿帕奇人提出了实现和平的建议。在"大叶之月"（Moon of the Big Leaves）（1865 年 4 月 21 日），维克多里奥和纳纳在圣丽塔（Santa Rita）会见了美国政府的代表。"我和我的人民想要和平，"维克多里奥说，"我们厌倦了战争。我们很穷，我们自己和家人几乎没有吃的和穿的。我们要和平，持久的和平，一种不会被打破的和平。……我已经用冰冷的淡水洗过我的手，并且漱了口，我所说的都是真的。"

"你可以相信我们。"纳纳补充道。

美国政府代表的回答很简短："我不是来请你们讲和的，而是过来告诉你们，如果到博斯克雷东多的保留地去，你们就可以拥有和平。"

他们之前就听说过很多关于博斯克雷东多的事情，而且它们听起来都很糟糕。"我没有口袋把你所说的话装进去，"纳纳冷冷地说，"但这些话已经深深地扎进了我的心里。我永远都不会忘记。"[4]

维克多里奥要求推迟两天再去保留地，他想把他的人、马召集起来。他答应 4 月 23 日在皮诺斯阿尔托斯（Pinos Altos）再次与代表见面。

那个代表在皮诺斯阿尔托斯等了四天，但没有一个阿帕奇人过来。他们宁愿面对饥饿、贫困和死亡，也不愿去让人憎恨的博斯克。一些人向南转移到墨西哥；另一些人则在龙骑山脉（Dragoon Mountains）加入科奇斯的行列。在经历了阿帕奇山口之战和曼加斯被杀之后，科奇斯甚至都没有对美国政府的和平倡议作出任何回应。在接下来的五年里，阿帕奇人的武士通常会远离美国的堡垒和定居点。然而，每当农场主或矿工不小心时，就会有一队印第安人过来抓走他的马或牛。他们就这样一直开展着游击战争。到 1870 年，突袭事件越来越频繁，而且由于科奇斯是白人最熟悉的印第安人酋长，所以，无论敌对行动发生在哪里，白人通常都认为是他干的。

这就是为什么在 1871 年春天，印第安事务专员如此急切地邀请科奇斯访问华盛顿的原因。然而，科奇斯并不认为情况发生了任何变化；他仍然不能相信美国政府的任何代表。几周后，当爱斯基明津及其手下的阿拉瓦帕人在格兰特营（Camp Grant）的遭遇传到他耳朵里之后，他就更加坚定地认为，阿帕奇人永远都不应该把自己的生命交到奸诈的美国人手上。

201

爱斯基明津和他手下为数不多的 150 名追随者，定居在阿拉瓦帕溪（Aravaipa Creek）沿岸，这个部落就是因这条溪流而得名。它在科奇斯根据地的北面，位于圣佩德罗河（San Pedro River）和加利乌罗山脉（Galiuro Mountains）之间。爱斯基明津是一个矮胖的、腿略微有些外八字的阿帕奇人，他有一张英俊的斗牛犬一样的脸。他有时很随和，但有时又很凶。1871 年 2 月的一天，爱斯基明津来到了格兰特营，这是一个位于阿拉瓦帕溪和圣佩德罗河交汇处的小哨所。他听说罗亚尔·E. 惠特曼（Royal E. Whitman）中尉很友好，于是就请求去见他。

爱斯基明津告诉惠特曼，他的人民已经没有家了，也没有办法养家糊口，因为蓝衫军总是追着他们，朝他们开枪，原因无非是他们是阿帕奇人。他想和平相处，这样他们就可以在阿拉瓦帕河边定居下来，在那里种植庄稼。

惠特曼问爱斯基明津为什么不去怀特山，政府在那里给他们设立了一块保留地。"那不是我们的家乡，"爱斯基明津回答说，"那里的人也不是我们的人民。我们和他们（郊狼人）一直和睦相处，但从来没有和他们混居在一起。我们的祖先和他们的祖先之前都住在这片大山里，在山谷里种庄稼。祖先教我们做梅斯卡尔①，这是我们主要的食物，在这里的夏天和冬天，我们的供应从来没有中断过。怀特山上什么都没有，没有这种东西，我们马上就会生病。我们的一些人在怀特山待了很短一段时间，他们都不满意，他们都说：'让我们回到阿拉瓦帕去吧，在那里实现最终的和平，并决不破坏和平。'"⁵

惠特曼中尉告诉爱斯基明津，他没有权力与他的部落和好，但如果他们交出武器，他可以允许他们作为技术战俘留在堡垒附近，直到他收到上级军官的指示为止。爱斯基明津同意了这个提议，每过一段时间，就会有一些阿拉瓦帕人过来交出枪，有些人甚至把弓箭也扔掉了。他们在小溪上游几英里处建立了一个村庄，种植玉米，并做梅斯卡尔吃。惠特曼对他们的勤奋印象深刻，他雇用他们为营地的战马割干草，这样，他们就可以挣到购买物资的钱了。邻近的农场主也雇用他们中的一些人当劳工。这个实验的效果很好，到了3月中旬，超过100名阿帕奇人，包括一些皮纳尔人（Pinals），加入了爱斯基明津的行

202

---

① 这里爱斯基明津并非指龙舌兰酒（梅斯卡尔酒），而是指烤龙舌兰叶子，他们用土坑来烤这种叶子，很甜，很好吃。梅斯卡佩罗人就是因这种食物而得名。——作者注

16. 爱斯基明津，阿拉瓦帕阿帕奇人的酋长。这张照片可能是查尔斯·M. 贝尔（Charles M. Bell）于 1876 年在华盛顿特区拍摄的。由史密森学会提供。

203

列，而且几乎每天都有人过来。

与此同时，惠特曼向他的上级写了一份情况说明，请求指示，但到了4月底，他的请求被退回来了，上级要求他以正确的格式重新提交一次。中尉感到不安，因为他知道爱斯基明津的阿帕奇人的所作所为都由他负责，所以他密切留意他们的行动。

4月10日，阿帕奇人突袭了图森南部的圣泽维尔，偷走了牛和马。4月13日，四名美国人在图森以东圣佩德罗河边的一次突袭中丧生。

1871年的图森是一个由3000名赌徒、酒馆老板、商人、货船主、矿工和一些承包商组成的绿洲，这些人在内战期间发了财，并希望从印第安战争中继续获利。这群偏据一方的人组织了一个公共安全委员会，以保护自己免受阿帕奇人的袭击，但由于印第安人从来没有来过小镇附近，委员会的人经常骑马到偏远地区追捕袭击者。在4月的两次袭击之后，委员会的一些成员宣称袭击者来自格兰特营附近的阿拉瓦帕村。尽管格兰特营离那里有55英里之远，阿拉瓦帕人也不太可能跑那么远去发动袭击，但大多数图森市民很自然地接受了这一观点。总之，他们反对能让阿帕奇人以和平为生的政府机构；因为这会导致军队的裁减，从而减弱战争所带来的繁荣。

在4月的最后几周，总与印第安人作战的威廉·S.乌里（William S. Oury）组织了一支远征队，准备攻击格兰特营附近手无寸铁的阿拉瓦帕人。6名美国人和42名墨西哥人同意加入这支队伍，但乌里认为这不足以确保成功。他又向帕帕戈印第安人（Papago Indians）招募了92名雇佣兵，这些印第安人在几年前曾被西班牙士兵制服，并在西班牙牧师的引导下皈依了基督教。4 月 28 日，这支由 140 名全副武装的士兵组成的队伍准备就绪。

直到图森的小规模驻军送来消息，格兰特营的惠特曼中尉才第一次得知远征队出动了。消息说有一大群人在 28 日离开了图森，他们声称要杀死格兰特营附近的所有印第安人。惠特曼在 4 月 30 日早上 7 点 30 分收到了消息，由一个传令兵骑马送达。

"我立即派两名翻译骑马赶往印第安人的营地，"惠特曼后来报告说，"我命令他们将情况如实反映给酋长们，并让酋长们将全部人员带到哨所里来。……我派出去的人大约一个小时后就回来了，他们根本找不到任何活着的印第安人。"[6]

在惠特曼收到警告消息前不到三个小时，图森远征队就沿小溪断崖与沙路部署在了阿拉瓦帕人的村庄。位于低地的人对着柳树林开火，当阿帕奇人冲进开阔地带时，断崖上的来复枪将他们击倒。半小时后，营地里的阿帕奇人不是逃跑了、被俘了，就是被打死了。被俘的都是儿童，总计 27 人，他们都被皈依了基督教的帕帕戈人当作奴隶卖到墨西哥去了。

当惠特曼到达村子时，它还在燃烧，地上到处都是死去的、肢体残缺的妇女和儿童。"我发现有不少妇女是在睡梦中被打死的，旁边是她们那天早上收集来的干草。那些无法逃脱的伤员被棍棒或石头砸碎了脑袋，有些人则在受了致命的枪伤后又中数箭。所有的尸体都被剥了个精光。"

陪同惠特曼中尉的军医 C. B. 布里斯利（C. B. Briesly）报告说，其中的两名妇女"躺在地上，从她们的姿势、生殖器官和伤口来看，毫无疑问，她们是先被强奸然后被枪杀的。……一名 10 个月大的婴儿中了两枪，一条腿几乎被砍断了"[7]。

205

惠特曼担心那些逃到山上的幸存者会责怪他未能保护好他们。"我认为照料死者的行为至少可以证明我们是同情他们的，而我的这种推测被证明是正确的，因为我们在那里这么做的时候，他们中的许多人过来了，他们都沉浸在巨大的、可怕的悲伤之中，那种悲伤难以形容……在我们掩埋的那些人中（大约有100人），一个是老人，一个是大男孩，其他的全是妇女和儿童。"因受伤而死亡及失踪尸体的发现，最终使死亡人数达到144人。爱斯基明津没有回来。人们认为，他肯定会走上战争的道路，为这次大屠杀报仇。

"我的女人和孩子是在我眼皮底下被杀死的，"其中一个印第安男子对惠特曼说，"我无法保护他们。在我的这种处境下，大多数印第安人都会拿起刀去割断敌人的喉咙。"但是，中尉保证他不会善罢甘休，直到他们得到正义，悲痛不已的阿拉瓦帕人同意重建村庄，重新开始生活。

惠特曼的不懈努力终于使那帮来自图森的杀人凶手受到了法庭的审判。辩方称图森市的居民当时是在跟踪犯下杀人罪行的阿帕奇人，并一直追踪到了阿拉瓦帕村。格兰特营的管理员奥斯卡·赫顿（Oscar Hutton）则为控方作证："我可以负责任地说，这里的印第安人从来没有组织过袭击白人的活动。"格兰特营的商人 F. L. 奥斯汀（F. L. Austin）、牛肉承包商迈尔斯·L. 伍德（Miles L. Wood）和在格兰特营与图森之间运送邮件的威廉·尼斯（William Kness）等，都给了类似的证词。审判持续了五天；陪审团审议了19分钟；最后的判决是那帮来自图森的杀手被当庭释放。

至于惠特曼中尉，他给阿帕奇人所作的不得白人心的辩护，断送了他的军事生涯。他遭到了荒唐的指控，但在三次军事审判中都未被定罪。在服役几年而没有得到晋升后，他退出了军队。

然而，格兰特营大屠杀却让华盛顿把注意力集中在了阿帕奇人身上。格兰特总统将这次袭击描述为"纯粹的谋杀"，他命令军队和印第安事务局立即采取行动，给西南部地区带来和平。

1871年6月，乔治·克鲁克（George Crook）将军抵达图森，接管亚利桑那。几周后，印第安事务局的特派员文森特·科利尔（Vincent Colyer）来到格兰特营。两人都非常想与阿帕奇人最主要的酋长们见面，特别是科奇斯。

科利尔首先会见了爱斯基明津，希望说服他回归和平。爱斯基明津从山上下来了，他说很高兴与科利尔专员开展和平对话。"专员可能会认为他见到的是一个大军事首脑，"爱斯基明津平静地说，"但来到他眼前的其实是一个非常可怜的人，根本不是什么大首脑。如果专员在大约三个月前看到我的话，我那时才有一个大首脑的样子。那时我有很多人，但许多都被屠杀了。现在，我几乎没有人了。自从我离开这个地方以来，我就一直在附近待着。我知道我在这里有朋友，但我不敢回来。我没什么好说的，不过我可以说，我喜欢这个地方。我已经把该说的都说了，因为几乎没有什么人可以为我说话了。如果不是因为大屠杀，现在这里会有更多的人；但是，在那次屠杀之后，谁能再忍受下去呢？当我和惠特曼中尉实现和平的时候，我的心是非常宽广的、快乐的。图森和圣泽维尔的人一定是疯了。他们表现得好像既没有头脑，也没有心……他们一定渴望喝我们的血。……这些图森人为报纸撰稿，散布一面之词。然而，没有阿帕奇人站出来讲述自己的遭遇。"

科利尔答应把阿帕奇人的遭遇告诉"上父"和从未听说过这些情况的白人。

"我想一定是上帝给了你一颗善良的心，让你过来看我们，或者你一定有一个好的父亲、好的母亲，让你这么善良。"

"是上帝。"科利尔回答说。

"哦，是吗？"爱斯基明津说，但在场的白人无法从疑问中看出他是在确认还是在提问。[8]

207 科利尔计划见的下一位酋长是通托阿帕奇人德尔谢。德尔谢大约35岁，身材矮壮，肩膀宽阔。他一只耳朵上戴着一个银色的饰物，表情凶猛，总是小步跑着，显得很匆忙。早在1868年，德尔谢就同意带领通托人保持和平，将佛得河（Rio Verde）西岸的麦克道尔营（Camp McDowell）作为他们的事务处。然而，德尔谢发现蓝衫军士兵极其奸诈。有一次，一个军官无缘无故地朝德尔谢的背上开了一枪，他根本无法理解这种行为，而且，他很肯定，驻扎在营地的那个军医试图下毒毒死他。发生了这些事情后，德尔谢就离开了麦克道尔营。

科利尔专员是在9月底抵达麦克道尔营的，他有权调动士兵来与德尔谢沟通。尽管骑兵和步兵大量使用了停战旗、烟雾信号和夜间篝火等示意手段，但在彻底验证蓝衫军的意图之前，谢尔德没有作出回应。而当他同意于1871年10月31日在向日葵谷（Sunflower Valley）会见W. N. 内特维尔（W. N. Netterville）上尉时，科利尔专员已经返回华盛顿汇报去了。德尔谢的话被转达给了科利尔。

"我不想再翻山越岭了，"德尔谢说，"我想签个大条约。……我要实现持久的和平；我会遵守诺言，直到石头融化为止。"然而，他不想再带着通托人回麦克道尔营。那不是一个好地方（毕竟，他在那里遭到了枪击和下毒）。通托人更喜欢居住在靠近山区的向日葵谷，因为他们可以在那里采摘水果、打野味。"如果麦克道尔营的大人物不在我说的地方设立事务处的话，"他坚持说，"那我就无能为力了，因为上帝创造了白人，上帝创造了阿帕奇人，阿帕奇人和白人一样有权拥有这个国家。我想订一个持久的条约，这样双方就可以在全国各地旅行而不陷入任何麻烦。一旦条约签订后，我想得到一份证明，这样我就可以像白人那样到全国各地旅行了。我要放置一块石头，用来表明只有当它融化时，条约才会被打破。……如果我同意签一个条约，我希望这位大人物能够在我指定的时间和地点来见我，而他这么要求的时候我也会这么做。如果一个条约达成了，而那个大人物却不遵守他的诺言，我会把他的话塞进一个洞里，并用泥土盖住那个洞。我保证，当条约签订后，白人或士兵可以随便放出他们所有的马和骡子，不需要由任何人看管，如果有马或骡子被阿帕奇人偷了，我将割断我的喉咙。我想订一个大条约，如果美国人违反了条约，我不想再这么麻烦了；白人可以走一条路，我则可以走另一条路。……告诉麦克道尔营的大人物，我会在 12 天后去见他。"9

208

科利尔到过的最接近科奇斯的地方，是位于新墨西哥克雷格堡（Fort Craig）西南 42 英里处、由印第安事务局设立的事务处。在那里，他和科奇斯的两名代表进行了会谈。他们告诉他，奇里卡瓦人曾在墨西哥生活过，但墨西哥政府以每一块 300 元的赏金来悬赏阿帕奇人的头皮，因此索诺拉（Sonora）山区出现了前来袭击他们的队伍。他们被迫分散开来，正在返回亚利桑那老据点的路上。科奇斯则在龙骑山的某个地方。

科利尔派了一名信使去找科奇斯，但当信使进入亚利桑那时，他意外地遇到了克鲁克将军，将军认为信使无权前往科奇斯的营地，命令他立即回到新墨西哥。

克鲁克想自己找到科奇斯，不论他是死是活。为此，他派了五个连的骑兵前往奇里卡瓦山区搜索。"灰狼"（Gray Wolf）是阿帕奇人给克鲁克将军起的名字。为躲开"灰狼"，科奇斯进入了新墨西哥。他派了一个信使去找驻扎在圣达菲的"星星酋长"戈登·格兰杰（Gordon Granger）将军，说他将在阿拉莫萨溪谷（Cañada Alamosa）与他会面，商讨实现和平的事宜。

格兰杰坐着一辆由六头骡子拉着的救护车并带领一小队卫兵赶去，等他到达的时候，科奇斯已经等在那里了。他们进行了很简短的寒暄。两个人都急于解决问题。对格兰杰来说，这是一个赢得名声的机会，因为是他而不是别人接受了伟大的科奇斯的投降。对科奇斯来说，他的路已经走到尽头；他快60岁了，非常疲倦；他那齐肩的头发已经布满银丝。

209　　格兰杰说，只有奇里卡瓦人同意在保留地上生活，实现和平才是可能的。"没有事务官的书面许可，阿帕奇人是不能离开保留地的，"格兰杰将军说，"也不能越过边界进入旧墨西哥。"

科奇斯用平静的语调作了回答，他几乎没有打手势："太阳一直照在我头上，让我就像在火中一样；我的血在火中燃烧，但现在，我来到这山谷，喝了这些水，在溪水中洗了澡，我凉快下来了。现在我冷静下来了，我向你张开了双臂，想要与你和平共处。我说话直截了当，不想受骗。我想要一个好的、稳定的和持久的和平。当上帝创造世界时，他把一部分给了白人，另一部分给了阿帕奇人。为什么会这样？为什么他们走到了一起？现在，我既然要说话，我就想说日月天地、空气、水、飞鸟、走兽甚至未出生的孩子都会觉得欢喜的话。白人一直在找我。我在这里！他们到底想要什么？他们寻找我很久了，我这么值得他们找吗？如果我真这么值的话，为什么他们不在我的脚上做个标记，在我吐口水的时候看看呢？郊狼在夜晚四处抢劫和杀人；我看不见它们；我不是上帝。我不再是所有阿帕奇人的首领了。我不再富有，我只是一个穷人。世界并不总是这个样子的。神以不同的方式创造了我们；我们像牲畜一样，是在枯草堆里出生的，而不像你们出生在床上。这就是为什么我们会像动物一样，在晚上四处抢劫和偷窃。如果我有你们所拥有的那些东西，我就不会那样做了，因为我根本就不需要那样做。是有印第安人到处杀人、抢劫。但他们不是由我指挥的。如果是，他们根本就不会那么做。我的武士们在索诺拉被杀了。我来这里是因为上帝让我这么做。他说和平很好，所以我来了！我正踏着云彩、呼吸着野外的空气四处游荡，这时，上帝告诉我要来到这里，与所有人和平共处。他说这个世界是为我们所有的人而存在的；怎么会这样？

　　"在我年轻的时候，我走遍了这个国家，东西南北，除了阿帕奇人以外，我没有看到过其他人。过了许多个夏天，我又走了一次，我发现另一个种族的人来了。怎么会这样？为什么阿帕奇人就这样等死呢，为什么他们过得这么苟且？他们在山丘和平原上漫游，希望上天塌在他们身上。阿帕奇人曾经是一个伟大的民族；现在人数寥寥，因此他们想死，所以他们过得这么苟且。许多人在战斗中死去了。你必须直言不讳，这样你的话才能像阳光一样照进我们的心。告诉我，如果圣母玛利亚

210

走遍了这片土地，为什么她从来没有进入过阿帕奇人的村庄？为什么我们从来没见过她，也没听说过她？

"我没有父亲，也没有母亲，我孤身一人，在这个世界上茕茕孑立。没有人在乎科奇斯，这就是我为什么不想活下去的原因，我希望石头落在我身上，正好把我遮盖起来。如果我像你一样有父有母，我会和他们在一起，他们也会和我在一起。当我在四处游荡的时候，所有人都在问科奇斯在哪里。现在，他来了——你看见了他，听见了他说的话——你现在高兴吗？如果是，就说出来吧。说吧，美国人和墨西哥人，我不想对你们隐瞒什么，也不希望你们对我隐瞒什么；我不会对你们撒谎，希望你们也不要对我撒谎。"

当讨论到奇里卡瓦人保留地的具体位置时，格兰杰说，政府希望将该机构从阿拉莫萨溪搬迁到莫戈永山脉脚下的图拉罗萨堡（Fort Tularosa）（已经有300名墨西哥人在阿拉莫萨溪谷定居下来了，并提出了土地所有权）。

"我想住在这些山上，"科奇斯抗议说，"我不想去图拉罗萨堡。那要走很长的路。那些山上的苍蝇会把马的眼睛给吃掉。那里住着不好的妖怪。我喝了这里的水，它们让我凉快下来了，我不想离开这里。"[10]

格兰杰将军说，他将尽他所能说服政府让奇里卡瓦人在有清澈的、凉爽的溪水的阿拉莫萨溪谷生活。科奇斯承诺说，他会让他的人民与他们的墨西哥邻居和平相处。他遵守了他的承诺。然而，几个月后，政府下令所有阿帕奇人都要从阿拉莫萨溪谷转移到图拉罗萨堡去。一听到这个命令，科奇斯就带着他的武士们走了。他们分成了几支小队，再次躲到亚利桑那东南部干燥、多石的山脉中去了。这一次，科奇斯下定决心要留在

那里。如果"灰狼"克鲁克想来追击，那就来追击吧；只要有 211
必要，科奇斯将用石头与他搏斗，然后，只要上帝愿意，就让
石头落在科奇斯身上吧，把他掩盖起来。

　　在"玉米采摘之时"（Time When the Corn Is Taken In）（1872
年9月），科奇斯从他的哨兵那里得到报告：一小队白人正朝他
的据点走来。他们乘坐的是一辆为运送伤员而设计的军用小货
车。哨兵报告说，塔格利托（Taglito），也就是"红胡子"，和
他们在一起。科奇斯很久没见到塔格利托了。

　　以前，在科奇斯和曼加斯与蓝衫军开战后，汤姆·杰福兹
（Tom Jeffords）签订了在鲍伊堡（Fort Bowie）和图森之间运送
邮件的合同。阿帕奇人的武士经常伏击杰福兹和他的骑手，以
至于他几乎放弃了合同。后来有一天，这个红胡子白人独自一
人来到了科奇斯的营地。下车后，他解开了子弹袋，将子弹袋
和武器都交给了一个奇里卡瓦女人。塔格利托毫无惧色地走到
了科奇斯所坐的地方，在他旁边坐下。经过一小段恰如其分的
沉默之后，塔格利托·杰福兹（Taglito Jeffords）告诉科奇斯，
他想和他签订一份私人条约，这样他就可以继续靠邮递业务谋
生了。科奇斯很困惑。他从未见过这样的白人。他只能向塔格
利托的勇气表示敬意，答应他可以在邮路上自由通行。在那之
后，杰福兹和他的骑手再也没有遭到过伏击了，此后，这个高
个子的红胡子男人曾多次到科奇斯的营地，他们一起聊天，一
起喝提斯温酒。①

　　科奇斯知道，如果塔格利托跟着一队人一起进山，那么他们
一定是来找他的。他派弟弟胡安（Juan）去见白人，然后和家人

_____

　　① Tiswin（提斯温酒）是由美国西南部的印第安人制作的一种发酵饮
　　料。——译者注

一起在隐蔽处等待，直到他确信一切都好。然后，他和儿子奈切（Naiche）骑马下了山。下马之后，他拥抱了杰福兹，杰福兹用英语对一个满身灰尘的白胡子男人说："这是科奇斯。"那个留着胡子的白人外套的右袖子是空的，看起来像一个老军人，因此，当塔格利托称他为将军时，科奇斯并不感到惊讶。这人正是奥利弗·奥蒂斯·霍华德（Oliver Otis Howard）。"你好，先生。"科奇斯说，然后，他们握了握手。

科奇斯的武士一个接一个走了过来，他们坐在毯子上，围成一个半圆形，与这个只有一只胳膊的灰胡子举行会谈。

"能麻烦将军解释一下他此行的目的吗？"科奇斯用阿帕奇语问道。塔格利托翻译了他的话。

霍华德将军说："'上父'格兰特总统派我来让你们与白人和平相处。"

"没有人比我更想要和平。"科奇斯对他说道。

"既然这样，"霍华德说，"我们就应该可以实现和平。"

科奇斯回答说，奇里卡瓦人从阿拉莫萨溪谷逃出来后，没有袭击过白人。"我的马又少又弱，"他补充说，"我本可以通过突袭图森公路来获取一些东西的，但我没有这么做。"

霍华德提出，如果奇里卡瓦人同意搬迁到格兰德河边一片大保留地的话，他们的生活将会更好。

"我去过那里，"科奇斯说，"我喜欢那个地方。为了和平，我会尽我所能带着愿意跟随我的百姓过去，但那样的话，我的部落就会被拆散。为什么不把阿帕奇山口给我呢？给我吧，我会保护所有的道路。我会确保没有任何人的财产被印第安人夺抢走。"

霍华德感到很惊讶。"也许我们可以那样做。"他说，然后又继续说起居住在格兰德河边的好处。

科奇斯对格兰德河没什么兴趣了。"为什么要把我关在一片保留地？"他问道，"我们会一直和平下去。我们会信守承诺。但是，请让我们像美国人一样能自由地到处走吧。让我们想去哪儿就去哪儿吧。"

霍华德试图解释奇里卡瓦地区并不属于印第安人，所有美国人都对它感兴趣。"为了保持和平，"他说，"我们必须确定界限。"

科奇斯不明白，既然可以在格兰德河确定保留地的边界，为什么不可以在龙骑山这里也划定一个边界。"将军，你要待多久？"他问道，"你能等我的武士们过来后一起谈谈吗？"

"我从华盛顿来就是为了与你们的人民见面并达成和平的，"霍华德回答说，"只要有必要，我可以待足够长的时间。"

奥利弗·奥蒂斯·霍华德将军是一个拘谨保守的新英格兰人，他毕业于西点军校，是葛底斯堡之战的英雄，在弗吉尼亚州的费尔奥克斯之战（Fair Oaks）中失去了一只胳膊。他在阿帕奇营足足待了 11 天，完全被科奇斯的礼貌和直率淳朴征服了。他还被奇里卡瓦的妇女和儿童迷住了。

"我只能放弃阿拉莫萨计划，"他随后写道，"并按照科奇斯的提议，给他们一片包括奇里卡瓦山脉的一部分和西部毗邻的山谷的保留地，其中包括大硫磺泉（Big Sulphur Spring）和罗杰斯牧场。"[11]

还有一个问题有待解决。根据法律，必须指定一个白人担任新保留地的事务官。对科奇斯来说，这没有问题；只有一个白人是所有奇里卡瓦人都信任的，那就是塔格利托，即"红胡子"汤姆·杰福兹。起初，杰福兹反对。他没有这方面的经验，而且这份工作的薪水也很低。科奇斯非常坚持，最后，杰福兹只好让步了。毕竟，他的生计和幸福归功于奇里卡瓦人。

德尔谢的通托阿帕奇人和爱斯基明津的阿拉瓦帕人就没那么幸运了。

德尔谢向麦克道尔营的大长官提出，如果能将通托人的事务处设在向日葵谷，他就愿意签订一项条约，但他没有收到任何答复。德尔谢认为他的提议遭到了拒绝。"上帝创造了白人，上帝创造了阿帕奇人，"他说，"阿帕奇人和白人一样有权拥有这个国家。"他没有签订任何条约，也没有收到任何可以让他像白人一样到全国各地旅行的证明文件。这种情况下，他和他的武士只能继续以阿帕奇人的身份在这片土地上游荡。白人不喜欢这种局面，于是，1872 年末，"灰狼"派士兵在通托盆地搜寻德尔谢和他的武士。直到"大叶之时"（Time of the Big Leaves）（1873 年 4 月），士兵的数量才足够多，德尔谢和通托人才被引入了陷阱。他们被包围了，子弹在妇女和孩子中间飞舞，这种情况下，除了升起一面白旗之外，他们别无选择。

214　　黑胡子军官乔治·M. 兰德尔（George M. Randall）少校把通托人迁到了怀特山保留地的阿帕奇堡。在那些日子，"灰狼"更喜欢用他手下的小军官而非平民来充当保留地的事务官。他们让阿帕奇人像狗一样戴着金属标签，上面都有数字，因此，任何人都不可能不被发觉地溜到通托盆地去，哪怕几天也不可能。德尔谢和大家都开始想家了，想念他们的森林和雪山。在保留地，任何东西都总是不够——食物和使用的工具都是如此，他们与郊狼人相处得不好，后者认为他们是保留地的不速之客。不过，真正让通托人感到痛苦的是，他们无法在这片土地上自由自在地活动。

最后，在"成熟之时"（Time of Ripeness）（1873 年 7 月），德尔谢决定不再忍受被困在怀特山保留地的生活了。有一天晚上，他带领他的人逃跑了。为了不让蓝衫军再次猎杀他们，他决定到佛得河边的保留地去。那个保留地的事务官是一个平民，他向德尔谢保证，如果他们不给他制造麻烦，那么，通托人就可以住在佛得河。但如果他们再次逃跑，他们将被追捕、被枪杀。于是，德尔谢和他手下的印第安人开始在佛得河附近的营地修建一个牧场。

那年夏天，圣卡洛斯（San Carlos）事务处发生了一场暴动，低级别的军官雅各布·阿尔米（Jacob Almy）中尉被杀了。阿帕奇人的酋长们都逃跑了，其中的一些人逃到了佛得河，他们在德尔谢的牧场附近安营扎寨。"灰狼"听说这件事后，指责德尔谢帮助这些逃犯，并下令逮捕这位通托人酋长。得到通风报信之后，德尔谢决定再次逃跑。他不想失去仅存的一点自由，不想被铁链锁起来，然后被关到士兵在峡谷的峭壁上挖出的 16 英尺深的洞里（印第安俘虏都被关押在那种地方）。他带着几个忠实的追随者逃到了通托盆地。

他知道追捕很快就要开始。"灰狼"不找到德尔谢是不会善罢甘休的。几个月以来，德尔谢和他的部下一直在躲避追兵。最后，克鲁克将军决定，他不能让军队一直在通托盆地瞎耗着；只有其他的阿帕奇人才可能找到德尔谢。于是，将军宣布悬赏德尔谢的头颅。1874 年 7 月，两支阿帕奇雇佣兵队伍分别来到克鲁克的指挥部。他们各自有一颗被砍下来的脑袋，上面都写着德尔谢的名字。"因为两边都非常坚信自己手中的脑袋是德尔谢的，"克鲁克说，"而且多一颗人头没什么不对，于是我给

215

两支队伍都付了赏钱。"[12]这两颗头颅以及其他一些被杀的阿帕奇人的头颅，被悬挂在佛得河和圣卡洛斯的阅兵场上。

爱斯基明津及其手下的阿拉瓦帕人也觉得很难与白人和平共处。在1871年科利尔专员造访后，爱斯基明津和他的人民在格兰特营开始了新生活。他们重建了棚屋村，重新在农田上种植庄稼。就在一切似乎进展得顺利的时候，政府决定把格兰特营搬迁到东南60英里处。军队以此为借口来清除圣佩德罗山谷中的印第安人，把阿拉瓦帕人转移到了圣卡洛斯，那是希拉河（Gila River）上的一个新事务处。

这一举措是在2月作出的，阿拉瓦帕人开始在圣卡洛斯修建新农场，并开垦新农田。让阿尔米中尉丧生的印第安人暴动就发生在此时。爱斯基明津和其他阿拉瓦帕人都与阿尔米中尉的死没有关系，但由于他是印第安人酋长，于是，"灰狼"下令逮捕并监禁了他。

他一直处于被关押状态，但在1874年1月4日晚上，他逃了出去，并带领他的人民离开了保留地。他们在陌生的山野中游荡了四个月，到处寻找食物和住处。到了4月，大部分阿拉瓦帕人又病又饿。为了不让他们死去，爱斯基明津回到圣卡洛斯，并去请求事务官。

"我们没有做错什么，"他说，"但我们很害怕。这就是我们逃跑的原因。现在，我们回来了。如果继续待在山上，我们会死于饥饿和寒冷。如果美国士兵在这里把我们给杀了，结局也是一样。我们不会再逃跑了。"

当事务官报告说阿拉瓦帕人回来了之后，军队就下令逮捕爱斯基明津和他手下的首领，用铁链拴住他们，使他们无法逃

脱，并将他们作为俘虏押送到已经搬迁至新地方的格兰特营。　216

"我做了什么？"爱斯基明津问前来逮捕他的小军官。

小军官不知道，只说逮捕他是"一种军事防范措施"。

在新的格兰特营，爱斯基明津和他的下属们被锁在一起，同时，他们还要为哨所的新建筑制作土坯砖。晚上躺在地上睡觉的时候，他们也被锁链拴在一起，他们吃的全是士兵扔掉不吃的食物。

那年夏季的一天，一个年轻白人来见爱斯基明津，并告诉他自己是圣卡洛斯的新事务官。这个事务官名叫约翰·克拉姆（John Clum）。他说圣卡洛斯的阿拉瓦帕人需要他们的酋长来领导他们。"你为什么被关押起来了？"克拉姆问道。

"我什么也没做，"爱斯基明津回答说，"也许是因为白人说了一些有关我的谎言。我总是在努力做正确的事情。"[13]

克拉姆说，如果爱斯基明津答应帮助他改善圣卡洛斯的状况的话，他会安排将他释放。

两个月后，爱斯基明津重新回到了他的人民中间。前景再一次显得光明，但这位阿拉瓦帕人的酋长已经学聪明了，他不再对未来抱有太大希望。自从白人来了之后，他就搞不清楚自己到底可以在什么地方铺毯子了；阿帕奇人的未来是不确定的。

1874 年春天，科奇斯得了一种让他日渐虚弱的病，病得非常厉害。奇里卡瓦事务官汤姆·杰福兹让军医从鲍伊堡赶来为他的老朋友做检查，但医生无法确定他到底得了什么病。他的处方没有带来任何改善，伟大的阿帕奇酋长原本健硕的身体日渐消瘦。

在此期间，政府决定将奇里卡瓦事务处与新近在新墨西哥温泉村（Hot Springs）建立的事务处合并，以便节省资金。当官员们与科奇斯讨论此事时，他告诉他们，这种转移对他来说已经无关紧要了，因为在被转移之前，他肯定已经死了。然而，他的手下和儿子们都强烈反对，宣称即便事务处转移，他们也不会跟着去。他们说，即使是美国也没有足够的军队来转移他们，因为他们宁愿死在山里，也不愿住在温泉村。

政府官员离开后，科奇斯变得非常虚弱，五脏六腑都痛得厉害，杰福兹决定骑马去鲍伊堡找那位军医。当他准备离开时，科奇斯问道："你认为你回来的时候，我还活着吗？"

"不，我想不会的。"杰福兹以兄弟般的坦率回答道。

"我想我明天早上 10 点左右就会死。你觉得我们还会再见面吗？"

杰福兹沉默了一会儿。"我不知道。你觉得呢？"

"我不知道，"科奇斯回答说，"我不清楚，但我想我们会的，在上面的某个地方。"[14]

科奇斯在杰福兹从鲍伊堡回来之前就死了。几天后，杰福兹对奇里卡瓦人说，他觉得自己是时候离开了。奇里卡瓦人不愿意接受。科奇斯的两个儿子——塔扎和奈切——强烈要求他留下来。他们说，如果塔格利托抛弃他们的话，科奇斯和政府之间达成的条约和承诺将一文不值。杰福兹只好答应留下来。

到 1875 年春天，大部分阿帕奇人要么被拘束在保留地，要么逃到了墨西哥。3 月，军方将克鲁克将军从亚利桑那调到了普拉特河战区。苏人和夏延人在保留地生活的时间比阿帕奇人长多了，他们变得越来越难以控制。

在阿帕奇地区的沙漠、山峰和台地上，存在一种被政府强加的和平。讽刺的是，这种和平状态的延续，在很大程度上归功于两个白人艰苦卓绝的努力，而他们之所以能让这种和平延续下去，正是因为他们将阿帕奇人视为正常人类而非嗜血的野蛮人，这让二人赢得了阿帕奇人的尊重。不可知论者汤姆·杰福兹和荷兰归正教信徒约翰·克拉姆都很乐观，但他们同时也非常清楚：不能抱有太高的期望。对于在西南地区捍卫阿帕奇人权利的任何白人来说，未来非常不确定。

第十章 "杰克船长"的苦难

1873 年　　1 月 6 日，美国国会开始调查兴业信贷公司的丑闻。3 月 3 日，"薪资攫取"法案①提高了国会议员和政府官员的工资，并具有追溯效力。5 月 7 日，美国海军陆战队在巴拿马登陆，以保护美国人的生命和财产。9 月 15 日，最后一批德国部队离开了法国。9 月 19 日，商业银行杰伊库克公司（Jay Cooke and Company）②的破产引发了金融恐慌。9 月 20 日，纽约证券交易所休市 10 天，严重的经济危机波及全国乃至全球。儒勒·凡尔纳《八十天环游世界》和马克·吐温《镀金时代》出版。

---

① 该法案由第 47 届国会通过，将总统和最高法院法官的工资增加了一倍，还包括将议员工资增加 50% 的条款，且追溯至任期开始。该法案引起了民众的愤慨，最后，国会不得不放弃为议员加薪的内容。——译者注

② 杰伊·库克（1821–1905）是美国 1860 年代至 1870 年代知名的商业银行家。他于 1861 年创立杰伊库克公司（一家合伙企业），开展银行业务。内战爆发后，该公司因协助美国政府发行了大量战争债券而飞速成长。后来，由于大量借贷给北太平洋铁路，且在承销该铁路的债券时进展缓慢，该公司陷入流动性危机，最终破产，从而引发了 1873 年的金融危机。——译者注

　　我只是一个人。我是我的人民的声音。不管他们心里想的是什么，我都会说出来。我不想再有战争了。我想成为一个人。你们不让我拥有白人所拥有的权利。我的皮肤是红色的，但我却有一颗白人的心脏；但我是一名莫多克人。我不怕死。我不会倒在岩石上。当我死时，我的敌人会被我压在下面。我在迷失河（Lost River）边睡觉时，你们的士兵开始攻击我。他们就像赶一只受伤的鹿那样，把我们赶到了这些岩石上……

　　到目前为止，我一直告诉白人来我的地区定居，那是白人和杰克船长共同拥有的地区。他们可以过来和我住在一起，我没有生他们的气。我从来没有收到过任何人的东西，我都是自己付钱买。我一直像白人一样生活，我也希望这样生活。我一直在努力过和平的生活，我从不向任何人要任何东西。我一直靠用枪猎杀、用陷阱捕获的东西过活。

　　　　　　　　——金普什，即"杰克船长"，莫多克印第安人

220　　　　生活在加利福尼亚的印第安人，和那里的气候一样温和。西班牙人为他们起名字，向他们布道，让他们皈依，使他们堕落。加利福尼亚印第安人的部落组织并不发达；每个村庄都有自己的首领，但他们不善征战，没有大军事酋长。1848 年在加利福尼亚发现了黄金后，成千上万的白人从世界各地涌来，从顺从的印第安人手里夺走任何他们想得到的东西，玷污那些西班牙人还没来得及玷污的人，然后有组织地消灭所有被遗忘的部落。再没有人记得奇卢拉人（Chilulas）、奇马里科人（Chimarikos）、欧雷布尔人（Urebures）、尼佩瓦伊人（Nipewais）、阿洛纳人（Alonas）或其他上百个部落了，他们的尸骨被封一百多万英里的高速公路、各种停车场和连排的房屋底下。

　　加利福尼亚顺从的印第安人中有一个例外，那就是莫多克人。他们生活在与俄勒冈接壤的图勒湖（Tule Lake）地区，那里的气候比其他地方恶劣。在 19 世纪 50 年代之前，莫多克人几乎都不知道白人；之后，殖民者开始成群结队地涌来，占领最好的土地，并指望莫多克人温顺地投降。当莫多克人起来战斗时，白人入侵者企图消灭他们。莫多克人则用伏击的方式开展报复。

　　在这段时间里，一个名叫金普什的年轻莫多克人马上就要成年了，他无法理解为什么莫多克人不能和白人好好一起生活，非得相互残杀。图勒湖地区就像天空一样无边无际，有足够的鹿、羚羊、鸭子、鹅、鱼和卡马斯根①。金普什抱怨他父亲不和白人和好。他父亲是一名酋长，他告诉金普什：白人是很好诈的，必须把他们赶出去才可能实现和平。不久之后，酋长在

---

　　①　卡马斯（Camas）是北美的一种百合属植物，又译作克美莲，其球状根可食。——译者注

与白人定居者的战斗中被杀了，金普什成了莫多克人的酋长。

金普什到定居点去寻找他可以信任的白人，以便和他们讲和。在怀里卡（Yreka），他遇到了一些好的白人，很快，所有的莫多克人就都到那里去进行交易了。"当白人来到我的家乡时，我总是告诉他们，"金普什说，"如果他们想在那里有一个家，他们就可以有一个家；而我从来没有为此向他们索要任何钱财，就像我的人民一样。我喜欢让他们来这里生活。我喜欢和白人在一起。"[1]这位年轻的酋长也喜欢他们的衣服、房子、马车和牲畜。

怀里卡周围的白人为这些来访的印第安人起了新名字，莫多克人觉得很有趣，他们之间也开始使用新名字。金普什是"杰克船长"。其他人的名字诸如"胡克·吉姆"（Hooker Jim）、"蒸汽船弗兰克"（Steamboat Frank）、"疤脸查理"（Scarfaced Charley）、"波士顿查理"（Boston Charley）、"卷发医生"（Curly Headed Doctor）、"邋遢吉姆"（Shacknasty Jim），"肖钦·约翰"（Schonchin John）和"艾伦曼"（Ellen's Man）等。

在南北战争期间，莫多克人和定居者发生了纠纷。有时候，莫多克人如果找不到鹿，就会去偷牧场主的牛，然后宰杀掉；或者如果需要一匹马，他会向定居者的牧场"借"一匹。莫多克人的白人朋友原谅了这些行为，认为这是印第安人向定居者征收的土地使用税，但大多数定居者并不喜欢这样，他们通过自己的政客安排了一项条约，计划将莫多克人赶出图勒湖地区。

条约委员会的委员们向"杰克船长"和其他酋长保证，如果他们向北迁移到俄勒冈州保留地去的话，每个家庭都将有属于自己的土地、马队、马车、农具、工具、衣服和食物——这一切都将由政府提供。"杰克船长"希望他的土地靠近图勒湖，

221

但委员们不同意。他有点不情愿地签了条约，于是，莫多克人就向北迁移到了克拉马斯（Klamath）保留地。打一开始就出了问题。保留地位于克拉马斯印第安人的领地，克拉马斯人认为莫多克人是入侵者。莫多克人用木篱笆围住分配给他们的农田，克拉马斯人则会偷偷拆走。政府承诺的物资一直没有送达；事务处给克拉马斯人发放了食品和衣物，但莫多克人似乎永远得不到这些（华盛顿的大议会没有投票通过为莫多克人购买物资的任何资金）。

眼看着他的人民越来越饿，"杰克船长"就带领他们离开了保留地。他们南下来到迷失河河谷，即他们之前的生活地，在那里寻找猎物、鱼和卡马斯根。然而，居住在山谷中的白人牧场主不希望莫多克人出现在那里，他们经常向政府当局投诉。"杰克船长"告诫他的人民远离白人，但 300 名印第安人要想完全隐身并非易事。1872 年夏天，印第安事务局告诫"杰克上尉"回到克拉马斯保留地。"杰克"回答说，他的人民无法和克拉马斯人混居。他要求在迷失河的某个地方为莫多克人设立保留地，因为这里一直是他们的家园。印第安事务局认为这是一个合理的要求，但当地的白人牧场主反对将任何肥沃的牧场划给印第安人。1872 年秋，政府命令莫多克人回到克拉马斯保留地。"杰克"拒绝了。政府只好派军队强迫莫多克人转移到克拉马斯保留地。1872 年 11 月 28 日，在一场冻雨中，詹姆斯·杰克逊少校（James Jackson）和 38 名隶属于第 1 骑兵团的骑兵从克拉马斯堡出发，向南前往迷失河。

在天亮之前，骑兵连就到达了莫多克人营地。他们下马后端好卡宾枪，包围了莫多克人的小屋。"疤脸查理"和其他几个人拿着武器冲了出来。杰克逊少校要求见酋长，当"杰克"

17. "杰克船长",本名金普什,意即"让水喧腾的人"。L. 海勒
(L. Heller)于 1873 年拍摄。由史密森学会提供。

223

出现时，少校告诉他，他接到了"上父"的命令——将莫多克人带回克拉马斯保留地。

"我会过去的，""杰克船长"说，"我会带上所有人，但我不相信你们白人对我说过的任何事。你看，你们是摸黑来到我的营地的。你这样做吓到了我和我身边所有的人。我不会逃跑。当你想见我或想和我说话时，像男人一样来找我。"[2]

杰克逊少校说他不是来找麻烦的。然后，他命令"杰克"当着士兵的面集合所有人。之后，少校指着边上的一丛山艾树命令道："把枪放在那里。"

"为什么?""杰克"问道。

"你是酋长。如果你放下枪，那所有人都会这么做。如果你这样做，我们就都不会有麻烦。"

"杰克船长"犹豫了一下。他知道他的手下不想放下武器。"我从未和白人打过仗，"他说，"我也不想打。"

少校坚持让他们放下枪。"我不会让任何人伤害你们的。"他保证道。"杰克船长"把枪放在了山艾树上，并示意其他人照做。

他们一个接一个地走了过去，把步枪放在那里。"疤脸查理"是最后一个这么做的。他把步枪放在那里，但手枪依旧别在腰上。

少校命令他交出手枪。

"你已经拿到我的步枪了。""疤脸"回答道。

少校命令弗雷泽·鲍特尔（Frazier Boutelle）中尉道："解除他的武装!"

"把枪给我，该死的，快!"鲍特尔一边走上前去，一边命令道。

"疤脸查理"笑了。他说他可不是一条被人呼来喝去的狗。

鲍特尔拔出了左轮手枪。"你这个狗娘养的，我会教你该怎么和我说话。"

"疤脸"再次说他可不是什么狗，并说他要留着手枪。[3]

当鲍特尔将左轮手枪举到射击位置时，"疤脸"迅速从腰带上拔出手枪。两人同时开了枪。莫多克人的子弹打中了中尉的衣袖。"疤脸"没有被打中。他迅速向步枪堆跑去，从最上面拿下了自己的步枪，每个莫多克武士都像他那样跑过去把枪拿了起来。骑兵指挥官命令士兵开火。几秒钟后，双方开始激战，最后，白人士兵撤退了，将当场死亡的一人和负伤的七人扔在了战场上。

那时，莫多克人的妇女和孩子都已经坐上了独木舟，正向南往图勒湖划去。"杰克船长"和他的武士们则在河岸茂密的芦苇丛中跟着。他们要前往图勒湖南边一处传说中的莫多克人圣地——加利福尼亚火山岩床地区（the California Lava Beds）。

火山岩床地区是一片由熄灭的熔岩形成的土地，在那里，岩缝、洞穴和裂隙纵横交错。有些峡谷深达一百英尺。"杰克船长"选择那里的一个山洞作为据点，那是一个火山口形状的深坑，周围布满了天然的沟渠和熔岩。他知道如果有必要的话，他的一小群武士可以在这里击退一大支部队，但他希望眼下士兵们不要来打扰他们。白人肯定不会想要这些无用的岩石。

当杰克逊少校的士兵们来到"杰克船长"的营地时，由"胡克·吉姆"率领的一小队莫多克人恰好就在迷失河对岸扎营。凌晨，当"杰克船长"带着人们往火山岩床地区逃跑时，他听到了由"胡克·吉姆"营地传来的枪声。"我逃跑了，不想打仗，""杰克船长"后来说，"他们杀了我的一些女人，还杀了一些男人。我没有停下来打听具体情况，而是逃跑了，逃跑了。我的人很少，不想战斗。"⁴

直到一两天之后，他才搞清楚"胡克·吉姆"的人的具体情况。"胡克·吉姆"是突然出现在"杰克"的据点外面的。和他一起过来的还有"卷发医生""波士顿查理"以及另外 11 名莫多克人。他们告诉"杰克"，来到他们的营地的人除了士兵外，还有几个定居者，他们开了枪。这些白人男子开枪打死了一个母亲怀里抱着的婴儿，一名老妇人，还打伤了其他一些人。在赶往火山岩床地区的路上，"胡克·吉姆"和他的手下决定报仇。只要沿途碰到偏僻的农舍，他们就会作短暂的停留，一路上杀死了 12 名定居者。

起初，"杰克"认为"胡克·吉姆"只是在吹牛，但其他人说他所说的都是真的。当他们报出被杀死的白人的名字时，"杰克"简直不敢相信自己的耳朵。其中一些人是他认识并信任的定居者。"你为什么要杀了那些人？"他问道，"我从不想让你杀死我的朋友。你自己做的事自己负责。"⁵

226   "杰克船长"知道士兵们肯定会来的，即便躲在这片浩瀚的火山岩床上，士兵们也会过来报仇。因为他是莫多克人的酋长，他必须为"胡克·吉姆"和其他人的罪行负责。

士兵们直到"冰月"（Ice Moon）才来。1873 年 1 月 13 日，在外围防御圈守卫的莫多克人发现了一支蓝衣侦察兵，他们正朝着一个能够俯瞰火山岩床地区的悬崖走来。莫多克人远远地对着他们开枪，把他们赶走了。三天后，一支由 225 名士兵组成的正规军，在 104 名俄勒冈州和加利福尼亚州志愿兵的支援下，在冬日午后，骑着马像幽灵一样从一片浓雾中蹿了出来。他们把阵地设在正对着"杰克船长"据点的山脊上，夜幕降临后，他们用山艾树生火取暖。指挥官们希望莫多克人在看到自己被部队包围后，会过来投降。

"杰克船长"愿意投降。他知道士兵们最想抓捕的是那些杀害定居者的莫多克人，他愿意把自己和这些人的生命交由军官处置，而不是投入一场血腥的战斗，将所有人的性命都搭进去。

"卷发医生"、"胡克·吉姆"和杀害定居者的那些人都反对投降，他们迫使"杰克"召集会议，通过投票来决定部落采取何种行动。在51名武士中，只有14人同意投降，37人赞成与士兵决一死战。

在17日天亮之前，他们听到白人士兵的号角声在浓雾笼罩的岩床上不停地回荡。不久，榴弹炮响了，蓝衫军开始发动进攻。莫多克人已经准备好了。他们用山艾树头罩伪装自己，在岩石裂缝中进进出出，在第一道冲突线消灭士兵。

到了中午，白人士兵分散成一条一英里多的战线，由于雾和地形的关系，他们之间的联络出现严重中断。在隐蔽状态下，莫多克武士在前线来回穿插，带给白人士兵一种莫多克人人数占优势的错觉。当一个连的士兵靠近据点时，莫多克人对其集中火力，妇女们也加入了战斗行列。在那天的晚些时候，"杰克"和"艾伦曼"带领武士们发起冲锋，击溃了士兵，后者在溃退时将死伤人员扔在战场上。227

就在日落之前，雾消散了，莫多克人发现士兵撤退到了山脊上的营地。武士们走到死去的蓝衫军躺着的地方，拿到了9把卡宾枪和6条子弹带。更远的地方还有弹药和一些被逃跑士兵扔掉的军粮。

　　夜幕降临后，莫多克人点燃了巨大的篝火来庆祝胜利。没有人在战斗中丧生，也没有人受重伤。他们缴获了足够多的来复枪和弹药，可以再打一天。第二天早上，他们已经做好迎战士兵的准备，但只有几个士兵过来了，还举着一面白旗。他们想带走阵亡的士兵。那一天还没有结束，所有的士兵就都从山脊上离开了。

　　"杰克船长"相信蓝衫军还会回来的，于是就让侦察兵远远地监视他们。但日子一天天过去了，士兵们一直都躲得远远的。（"我们一路深入火山岩床，与印第安人在他们的据点处作战，"这支部队的指挥官报告说，"那里是一片绵延数英里的，岩石裂缝、洞穴、缝隙、峡谷和沟壑纵横交错的核心地带……至少得 1000 人才能把他们从几乎坚不可摧的阵地上赶出来，而且必须深思熟虑，放手使用迫击炮才行。……请尽早给我再派 300 名步兵过来。"[6]）

　　2 月 28 日，"杰克船长"的表妹温妮玛（Winema）来到火山岩床地区。温妮玛嫁给了一个名叫弗兰克·里德尔（Frank Riddle）的白人男子，温妮玛是在丈夫和另外三个白人男子的陪同下过来的。之前在怀里卡大家可以自由来往的时候，这些人对莫多克人一直都很友好。温妮玛是个开朗、精力充沛、圆脸的年轻女子，现在，她称自己为托比·里德尔。她已经按照丈夫的方式行事了，但"杰克"依旧信任她。她告诉杰克，她带白人来和他谈谈，他们打算在山寨过夜，以证明他们的友好。"杰克"向她保证：他们是受欢迎的，他不会伤害他们之中的任何一个人。

228　　在随后举行的会议上，白人解释道，华盛顿的"上父"派来了一些委员，想与他进行和平谈判。"上父"希望避免与莫多克人发生战争，他希望他们能来和委员们谈谈，以便找到实现和平的途径。委员们现在就在离火山岩床不远的费尔柴尔德（Fairchild）农场等他们。

当莫多克人问会如何处置杀死俄勒冈州定居者的"胡克·吉姆"及其手下时，他们被告知，如果他们作为战俘投降，他们将不会受到俄勒冈州法律的审判；相反，他们会被带到很远的地方，并被安置到某个温暖的保留地，比如印第安或亚利桑那领地。

"回去告诉委员们，""杰克"回答说，"我愿意与他们开会，听听他们的意见，看看他们愿意给我和我的人民提供什么。让他们过来见我，或者派人叫我过去也可以。我要看看他们是否能够在我参加和平会谈期间，保护好我，使我免受敌人的伤害。"[7]

第二天早上，客人离开了，温妮玛答应将举行会议的时间和地点告诉"杰克"。就在同一天，"胡克·吉姆"和他的追随者来到了费尔柴尔德农场，找到了委员们，说他们想作为战俘投降。

和平委员会的委员包括艾尔弗雷德·B.米查姆（Alfred B. Meacham），他曾是莫多克人在俄勒冈州的事务官；埃利埃泽·托马斯（Eleazar Thomas），来自克拉马斯保留地的副事务官。负责监督他们的则是驻扎在火山岩床地区之外的那支军队的指挥官爱德华·R. S.坎比将军（Edward R. S. Canby），他就是12年前在新墨西哥与曼努埃利托的纳瓦霍人作战并最终与纳瓦霍人缔结和平协议的坎比将军（见第二章）。

当"胡克·吉姆"带着手下的莫多克人过来，并出人意料地说他们愿意作为战俘投降时，坎比将军非常高兴，立即向华盛顿发电报，告诉"大武士"谢尔曼莫多克战争结束了，并询问该在何时将这些战俘押送到何地去。

由于高兴过了头，坎比并没有关押"胡克·吉姆"及其八名追随者。莫多克人可以随便在军营中漫步，仔细观察那些现在有责任保护他们免受俄勒冈州公民伤害的士兵。到处游荡时，229 他们碰巧遇到了一名俄勒冈州的公民，此人认出了他们，并威胁说要把他们抓起来，原因是他们在迷失河上杀害了定居者。他说，俄勒冈州州长要求见到他们的血，州长只要一抓到他们，就会依据法律绞死他们。

一找到机会，"胡克·吉姆"和他的人就飞身上马，以最快的速度跑回了火山岩床地区。他们警告"杰克船长"不要去费尔柴尔德农场去见委员们；所谓的和平会议只是一个陷阱，目的是捉住更多的莫多克人，将他们送到俄勒冈州绞死。

在接下来的几天，在温妮玛和弗兰克·里德尔来来回回传递消息的时候，"胡克·吉姆"及其手下的莫多克人的怀疑被证明是真实的，至少对他们而言是如此。来自俄勒冈州的政治压力迫使坎比将军和委员们撤回了对"胡克·吉姆"一伙人的特赦；不过，"杰克船长"和其他莫多克人则可以过来投降，并会受到保护。

"杰克船长"现在陷入一个典型的两难境地。如果他抛弃"胡克·吉姆"的人，他就可以拯救自己的人；但"胡克·吉姆"之所以来找他，就是因为他是莫多克人的大酋长，他是来寻求保护的。

3月6日，在妹妹玛丽的帮助下，"杰克"给委员们写了一封信，她把信送到了费尔柴尔德农场。"让一切都被抹去，被洗掉，不要再让人流血了，"他这样写道，"我对那些杀人犯很反感。但我的人并不多了，我怎么都觉得无法放弃他们。他们会放弃那些趁我的人睡着时将其杀死的人吗？我从来没有问过那些对我的人民施以毒手的人。……我可以放弃我的马，让它被绞死；但我无法让我的人被绞死。我可以放弃我的马，让它被绞死，也不会为之哭泣，但如果我放弃了我的人，我将不得不为之哭泣。"[8]

230

然而，坎比和委员们仍然想见见"杰克船长"，想说服他，让他认识到对于他的人民而言，投入战争比交出凶手更糟糕。尽管"大武士"谢尔曼建议坎比用士兵来对付莫多克人，"这样一来，除了让他们所选择的火山岩床成为他们的坟墓之外，根本无需再为他们提供保留地"。但坎比将军还是一直保有耐心。[9]

3月21日，"杰克船长"和"疤脸查理"看到坎比在一支骑兵护卫队的护送下，从能够俯瞰他们据点的山脊上走了过来。"杰克"不知道该如何看待这种大胆的行为。他将战士部署在岩石中，然后，一人骑马前去。这人是一名军医，他建议"杰克船长"和坎比将军举行一次非正式的会谈。几分钟之后，他们开始了会谈。坎比向"杰克"保证，如果他带领他的人民走出火山岩床地区，他们将得到很好的待遇；他们将得到食物、衣服和许多礼物。"杰克"回答说，如果坎比有那么多东西可以给他，为什么没有把这些东西带来。他还问坎比，为什么他不把士兵带走；莫多克人只是不想被打扰而已，他最后说道。

在这次短暂的会面中，"杰克"和坎比都没有提到"胡克·吉姆"一行以及他们杀害定居者的事。"杰克"什么也没有答应，他想先看看坎比的下一步行动。

坎比下一步的行动是带来了更多的部队，将他们部署在莫多克人据点的正对面。在第四炮兵连的支援下，第一骑兵连和第二十一步兵连驻扎到离印第安人很近的地方。

4月2日，"杰克船长"给委员们发了一封信。他想在最近的兵营和他的据点之间的位置与他们见一面。那天，坎比、米查姆、托马斯和戴尔（Dyar），以及温妮玛和弗兰克·里德尔，都骑着马来到了位于悬崖上士兵营地下面的岩石盆地。"杰克"、"胡克·吉姆"和另外几个莫多克人已经在那里等待他们了。他们把自己的女人也带了过来，以表示自己盼望和平的诚意。尽管"杰克"以老朋友的身份迎接了米查姆，但他对坎比说话有点尖刻，质问他为什么要将士兵部署在离莫多克据点两侧如此近的地方。

231   坎比试图淡化这个问题，他回答说自己其实是将总部搬到了"杰克"总部的边上，以便二人见面更容易，士兵则是出于保证他安全的需要。"杰克"不接受坎比的解释，他要求对方把士兵从这里调走并打发他们回家。然后，他提到了"胡克·吉姆"及其手下这个敏感的话题。"杰克"说，除非"胡克·吉姆"的人和其他莫多克人一样被同等对待，否则他们就不可能考虑投降。坎比回答说，如何处置他们以及他们将被押送到哪里去，这些问题只能由军方决定；他无法保证杀害定居者的凶手会得到赦免。

正谈论时，天空布满了乌云，然后就下起了冷雨。坎比说，天下雨了，不可能再谈下去了。"你穿得比我好多了，""杰克"嘲弄道，"我是不会像雪一样融化的。"[10]坎比不回应"杰克"的话，但说下次会谈时他会搭好帐篷。

第二天早上，坎比派了几个士兵搭建开会用的帐篷。他们没有将帐篷搭建在岩石盆地，而是搭建在山艾灌木丛中的一处平地上，从那里可以看到士兵营地和可怕的炮兵阵地。

两天后，"杰克"给艾尔弗雷德·米查姆发了一封信，说他想见见米查姆和老朋友约翰·费尔柴尔德，也就是附近那个农场的农场主。"杰克"要求他们不能带坎比将军或托马斯牧师一起来。米查姆和费尔柴尔德对这一要求感到不解，但他们还是和温妮玛、弗兰克·里德尔一起来到了坎比为开会而搭的那个帐篷。莫多克人正在那里等他们，"杰克"热情地和他们打招呼。他解释说自己不信任坎比，坎比穿着蓝色制服，但张口闭口总在说自己对印第安人有多么友好。坎比的话听起来不真实，因为他不断将士兵部署到离火山岩床越来越近的地方。至于为什么不让带托马斯牧师过来，则是因为他是一个"星期日医生"，他的圣药和莫多克人的信仰是相悖的。"现在，我们可以谈谈了，""杰克"说，"我认识你和费尔柴尔德。我了解你们的心。"他接着解释了士兵们是如何迫使他们逃离迷失河并最终在火山岩床落脚的。"在迷失河畔给我一个家，"他恳求说，"我可以照顾好我的人。我不需要任何人的帮助。我们可以自己谋生。让我们拥有和其他人一样的机会。"

米查姆指出，迷失河在俄勒冈州，莫多克人在那里杀死了白人定居者。"你们和白人之间总是不可避免地发生流血事件。"米查姆说道。

"杰克"在那里默默地坐了几分钟。"我听明白你的话了，"他说，"那就让我在这片火山岩床中安家吧。我可以住在这里，带走你们的士兵，我们能解决一切问题。没人会想要这些石头的，就让我把家安在这里吧。"

米查姆回答说，除非莫多克人交出在迷失河边杀人的那些凶手，否则，他们在火山岩床这里也无法得到和平。他保证说，这些人在法庭上会得到公平的对待。

"由谁来审判他们？"杰克问道，"白人还是印第安人？"

"当然是白人。"米查姆承认道。

"那么，你愿意交出在迷失河边杀害印第安妇女和儿童的那些白人，让莫多克人来审判他们吗？"

米查姆摇了摇头。"莫多克人的法律已经死了；白人的法律现在统治着这个国家；一个地方只能有一种法律。"

"你能审判那些向我的人开枪的人吗？"杰克继续问道，"按照你们自己的法律？"

米查姆知道，"杰克船长"也知道，这是不可能的。"白人的法律统治这个国家，"米查姆再次说道，"印第安法律已经死了。"

"白人的法律对白人是好的，""杰克"说，"但这些法律的制定是为了把印第安人排除在外。不，我的朋友，我不能放弃那些会被绞死的年轻人。我知道他们做错了——他们的血是坏的。……但不是由他们开始这一切的，是白人先开始的。……不，我不能放弃我的年轻人；把士兵调走，所有的麻烦都会消失的。"

"士兵们不能被调走，"米查姆回答说，"但凡你还待在火山岩床上。"

"杰克"抓住米查姆的胳膊，恳求道："告诉我，我的朋友，我该怎么办？我不想打仗。"

"现在通往和平的唯一途径，就是从这片岩石中走出去，"米查姆直截了当地告诉他，"你如果待在火山岩床上，就不会有和平。"

"你们让我出来，让我将自己交到你们手上，"杰克喊道，

"我做不到。我害怕——不，我不害怕，但我的人民害怕……我是我人民的代言人。……我是莫多克人。我不怕死。我可以向他（坎比）证明，一个莫多克人会如何赴死。"

233

两人都知道没什么好说的了。米查姆邀请"杰克"和他一起回到军营，继续与坎比将军及其他委员讨论，但"杰克"拒绝了。他说，他必须首先与他的人民商量，如果需要再次商谈，他会让委员们知道的。[11]

米查姆向坎比将军汇报说"杰克船长"永远不会放弃"胡克·吉姆"一行，因此，他们不会不经过战斗就放弃火山岩床的据点。不过，坎比决定给莫多克人最后一次从火山岩床走出来的机会。第二天，他派温妮玛去通知"杰克"：他手下任何想要投降的人，都可以跟着她离开。

在温妮玛等待的时候，"杰克船长"召集大家开了一次会。只有 11 个莫多克人同意坎比将军的提议。"胡克·吉姆"、"肖钦·约翰"和"卷发医生"都强烈反对投降，他们指责坎比和委员们在挑拨离间。会议结束时，"胡克·吉姆"的追随者威胁要杀死任何试图投降的莫多克人。

那天晚上，当温妮玛骑马返回坎比将军指挥部时，在小路上一个名叫韦伊姆（Weuim）的、和温妮玛有亲戚关系的年轻莫多克人过来拦住了她。他警告她说，不要再到莫多克据点来了，并告诉她的白人朋友不要再过来见他的人民了。韦伊姆说，"胡克·吉姆"的追随者计划杀死所有反对他们的人。温妮玛骑马回到了军营，但她不敢将这个情况告诉除丈夫以外的任何人。然而，弗兰克·里德尔得知后立即前往总部，将情况转达委员们。不过，他们谁都认为这不过是一时的气话而已。

然而，在火山岩床上，针对这些白人和平谈判代表的愤怒言论正愈演愈烈。4 月 7 日晚，"胡克·吉姆"和他的追随者决定向酋长摊牌。他们中的一些人怀疑"杰克"快要背叛他们了。

234

"肖钦·约翰"在会议一开始就言辞激烈："我多次被白人困住和愚弄。我不想再被愚弄了。"他指责前来和谈的委员们耍花招，目的是为军队增派士兵和枪炮拖延时间。"当他们认为这里的人手足够时，他们就会对我们发动进攻，将我们杀个片甲不留。"

"黑吉姆"（Black Jim）是第二个："就我而言，我才不想像狗一样遭到士兵的诱骗和枪杀。在他们抓到我之前，我至少要杀上一个陪葬。"他还说，下一次和谈时，他要把那些和谈委员给杀了。

"杰克船长"看到会议进展到这种状况后，还试图让发言的人相信是他们自己错了。他要求他们给他时间来与委员们谈判，以设法保住"胡克·吉姆"的人，并争取到一块比较好的地方作为保留地。"我所要求的全部就是，你们乖乖地在这里等待。"

"黑吉姆"指责"杰克"瞎了眼。"难道你没看到每隔两三天就有士兵过来吗？难道你不知道最后一批士兵是带着大炮过来的，那种大炮能打出像你的脑袋那样大的炮弹吗？委员们打算用其中的一门大炮打掉你的头，以此来与你实现和平。"其他人都赞同"黑吉姆"的话，当"杰克"再次试图与他们平心静气地讲道理时，他们高声喊道："你说什么都没有用！我们的命运已经被注定了。让我们战斗吧，这样我们就能早点死。反正无论如何，我们都得死。"

"杰克"认为再多说也没用，于是转过身打算离开会场，但"黑吉姆"拦住了他。"如果你是我们的头儿，那就答应我们，下次见到坎比时你会杀了他。"

"我做不到，也不会那么做。"

一直默默地看着他的"胡克·吉姆"走到了他跟前。"你不把坎比杀了，就是自寻死路。你要么杀了自己的人，要么被自己的人杀死。"

"杰克"知道"胡克·吉姆"是在对他的酋长之位提出挑战，但他忍住了。"你为什么要强迫我做那种懦夫式的行为？"

"这不是懦夫式的行为，""胡克·吉姆"反驳道，"当着所有士兵的面杀死坎比是一种勇敢的行为。"

"杰克"拒绝答应，再次动身离开会场。"胡克·吉姆"的一些手下把女人的披肩和头饰扔到他肩膀上，并嘲笑他说："你是一个女人，一个心地善良的女人。你不是莫多克人。我们不承认你。"

为了保住自己的权力，同时也为了争取时间，"杰克"知道他必须开口说话。"我会杀了坎比的。"他说完之后，就把那些人推到一边，独自往山洞走去。

温妮玛在第二天和第三天都没有带任何消息过来，因此，"杰克"派了懂英语也会说英语的"波士顿·查理"去通知坎比将军，说莫多克人想在星期五即 4 月 11 日上午与他和委员们进行商谈。他吩咐"波士顿·查理"对坎比说，莫多克人不会带武器进入会议帐篷，他们希望委员们也不要携带武器。

4 月 10 日上午，"杰克"在山洞外把他的手下召集起来。那天白昼如春，太阳很快就驱散了夜雾。"我的心告诉我，我只需要和云和风说话就行了，"他说，"但我想说的是，生命是甜蜜的，爱是坚强的；人之所以战斗是为了拯救自己的生命；

235

人有时候也会为满足自己内心的渴望而杀人；这就是爱。死亡是可怕的。我们所有人马上就要死了。"他告诉大伙儿，如果他们再次投入战斗的话，那么，所有人就都会死，包括他们的妇女和孩子。如果他们必须战斗，那就让士兵们先动手。他提醒他们，他已向委员们保证，只要和谈继续下去，就不会发动任何军事行动。"我要向全世界证明我'杰克船长'是一个守信用的人。"他带着恳求的口吻说道。接着，他提到自己曾答应会杀了坎比将军这件事。"别逼我这么做。如果你们要让我按照我因一时气愤脱口而出的话那样去做，那么我们就完了。'胡克·吉姆'，你和我都很清楚这一点。"

"我们要你信守诺言，""胡克·吉姆"回答说，"你必须杀了坎比。你说的这番话不错，但现在再说这些已经太晚了。"

"杰克"看了看他身边坐在岩石上的那50个人。阳光照在他们黝黑的脸上。"想让我杀了坎比的人，"他说道，"站起来。"只有十几个忠实的追随者坐在原地未动。

"我发现你们既不爱惜生命，也不爱惜别的。"他一边说一边试着找到其他出路，声音也变得低沉起来。他说，在与坎比的会议上，他会告诉将军，莫多克人想要得到什么。"我会问他很多次。如果他同意我的条件，我就不杀他。你们听到了吗？"

"听到了。"他们回答说。

"那样可以吗？"

"可以。"他们都表示同意。

现在，只有坎比的话才能阻止杀戮了。[12]

1873年的耶稣受难节黎明时分，冷风拂动着会议帐篷的帆布，那个帐篷依旧在士兵营地和火山岩床据点的中间。"杰克船长""胡克·吉姆""肖钦·约翰""艾伦曼""黑吉姆"和"邋遢吉姆"早早地就来到了会议地点，其中一人用山艾树枝点了一堆火，以便大家在等待委员们过来时可以取暖。这次，他们没有带女人来。也没有人带步枪，但都把手枪藏在大衣里面。

委员们迟到了（温妮玛不停地警告他们不要去），但 11 点过后不久，坎比将军和托马斯牧师徒步过来了，骑马跟在他们后面的是 L. S. 戴尔、艾尔弗雷德·米查姆、温妮玛和弗兰克·里德尔。"波士顿·查理"和"假查理"（Bogus Charley）也一起过来了，他们曾到士兵营地去迎接委员们、口译员。两个查理身上都挂着步枪。没有一个委员看起来带了枪，米查姆和戴尔则把大径短筒手枪放在上衣口袋里。

坎比带来一盒雪茄，他一进入帐篷，就给每个人分了一支雪茄。他们从山艾树火堆里拿出一根树枝，把雪茄点上，坐在火堆边的石头上，默默地抽了几分钟。

弗兰克·里德尔后来回忆道，首先打破沉默的是坎比。"他说他和印第安人打了 30 年交道，他来这里的目的就是与他们实现和平，和他们好好谈谈。而不论他答应给他们什么，他都会确保实现。如果他们愿意跟着他离开这里，那么，他会让他们得到一片好地方，并帮助他们安顿下来，之后，他们就可以像白人一样生活了。"[13]

第二个发言的是米查姆，他先是寒暄了一阵，然后说华盛顿的"上父"派他来这里就是为了清洗之前流下的所有鲜血。他说他希望把他们带到一个更好的地方去，在那里，他们可以有很好的房子以及足够的食物、衣服和毯子。米查姆说完之后，237

"杰克船长"告诉他说，他不想离开莫多克地区，要求在图勒湖和火山岩床附近的某个地方获得一片保留地。他还重申了他先前所提出的要求，即在和平谈判开始之前，士兵们必须被调离。

显然，米查姆被"杰克"一再提出的要求激怒了。他提高了嗓门："让我们像男人一样说话，不要像孩子一样说话。"然后，他提议那些愿意这样做的莫多克人可以一直留在火山岩床地区，直到找到一片他们可以与白人和平共处的保留地为止。

坐在米查姆前面大约 10 英尺处的"肖钦·约翰"，愤怒地用莫多克语让他闭嘴。就在这时，"胡克·吉姆"站了起来，向米查姆的马走去，那匹马就在米查姆身边。米查姆的大衣搭在马鞍上。"胡克·吉姆"拿起米查姆的大衣，穿在身上，系上扣子，在火堆前走来走去，看起来有点滑稽。其他人都不说话了，而是看着他。"你们觉得我长得像米查姆吗？"他用蹩脚的英语问道。

米查姆试图拿"胡克·吉姆"的行为开玩笑。他把自己的帽子递给了他。"拿着它，戴上，这样你就真的成了米查姆了。"

这时，"胡克·吉姆"停了下来："帽子你先留着吧。它迟早会是我的。"

坎比很明显理解了"胡克·吉姆"的话的意思。他很快又继续谈判，说只有华盛顿的"上父"才有权调走士兵。他希望"杰克"相信他。

"我想告诉你，坎比，""杰克"回答说，"只要这些士兵把我包围得水泄不通，我们就无法实现和平。如果你答应给我一个家，在这片地区的某个地方，那你就今天把话说死。现在，坎比，答应我。我不要别的了。现在，机会就摆在你面前了。我等你放话都等累了。"

米查姆觉察到了"杰克船长"声音中的紧迫感。"将军，看在老天的份上，答应他。"他喊道。

坎比还没来得及说什么，"杰克"就突然站起来，并从火堆边走开了。"肖钦·约翰"转向坎比将军。"你带走士兵，把我们的土地还给我们，"他喊道，"我们谈累了。我们不想再谈了！"[14]

"杰克船长"转过身来，用莫多克语说道："全体准备好！"话音刚落，他就从外套里掏出了手枪，直指坎比。扳机"咔嚓"响了一声，但手枪并没有开火。坎比当时正吃惊地看着他，接着手枪就响了，坎比当场倒地身亡。就在那时，"波士顿·查理"开枪打死了托马斯牧师。温妮玛把"肖钦·约翰"的手枪打到了地上，救了米查姆的命。在混乱中，戴尔和里德尔逃走了。

脱下坎比的制服后，"杰克"带领莫多克人回到了据点，在那里等着士兵们过来发动进攻。此前争论的主要焦点，也就是"胡克·吉姆"手下的那些杀人凶手的投降问题，在最后这次会议上，甚至都没被提起过。

三天后，战斗开始了。一排排的迫击炮开始轰炸火山岩床，一拨又一拨的步兵对着岩石胸墙发起了冲锋。在士兵们最终攻占了据点后，他们发现那里空无一人。莫多克人借着洞穴和岩石裂缝溜走了。军队不想派士兵去寻找这些英勇的印第安人的藏身处，于是雇用了来自俄勒冈州温泉保留地的72名特尼诺印第安人来完成这个任务。他们发现了莫多克人的藏身之处，但当他们带着士兵到那里去抓捕莫多克人时，"杰克船长"设下

238

了埋伏，几乎消灭了先遣队。

最后，由于士兵们有压倒性的人数和火力优势，莫多克人只好分散开来。他们不得不宰杀马匹作为食物，有些日子甚至连一口水都喝不上。随着印第安人伤亡人数的增加，"胡克·吉姆"开始和"杰克船长"就作战策略争吵起来。经过几天的逃亡、躲藏和战斗之后，"胡克·吉姆"和他的手下抛弃了曾经庇护他们、拒绝将他们交给坎比的大酋长。"杰克"身边只剩下 37 名勇士了，而他们面对的却是 1000 多名士兵。

239　　不久，"胡克·吉姆"的人向士兵们投降了，并表示愿意帮助他们追捕"杰克船长"，以换取大赦。新的军事指挥官杰斐逊·C. 戴维斯（Jefferson C. Davis）将军同意为他们提供军事保护，5 月 27 日是"胡克·吉姆"和他手下的三个人背叛了他们酋长的日子，而他们背叛的这个酋长曾拒绝背叛他们。他们在克利尔湖（Clear Lake）附近找到了"杰克"，并与他进行了交谈。他们告诉他，他们之所以来找他，是希望他能投降。他们说，士兵们会给莫多克人伸张正义，让莫多克人吃穿不愁。

"你们不比在山谷里奔跑的郊狼好多少，""杰克"回答说，"你们骑着士兵的马、扛着政府的枪来到了这里。你们打算把我逼得无路可走，然后把我抓住并交给士兵，以此来换取你们的自由。你们现在认识到生命是美好的了，但你们强迫我答应杀死那个人——坎比——之时，你们并不是这么认为的。我一直都知道生命是美好的，这就是我不想和白人战斗的原因。我想，如果我们真的想战斗的话，我们应该并肩战斗，战斗至死。现在我知道了，我将是唯一一个会因杀了坎比而牺牲生命的人，也许还会有一两个人陪我一起死。你们说，你们和其他那些出去自首的人都过得不错，吃穿不愁。哦，你们这些胆小鬼，你们背叛了我……"[15]

最让这位莫多克人的酋长恼火的是，几周前将女人的衣服扔在他头上，并说他是一个有着鱼一样心肠的女人且迫使他答应杀死坎比的，正是这帮人。他们和他一样清楚，他现在投降已经太晚了，他会因杀死坎比而被处以绞刑。他告诉他们，他已经下定决心战斗到死，而不是被绞索套在脖子上绞死，然后，他喝令他们离开，回去和白人生活在一起。但他向他们发誓说，如果他们胆敢再进入他的射程，他会把他们像狗一样打死。

追击又持续了好几天。"与其说是战争，不如说是一场追逐野兽的狩猎活动，"戴维斯这样说道，"各个分遣队争先恐后，看最终谁会在逮捕那头野兽上抢得第一名。"[16]

在崎岖的岩石和灌木丛中徒步追击了一番后，一小队士兵包围了"杰克船长"和三名一直跟在他身边的武士。"杰克"出来投降时，穿着坎比将军的蓝色制服，那身制服已经变得又脏又破。他把步枪递给了一名军官。"'杰克'的腿断了，"他说，"我已经准备赴死了。"

戴维斯将军希望立即将他绞死，但华盛顿的陆军部下令要先对他进行审判。审判于1873年7月在克拉马斯堡举行。"杰克船长""肖钦·约翰""波士顿·查理"和"黑吉姆"被控犯了谋杀罪。莫多克人没有律师，尽管他们获得了交互讯问的权利，但他们中的大多数人几乎都不懂英语，懂一点的人也说得很差。审判进行之时，士兵们已经在关押囚犯的牢房外搭好了绞架，所以最终的判决会是什么，显而易见。

"胡克·吉姆"和他的追随者是这些注定将死之人的证人。军队给了他们背叛自己民族的自由。

在"胡克·吉姆"被检方讯问后，"杰克船长"没有盘问他，但在由弗兰克·里德尔翻译的最后陈词中，"杰克"说道："'胡克·吉姆'才是那个一直想打仗的人，也是他在最开始杀了人。……生命只在很短的时间内属于我。你们白人并没有打败我，我是被自己的人打败的。"[17]

"杰克船长"于 10 月 3 日被绞死。行刑后的第二天晚上，他的尸体被秘密地挖出并被带到了怀里卡，还进行了防腐处理。不久后，他的尸体就在东部城市展出，门票是 10 美分。

至于幸存下来的 153 名男性、女性和儿童，包括"胡克·吉姆"和他的人在内，则被流放到了印第安领地。六年后，"胡克·吉姆"死了，其余大多数人也在 1909 年前去世了。那时，政府决定允许剩下的 51 名莫多克人回到位于俄勒冈州的一处保留地生活。

第十一章　为拯救野牛而战

1874 年　1 月 13 日，失业工人在纽约市与警察发生冲突，数百 人受伤。2 月 13 日，美军登陆火奴鲁鲁以保护国王。2 月 21 日，本杰明·迪斯雷利（Benjamin Disraeli）接替威廉·E. 格莱斯顿（William E. Gladstone）出任英国首相。3 月 15 日，法国成为安南（越南）的保护国。5 月 29 日，德国解散社会民主党。7 月，亚历山大·格雷厄姆·贝尔演示他的新发明：电话。7 月 7 日，西奥多·蒂尔顿（Theodore Tilton）指控亨利·沃德·比彻（Henry Ward Beecher）牧师通奸。11 月 4 日，塞缪尔·J. 蒂尔顿（Samuel J. Tilden）在击败特威德帮后当选为纽约州州长。12 月，牵涉各个酒厂和美国政府官员的"威士忌帮"（Whiskey Ring）① 被曝光了。

---

① 美国内战之后，酒被课以重税，有时税是酒价格的八倍之多。一些大型的酿酒厂就与政府官员勾结，以避免交税。这是一个公开的秘密，但由于政治关系错综复杂，难以破解。时任财政部部长的本杰明·H. 布里斯托（Benjamin H. Bristow）决心毁掉这个威士忌帮。他聘请财政部之外的一些人员来收集证据，并在 1875 年 5 月突然开始了大规模的行动。在这次行动中，238 人遭到指控，最终 110 人被定罪。格兰特总统的秘书奥威尔·E. 巴布科克（Orville E. Babcock）也遭到了指控，但由于格兰特总统的个人干预而被判无罪。据传，威士忌帮的主要目的是通过这种手段来为共和党提供资金支持。——译者注

我听说你打算让我们住在大山附近的一片保留地。我不想定居在一个地方。我喜欢在大草原上游荡。那样的话我会感到自由和快乐，当我们定居下来，我们就会变得苍白，并会死去。我已放下了枪、弓、盾牌，我在你面前感到很安全。我已经告诉你们真相了。我没有任何谎言，但我不知道委员们是不是也这样。他们和我一样坦荡吗？很久以前，这块地是我们祖先的，但当我走在河边的时候，我发现河边多出了许多兵营。这些士兵砍倒了我的树木；杀死了我的野牛；当我看到这一切时，我的心都要碎了；我感到很沮丧。……白人变成了不是为了充饥肆无忌惮地杀戮野牛的孩子吗？当红种人杀死猎物时，他们是为了生存下去，是为了不挨饿。

——萨坦塔，基奥瓦人的酋长

我的人民从未向白人射出过一支箭或开过一次枪。我们之间一直有麻烦，我手下的年轻人跳起了战争舞。但战争不是我们先发动的。是你们派出了第一个士兵，然后我们才派出了我们的士兵。两年前，我追踪野牛来到了这条路上，目的是让我的妻子和孩子们脸颊丰满，身体暖和。但是士兵们向我们开火了，从那时起，就一直有雷鸣般的响声，我们不知道该往哪边去。加拿大河上的情况也是这样。我们从未为此哭泣过哪怕一次。穿着蓝衫的士兵和尤特人从黑夜里冒出来，悄无声息地点燃了我们的小屋，就像燃起篝火一样。他们不是来打猎的，而是杀死了我的武士，我们部落的武士们为了悼念死者，都把自己的头发剪短了。在得克萨斯州也是如此。他们让我们的营地陷入了悲痛。我们就像母牛遭袭的公牛一样，冲了出去。当我们发现他们时，我们杀了他们，他们的头皮就挂在我们的小屋里。科曼奇人并不软弱，并不眼瞎，他们并不是7岁熟睡的小狗。他们强壮而且有远见，就像成年的马一样。我们走了他们的路，并将继续这样走着。白人妇女哭了，我们的妇女笑了。

但你们对我说的有些话我不喜欢。它们不甜如糖，而是苦如苦瓜。你们说你们想给我们一片保留地，给我们盖房子、建药房。我不想要那些东西。我出生在大草原上，在那里，风无拘无束地吹拂着，没有什么东西会挡住阳光。我出生在一个没有围墙的地方，那里的一切都能让人自由呼吸。我想死在那里，而不是死在围墙里。我熟悉格兰德河和阿肯色河之间的每一条小溪和每一片树林。我在那片地方打猎、生活。我过着和父辈一样的生活，和他们一样，我过着幸福的生活。

我在华盛顿的时候，伟大的白人"上父"告诉我，科曼奇人的土地都是我们的，任何人都不应该妨碍我们在这片土地上生活。那么，你们为什么要我们离开河流、太阳和风，而住到房子里去呢？别让我们为了羊而放弃野牛。年轻人听说这件事之后，既伤心又生气。别再说了。……

如果得克萨斯人不来我们这里，也许会有和平。但你们现在提出的我们必须去住的那片地方，对我们来说太小了。得克萨斯人夺走了那些草长得最茂密的、林木长得最好的地方。如果我们得到那些地方的话，我们可能会按照你们的要求去做。但现在为时已晚。白人占据了我们所热爱的家园，我们只希望在大草原上游荡，直到死去。

——"十只熊"，
亚帕里卡（Yamparika）科曼奇人

243 　　在 1868 年 12 月的沃希托河战役（Battle of the Washita）后，谢里登将军命令所有的夏延人、阿拉帕霍人、基奥瓦人和科曼奇人都到科布堡来投降，否则就会被彻底消灭，会遭到他的蓝衫军的猎杀（见第七章）。接替"黑水壶"担任酋长的"小长袍"带着夏延人过来投降了。"黄熊"带着阿拉帕霍人过来投降了。一些科曼奇酋长，特别是托萨维（就是对着他，谢里登说出了"唯一善良的印第安人就是死去的印第安人"这句话），也前来投降了。然而，骄傲而自由的基奥瓦人没有任何配合的意思，于是，谢里登派卡斯特去逼迫他们投降，否则就消灭他们。

　　基奥瓦人认为自己没有理由去科布堡，放下武器，靠白人的救济过活。1867 年，酋长们签署了《梅迪辛洛奇条约》（treaty of Medicine Lodge），条约明确规定他们对自己的领地拥有所有权，他们有权在阿肯色河南部的土地上狩猎，"只要野牛的数量足以表明狩猎活动是正当的"[1]。在阿肯色河和红河的西部支流之间是一大片平原，上面布满了成千上万的被白人不断进步的文明从北方赶下来的野牛。基奥瓦人有大量的跑得很快的马匹，弹药短缺时，他们可以用弓箭杀死足够多的动物，来满足他们衣食住行的全部需要。

　　尽管如此，大队的身穿蓝衣的骑兵来到了基奥瓦人在雨山溪（Rainy Mountain Creek）边上的冬季营地。萨坦塔和"独狼"并不想打仗，他们带着一队武士出去和卡斯特谈判。萨坦塔是一个身材魁梧的巨人，乌黑的头发一直垂到他那宽阔的肩膀上。他的胳膊、大腿肌肉都很发达，他那张巨大的脸显示出他对自己力量的强烈信心。他的脸上和身上都涂着鲜红的油彩，长矛上还挂着红色的彩带。他喜欢奋力骑马、打仗。他是一个喜欢吃喝玩乐的人，笑起来非常爽朗。他甚至喜欢他的敌人。当他骑马去会见卡斯特时，他一直高兴地咧着嘴笑。他伸出手去和卡斯特握手，但卡斯特根本不屑触碰。

萨坦塔在堪萨斯河边的要塞周围游荡了足够长的时间，他非　244
常了解白人的偏见，因此按捺住了自己的脾气。他不希望他的人民像"黑水壶"的人一样被摧毁。谈判是在很冷淡的气氛中开始的，两名口译员努力翻译着双方谈判的内容。萨坦塔意识到口译员对基奥瓦语的了解比他对英语的了解要少，于是，他把手下一个名叫"走鸟"（Walking Bird）的武士叫了过来，"走鸟"从白人马车夫那里学到了相当多的英语词。"走鸟"很自豪地对卡斯特说了一通，但卡斯特一直在那里摇头，他听不懂"走鸟"的基奥瓦口音。"走鸟"下定决心要让别人理解他所说的话，于是，他走到卡斯特身边，开始抚摸卡斯特的胳膊，那是在模仿士兵抚摸战马的样子。"又大又好的一块肉啊，"他说，"太棒了。"[2]

没有人笑。口译员最终让萨坦塔和"独狼"明白了他们必须把基奥瓦人带到科布堡去，否则就会被卡斯特的士兵消灭。之后，卡斯特突然违反了停火约定，下令逮捕酋长和护卫人员；他们都将被带到科布堡去作为囚犯关押，直到他们的人来科布堡投降为止。萨坦塔平静地接受了这一点，但他说他必须派一个信使去把他的人召集到科布堡来。他派儿子回到了基奥瓦村，但他其实没有命令百姓跟随他儿子到科布堡来，而是警告他们向西逃到有野牛的地区去。

当卡斯特的部队向科布堡行进时，每天晚上都会有一些被关押的基奥瓦人设法逃走。不过，由于萨坦塔和"独狼"遭到了严密看守，两人根本无法逃脱。当蓝衫军终于回到科布堡时，

18. 萨坦塔，又名"白熊"。威廉·S. 索尔（William S. Soule）摄于 1870 年前后。由史密森学会提供。

这两个酋长是唯一剩下的囚犯了。谢里登将军对此很愤怒，他宣布：除非所有人都来到科布堡投降，否则，萨坦塔和"独狼"将被处以绞刑。

大多数基奥瓦人就是这样通过诡计和背叛被迫放弃自由的。只有一个名叫"女人之心"（Woman's Heart）的小酋长带着他的人逃到了埃斯塔卡多平原①，与他们的朋友夸哈迪（Kwahadi）科曼奇人会合了。

为了密切监视基奥瓦人和科曼奇人，军队在红河以北几英里处建立了一个新的士兵要塞，命名为希尔堡。本杰明·格里尔森（Benjamin Grierson）将军是白人内战中的英雄，他是那里的驻军的指挥官，驻军中的大多数是第10骑兵团的黑人士兵。印第安人称他们为野牛兵，原因是士兵的肤色、头发和野牛皮一样黑。很快，一个头上没有头发的事务官从东部过来了，教他们如何以农业为生，而非以捕猎野牛为生。这个事务官的名字是劳里·塔特姆（Lawrie Tatum），但印第安人都叫他"秃头"（Bald Head）。

谢里登将军来到新堡垒，释放了萨坦塔和"独狼"，并召开了一次会议，他在会上斥责了酋长们过去的恶行，并警告他们服从他们的事务官。

"不管你告诉我什么，"萨坦塔回答说，"我都会坚决服从的。我会把这些话牢记在心。不论你现在是牵着我的手，还是吊死我，我的想法一点都不会改变。我的意见是一贯的。你今天对我所说的话，让我眼界大开，让我的心变得开阔。所有这

---

① 原文是 Staked Plains，字典都指向另一词条"埃斯塔卡多平原"（Llano Estacado），即美国西南部的高原的一部分，呈 S 形，包括得克萨斯州西部以及新墨西哥州东部的地区，那里有丰富的石油和天然气。——译者注

19. "独狼"，又名圭帕戈（Guipago）。1867～1874 年由威廉·S. 索
尔拍摄。由史密森学会提供。
247

些土地都是你的，你可以在这里为我们开辟道路。在这之后，我要走白人的路，种玉米，培育玉米。……你不会再听到基奥瓦人杀害白人的消息了。……我没有在撒谎。我说的都是认真的。"[3]

到了玉米种植期，2000 名基奥瓦人和 2500 名科曼奇人在新的保留地定居了。对科曼奇人来说，政府迫使他们放弃捕猎野牛、转向农业，有一丝讽刺的味道。科曼奇人一开始在得克萨斯是从事农业的，但白人到了那里之后，夺走了他们的农田，迫使他们以猎杀野牛为生。现在，"秃头"塔特姆这个和蔼可亲的老头又告诉他们应该走白人的路，去种田，仿佛印第安人对种植玉米一无所知。难道一开始不是印第安人教白人如何种植、培育玉米的吗？

对基奥瓦人来说，情况就不同了。武士们将开垦土地视为妇女的工作，它不是骑马的猎人应该做的。此外，如果他们需要玉米，他们可以像往常一样，用干肉饼和长袍去和威奇托人（Wichitas）交换。威奇托人喜欢种玉米，他们太胖了，懒得去猎杀野牛。到了仲夏，基奥瓦人向"秃头"塔特姆抱怨农业生活太拘束了。"我不喜欢玉米，"萨坦塔对他说，"它伤了我的牙齿。"他也厌倦了吃多筋的长角牛的肉，于是，他向塔特姆索要武器和弹药，这样基奥瓦人就又可以去捕猎野牛了。[4]

秋天，基奥瓦人和科曼奇人收获了 4000 蒲式耳玉米。这些玉米没多久就被吃光了，毕竟有 5500 名印第安人和几千匹马在吃呢。到了 1870 年春天，两个部落的人都在挨饿，"秃头"塔特姆只好允许他们去猎杀野牛。

1870 年夏天，基奥瓦人在红河北岸的岔道上举行了一场盛大的太阳舞。他们邀请科曼奇人和南夏延人来做客，在仪式上，

248

许多幻想破灭的武士都说希望回到平原上靠富足的野牛为生，而不是靠保留地微薄的救济品过活。

科曼奇的"十只熊"和基奥瓦人的"踢鸟"反对这种想法，他们认为部落最好继续牵着白人的手。那些年轻的科曼奇人并没有指责"十只熊"，他毕竟太老了，无力再打猎、打仗。但是，年轻的基奥瓦人则对"踢鸟"的意见不屑一顾。在白人把他关在保留地之前，他是一个"大武士"。现在，他说话却像个女人。

太阳舞一结束，许多年轻人就骑马到得克萨斯州去猎杀野牛，他们袭击了占据他们土地的得克萨斯人。他们对那些从堪萨斯州赶来捕杀数千头野牛的白人猎人特别愤怒，因为他们只拿走了皮，留下血淋淋的尸体在平原上腐烂。在基奥瓦人和科曼奇人看来，白人似乎憎恨自然界的一切。"这是一片古老的土地，"萨坦塔1867年在拉内德堡见到"雷霆老人"汉考克时，曾当面这样斥责他，"而你们正在砍伐木材，现在，这片土地一点也不好了。"在药屋溪，他再次向前来进行和平谈判的委员们抱怨："很久以前，这块地是我们祖先的，但当我走在河边时，我发现河边多出了许多兵营。这些士兵砍倒了我的树木；杀死了我的野牛；当我看到这一切时，我的心都要碎了；我感到很沮丧。"[5]

整个1870年的夏月，留在保留地的武士们无情地嘲笑着"踢鸟"，因为他提倡务农而不是狩猎。最后，"踢鸟"再也无法忍受了。他组织了一支队伍，并邀请了嘲笑他最狠的几个人——包括"独狼""白马"和老萨坦克在内——和他一起去突袭得克萨斯州。"踢鸟"没有萨坦塔那样粗壮的、肌肉发达的身体。他身材小，但很结实，浅肤色。他可能有些敏感，因为他不是一个血统纯正的基奥瓦人；他的祖父是乌鸦人。

在100名武士的簇拥下，"踢鸟"越过红河，故意扣押了一辆邮车，以此来挑衅得克萨斯州理查森堡的驻军。当蓝衫军出来战斗的时候，"踢鸟"展示出他的军事才能，他派两支队伍从侧翼和后方包抄敌人。他们在烈日下持续痛打了士兵们八个小时，之后，"踢鸟"结束战斗，带领他的武士们胜利地回到保留地。他再次证明自己有资格当酋长，但从此以后，他只希望与白人和平共处。

到了寒冷的季节，许多在外游荡的部落回到了希尔堡附近的营地。然而，那年冬天，几百名年轻的基奥瓦人和科曼奇人仍留在平原上。格里尔森将军和"秃头"塔特姆斥责了酋长们在得克萨斯州的突袭行动，但他们对猎人们带回的干野牛肉和牛皮长袍则没有说什么，因为这些东西可以帮助他们的家人度过又一个政府口粮短缺的季节。

那年冬天，基奥瓦人围坐在篝火旁，谈论着从四面八方涌来的白人。老萨坦克正因为儿子在那一年被得克萨斯人杀害而悲伤不已。萨坦克把儿子的骨头带回来，放在一个特别的帐篷里的高台上，他总说他的儿子在睡觉，而不是死了。每天，他都把食物和水放在平台边上，这样孩子醒来后就有吃有喝了。晚上，老人坐在那里，眯眼望着篝火，并用他那瘦骨嶙峋的手指抚摸着灰白的胡子，好像在等待什么。

萨坦塔则焦躁不安地四处走动着，一直喋喋不休，向其他酋长提出他们该怎么做的建议。到处都传言供"铁马"奔跑的铁轨就要进入他们的野牛之乡了。他们知道就是铁路将野牛从普拉特河和烟山河赶过来的；他们不允许铁路再穿过他们的野牛之乡。萨坦塔想和要塞的军官们谈谈，想说服他们调走士兵，

20. "踢鸟"，基奥瓦人的酋长。威廉·S. 索尔于 1868 年拍摄于堪萨斯州的道奇堡（Fort Dodge）。由史密森学会提供。

让基奥瓦人像以前一样生活，他们不希望铁路来吓唬野牛群。

"大树"（Big Tree）则更直接。他想找个晚上去要塞，放火把它给烧了，然后在士兵们跑出来时把他们都杀掉。老萨坦克反对这种做法。他还说，和军官谈话纯粹是浪费时间，即使他们杀死要塞所有的士兵，还会有更多士兵来填补空缺。白人就像土狼，不管杀多少，总会有更多的白人冒出来。如果基奥瓦人想把白人赶出他们的国家并拯救野牛，他们应该从定居者开始，这些定居者一直用栅栏围住草地，建造房屋，修建铁路，屠杀所有的野生动物。

1871 年的春天来了，格里尔森将军派黑人士兵出去巡逻，守卫红河沿岸的渡口，但武士们渴望再次见到野牛，所以他们从士兵身边偷偷溜了过去。那年夏天，他们在得克萨斯平原上看到的栅栏、牧场越来越多，猎杀野牛的白人也越来越多，这帮人用致命的远程步枪屠杀着日渐减少的牛群。

那年春天，在"树叶之月"（Leaf Moon），一些基奥瓦酋长和科曼奇酋长在红河北岸的支流上组织了一支大型狩猎队，他们希望能在不离开保留地的情况下去猎杀野牛。他们只找到了少数几头野牛，大部分都迁移到得克萨斯州的偏远地区去了。在篝火晚会前后，他们又开始谈论白人——尤其是得克萨斯人——是如何赶走所有的印第安人的。不久，就会有一匹"铁马"在草原上奔跑，到那时，所有的野牛都会消失。大巫医"天行者"马曼蒂（Mamanti the Sky Walker）说，是时候到得克萨斯州去，把得克萨斯人给赶出去了。

他们开始做准备。5 月中旬，他们躲过了格里尔森的巡逻队，越过了红河，进入了得克萨斯州。老萨坦塔、老萨坦克、"大树"和其他许多军事酋长都在场，但这次突袭是由马曼蒂

252

提出来的，因此他担任首领。5 月 17 日，马曼蒂让武士们在一座小山上停了下来，俯瞰理查森堡和贝尔纳普堡（Belknap）之间的巴特菲尔德小径（Butterfield Trail）。他们在那里等了一整夜，一直到第二天中午，才看到一辆由骑兵护送的军用救护车正沿着小路向东行驶。一些武士想马上进攻，但马曼蒂没有给出信号。他向他们保证，很快就会有更丰厚的奖品过来的，兴许会是一列装满步枪和弹药的货车。（印第安人不知道的是，坐在那辆救护车上的正是"大武士"谢尔曼，他当时正在西南部的各个军事哨所巡视。）

正如马曼蒂所预测的那样，几小时后，一个由十辆货车组成的车队进入了他们的视野。时机来了，他示意萨坦塔吹响号角。萨坦塔大力吹响了号角。号角声一响，武士们就立即蜂拥而下。白人车夫们立即用马车组成了一个围栏，并奋不顾身地抵抗，但是基奥瓦人和科曼奇人太多了。武士们冲破了围栏，杀死了七名车夫，然后开始抢掠货车上的物资，这给了其他白人穿过附近的灌木丛逃跑的机会。印第安人没有找到步枪和弹药，只有玉米。他们把拉货车的骡子的绳索给解了下来，把伤员拴在马背上，向北朝红河走去。

五天后，"大武士"谢尔曼来到了希尔堡。当格里尔森将军把他介绍给"秃头"塔特姆时，谢尔曼问事务官塔特姆，在过去的一周里，是否有基奥瓦人或科曼奇人曾离开保留地。塔特姆说会去调查此事。

不久后，几位酋长从营地过来领取每周的口粮。"踢鸟"、老萨坦克、"大树"、"独狼"和萨坦塔都在其中。塔特姆把他们叫到了他的办公室。塔特姆像往常一样和蔼而又严肃地问酋长们，他们是否听说过得克萨斯州一个货车队遭袭的事。他说，如果他们当中有人知道这件事，他很想知道具体情况。

　　尽管是马曼蒂指挥了这次突袭行动，但萨坦塔立刻站起来 253
说他是这次行动的带头人。关于他为何这样做，人们有各种猜
测。他是因为虚荣吗？还是说他只是在吹牛，或者觉得作为大
酋长的自己应该揽下所有责任？无论如何，他利用这个机会，
指责了塔特姆对待印第安人的方式："我一再要求你提供武器
和弹药，但你一直不提供，我也提出了许多其他要求，但同样
都没有得到批准。你根本不听我说什么。白人正准备修建一条
穿越我们领地的铁路，这是不被允许的。几年前，我们被逼急
了，只能与得克萨斯人战斗。……两三年前，卡斯特将军在这
里的时候，他逮捕了我，并把我关了好些天。但是，把印第安
人抓起来这种做法已经过时了，也不会再出现了。由于遭受了
这些不公，不久前，我召集了大约 100 名武士，其中包括老萨
坦克、"鹰之心"、"大树"、"大弓"（Big Bow）和"快熊"
（Fast Bear）。……我们去了一趟得克萨斯州，在离理查森堡不
远的地方，攻击了一个货车队。……如果有其他印第安人来这
里声称那次行动是由他领导的，他是在骗你，因为那是我
干的！"[6]

　　塔特姆表面上对萨坦塔令人惊讶的讲话不动声色。他告诉
萨坦塔，他无权发放武器和弹药，但"大武士"谢尔曼正在希
尔堡访问，如果酋长们想请求谢尔曼提供武器和弹药，他们可
以去那里找他。

　　正在基奥瓦人的酋长们讨论与谢尔曼见面开会的可行性时，
塔特姆给格里尔森将军发了一封信，通知他萨坦塔承认领导了
对货车的袭击，同时还提到了参加这次行动的其他酋长的名字。
格里尔森收到消息并将其转给谢尔曼后不久，萨坦塔就独自一

人来到了希尔堡，要求见这位来自华盛顿的大酋长。谢尔曼来到宽阔的门廊上，和萨坦塔握了握手，告诉他，他要召集所有的酋长来开会。

大多数酋长都是自愿来的，但是士兵们不得不强迫老萨坦克参加这次会议。"大树"想逃跑，但被抓住了。"鹰之心"看到士兵们逮捕其他人时，赶紧逃走了。

254

酋长们一来到门廊上，谢尔曼就告诉他们，他要逮捕萨坦塔、老萨坦克和"大树"，因为他们在得克萨斯州杀死了身为平民的车夫。此外，他的士兵会把他们送到得克萨斯州，让他们接受法庭的审判。

萨坦塔将毯子向后一甩，伸手拿起手枪，用基奥瓦语喊道，他宁死也不愿作为囚犯被押到得克萨斯州去。谢尔曼冷静地下达了命令；门廊窗户上的百叶窗开了，十几把卡宾枪对准了酋长们。指挥部里到处都是第 10 骑兵队的黑人士兵。

那时，"踢鸟"站起来抗议。"你下令让这些人杀了他们，"他说，"但他们是我的人，我不会让你得逞的。你和我今天都会死在这里。"[7]

大约在这个时候，一队骑兵来到了指挥部。当他们在沿着门廊对面的尖桩篱笆站岗时，"独狼"骑着马过来了。他对士兵熟视无睹，下马后，把小马拴在篱笆上，接着将两把连发的卡宾枪放在地上。他在那里站了一会儿，紧了紧别着手枪的腰带。他目光警觉，脸上带着那种微微笑着的轻蔑表情。然后，他拿起武器，大步向门廊走去。当他走到台阶上时，他把手枪递给了离他最近的一个酋长，并用基奥瓦语大声说道："如果有什么事发生，就让它冒烟。"[8]他把一把卡宾枪扔给了另一位酋长，然后坐在门廊的地板上，端起剩下的那把卡宾枪，挑衅地盯着"大武士"谢尔曼。

这时，一个军官下了命令，骑兵们立即将卡宾枪端到射击位置，并上了膛。

萨坦塔举起了双手。"不，不，不！"他喊道。[9]

谢尔曼平静地命令士兵们放下武器。

那是在"夏日之月"（Summer Moon）6月8日，士兵们把三位酋长押上马车，准备长途奔赴理查森堡。他们都戴着手铐、脚镣。萨坦塔和"大树"被踉踉跄跄地推上一辆马车，老萨坦克则被塞进另一辆马车。

当马车在骑兵的护卫下驶离要塞时，老萨坦克唱起基奥瓦武士的死亡之歌：

哦，太阳啊，你永远地留在这里，但是我们武士必须死去。[10]

哦，大地啊，你永远地留在这里，但是我们武士必须死去。

他指了指一棵树，路在那里转弯要过一条小溪。"我不能 255走到那棵树那边去。"他用基奥瓦语喊道，然后把毯子拉到头上。在毯子下面，他的双手从镣铐中挣脱出来，血肉模糊。他从衣服里抽出一把藏着的刀。然后，他大喊一声，扑向最近的卫兵，刺伤了他，把他从马车上推了下去。过了一会儿，他从另一个受惊的卫兵手中夺过一把卡宾枪。马车外面，一个中尉高声下达开火的命令。一枚子弹击倒老基奥瓦人。士兵们一直在等老萨坦克死去，因此马车不得不停留了一个小时之久。之后，他们将他的尸体扔到路边的一条沟里，然后继续赶往得克萨斯州。

1871 年 7 月 5 日，在得克萨斯州杰克斯伯勒（Jacksboro）法院，针对萨坦塔和"大树"杀人案的审判开始了。由腰上别着手枪的农场主和牛仔组成的陪审团连续三天听取证词，并迅速作出有罪判决。法官判处囚犯绞刑。然而，得克萨斯州州长注意到了关于处决基奥瓦人可能会引发战争的警告，于是将判决改为将他们终身监禁在亨茨维尔监狱（Huntsville Penitentiary）。

现在，基奥瓦人失去了他们最强大的三个领袖。到了秋天，许多年轻人成群结队地溜走，加入其他印第安人的行列，他们一直待在埃斯塔卡多平原上，以古老的方式自由自在地生活着。他们避开白人猎人和定居者，在红河和加拿大河之间追逐野牛群。随着"离雁之月"（Geese-Going Moon）的到来，他们在帕洛杜罗峡谷（Palo Duro Canyon）建立过冬营地。夸哈迪科曼奇人在这群印第安人中占据着主导地位，但他们欢迎越来越多的基奥瓦人加入他们。

"独狼"曾经和夸哈迪人一起打过猎，加入夸哈迪人的行列一定是他的主意，但在 1872 年的头几个月里，他与"踢鸟"就保留地的基奥瓦人下一步应该怎么做产生了分歧。"踢鸟"和"笨熊"（Stumbling Bear）都主张按照白人的方式生活，这就意味着大家要放弃在得克萨斯州的野牛狩猎活动。"独狼"表示反对。基奥瓦人不狩猎野牛就根本无法生存下去。他说，如果白人顽固地坚持印第安人必须在保留地内狩猎，那么，保留地必须扩大至南边的格兰德河和北边的密苏里河！

256　　当基奥瓦人选择他而不是"踢鸟"和"笨熊"作为他们的大酋长前往华盛顿访问时，他有理有据的辩论为他赢得了有力的支持。8 月，印第安事务局邀请这片地区所有持不同意见的部落代表到华盛顿来讨论条约事宜。

当特派员亨利·奥尔沃德（Henry Alvord）抵达希尔堡，率领基奥瓦代表团前往华盛顿时，"独狼"告诉特派员，只有在与萨坦塔、"大树"商量了之后，他才能前往华盛顿。尽管他们被关在得克萨斯州的监狱里，但二人依旧是部落酋长，没有得到他们的首肯，基奥瓦人无法在华盛顿作出任何决定。

奥尔沃德目瞪口呆，但当他意识到"独狼"是认真的之时，他开始安排"独狼"与被监禁的酋长们会面。得克萨斯州州长勉强同意释放那两位著名的囚犯，暂时交给军方管控。9 月 9 日（1872 年），一名很紧张的骑兵指挥官在得克萨斯州的达拉斯接管了两位戴着手铐的酋长，并带着他们从陆路前往希尔堡。骑兵护卫队后面跟着一群武装的得克萨斯人，每个人都渴望通过杀死萨坦塔或"大树"而扬名立万。

当队伍接近希尔堡时，希尔堡的代理指挥官变得非常不安，他派了一个平民去警告骑兵指挥官，让他将囚犯带到别处去："希尔堡保留地内外的印第安人……都很阴沉、可怕、好战。……把他们的主要军事酋长萨坦塔带到这里，并期望毫无困难地把他带回州监狱，这极有可能是一种铤而走险的行动，是几乎不可能成功的。……因此，尽管你收到了把他们带到我这里来的命令，我还是请求你不要把他们带到保留地来，而是把他们带到现在的密苏里－堪萨斯－得克萨斯铁路的终点站那里去。"[11]

那时，奥尔沃德特派员正在说服基奥瓦人，与萨坦塔、"大树"的会面地点改成大城市圣路易斯。奥尔沃德解释说，想要到达那里，他们必须先坐马车，然后转乘铁路，骑"铁马"前进。在一群武士的护送下，半信半疑的基奥瓦代表团向东行

257　进了165英里，终于来到了现今印第安纳州的阿托卡（Atoka），即密苏里－堪萨斯－得克萨斯铁路的终点站。

　　在阿托卡，整个闹剧进入了高潮。奥尔沃德和"独狼"的代表团刚到达那里，奥尔沃德就收到了由骑兵指挥官送来的信，说他要把萨坦塔和"大树"带到火车站，交给奥尔沃德看管。奥尔沃德对这个安排很不安。铁路终点站很偏僻，特派员担心如果萨坦塔突然出现在那里，会导致一种无法控制的局面。他急忙让信使回到骑兵指挥官身边，要求他先将囚犯安顿在灌木丛中的某个地方，直到他让基奥瓦代表团登上火车前往圣路易斯。

　　最后，9月29日，在圣路易斯埃弗雷特之家（Everett House）一个特别的房间里，萨坦塔、"大树"和"独狼"终于团聚，他们在那里庆祝他们所获得的短暂的自由，而这一切是因为"独狼"才成为可能。奥尔沃德特派员说这是"最令人印象深刻的、最感人的重聚"，但他显然没有意识到基奥瓦人的酋长们正在商量最重要的事务。在萨坦塔和"大树"被送回监狱之前，"独狼"已经清楚地知道他在华盛顿必须完成的中心任务了。[12]

　　其他几个印第安代表团和基奥瓦人同时抵达华盛顿——一些阿帕奇的小酋长、一些阿拉帕霍人以及一些科曼奇人。夸哈迪科曼奇人是所有部落中力量最强大的，但他们却没有派任何人来；"十只熊"代表亚帕里卡人，托萨维代表佩纳特卡人（Penatekas）。

　　华盛顿官员领着印第安人参观，向他们展示政府的军事力量，让他们参加卫理公会在星期天的布道活动，布道现场还提供翻译，"上父"尤利西斯·格兰特在白宫东厅为他们举行招待会。每个人都说了一些场面上的好听话，之后，印第安事务局局长弗朗西斯·沃克（Francis Walker）根据事先的安排对基奥瓦人和科曼奇人发表一次讲话。他发出令人惊讶的最后通牒："首先，这里的基奥瓦人和科曼奇人代表，在明年12月15日之前，必须让每一个酋长、首领、武士和家庭在希尔堡和事务处10英里范围内扎营；他们必须在那里待到春天，不制造任何麻烦，在那之后，除非得到事务官的同意，任何人都不得离开。"[13]他接着说，夸哈迪科曼奇人和其他拒绝派代表来华盛顿的部落很快就会知道，美国军队已经对他们开展行动了。此外，每一个在12月15日前未在希尔堡10英里范围内扎营的印第安人，都将被视为美国政府的敌人，无论他们在哪里被发现，士兵都会杀死他们。

"十只熊"和托萨维回答说他们的科曼奇人会按照"上父"的要求行事，但"独狼"提出了质疑，他认为自己无法对所有的基奥瓦人发出这样的最后通牒。他解释说，萨坦塔和"大树"才是部落的军事酋长，只要得克萨斯人将他们关在监狱里，许多年轻的武士就一定会对得克萨斯人发动战争。只有当萨坦塔和"大树"重获自由、回到保留地后，他们才可能阻止年轻人在得克萨斯州发动攻击，这样才能实现和平。

当然，他提出的这些条件，正是基奥瓦酋长们在圣路易斯的那场"最令人印象深刻的、最感人的重聚"中定下来的。"独狼"的策略让他都顶得上一个训练有素的外交官了。尽管沃克局长没有权力命令得克萨斯州州长释放萨坦塔和"大树"，但他最终不得不承诺先释放酋长们，以便说服"独狼"遵从他所发出的最后通牒。此外，"独狼"设定了释放他们的最后期限——不迟于下一个"芽月"（Bud Moon）的结束和"叶月"

259　**21.** "十只熊"，科曼奇人。亚历山大·加德纳于 **1872** 年摄于华盛顿
　　　特区。由史密森学会提供。

（Leaf Moon）的开始，也就是大约在 1873 年 3 月底。

华盛顿之行的一个结果是"十只熊"完全与科曼奇人疏远了。当"独狼"作为英雄回到保留地时，"十只熊"几乎被人们忽视了。1872 年 11 月 23 日，这位平原上的老诗人因身体不适、筋疲力尽而与世长辞。"除了他的儿子，"事务处学校的校长托马斯·巴蒂（Thomas Battey）说，"他的人都离开了他。"[14]

与此同时，正如沃克局长所警告的那样，在埃斯塔卡多平原上，军队开始搜寻夸哈迪科曼奇人。第 4 骑兵团从理查森堡出发，在红河上游的岔口巡行。这些骑兵由拉纳尔德·麦肯齐（Ranald Mackenzie）率领，他是一名瘦削、易怒、爱吃羊肉的老鹰首领。科曼奇人叫他曼格休特（Mangoheute），即"三根手指"的意思（他在内战中失去了食指）。9 月 29 日，在麦克莱伦溪（McClellan's Creek）边，"三根手指"的侦察兵发现了一个很大的科曼奇村庄，那是"公熊"的人。那些印第安人正忙着晒干肉以备过冬。士兵们疾驰而来，冲进村庄，杀死 23 名科曼奇人，俘虏 120 名妇女和儿童，并带走几乎整个马群，有一千多匹马。在烧毁 262 间小屋后，麦肯齐又回到了下游，在那里扎营过夜。与此同时，数百名躲过袭击的武士则逃到了邻近的科曼奇村庄。他们用借来的马，带着赶来增援的武士，对骑兵营地发动了一场夜袭。"我们把所有的马都弄了回来，同时还抓回来一些士兵。"一个武士后来说道。[15]但他们无法营救被俘的妇女和儿童，在麦肯齐把他们带到了希尔堡之后，"公熊"和其他一些夸哈迪人来到保留地，以便与他们的家人团聚。然而，夸哈迪的主力仍然在外面靠追猎野牛过活，并继续从其他西南部落招募人员。现在，在一个 27 岁的混血儿夸纳·帕克

260

22. "白马"（White Horse），又名曾当（Tsen-tainte）。1870年由威
廉·S. 索尔拍摄。由史密森学会提供。

的领导下，他们变得比以往任何时候都桀骜不驯。

1873 年春天的第一丝气息刚刚来临，基奥瓦人就开始为举行一场盛大的庆祝活动做准备，以欢迎萨坦塔和"大树"的归来。整个冬天，"秃头"塔特姆一直在利用他的影响力来阻止释放两位酋长，但印第安事务局局长推翻了他的决定。塔特姆辞职了，接替他的是詹姆斯·霍沃思（James Haworth）。当芽月过去、叶月到来之时，"独狼"说如果得克萨斯人拒绝释放两位酋长，那么他们将发动战争。"踢鸟"敦促武士们要有耐心；得克萨斯州州长与憎恨印第安人的定居者之间存在矛盾。最后，在"鹿角脱落之月"，也就是 8 月，华盛顿的官员安排将囚犯萨坦塔和"大树"转交给了希尔堡。不久后，得克萨斯州州长亲自前来参加了一场会议。

262

会议当天，萨坦塔和"大树"被允许在士兵的护卫下来到会议现场。州长告诉基奥瓦人，他们必须在事务处附近的农场定居，会议就这样开始。他们必须每三天领取口粮并接受点名，他们必须阻止年轻人在得克萨斯州发动袭击，他们必须放弃武器和马，像文明的印第安人那样种植玉米。"同时，"他接着说，"萨坦塔和'大树'要留在警卫室，直到希尔堡的指挥官确信这些条件都得到满足为止。"

"独狼"第一个站出来说话。"你把这些囚犯带回来，已经使我们的心情变好了。今天就释放他们，我们的心情就会变得更好。"

但州长不肯让步。"我不会改变这些条件的。"他说完，会议就结束了。[16]

"独狼"非常失望。条件太苛刻了，酋长们依旧还是囚犯。"我想要和平，"他对校长托马斯·巴蒂说，"我为此付出了很大的努力。华盛顿欺骗了我，对我和我的人民没有以诚相待；现在，除了战争，我们别无他途。我知道，与华盛顿开战意味着我族人民的灭亡，但我们是被迫这样做的；我们现在宁愿死，也不愿苟活。"

就连"踢鸟"都被州长的要求激怒了。"我的心如石头，里面没有一丝松软的地方。我拉着那个白人的手，以为他是朋友，但他根本不是朋友；政府欺骗了我们；华盛顿已经堕落了。"[17]

巴蒂和新事务官霍沃思都意识到，如果州长不做出善意的姿态，将萨坦塔和"大树"从警卫室释放出来，那么很可能会发生流血事件，甚至可能会爆发战争。他们去见了州长，向他解释情况，并坚决要求他释放那两位酋长。那天深夜，州长给"独狼"和其他酋长发了一封信，让他们第二天早上过去见他。基奥瓦人同意了，但他们在天亮之前就下定决心不再听那些背信弃义的诺言。他们是全副武装来到会场的，武士们都聚集在警卫室附近，快马已经准备好了，他们准备随时逃跑。

所有这些都被得克萨斯州州长看在了眼里。他简短地说，他确信基奥瓦人会遵守协议，然后宣布释放萨坦塔和"大树"，将他们交给了印第安事务官。他们是自由人了。"独狼"又兵不血刃地赢得了一场胜利。

在"叶落之月"（Moon When the Leaves Fall Off），萨坦塔搬进了涂着红色油彩的帐篷，红色彩带在帐篷柱子的顶端飘扬。他将红色的药枪给了他的老朋友"白椋鸟"（White Cowbird），说他不想再当酋长了。他只想自由、快乐地在草原上散散步。但他信守诺言，频繁向事务处汇报，那年秋天也没有再溜出去和年轻人一起到埃斯塔卡多平原捕猎野牛。

在"离雁之月"，一些来自得克萨斯州的白人盗贼袭击了基奥瓦人和科曼奇人的马群，偷走了他们最好的 200 匹马。一队武士一路追击，但只找回了几匹马，那伙德州盗贼已经逃到红河对岸去了。

不久后，9 个年轻的基奥瓦人和 21 个科曼奇人决定去南方寻找马匹，以替换被偷的马。他们不想因去得克萨斯偷马而给萨坦塔和"大树"带来麻烦，于是就到墨西哥去了。为了远离定居点，他们快马加鞭地骑行了 500 英里，并在鹰山口（Eagle Pass）和拉雷多（Laredo）之间穿过了格兰德河。在墨西哥，他们突袭了牧场，直到他们得到的马与被得克萨斯人偷走的马数量相同。但他们不得不杀死一些墨西哥人才能带走这些马，在回来的路上，他们还杀死了两个试图阻止他们的得克萨斯人。随后，蓝衫军紧追不舍，在离克拉克堡不远的一场战斗中，9 名印第安人被打死了。其中包括陶安基亚（Tauankia）和吉坦（Guitan），前者是"独狼"的儿子，后者是"独狼"的侄子。

幸存的印第安人回到希尔堡时已是隆冬时节。基奥瓦人和科曼奇人为失去了最勇敢的年轻武士而哀悼不已。"独狼"因丧子之痛而剪掉了他的头发，烧掉了他的帐篷，杀死了他的马，并发誓要报复得克萨斯人。

1874 年春天，草原上的草一变绿，"独狼"就组织了一支队伍，深入得克萨斯州去寻找陶安基亚和吉坦的尸体。因为在保留地遭到了严密的监视，基奥瓦人的行动无法秘密进行，因此，他们刚过红河，就有一队蓝衫军骑着马从康乔堡、麦卡维特堡和克拉克堡过来拦截他们。不知怎的，"独狼"设法躲过了所有的追兵。他带着一行人到达了墓地，找到了儿子和侄子

264

的尸体，然后向北朝埃斯塔卡多平原挺进。然而，一队骑兵正向他们逼近，"独狼"被迫将尸体重新掩埋在山脚下。基奥瓦人分成了几个小队，在埃斯塔卡多平原上分散开来。他们中的大多数人都及时赶到了红河，看到了麋鹿溪上举行的一场非常特别的太阳舞。

多年来，基奥瓦人一直邀请他们的科曼奇朋友参加他们的太阳舞，但科曼奇人总是只做观众，他们自己从未举行过这样的仪式。1874 年春天，他们邀请基奥瓦人来参加他们的第一次太阳舞，并协助他们决定该如何处置那些在埃斯塔卡多平原上破坏牧群的白人野牛猎人。"踢鸟"拒绝接受邀请。他听说夸哈迪人组织了太阳舞，但由于他们被认为是政府的敌人，因此他说服自己的追随者留在营地，等到 7 月，他会让大家举行自己的太阳舞仪式。然而，"独狼"仍然因他儿子的死而深感悲伤，他对白人甚至拒绝让他将孩子的尸骨带回来安葬的行为很愤怒，于是决定带领他的追随者去参加科曼奇人的太阳舞仪式。萨坦塔也跟着他；他这位获得假释的酋长在保留地边界内参加一场由科曼奇人举行的仪式，看不出来有什么不好；他不过是礼貌行事而已。

夸哈迪人骑着马从埃斯塔卡多平原浩浩荡荡地来到麋鹿溪边上，同时带来了关于野牛群的坏消息。到处都是白人猎人和剥皮的工人；腐烂的尸体散发的臭气把平原上的风都污染了；就像印第安人一样，那些牲畜也被逼上了绝路。

（1872 ~ 1874 年被摧毁的 370 万头野牛中，只有 15 万头是被印第安人杀死的。当一群忧心忡忡的得克萨斯人问谢里登将军是否应该采取措施阻止白人猎人大规模地猎杀野牛时，他回答说："让他们猎杀、剥皮、出售野牛吧，直到野牛都被消灭为止，因为这是带来持久和平、促使文明进步的唯一途径。"[18]）

自由的夸哈迪人不希望成为通过灭绝有用的动物而进步的文明的一部分。在科曼奇太阳舞上，夸哈迪人的先知伊萨泰（Isatai）呼吁发动一场拯救野牛的战争。伊萨泰是一个很有魔力的人，据说他能从肚子里吐出一车车的弹药，而且有能力让白人的子弹停下来。

夸哈迪年轻的军事酋长夸纳·帕克也呼吁发动一场战争，将白人猎人赶出草原。他建议首先袭击白人猎人的基地，加拿大河边一个被称作"土坯墙"（Adobe Walls）的贸易站。

在太阳舞结束之前，一队夏延人和阿拉帕霍人从他们在北方的保留地过来了。他们也很生气，因为一些白人偷马贼偷了他们最好的50匹马。他们怀疑野牛猎人是偷马贼。当他们听说夸纳计划袭击土坯墙的白人猎人时，他们决定和夸哈迪人一起行动。"独狼"、萨坦塔和他们的基奥瓦武士也自愿参战。在他们看来，拯救野牛免遭灭绝的紧迫性，比遵守微不足道的保留地规定重要得多。毕竟，猎人们侵入了条约规定的归印第安人专有的野牛草场在先吗？如果士兵们不履行把猎人给赶走的职责的话，那么，印第安人就必须挺身而出。

在夏月的余晖中，700名武士骑着马沿着麋鹿溪向西前进。一路上，伊萨泰做了药，并安抚武士们。"那些白人是无法打中你们的，"他说道，"我的药能阻止他们所有的枪开枪。当你们冲锋的时候，你们会把他们全部消灭。"[19]

在6月27日日出之前，武士们骑着马靠近了土坯墙，准备 266发起一场强大的冲锋战，歼灭补给基地里所有的野牛猎人。"我们的马冲得很快，扬起了尘土。"夸纳·帕克后来说。那里

267　　**23.** 夸纳·帕克，科曼奇人。哈钦斯（**Hutchins**）和/或兰尼（**Lanney**）于 **1891~1893** 年间摄于俄克拉荷马的基奥瓦保留地（保留地是为基奥瓦人、科曼奇人和基奥瓦–阿帕奇人设立的）。由史密森学会提供。

到处都是草原土拨鼠打的洞，一些马蹄陷在里面了，身上涂着油彩的武士和他们的马摔倒在地，在地上扑腾个不停。印第安人发现两个猎人试图乘马车逃跑，马上就杀死他们，并割下了头皮。枪声和雷鸣般的马蹄声惊动了土坯墙里的白人，他们用远程野牛步枪迎战。印第安人只好向后撤，然后改用他们传统的战术——围着土坯墙盘旋，同时往窗户里面投掷长矛或对着窗户开火。

"我和另一个科曼奇人一起去了土坯房，"夸纳说，"我们在屋顶上捅了几个洞，对着里面射击。"[20]印第安人往后撤退了好几次，每次又会发起新的冲锋，他们希望通过这种方式让猎人们耗光所有弹药。在一次冲锋中，夸纳的马被打中了，在他找地方躲避时，一颗子弹擦伤了他的肩膀。他爬进了附近的一片李子林，后来获救了。

"对我们来说，野牛猎人太多了，"一个科曼奇武士后来承认道，"他们站在土坯墙后面。他们的枪上有瞄准镜。……我们一个武士的马被从一英里外打出的一颗子弹击倒了。他受了伤，但他并没有死。"[21]

下午早些时候，武士们只好撤退到强大的野牛步枪的射程之外。15名武士牺牲了，更多的人受了重伤。他们把愤怒和挫败感都撒在伊萨泰身上，因为后者曾夸海口说能够保护他们免受白人子弹的攻击，并取得一场伟大的胜利。一个愤怒的夏延人用鞭子鞭打伊萨泰，其他几个武士也过来凑热闹，但夸纳阻止了他们。他说，伊萨泰已经蒙受了耻辱，这已经足够了。从那天起，夸纳·帕克再也不信巫医了。

在酋长们放弃了对土坯墙的无用围攻之后，"独狼"和萨坦塔带着他们的武士回到了红河北岸，参加了基奥瓦人的太阳

舞。他们邀请了他们的科曼奇朋友和夏延朋友一起参加这个仪
式。那年夏天，基奥瓦人仪式的主要作用是庆祝萨坦塔和"大
树"回到了保留地。夸哈迪人和夏延人则斥责了保留地的人
们，说他们在野牛群被入侵的白人猎人消灭之时，居然还有心
思举行这种欢庆仪式。他们敦促所有的基奥瓦人一起加入这场
拯救野牛的战争。

"踢鸟"根本不想听他们的任何说辞。太阳舞一结束，他
就让他的追随者急忙赶回了事务处。然而，"独狼"和他的追
随者认为，他们应该追随坚定的夸哈迪人。

这次，萨坦塔没有追随"独狼"的脚步。他觉得自己已经
把运气用光了，这位爱交际、爱行动的酋长不情愿地转身朝希
尔堡走去。途中，他带着家人和几个朋友来到了雨山溪，参观
了威奇托保留地，与那些种植玉米的印第安人做了交易。这是
一个令人愉快的夏天，他并不急着回到希尔堡接受点名、领取
口粮。

那年夏天晚些时候，平原上的一切似乎都变糟了。日复一
日，太阳烘烤着干燥的土地，溪流停止了流动，巨大的蝗虫群
像旋风一样在天空中飞舞，把干枯的草吞噬得一干二净。如果
这片土地在几年前出现这样的情况，一百万头野牛奔向水源，
发出的蹄声会惊动这片大草原。但是现在，牛群都不见了，取
而代之的是无尽的骨头、头骨和腐烂的蹄子。大多数白人猎人
都离开了。成群结队的科曼奇人、基奥瓦人、夏延人和阿拉帕
霍人不安地四处游荡着，他们找到了一些很小的牛群，但许多
人不得不回到他们的保留地去，以防被饿死。

在各个事务处，一切都很混乱。军队和印第安事务局的想
法是相互矛盾的。物资未能抵达。一些事务官克扣了口粮，以

惩罚那些未经许可就四处游荡的印第安人。武士和士兵之间时不时地会爆发战斗，他们互相射击。到 7 月中旬，在希尔堡事务处登记过的基奥瓦人和科曼奇人中，有一半不见了。仿佛受到某种神秘力量的驱使，最后一批以野牛为生的部落，都被吸引到了最后一片野牛场，它位于帕洛杜罗峡谷中的楝树地区（Place of Chinaberry Trees）。

从平坦的地平线上看不到帕洛杜罗峡谷，它是一条蜿蜒的峡谷，延伸到平原上，是一片到处都是泉水、瀑布和溪流的绿洲，柳树和野牛草一直都是绿油油的，非常繁茂。只能靠几条被野牛群踩出来的小路才能进入峡谷。科罗纳多①（Coronado）在 16 世纪曾到过那里，但自从那以后，只有少数白人见过或知道这个峡谷的存在。

整个 1874 年夏末，印第安人和野牛一直在那里寻求庇护。印第安人只捕杀了能够满足他们冬天需要的野牛，他们把肉割下来，在阳光下晒干，将骨髓和脂肪储存在牛皮中，并将牛筋做成弓弦和线，用牛角做勺子和杯子，将牛皮编成绳子和腰带，把牛皮加工成帐篷盖、衣服和鞋子。

在"叶黄之月"（Yellow Leaves Moon）到来之前，沿着小溪的峡谷底部到处是帐篷，那里有基奥瓦人、科曼奇人和夏延人，他们的食物储备充足，可以吃到春天。他们有将近两千匹马，与野牛共享这片肥沃的草地。不用担惊受怕的妇女做着家务，孩子们则在小溪边玩耍。对于夸纳和他的夸哈迪人来说，这是他们一直以来的生活方式；对"独狼"、基奥瓦人和从其

①　即 Francisco Vásquezde Coronado，西班牙探险家，他进行了两次寻宝探险活动，希望征服神秘的"黄金七城"（Seven Cities of Gold），最远到达过今天的堪萨斯。——译者注

他事务处逃出来的人而言，这是一次新生命的开始。

这种对白人生活方式的蔑视当然是空荡的保留地当局不能容忍的。不愿和解的夸哈迪人和他们的盟友还没来得及在他们隐蔽的村庄里过冬，"大武士"谢尔曼就发布了军事命令。9 月，五支蓝衫军出动了。"熊皮大衣"（Bear Coat）纳尔逊·迈尔斯（Nelson Miles）从道奇堡向南进军；"三根手指"麦肯齐则从康乔堡向北进军。威廉·普赖斯（William Price）少校从新墨西哥的巴斯科姆堡（Fort Bascom）向东出动；约翰·戴维森（John Davidson）上校和乔治·比尔（George Buell）上校则分别从希尔堡和理查森堡出发。数千名蓝衣士兵手持步枪，拉着大炮，到处搜寻那几百名只是想拯救野牛、想自由自在地生活的印第安人。

9 月 26 日，麦肯齐的骑兵通过通卡瓦人（Tonkawa）发现了那个巨大的帕洛杜罗村落。"独狼"的基奥瓦人承受了第一次攻击。尽管吃了一惊，但武士们还是坚持了足够长的时间，让妇女和孩子得以逃脱，然后，他们才在浓密的硝烟中撤退。麦肯齐的士兵冲到小溪，烧毁了帐篷，摧毁了印第安人的冬季补给。那天结束时，他们将一千多匹马围了起来。麦肯齐命令把它们赶到图勒谷（Tule Valley），在那里把它们都给屠杀了，那一千匹死去的马成了盘旋的秃鹰的美食。

在平原上，印第安人散居在没有食物、衣服和住所的地方。从四个方向逼近的数千名蓝衫军人有条不紊地追击着他们，纵队纵横交错，首先抓获了受伤的印第安人，接着是老人，最后是妇女和儿童。

"独狼"和 252 个基奥瓦人设法躲过了追捕，但到最后，他们再也跑不动了。1875 年 2 月 25 日，他们来到了希尔堡投降。三个月后，夸纳也带着夸哈迪人来投降了。

在这场混乱的军事行动中，被假释的酋长萨坦塔和"大树"也从保留地中逃了出去。抵达夏延人的事务处之后，他们主动投降了。他们被铁锁锁住，关进了警卫室。

在希尔堡，每一队投降的印第安人都被赶进了一个畜栏，士兵们在那里解除了他们的武装。他们随身带的那一点财产被堆成一堆，然后被士兵放火烧了。他们的马和骡子被赶到大草原上枪杀了。涉嫌未经许可就离开了保留地的酋长们和武士们则被锁在牢房里，或者被关在一座没有屋顶的冰库的高墙后面。每天，士兵们把大块的生肉扔给他们吃，仿佛他们是关在笼子里的动物。

"大武士"谢尔曼从华盛顿下令对俘虏进行审判和处罚。事务官霍沃思请求宽恕萨坦塔和"大树"。谢尔曼对"大树"没有敌意，但他想起了萨坦塔对他的蔑视，于是，萨坦塔被送回了得克萨斯监狱。

因为军事当局无法决定到底该惩罚诸囚犯中的哪一个，于是，他们只好下令由"踢鸟"来挑选 26 个基奥瓦人，将他们关押到佛罗里达州马里昂堡（Fort Marion）的地牢。尽管这项任务令人憎恨，但"踢鸟"还是服从了。他知道"独狼""女人之心""白马"以及"天行者"马曼蒂都逃不脱，因为他们在得克萨斯州参加了战斗。在剩下的指标里，他选择了一些默默无闻的武士，以及几个在部落中长大的墨西哥俘虏。

即便如此，在这场对部落成员的审判中，"踢鸟"所扮演的角色使他失去了追随者的支持。"我就像一块石头，破碎了，被扔掉了，"他悲伤地告诉托马斯·巴蒂，"一部分被扔到这边，一部分被抛到那边。"[22]

那天，被铁链锁住的囚犯们被押上了马车，马上就要开始前往佛罗里达州的长途旅行了，"踢鸟"骑马出去跟他们道别。"我为你们感到抱歉，"他说，"但由于你们的固执，我无法使你们摆脱麻烦。你们必须接受政府的惩罚。带上你们的药吧。不会太久的。我爱你们，我会为你们的释放而努力的。"

"天行者"马曼蒂轻蔑地回答："你还是自由的，一个追随着白人的大个子。但你活不了多久了，'踢鸟'。我确保你一定不得好死。"[23]

两天后，在靠近哨所的小屋里喝了一杯咖啡之后，"踢鸟"神秘地死去了。三个月后，在马里昂堡，得知"踢鸟"的死讯后，马曼蒂也突然身亡，基奥瓦人说巫医是自杀的，因为他用了自己的力量杀死了自己部落里的一个同胞。三年后，在得克萨斯州的一家监狱医院度日如年的萨坦塔，从一扇高高的窗户上跳下，通过自杀获得解脱。同年，饱受疟疾折磨的"独狼"被获准返回希尔堡，但不到一年也死了。

伟大的领袖们都走了；基奥瓦人和科曼奇人的强大力量被摧毁了；他们试图拯救的野牛也消失了。这一切都是在不到十年的时间里发生的。

第十二章　黑山战争

1875 年　5 月 1 日，238 名威士忌帮成员被公诉；他们被控用欺骗的手段逃税；这牵涉到许多高级政府官员。12 月 6 日，第 44 届国会召开；民主党自 1859 年以来首次控制众议院。

1876 年　2 月 7 日，参与威士忌帮欺诈案的格兰特总统的私人秘书奥维尔·巴布科克被无罪释放，但格兰特免除了他的职务。3 月 4 日，美国国会决定弹劾陆军部部长贝尔纳普，指控他是"印第安帮"诈骗行为的共谋。5 月 10 日，百年展览在费城开幕。6 月 11 日，共和党提名拉瑟福德·B. 海斯（Rutherford B. Hayes）为总统候选人。6 月 27 日，民主党提名塞缪尔·J. 蒂尔顿为总统候选人。7 月 9 日，南卡罗来纳州汉堡发生了针对黑人民兵的大屠杀。8 月 1 日，科罗拉多被承认为第 38 个州。9 月，托马斯·爱迪生在新泽西州门洛帕克建立实验室。9 月 17 日，南卡罗来纳州爆发了种族战争。11 月 7 日，两个政党都宣称在总统选举中获胜；蒂尔顿在普选中获胜。12 月 6 日，选举人团开会，他们把 185 张选举人票投给了海斯，把 184 票投给了蒂尔顿。

未经印第安人同意，任何白人不得在该领土的任何部分定居或占领任何土地，未经印第安人同意，也不得通过该领土。

——1868 年的条约

我们不希望白人来这里。黑山是我的。如果白人想夺走它，我只能战斗。

——"坐牛"

274　　任何人都不能出卖人民赖以生存的土地。

——"疯马"

白人就像蛆虫一样在黑山上，我要你尽快把他们弄出去。去年夏天，盗贼头目［卡斯特将军］开辟了一条通往黑山的道路，我希望"上父"为卡斯特所做的一切赔偿损失。

——巴蒂斯特·古德

这片被称为"黑山"的土地被印第安人视为他们国土的中心。苏族的十个部落也认为那里是他们土地的中心。

——"奔跑的羚羊"

"上父"的年轻人要把金子从山上运走。我想他们会用它填满很多房子。考虑到这一点，我希望我的人民能在他们有生之年都得到保障。

——"两只熊"

"上父"告诉委员们，所有的印第安人都有权在黑山上生活，无论印第安人自己得出什么样的结论，都会受到尊重。……我是印第安人，我被白人视为愚蠢的人；但这一定是因为我听从了白人的建议的缘故。

——"呆狗"

我们"上父"有一个大保险箱，我们也是。山是我们的保险箱。……我们要为黑山开价7000万美元。把钱存到有息的地方，这样我们就可以买牲畜了。白人就是这样做的。

——"斑点熊"

你把我们的头凑到一起，盖上了毯子。那座山是我们的财富，但你一直在向我们索取。……你们这些白人，都到我们的保留地来了，拿走我们的财产，但你们依旧不满意，还过分地拿走我们的整个保险箱。

——"死亡之眼"

275　　　我永远不想离开这个地方，我所有的亲戚都长眠于此，我死之后，也要长眠在这里。

——"狼项链"

　　我们坐在这里，看着他们把金子挖出来，并从这里经过，什么也没说。……我的朋友们，我去华盛顿的时候，曾走进你们的钱庄，我身边有几个年轻人，但在我和他们在一起的时候，他们没有一个人把钱从那房子里拿走。但是，"上父"的人来到我的地盘之后，他们进入了我的钱庄［黑山］，把钱都拿走了。

——"高疯子"

　　我的朋友们，我们在这个国家已经很多年了，我们从来没有去过"上父"的国家，为任何事情打扰他。是他的人民来到我们国家打扰我们的，他们做了很多坏事，教唆我们的人民也做坏事。……在你们这些人远渡重洋来到这个国家之前，从那时到现在，你们从来没有提出过要购买像这里一样富有的土地。我的朋友们，你们来买的这块地区是我们最好的地区……这块地区是我的，我在那里长大，我的祖先在这里生活、死去，我希望能继续留在这里。

——"乌鸦羽毛"

　　你们把我们的猎物和生计都赶出了这片区域，现在，除了你们要求我们放弃的山丘，我们什么都没有了。……地上到处都是各种各样的矿物，地上长满了茂密的松林，当我们把它们交给"上父"时，我们就知道我们放弃了最宝贵的东西，不论是对我们还是对白人而言，那都是最宝贵的东西。

——"白鬼"

当草原着火时，你会看到动物被火包围；你看到它们奔跑，试图躲避，以免被烧死。我们就是这样来到这里的。

——"被围者"

276　　　就在"红云"和"斑点尾巴"以及他们的提顿人在内布拉斯加州西北部的保留地定居后不久，白人定居点中就开始流传谣言，称黑山里藏着大量黄金。黑山，是世界的中心，是众神和圣山的所在地，武士们在那里与伟大的神灵交谈，等待异象出现。1868 年，"上父"认为这些山丘一文不值，通过条约将它们永久地赐给印第安人。四年后，白人矿工违反条约。他们侵入黑山，在岩石丛中和清澈的溪流中寻找让白人为之发狂的黄色金属。当印第安人在他们的圣山上发现这些疯狂的白人时，他们不是把他们杀死，就是把他们赶走了。1874 年，如饥似渴的美国人疯狂叫嚣，军队奉命对黑山开展行动。尽管 1868 年的条约禁止白人未经印第安人的许可进入这片地方，但美国政府在发动这场武装入侵之前，并没有费心去征得印第安人的同意。

　　在"红樱桃之月"（Moon of Red Cherries），1000 多名骑兵穿过平原，从亚伯拉罕·林肯堡来到了黑山。他们是第 7 骑兵团的骑兵，他们的首领是乔治·阿姆斯特朗·卡斯特将军，他就是 1868 年在沃希托河上屠杀"黑水壶"带领的南夏延人的"星星酋长"。苏人称他为帕胡斯卡（Pahuska），也就是"长发"的意思。由于他的到来事先毫无征兆，因此，印第安人只能远远地看着身着蓝色制服的骑兵和覆盖着帆布的补给车队进入他们神圣的领地。

　　"红云"听说"长发"发起了远征行动后，抗议道："我不喜欢卡斯特将军和他的士兵进入黑山，因为那是奥格拉苏人的领地。"那里也是夏延人、阿拉帕霍人和其他苏人部落的领地。印第安人的愤怒非常强烈，因此，"上父"尤利西斯·格兰特只好宣布："只要法律和条约规定这片土地是印第安人的，那
277　么，就必须阻止任何人侵入这片地方。"[1]

但当卡斯特报告说山上"草根以下"满是黄金时，无数白人就像蝗虫一样聚集过来，疯狂地挖土、筛土。卡斯特的补给车开进黑山中心的小路很快就变成了盗贼之路。

那年夏天，"红云"和当地的印第安事务官 J. J. 萨维尔（J. J. Saville）之间也发生了矛盾，因为奥格拉拉人得到的口粮和物资的质量非常糟糕。"红云"一心想处理口粮和物资的质量问题，因此没能全面评估卡斯特进入黑山一事对苏人的影响，而其影响对那些每年春天离开保留地到黑山附近狩猎营的人而言尤其大。和其他许多年老的领导人一样，"红云"太过于关注琐碎的细节，他与年轻的部落成员脱节了。

在卡斯特进入黑山地区的那个秋天，在北方狩猎的苏人开始返回"红云"所在的事务处。他们对黑山遭到入侵一事很愤怒，有些人说要组织一支部队，去追击涌入山里的矿工。"红云"听了之后，劝年轻人要有耐心，他相信"上父"会信守诺言，派士兵将矿工赶出去。然而，在"叶落之月"发生的一件事，使"红云"意识到他手下的年轻人对"长发"手下的士兵有多么愤怒。10 月 22 日，事务官萨维尔派他的一些白人工人去砍一棵高大的松树，并将树干带回来。印第安人看到松树干倒在地上，就问萨维尔这是干什么用的。一根旗杆，萨维尔告诉他们，他要在事务处插一面旗子。印第安人提出了抗议。"长发"卡斯特在他在黑山营地就竖过旗杆；他们不想他们的事务处有任何旗子或其他东西来提醒他们那些士兵的存在。

萨维尔对他们的抗议置之不理，第二天早上，他派手下去挖洞，以便把旗杆竖起来。几分钟后，一群年轻的武士拿着斧头过来了，他们把那根树干剁成了碎片。萨维尔命令他们停下来，但他们根本不理他。萨维尔大步走到"红云"的办公室，278

要求他阻止武士们的行为。"红云"拒绝了，他知道武士们只是在表达他们对"长发"入侵黑山的怨恨而已。

萨维尔怒不可遏，命令他的一个工人骑马到罗宾逊堡（Fort Robinson）去，请求那里派一队骑兵过来支援。武士们看到工人骑马走向要塞后，猜到了他的意图。他们赶紧冲回自己的帐篷营地，将自己武装起来，把油彩涂在身上，准备投入战斗，去拦截前来增援的骑兵。只有 26 名穿蓝衣的骑兵过来了，带队的是一名中尉；武士们包围了他们，向空中鸣枪，并高喊了几声战争口号。中尉（埃米特·克劳福德）毫不畏惧。他带着他的士兵们，在武士们扬起的巨大灰尘中，向事务处稳步前进。一些年轻的武士开始靠近他们，他们骑马去冲撞骑兵的坐骑，希望挑起战斗。

这次来救克劳福德中尉的，不是另一支骑兵部队，而是一队由"年轻的怕马人"率领的苏人，他是"年老的怕马人"的儿子。这些赶来支援的印第安人冲破了武士们的包围圈，围成保护蓝衫军的人墙，将他们护送进事务处。然而，好战的武士们仍然愤怒难平，他们试图烧毁事务处，最后，在"红狗"（Red Dog）和"年老的怕马人"的大力劝阻下，他们才没有这么做。

"红云"再次拒绝介入。当许多抗议者收拾好行装，拆除他们的帐篷，往北走到保留地外去过冬时，他并不感到惊讶。他们的行为不过证明了仍然有一些苏族武士不会对入侵黑山的行为坐视不理，但"红云"显然没有意识到他将永远失去这些年轻人。他们拒绝了他的领导，转而接受"坐牛"和"疯马"的领导，这两个人从来没有在保留地上居住过，也没有接受过白人的任何施舍。

1875 年春天，关于黑山金矿的传说让数百名矿工沿着密苏里河与盗贼之路过来了。军队派出士兵去阻止探矿者。一些人

被从山上赶走了，但后续并没有对这些人采取法律行动，他们
很快又回来寻找金矿。克鲁克将军（平原印第安人称他为"三
颗星"，而不是"灰狼"）对黑山进行了一次侦察，并在该地区发
现了 1000 多名矿工。"三颗星"礼貌地告诉他们，他们违反了法
律，并命令他们离开，但他并没有严格执行自己下达的命令。

　　对于白人对黄金的狂热以及军队未能保护他们的领土，"红
云"和"斑点尾巴"感到很震惊，于是向华盛顿官员提出了强烈
的抗议。"上父"的回应是派遣一个委员会来"与苏族印第安人
一起处理放弃黑山的问题"。换句话说，是时候夺走一块曾被永
久分配给印第安人的领土了。和往常一样，这个委员会由一个政
客、一个传教士、一个商人和一个军官组成。爱荷华州参议员威
廉·B. 艾利森（William B. Allison）担任主席。塞缪尔·D. 欣曼
牧师则长期致力于用基督教来取代桑蒂人的宗教和文化。艾尔弗雷
德·特里将军则代表军队。拉勒米堡的交易员约翰·柯林斯（John
Collins）则是商人代表。

　　为了确保事务处内外的印第安人都有代表，他们派出送信
人员四处送信，邀请"坐牛""疯马"和其他"在野"的酋长
们来参加会议。混血儿路易斯·理查德（Louis Richard）把政府
的信交给了"坐牛"并读给他听。"我要你去告诉'上父'，"
"坐牛"回答道，"我不想把任何土地卖给政府。"他拾起一撮尘
土补充道："哪怕就这么一点土，我也不想卖。"[2] "疯马"也反对
出售苏族土地，特别是黑山。他拒绝参加会议，但"小大人"
（Little Big Man）会作为观察员代表自由的奥格拉拉人参会。

　　如果委员们想着的是与几个顺从的酋长们安静地会面，然
后安排一笔代价低廉的交易，那他们就大错特错了。当他们到
达会议地点时（怀特河边"红云"和"斑点尾巴"事务处之间

的一个地方），方圆数英里的平原上布满了苏人的营地和无数

280 马匹。从东边的密苏里河到西边的大角山地区，所有的苏人及其夏延人与阿拉帕霍人朋友都过来了，总计超过了两万人。

他们中很少有人见过 1868 年条约的副本，但相当多的人知道那份神圣文件中的一款的含义："任何割让此处所述保留地的任何部分的条约……都不具有任何效力……除非该条约经由在这片土地上生活、对这片土地享有利益的所有成年男性印第安人中的至少四分之三签署。"[3] 即使委员们恐吓或收买在场的每一位酋长，他们最多也只能从成千上万愤怒的、全副武装的武士那里得到几十个签名而已，而这些武士决心保住自己领地内的每一粒灰尘、每一片草叶。

1875 年 9 月 20 日，在起伏的平原上，一棵孤零零的棉白杨树边，委员会在一块帆布的荫凉下集合。委员们坐在椅子上，面对着远处正在焦躁不安地走动着的数千名印第安人。120 名骑着白马的骑兵从罗宾逊堡过来了，在帆布后面排成了一行。"斑点尾巴"驾着一辆马车从他的事务处来了，"红云"则已经宣布不会过来开会。其他几个酋长也来了，突然，一团尘土从远处的山脊升了起来。一群印第安人飞奔而下，来到会场。武士们都穿上了战斗服，当他们靠近时，他们绕着委员们不停地转圈，向天空鸣枪，还发出了呼啸声，最后，他们排成一排，站到了骑兵后面。这时，第二批印第安人也过来了。一个又一个部落的苏族武士就这样来到了会场，一一展示了他们的武力。最后，几千名印第安人把会议地点围得水泄不通。那时，酋长们站了出来，对于他们给了委员们一个下马威感到满意。他们面对着紧张的白人坐成半圆形，急切地想听听他们对黑山的看法。

委员们在罗宾逊堡观察了几天印第安人的情绪，他们认识

24. "坐牛"，照片来自美国陆军通信兵部队。

到试图购买黑山是徒劳的，于是决定就采矿权与印第安人进行
谈判。"我们现在要问你们，你们是否愿意让我们的人民在黑
山上采矿，"艾利森参议员在开场时说道，"只要找到黄金或其
他有价值的矿物，而且价格公道。如果你们愿意的话，我们就
和你们做个交易。当黄金或其他有价值的矿物被带走之后，这
个地方将再次归你们支配，你们可以以任何方式处置它。"

"斑点尾巴"觉得这个提议很可笑。这个委员的意思是让
印第安人把黑山借给白人用一段时间？作为回应，他问参议员
艾利森，是否愿意以同等条件借给他一些骡子。

"我们的政府很难阻止白人进入黑山，"艾利森继续说道，
"这样做会给你们和我们的政府带来很大的麻烦，因为想去那
里的白人太多了。"对于平原印第安人对粉河地带的感情，参议
员一无所知，这在他接下来的提议中得到了充分体现："另有一
片离日落很远的土地，你们可以在那里漫游和狩猎，那里的土地
还未被确定，那片土地一直延伸到大角山顶峰。……黑山对你们
来说似乎没有太大价值或用处，我们的人民希望得到我所说的
那部分。"[4]

当参议员艾利森令人难以置信的要求正在被翻译时，"红
狗"骑着一匹马过来了，宣布他收到了"红云"的消息。没有
参会的奥格拉拉人的酋长可能预料到了委员们的贪婪，要求把
会议推迟一周，让部落有时间召开内部会议，商量有关土地的
提案。委员们考虑了一下，同意给印第安人三天时间来举行部
落会议。他们希望在 9 月 23 日得到酋长们的明确答复。

放弃他们最后一片伟大的狩猎场的提议是如此荒谬，以至
于没有一个酋长在内部会议上提起这个问题。他们确实非常认
真地讨论了黑山问题。一些人认为，如果美国政府无意执行条

约而将白人矿工挡在门外，那么，也许印第安人应该要求他们
用一大笔钱来购买白人从山上挖走的黄色金属。其他人则决定 283
不以任何价格出售。他们说黑山是印第安人的；如果蓝衫军士
兵不愿意去赶走矿工，那么武士们就应该这样做。

9 月 23 日，在一支规模稍大的骑兵部队的护送下，委员们
从罗宾逊堡乘坐陆军救护车再次来到会议地点。"红云"很早
就到了，对于这次来的士兵更多了，他大声抗议。正当他准备
向委员们发表初步讲话时，远处的武士们开始骚动。大约 300
名奥格拉拉人从粉河地带来到这里，他们骑着小马一路从山坡
上跑下来，时不时朝天空放上一两枪。有些人用苏语唱着歌：

> 黑山是我的土地，我爱它
> 不管谁来干涉
> 迎接他的都会是枪声。[5]

一个印第安人骑着一匹灰马从聚集在帆布帐篷周围的武士
队伍中穿过。他是"疯马"的使者"小大人"，他脱光了上衣，
腰间别着两把左轮手枪，随时准备投入战斗。"哪个酋长胆敢
出卖黑山，我就把他给杀了！"他一边大喊，一边骑着马在委
员们和酋长们之间的那片空地上来回腾跃。[6]

"年轻的怕马人"和一群非官方的苏族警察立即包围了
"小大人"，并把他赶走了。然而，酋长们和委员们一定猜到
了，"小大人"说的话代表了大多数在场武士的想法。特里将
军建议委员们登上陆军救护车，回到安全的罗宾逊堡。

在给印第安人几天时间冷静下来后，委员们悄悄地在"红
云"事务处的总部与 20 名酋长见了面。在为期三天的会议中，

284　　酋长们向"上父"的代表们清楚地表明，黑山是不可能轻易出售的，如果出售，代价一定是不菲的。"斑点尾巴"终于对委员们不耐烦了，要求他们提交一份明确的书面建议。

采矿权的出价是每年 40 万美元；或者，如果苏人想把这些山彻底卖掉，那么总价将是 600 万美元，按 15 年分期付款。（这个价格实际上是很低的，因为仅黑山上的一个矿就能产出价值超过 5 亿美元的黄金。）

"红云"甚至没有出现在最后的会议上，他让"斑点尾巴"代表所有苏人。"斑点尾巴"坚决拒绝了这两项提议。黑山既不出租，也不出售。

委员们只好收拾行装回到华盛顿，报告说他们没能说服苏人放弃黑山，并建议国会无视印第安人的意愿，直接拨出一笔"相当于山丘价值的合理数额"的款项。他们说，应该以这个价格购买黑山，并将这笔钱"作为既定结果转交给印第安人"。[7]

这样一来，一系列行动就开始了，而这一切将让美国军队在与印第安人的战争中遭受最大的失败，同时，也会彻底摧毁北部平原上印第安人的自由：

1875 年 11 月 9 日：印第安事务局特别督察 E. C. 沃特金斯（E. C. Watkins）向印第安事务局局长报告说，居住在保留地之外的平原印第安人不愁吃穿，装备精良，态度傲慢、独立，对保留地制度构成了威胁。沃特金斯建议派军队去对付这些未开化的印第安人，"在冬天，越快越好，通过打败他们迫使他们服从"。[8]

1875 年 11 月 22 日：美国陆军部部长 W. W. 贝尔纳普警告说，黑山会有麻烦，"除非采取措施，让白人矿工得到部分土地，他们被那里有丰富贵金属矿藏的报道所强烈吸引"。[9]

1875 年 12 月 3 日：印第安事务局局长爱德华·P. 史密斯命令所有不在保留地的苏人和夏延人在 1876 年 1 月 31 日前到他们的事务处报到，否则"将派一支军队强迫他们这么做"。

285

1876 年 2 月 1 日：内政部部长通知陆军部部长，允许"敌对的印第安人"进入保留地的最后期限已过，他将把他们移交给军事当局，军队在这种情况下可以采取其认为适当的行动。[10]

1876 年 2 月 7 日：陆军部授权指挥密苏里战区的谢里登将军对"敌对的苏人"采取行动，这些人包括"坐牛""疯马"及其手下在内。

1876 年 2 月 8 日：谢里登将军命令克鲁克将军和特里将军准备对粉河、舌河、罗斯巴德河和大角河源头采取军事行动，"'疯马'和他的盟友经常出现在那些地方"。[11]

一旦政府机器开始运转，它就变成了一股无情的力量，无头无脑，难以控制。12 月底，当信使从各个事务处跑出去警告待在保留地之外的酋长们到事务处来之时，北部平原上覆盖了茫茫白雪。暴风雪和严寒使得一些信使在 1 月 31 日的最后期限过了几周之后都无法返回；也使得用小马和小车运送妇女和儿童变得不可能。假设有几千名"敌对"的印第安人设法到达了事务处，他们也只能在那里忍饥挨饿。在深冬的保留地，食物非常短缺，数百名印第安人在 3 月份离开了，他们到北边去寻找猎物，以便补足政府下发的微薄补给。

1 月，一名信使发现"坐牛"在粉河河口扎营。这位洪克帕帕人的酋长让使者回到事务官那里去，说他会考虑到事务处报到的命令，但他要等到"绿草生长之月"（Moon When the Green Grass Is Up）才会这么做。

"疯马"手下的奥格拉拉人则在熊丘（Bear Butte）附近的

冬季营房里，那条盗贼之路就是在那里从北向南进入黑山地区的。在春天，这将是一个好地方，可以对侵犯黑山的矿工发动袭击。在事务处的信使穿过雪地找到"疯马"后，"疯马"很礼貌地告诉他们，在寒冷的季节过去之前，他是不会过去的。

286 "当时很冷，"一个年轻的奥格拉拉人后来回忆说，"我们的许多人和马都死在了雪地里。而且，我们一直在自己的领地上，没有给任何人造成伤害。"[12]

　　1 月 31 日的最后通牒无异于向独立的印第安人宣战，他们中的许多人都接受了这一点。但他们没想到蓝衫军这么快就会发动进攻。在白雪皑皑的月光下，"三星将军"克鲁克从费特曼堡沿着古老的博兹曼公路向北一路挺进。十年前，"红云"正是在那里开始了他顽强的战斗，以保护粉河地带不受侵犯。

　　大约在同一时间，一支由北夏延人和奥格拉拉苏人组成的混合队伍离开"红云"所在的事务处，他们往粉河地带走去，希望在那里找到一些野牛和羚羊。大约在 3 月中旬，他们加入了一些非保留地的印第安人行列，后者在距离小粉河（Little Powder River）流入粉河河口几英里处扎营。"双月"、"小狼"、"老熊"（Old Bear）、"枫树"（Maple Tree）和"白牛"（White Bull）是夏延人酋长。"矮狗"（Low Dog）是奥格拉拉人酋长，他手下的一些武士是从更北边的"疯马"的部落过来的。

　　3 月 17 日黎明，克鲁克的先遣纵队在约瑟夫·J. 雷诺兹（Joseph J. Reynolds）上校的带领下，事先毫无征兆地袭击了这个和平的营地。印第安人认为他们在自己的领地上，因此没有设防。当詹姆斯·伊根（James Egan）上尉的白马骑兵部队冲进村庄时，印第安人正在睡觉，他们用手枪和卡宾枪射击。与此同时，第二支骑兵部队从左翼发起了进攻，第三支骑兵部队则在扫荡印第安人的马群。

武士们的第一反应是让尽可能多的妇女和儿童逃走，当时，士兵们正肆无忌惮地朝四面八方开火。"老人们颤颤巍巍地跑着，以便躲开那些在房屋四周呼啸着的子弹，""木腿"后来回忆说，"武士们拿起他们所有的武器，奋力迎敌。"在非战斗人员踏上了崎岖的山坡之后，武士们就躲到岩架上或巨石后面抵抗。他们抵挡住了士兵，一直坚持到妇女和儿童渡过粉河逃走为止。

"远远地，我们看到我们的村庄被毁灭了，""木腿"说，287 "我们的帐篷里不论什么东西都在燃烧。……除了身上的衣服，我什么都没有了。"蓝衫军摧毁了营地里所有的肉干和马鞍，几乎把印第安人所有的马都赶走了，"总计有1200头到1500头的样子"。[13] 夜幕一降临，武士们就摸黑回到了蓝衫军的营地，决心找回被他们掳走的马。"双月"简要地描述了当时的情景："那天晚上，士兵们都睡着了，他们把马放在边上；所以我们就偷偷地溜过去，把马给偷了，然后我们就跑了。"[14]

雷诺兹上校居然让印第安人从他们的村庄逃走、又让他们回来偷走了马，对此，"三星将军"克鲁克非常愤怒，因此，他下令对他进行军事审判。军队称这次突袭是"对'疯马'的村庄的袭击"，但"疯马"实际上在东北数英里以外的地方扎营。在那里，"双月"和其他酋长正带领他们那些无家可归的手下寻找食物和住所。他们在路上走了三天多的时间；晚上的气温降到了零下；只有少数人穿着野牛皮长袍；食物也很少。

"疯马"热情地接待了他们，给了他们食物和长袍，并在奥格拉拉帐篷里为他们腾出了地方。"我很高兴你们来了，"他在听了蓝衫军进攻村庄的情况后，对"双月"这样说道，"我们又要和白人作战了。"

"很好，""双月"回答说，"我做好了战斗的准备。我已经战斗过了。我的百姓被杀了，我的马被偷了，我愿意打仗。"[15]

在草高马壮的"离雁之月"，"疯马"出发了，他带领奥格拉拉人和夏延人北上来到了舌河河口，那是"坐牛"带着洪克帕帕人过冬的地方。没过多久，"跛鹿"（Lame Deer）带着一群明尼康茹人也来了，他请求允许他们在附近扎营。他们听说了蓝衫军在苏人的狩猎场横冲直撞的事情，他们想靠近"坐牛"强大的洪克帕帕部落，以防陷入麻烦。

天气转暖后，部落开始向北迁移，以便寻找猎物和鲜草。一路上，不断有布鲁莱人、拉科塔人（Sans Arcs）、黑脚苏人和更多的夏延人加入他们的队伍。这些印第安人中的大多数都是根据条约的规定离开保留地出来狩猎的，那些听说过 1 月 31 日最后通牒的人，要么认为这只是"上父"的代理人的另一个无谓的威胁，要么认为这一最后通牒并不适用于和平的印第安人。"许多年轻人都急于去和士兵作战，"夏延人的武士"木腿"说，"但是酋长和老人们都劝我们远离白人。"[16]

当这几千名印第安人在罗斯巴德河上安营扎寨时，许多年轻的武士从保留地过来加入了他们。他们带来了蓝衫军团正从三个方向行进的传言。"三星将军"克鲁克会从南方来。"跛脚军官"（约翰·吉本上校）会从西方过来。而"一星将军"特里和"长发"卡斯特则会从东方来。

洪克帕帕人每年都会在"增肥之月"（Moon of Making Fat）的初期跳太阳舞。"坐牛"连续三天都在跳舞，他给自己放了血，还一直盯着太阳，直到进入恍惚的状态。当他再次站起来时，他对他的人民发表了讲话。他在异象中听见一个声音喊道："我把这些给你，因为他们没有耳朵。"他向天空望去，只见士兵们像蝗虫一样从天上冲下来，头朝下，帽子已经掉了。他们正好掉进了印第安人的营地。因为白人没有耳朵，也不愿意听印第安人说什么，瓦坎坦卡（Wakantanka）这位伟大的神灵决定把这些士兵交给印第安人杀死。[17]

几天后，夏延人的狩猎队在罗斯巴德河谷发现一队在那里扎营过夜的蓝衫军。猎人们骑马回到营地后，发出了狼嚎一样的啸叫，告诉大家危险来了。"三星将军"就要来了，他雇了乌鸦人和肖肖尼人（Shoshones）在他的部队前面侦察。

各个酋长立即派喊话人在他们的村庄里喊话，之后立即召开了会议。他们决定留下大约一半的武士保护村庄，其他人则趁夜出动，第二天早上去进攻"三星将军"的士兵。这支夜行军大约由1000名苏人和夏延人组成。几个妇女跟随他们一起行动，以便去照顾那些备用的马匹。"坐牛""疯马"及"双月"都在领导之列。就在天亮之前，他们从马鞍上下来，休息了一会儿，接着又转身从河边走开，骑马在山丘中穿行。

乌鸦人侦察兵告诉"三星将军"：在罗斯巴德河下游有一个很大的苏族村庄，将军当天一早就让这些雇佣兵出发了。在乌鸦人骑过山顶，开始下山时，他们撞上了由苏人和夏延人组成的队伍。起初，苏人和夏延人把乌鸦人打得四下逃窜，但蓝衫军迅速赶来了，武士们只好撤退。

很长一段时间以来，"疯马"一直在等待一个和蓝衫军在战斗中一较高下的机会。自菲尔·卡尼堡的费特曼之战以来，他一直在研究士兵及其作战方式。每次到黑山寻找异象的时候，他都要求瓦坎坦卡赐予他神秘的力量，以便他在白人再次对他

289

的人民发动战争之时，知道如何领导奥格拉拉人取得胜利。从年轻时起，"疯马"就知道人类生活的世界只是真实世界的一个影子。为了进入真实世界，他必须做梦，而当他身处真实世界时，一切似乎都在漂浮或跳舞。在这个真实的世界里，他的马就像疯了一样地跳舞，这就是他给自己取名为"疯马"的原因。他知道，如果他能在打仗之前通过做梦进入现实世界，那么，什么都难不倒他。

这一天，也就是1876年6月17日，"疯马"梦见自己进入了真实世界，他向苏人展示了在与白人士兵战斗时，他们该如何做到许多之前从未做到过的事情。当克鲁克派他的骑兵冲锋时，苏人没有像之前那样冒着卡宾枪的火力往前冲，而是绕到了他们的侧翼，对他们防线上最薄弱的地方发起了进攻。"疯马"让武士们骑着马，从一个地方快速地移动到另一个地方。当太阳高挂在天空时，他已经让白人士兵同时在三个方向陷入了战斗。蓝衫军习惯于在正面形成小规模的突击线，后面再加上一条坚固的防线，而当"疯马"让他们无法那样做时，他们就陷入了混乱。武士们骑着快马对士兵们发起多次猛攻，把他们分割开来，并让他们始终处于防御状态。当蓝衫军团的火力变得越来越猛烈时，苏人就会撤退，引诱一些士兵去追击他们，然后他们会突然杀个回马枪，对着士兵们猛烈开火。

夏延人在那一天也表现出色，尤其是在危险的冲锋上。"就在眼前的酋长"（Chief-Comes-in-Sight）是所有人中最勇敢的一个，但是，当他骑着马冲到士兵的侧翼时，他的马被步兵击中倒地。突然，另一个夏延人骑着马冲了过去，为酋长作掩护。酋长马上在那位骑手后面站了起来。原来，去营救他的是他的妹妹"野牛犊路女"（Buffalo-Calf-Road-Woman），她是来照料马匹的。这就是夏延人总是把这场战斗称作"妹妹救哥哥之战"的原因，而白人则称之为罗斯巴德河之战。

太阳下山后，战斗结束了。印第安人知道他们把"三星将军"打得够呛，但直到第二天早上，他们才知道自己实际上把他给彻底打败了。天一亮，苏人和夏延人的侦察兵就沿着山脊出动了，他们看到蓝衫军正向南撤退。克鲁克将军正返回他在鹅溪（Goose Creek）的大本营，去那里等待增援，或者说去等待吉本、特里或卡斯特的消息。对于一支部队来说，罗斯巴德河上的印第安人显得太强大了。

在罗斯巴德河之战结束后，酋长们决定向西迁移到油草河（Greasy Grass）河谷，那里又名小比格霍恩河（Little Bighorn）河谷。侦察兵过来报告说，西边有成群的羚羊，同时，山脚的草很丰盛。很快，他们就沿着蜿蜒的油草河西岸扎营，营房蔓延了近三英里。没有人确切地知道那里有多少印第安人，但至少不下一万人，其中包括三四千名武士。"那是一个非常大的村庄，你几乎数不清那里有多少帐篷，""黑麋鹿"说。[18]

往南逆流而上最远的地方可以看到洪克帕帕人的营地，他们附近有黑脚苏人。洪克帕帕人总是喜欢在河流的发源处扎营，这正是他们这个部落的名字的含义。他们下游方向有圣阿尔克人、明尼康茹人、奥格拉拉人和布鲁莱人。最北端则是夏延人。291

那时正值"草莓成熟之月"的月初，天气很热，男孩们已经可以在油草河冰雪融化的溪水里游泳了。狩猎队不停地在大角河来来往往，在那里，他们发现了一些野牛和羚羊。妇女们在大草原上挖野萝卜。每天晚上，一个或多个部落会聚在一起跳舞，有时，酋长们会坐在一起开会。"不同部落的酋长们平等地聚集在一起，""木腿"说，"只有一个人被认为是最重要的，那就是'坐牛'。他被认为是所有人的唯一的老酋长。"[19]

"坐牛"不认为罗斯巴德河上的这场胜利，已经充分实现了有关士兵掉入了印第安人营地的那则预言。然而，自从"三星将军"撤退后，狩猎队伍在粉河和大角河之间就再也没有发现过蓝衫军了。

直到6月24日早晨，他们才知道"长发"卡斯特正沿着罗斯巴德河前进。第二天早上，侦察兵报告说，士兵们已经越过了罗斯巴德河和印第安人营地之间的最后一道高地，正向小比格霍恩河进军。

卡斯特正在逼近印第安人的消息，以各种方式传来了：

"我和四个女人去离营地不远处挖野萝卜，"在苏族会议上，酋长"红马"（Red Horse）这样说道，"突然，一个女人指着不远处升起的一团尘土让我看。我很快就发现士兵们正朝营地冲去。我和女人们赶紧跑回营地。当我到达时，一个人叫我赶快去开会的小屋。士兵们冲过来的速度简直太快了，我们都来不及商议。我们从会议小屋里出来后，四处下达命令。苏人骑上马，拿着枪，去和士兵们战斗。妇女和儿童骑马离开，也就是要躲远点。"[20]

"坐牛"的表妹"漂亮的灰牛"（Pte San Waste Win）是那天早上在那里挖萝卜的年轻妇女之一。她说第一眼看到士兵的时候，士兵们距她六到八英里的样子。"我们看见军刀闪亮，士兵很多。""漂亮的灰牛"和其他印第安人所看到的士兵是卡斯特手下一个营的士兵。但直到听到从黑脚苏人所在方向传来的步枪声，他们才意识到马库斯·雷诺（Marcus Reno）少校已经在大营地的南边发动了突袭。"就像士兵们已经进攻到了我们身边一样。子弹打在帐篷的柱子上'叮当'作响。……女人和孩子们都在那里喊叫，担心自己会被杀，但是男人们——洪克帕帕人和黑脚苏人、奥格拉拉人和明尼康茹人——都骑上了马，向黑脚帐篷那边跑去。我们仍然可以看到'长发'手下的士兵们还在从远处向这里行进，而我们的人，事先并没有料到士兵会从那个地方发动进攻。只见他们唱着战斗之歌，赶忙跑往黑脚村参加战斗。"[21]

"黑麋鹿"，一个13岁的奥格拉拉男孩，当时和他的同伴在小比格霍恩河里游泳。在太阳的直射之下，水正变得温暖起来，这时，他听到洪克帕帕营地里有人在喊："冲锋队来了！他们在冲锋！冲锋队来了！"一个奥格拉拉喊话人不断地这样喊着，"黑麋鹿"听到哭喊声一个接一个营地地响了起来，一直蔓延到北边夏延人的营房。[22]

"矮狗"，一个奥格拉拉酋长，同样也听到了这种警告。"我都不怎么相信。我以为是虚惊一场。我认为不会有任何白人来进攻我们，我们是那么强大。……尽管我不相信警报是真的，但我还是不失时机地做好了准备。当我拿着枪走出我的小屋时，在'坐牛'和洪克帕帕人的营地那头，白人士兵的进攻已经开始了。"

"铁雷"（Iron Thunder）当时在明尼康茹人的营地里。"我对雷诺的进攻一无所知，直到他的人离得很近了之时我才知道，那时，子弹在营地里穿梭，一切都变得混乱不堪。马被吓坏了，我们使劲抓都抓不住了。"

"乌鸦王"（Crow King）当时在洪克帕帕人的营地，他说雷诺的骑兵在离营地约四百码的时候就开枪了。洪克帕帕人和黑脚苏人且战且退，为妇女和儿童争取逃到安全地带的时间。

293 "其他的印第安人得到了我们的马。那时，我们已经有足够的武士来对付白人了。"[23]

在往北三英里的夏延人营地附近，"双月"正在给他的马饮水。"我用凉水把它们洗干净，然后自己也游了一会儿泳。我是徒步回到营地的。当我靠近我的小屋时，我抬头朝'坐牛'的营地望去。我看见那边升起了一大片尘土，看起来像起了旋风。不久，一个苏族骑兵冲进了营地，喊道：'士兵来了！很多白人士兵！'"

"双月"命令夏延人武士赶紧去牵马，然后告诉妇女们离开营地去躲起来。"我骑马飞快地奔向'坐牛'的营地。我看到白人士兵排成一行，正在开枪。印第安人挡住了他们。他们驱赶着士兵，双方混在了一起——苏人进攻，士兵反攻，然后是更多的苏人发动再反攻，大家都在那里开枪。空气中弥漫着硝烟。我看到士兵们不停地往后撤退，最后跳进河里，像逃跑的野牛一样。"[24]

把印第安人召集起来并挡住雷诺进攻的那位军事首领，是一个肌肉发达、胸膛宽阔的 36 岁的洪克帕帕人，他叫皮齐（Pizi），又名高尔。高尔是在部落里长大的孤儿。当他还是一个年轻人的时候，他就是有名的猎人和武士了。"坐牛"收养了他，把他当作自己的弟弟一样看待。几年前，当委员们试图说服苏人把农业作为 1868 年条约的一部分时，高尔去了一趟赖斯堡（Fort Rice），代表洪克帕帕人发了言。"我们出生之时都是赤条条的，"他说，"我们得到的教导是靠狩猎猎物生活。现在，你们告诉我们必须学会种地，住在房子里，走你们的道路。如果住在大海那边的人来告诉你们，你们必须停止耕作，并杀掉你们的牲畜、夺走你们的房屋和土地，你们会怎么做？你们不会和他们战斗吗?"[25]在那次演讲之后的十年里,高尔认为白人都持一种自以为是的傲慢态度,而且这种态度一直没有任何改变。1876年夏天,洪克帕帕人普遍认为他是"坐牛"的副手,担任部落的军事酋长。

雷诺发动第一次突袭后,抓到了几名在野外的妇女和儿童,白人骑兵打出来的子弹几乎摧毁了高尔全家。"这让我很难受,"几年后,他对一名新闻记者这样说道,"在那之后,我用斧头杀死了我所有的敌人。"对于他所运用的成功抵挡住雷诺前进步伐的战术,他的描述也同样简洁。"'坐牛'和我就在雷诺发动进攻的地方。'坐牛'是一个大巫医。妇女和儿童被匆忙地转移到了下游。……妇女们和孩子们抓住马,好让男人们骑上去;男人们骑上马之后,就朝雷诺的士兵冲了过去,把他们赶到了树林里。"[26]

用军事术语来说,高尔从侧翼进攻雷诺,把他逼到了树林里。然后,雷诺被他吓得仓促撤退,印第安人乘势击溃他们。这使得高尔得以调集数百名武士,在"疯马"和"双月"从侧翼和后方攻击卡斯特的时候,从正面加以进攻。

与此同时,"漂亮的灰牛"和其他妇女一直在焦急地注视着河对岸"长发"手下的士兵。"我听到了军号声,看到一队士兵正向左拐,往河下游方向挺进,并计划在那里发动进攻。……很快,我看到许多夏延人骑马冲到了河里,接着是我们部落的一些年轻人,然后是其他人,后来,数百名武士跨过河流奔向峡谷。等那几百人过了河、进入峡谷后,剩下的人——还有很多——则从河边掉头回来,在那里等待敌人的进攻。我知道那几百名苏族武士躲在'长发'行军的山丘后面的峡谷里,他会遭到两边的夹击。"[27]

295

25. "高尔"。照片来自美国陆军通信兵部队。

26. "双月"，夏延人酋长。由丹佛公共图书馆提供。

27. "驼峰"，1890 年摄于南达科他州本尼特堡。照片来自国家档案馆。

28. "乌鸦王"。由丹佛公共图书馆提供。

黑脚苏人的一个酋长"杀鹰"（Kill Eagle）后来说，印第安人向卡斯特部队冲过去的时候，"像飓风一样……像蜂群从蜂巢里蜂拥而出一样"。"驼峰"，这位在粉河时代就和高尔、"疯马"交好的明尼康茹人，则说印第安人的第一次大规模冲锋就让"长发"酋长和他的部下陷入了慌乱。"印第安人第一次冲锋时，我的马被打中了，我的膝盖上面一点被子弹打中了，子弹最后从我屁股那里钻了出来，我摔倒在地上，无法动弹。"和洪克帕帕人在一起的"乌鸦王"则说："我们的大部分武士挡在了他们前面，我们让马冲向他们。与此同时，武士们骑着马，在他们的两侧盘旋，并包围了他们。"[28] 13 岁的"黑麋鹿"往河对岸望去，只见一大片灰尘在山上盘旋，接着看到马穿过灰尘从山上跑了下来，马鞍上都没有人。

"硝烟和马踩出来的尘土把山都给遮蔽了，""漂亮的灰牛"说，"士兵们胡乱地开枪，但苏人对准他们直射，士兵们都倒地死了。妇女们跟着村里的男人们过了河，我们到达山上的时候，已经没有活着的士兵了，'长发'也死了。……人民都热血沸腾了，那天，他们铁了心，不想要任何俘虏。"[29]

"乌鸦王"说，印第安人包围了士兵后，所有士兵都下马了。"他们试图抓住自己的马，但当我们逼近时，他们只好放开马。我们把他们赶到我们的主营地，把他们都杀了。只要还有一个人，他们就会保持秩序，像勇士一样战斗。"[30]

据"红马"的说法，在与卡斯特的战斗接近尾声时，"这些士兵变得很愚蠢，许多人扔掉枪，举起手来，说：'苏人，可怜我们，请俘虏我们吧。'苏人没有俘虏一个士兵，而是把他们全部都杀了，没有一个人多活哪怕几分钟。"[31]

战斗结束后很久，明尼康茹人"白牛"画了四个象形文字，用来描述他与一个名叫卡斯特的士兵搏斗并杀死了他的情景。其他声称杀死了卡斯特的人还包括"雨落在脸上"（Rain-in-the-Face）、"平臀"（Flat Hip）和"勇敢的熊"（Brave Bear）。"红马"则说是一个身份不明的桑蒂武士杀死了卡斯特。大多数讲述这场战争的印第安人都说自己从未见过卡斯特，也不知道是谁杀了他。"直到战斗结束，我们才知道他是白人首领，""矮狗"说。[32]

战斗结束一年后，在加拿大接受采访时，"坐牛"说他从未见过卡斯特，但就在他被杀之前，其他印第安人看到并且认出了他。"他不再像以前那样留长发了，""坐牛"说，"他的头发剪得很短，但颜色已经变得和经霜的草一样。……'长发'最后站在那里的时候，就像一捆玉米，但在最后，玉米棒子落了一地。"[33]但是，"坐牛"没有说是谁杀了卡斯特。

一位和夏延人一起的阿拉帕霍武士说卡斯特是被几个印第安人杀死的。"他穿着鹿皮大衣和裤子，当时趴在地上。他的侧腹部中弹了，嘴里都是血。他似乎在看着在他身边走动的印第安人。四个士兵围坐在他周围，但他们都受了重伤。这几个士兵都被击倒了。接着，印第安人把他包围了，然后我就什么也看不见了。"[34]

不管是谁杀了他，让盗贼之路延伸到黑山去的那个"长发将军"和他的手下都死了。不过，雷诺的士兵们在弗雷德里克·本廷（Frederick Benteen）少校的支援下，在河下游的一座小山上挖了战壕。印第安人把那座小山包围了，整夜看着他们，第二天早晨又开始和他们战斗。白天，酋长们派出的侦察兵回来报告：更多的士兵正朝着小比格霍恩河赶来。

　　大家开了一次会，决定解散营地。武士们已经耗光了他们大部分的弹药，他们知道用弓箭与这么多士兵作战是愚蠢的。妇女们被告知要开始收拾行李，在日落之前，他们必须沿着山谷向大角山方向撤退。各个部落会在沿途一一分开，朝着不同的方向撤退。

　　东边的白人听说"长发"战败后，将它视为一场屠杀，愤怒不已。他们想惩罚西部所有的印第安人。由于无法直接惩罚"坐牛"和其他军事酋长，华盛顿的大议会决定惩罚那些他们能找到的印第安人，即留在保留地没有参加战斗的印第安人。

　　7月22日，"大武士"谢尔曼获得了对苏族所有保留地的军事管制权，他像对待战俘一样对待印第安人。8月15日，大议会制定了一项新法律，要求印第安人放弃对粉河地带和黑山的所有权利。这种做法完全将1868年的条约弃之不顾，他们坚持认为是印第安人违反了条约并与美国开战的。保留地印第安人很难理解这一点，因为他们没有攻击过美国士兵，而且在卡斯特派雷诺对苏族村庄发起冲锋之前，"坐牛"的追随者也没有攻击过美国士兵。

　　为了让保留地的印第安人保持和平，"上父"在9月派出了一个新的委员会，企图通过引诱、胁迫的手段让酋长们就范，让他们在法律文件上签字，将黑山上不可估量的财富转交给白人。委员会中有几个成员是窃取印第安土地的老手，特别是牛顿·埃德蒙兹、亨利·惠普尔（Henry Whipple）主教和塞缪尔·欣曼牧师。在"红云"的事务处，惠普尔主教以一场祷告开始了会议，接着，主席乔治·曼尼佩尼（George Manypenny）宣读了由国会规定的条件。由于这些条件是用立法者惯用的含

298

糊不清的语言表述的，惠普尔主教试图让口译员用短语来作解释。

"多年来，我一直对红种人保持着一颗温暖的心。我们到这里来是为了把'上父'的信息传递给你们，我们用他的原话，一笔都不曾改动。……大议会今年继续拨款为你们提供补给时，作出了三个规定，除非它们得到遵守，否则，国会将不再拨付补给。三条规定分别是：第一，你们必须放弃黑山地区和北部地区；第二，你们将到密苏里河去领取口粮；第三，必须允许'上父'从密苏里河那里修三条路，这三条路将穿过保留地，进入黑山所在的地区……'上父'说，他对他的红色子民们充满了怜悯，他选择由印第安人的朋友来组成这个委员会，让他们按照他的指示制订一个计划，以拯救印第安人，而不是让他们越变越少，最终只剩下一个印第安人看着自己的坟墓。印第安人最后可能会像白人一样，成为一个伟大的、强有力的民族。"[35]

对于惠普尔主教的听众来说，拯救印第安民族的方式太奇怪了：夺走他们的黑山和狩猎场，把他们迁移到遥远的密苏里河。大多数酋长都明白要想保住黑山已经不可能了，但他们强烈抗议将保留地转移到密苏里河边的安排。"我想，如果我的人搬到那里去的话，""红云"说，"他们都会被摧毁的。那里有很多坏人和劣质威士忌，所以我不想去那里。"[36]

"无心"（No Heart）说，白人已经毁坏了密苏里河流域的土地，印第安人已经无法在那里生活了。"你们沿密苏里河上下穿梭，却看不到任何树木了，"他宣称，"之前你们可能看到过那里有无数树木，但'上父'的人民已经把它摧毁了。"

"我们到现在所居住的这条溪流边上生活的时间才六年，"

"红狗"说，"美国承诺我们的事情，从没有做到过。"另一位酋长回忆说，自从"上父"答应永远不再让他们迁徙以来，他们已经迁徙了五次。"我想，你们最好让印第安人都坐在轮子上，"他嘲讽道，"这样一来，你们想什么时候让我们走都行。"

"斑点尾巴"指责政府和委员们背叛了印第安人，背信弃义。"这场战争并不是在我们的土地上爆发的；这场战争是由'上父'的子民们发动的，他们想不付出任何代价就夺走我们的土地，他们在我们的土地上做了许多坏事。……这场战争的根源在于他们对我们土地的掠夺。"[37]对于搬到密苏里河那里去，"斑点尾巴"完全反对。他告诉委员们，他不会签署离开黑山的文件的，它要先到华盛顿去和"上父"面谈。

委员们给了印第安人一个星期的讨论时间，但他们很快就发现印第安人是不会签署任何协议的。酋长们指出，1868年的条约规定，只有经苏族部落四分之三的成年男性签字，才能改变条约中的内容，而现在，包括"坐牛"和"疯马"在内，超过半数的印第安武士都在北方。对此，委员们解释说，待在保留地外面的印第安人是敌人；只有友好的印第安人才受条约的保护。大多数酋长不接受这一点。为了化解他们的反对意见，委员们极力暗示，除非他们签字，否则，愤怒的大议会会立即中断口粮的供应，将他们迁移到南边的印第安领土，军队则会带走他们所有的枪支和马匹。

没有出路了。黑山被窃了；粉河地带及其野生动物群也都不见了。如果没有野生动物或口粮，人们就会挨饿。一想到要迁移到南方的一个陌生的地方去，就无法忍受，而如果军队拿走他们的枪和马，他们就不再是男人了。

"红云"和他手下的那些小酋长先签了字，随后"斑点尾

301　　　29. "年轻的怕马人"。由内布拉斯加州历史学会提供。

巴"和他的人也签了字。在那之后，委员们去了立岩（Standing Rock）、夏延河、乌鸦溪、布鲁莱河下游和桑蒂人的事务处，劝说其他苏族部落签字。最终，黑山，连同它的灵魂和神性、它广阔的松林、它地底下埋藏着的数十亿美元的黄金，都被永久地从印第安人手中转移到了美国人之手。

在"红云"和"斑点尾巴"签字之后的四个星期，在"三根手指"（也就是在帕洛杜罗峡谷摧毁基奥瓦人和科曼奇人的"老鹰"酋长）的指挥下，八个美国骑兵连从罗宾逊堡出发了，他们进入了各个事务处的营地。根据陆军部的命令，麦肯齐前来接收印第安人的马和枪支。所有的男性都被逮捕了，帐篷被搜查、拆除，枪支被收缴，所有的马都被士兵围捕了。麦肯齐允许妇女们用马将货物运到罗宾逊堡。而包括"红云"和其他酋长在内的男性，则被迫步行前往罗宾逊堡。从那之后，这个部落将不得不在士兵们枪炮的威逼之下，在罗宾逊堡生活。

第二天早上，为了进一步羞辱这些被击败的俘虏，麦肯齐将士兵们从苏人手中夺走的马匹交给一队波尼侦察兵使用（苏人此前曾将这群波尼人赶出粉河地区）。

302

与此同时，美国军队渴望复仇，不停地在黑山以北和以西地区暗中巡查，只要碰到印第安人，就会杀死他们。1876 年夏末，"三星将军"克鲁克的那支增援纵队在达科他的心河（Heart River）地区吃光了所有口粮，被迫向南撤退，以便在黑山矿区获得补给。9 月 9 日，在斯利姆巴特斯山（Slim Buttes）附近，一支由安森·米尔斯（Anson Mills）上尉率领的先锋部队，偶然撞见了由"美洲马"（American Horse）领导的一个由奥格拉拉人和明尼康茹人组成的村庄。这些印第安人是在几天前从格兰德河边"疯马"的营地处过来的，他们要向南转移到他们的保留地去过冬。米尔斯上尉发动进攻，但是苏人把他击退。在他等待"三星将军"前来增援的过程中，除了"美洲马"、四名武士、十五名妇女和儿童因被困在一个小峡谷尽头的山洞里而无法逃脱之外，其他所有的印第安人都成功逃脱。

克鲁克的部队过来后，他命令士兵们各就各位，朝山洞里射击。"美洲马"和他的四名武士则回击。经过连续几个小时的战斗，两名蓝衫士兵死亡，九人受伤。克鲁克随后派了一个名叫弗兰克·格鲁阿尔（Frank Grouard）的侦察兵过去，要求印第安人投降。格鲁阿尔曾经和苏人一起生活过，他用苏族语和他们沟通。"他们告诉我，如果我们不杀他们，他们会出来的；得到这个承诺后，他们就出来了。""美洲马"、两名武士、五名妇女和几个孩子从山洞里爬了出来；其他人都死了，或者受了重伤，不能动了。"美洲马"的腹股沟也被子弹打开了花。"他出来的时候，手里托着自己的内脏，"格鲁阿尔说，"他伸出一只沾满了血的手，来和我握手。"[38]

米尔斯上尉在村子里发现了一个三四岁的小女孩。"她跳起来，像一只小鹧鸪一样跑了，"他说，"士兵们抓住了她，把她带到我这里来了。"米尔斯安慰了她，给了她一些吃的，然后让他的勤务兵抱着她一起来到了山洞里，当时，士兵们正在那里把死伤的印第安人拖出来。死者中有两名女性，她们身上有许多血迹。"小女孩开始尖叫，与勤务兵扭打起来，他只好把她放下来。她马上跑过去抱住其中的一个女人，那是她的母亲。我告诉莱姆利（Lemly）副官，我打算收养这个小女孩，因为是我杀了她母亲。"

一名军医过来检查"美洲马"的伤口。他说这种伤是致命的。酋长"美洲马"只好坐在火前，用毯子盖住他那被子弹打开的腹部，直到他失去知觉、死去。

克鲁克命令米尔斯上尉做好继续向黑山进军的军备。"出发前，"米尔斯说，"莱姆利副官问我是否真的打算带上这个小女孩。我告诉他确实如此，当他说'嗯，你觉得米尔斯太太会喜欢吗？'的时候，我才第一次意识到这是一个问题，于是，我决定把孩子留在原地。"[39]

正当"三星将军"摧毁"美洲马"的村庄时，一些成功逃跑的苏人来到"坐牛"的营地，他们向他汇报遭袭的情况。"坐牛"和高尔总计约有 600 名武士，他们立即过去增援"美洲马"，但去晚了。尽管"坐牛"向克鲁克的士兵发起进攻，但武士们的弹药太少了，因此，在蓝衫军的主力部队不断向黑山进军的时候，白人断后的部队很轻松地就抵挡住了印第安人。

士兵们离开后，"坐牛"和他的武士们走进"美洲马"的村庄，救出了幸存者，并埋葬了死者。"我们到底做了什么白人不希望我们做的事？""坐牛"问道，"我们一直在这片地方奔来跑去，但他们一直追击我们，从一个地方追到另一个地方。"[40]

为了尽量远离士兵，"坐牛"带着他的人沿着黄石河北上，那里可以找到野牛。在"叶落之月"，高尔带着一个狩猎队出去打猎时遇到了美国陆军的一队马车，后者正在过黄石河。士兵们是在为他们正在建造的一个新堡垒运送物资，它位于舌河流入黄石河的河口（堡垒名叫基奥堡，以在小比格霍恩山被杀的迈尔斯·基奥上尉的名字命名）。

高尔的战士在格伦代夫溪（Glendive Creek）附近伏击了车队，俘获了 60 头骡子。"坐牛"一听到马车和新堡垒的消息，304

就派人去叫混血儿约翰尼·布吕吉埃（Johnny Brughiere）到他的营地来。布吕吉埃知道怎么写字，"坐牛"让他在一张纸上写下他要对士兵指挥官说的话：

> 我想知道你们在这条路上干什么。你们把野牛都吓跑了。我想在这个地方打猎。我要你们从这里离开。如果你们不这样做的话，我会再跟你们战斗的。我要你离开这里，从这里转身回去。我是你们的朋友。
>
> ——"坐牛"[41]

车队指挥官埃尔韦尔·奥蒂斯（Elwell Otis）上校收到这封信后，立即派了一个侦察兵给"坐牛"回信。奥蒂斯说，士兵们要去基奥堡，还有更多的士兵会加入他们。如果"坐牛"想打仗的话，士兵们愿意奉陪。

"坐牛"不想打仗，他只想自由自在地捕猎野牛。他派了一个拿着白旗的武士过去，要求和指挥官谈谈。这时，纳尔逊·迈尔斯上校和更多的士兵已经追上了车队。自从夏末以来，迈尔斯一直在寻找"坐牛"，于是他立刻同意进行谈判。

10 月 22 日，他们分别在一队士兵和一队武士的陪同下见面。迈尔斯是由一名军官和五名士兵护送过来的，"坐牛"则由一名副手和五名武士护送。天很冷，迈尔斯穿着一件饰有熊毛皮的大衣。他一出现，印第安人就以"熊皮大衣"来称呼他。

双方没有说什么客套话，也没有进行什么友好的抽烟仪式。由约翰尼·布吕吉埃充当翻译，"熊皮大衣"直奔主题，指责"坐牛"总是与白人及其生活方式作对。"坐牛"承认他不喜欢白人，但只要白人不来骚扰他，他也不想与他们作对。"熊皮大衣"想知道"坐牛"在黄石一带做什么。这是一个愚蠢的问题，但是洪克帕帕人很有礼貌地回答了：他正在捕猎野牛，为他的人民提供食物和衣服。接着，"熊皮大衣"提了一句洪克帕帕人的保留地的问题，但"坐牛"根本没有接茬。他说，他会在黑山过冬。谈判没有任何结果，但两人同意第二天再次见面。

在第二次会议上，很快出现了一连串的分歧。"坐牛"一开始就说，只有在士兵们来进攻他时，他才和他们发生过战斗。他承诺，如果白人将他们的士兵和堡垒从印第安人的领地内撤走，那么，就不会再发生更多的战斗了。"熊皮大衣"回答说，除非苏人都进入保留地，否则，他们是不会得到和平的。听到这话后，"坐牛"生气了。他宣称伟大的神灵让他成为一个印第安人，而不是成为一个归印第安事务处管理的印第安人，他也不打算成为那样的印第安人。之后，他立即中断了会议，回到了武士们那里，并命令他们赶紧分散开来，因为他怀疑"熊皮大衣"的士兵会试图攻击他们。士兵们确实开火了，洪克帕帕人又一次不得不在这片土地四下奔波。

到1877年春天，"坐牛"已经厌倦了奔波。他认为在"上父"的国家里，已经没有足够的空间让白人和苏人共处。他会带着他的人民到加拿大去，到祖母维多利亚女王的领地上生活。出发之前，他去找了"疯马"，希望能说服他带着奥格拉拉人和他一起过去。但是"疯马"的人为了躲开士兵而分散在各处，"坐牛"根本找不到他们。

在那几个寒冷之月，克鲁克将军也在寻找"疯马"。这次，克鲁克召集了一支由步兵、骑兵和炮兵组成的庞大军队。而且，他带了足够多的口粮，它们装满了 168 辆货车，同时带足了火药和弹药，由 400 头骡子驮着。"三星将军"这支浩浩荡荡的部队，就像一群灰熊一样席卷了粉河地区，并摧毁了沿途所有的印第安人。

士兵们一路寻找"疯马"，但他们首先找到了一个夏延人的村庄，那是"钝刀"的村庄。这些夏延人中的大多数都没有参加过小比格霍恩河的战斗，他们是在军队占领了"红云"的事务处并停止向他们提供补给之后，才离开"红云"事务处而去寻找食物的。克鲁克将军派了"三根手指"麦肯齐去进攻这

306 个有 150 间小屋的村庄。

当时正值"鹿发情之月"，天气非常寒冷，背阴处到处都是厚厚的雪，开阔地带的雪上面还结了一层冰。麦肯齐在夜间带领士兵进入了进攻阵地，并在第二天黎明时分袭击了夏延人。波尼雇佣兵最先发起了进攻，进攻之时，他们骑着麦肯齐从苏族保留地抢来的快马。他们把夏延人堵在他们的小屋里，许多夏延人刚醒来就被杀死了。其他夏延人则赤身裸体地跑到刺骨的寒流之中。武士们试图与士兵们搏斗。冲在最前面的那些武士争取了足够多的时间，好让妇女和孩子们逃走。

北夏延人的一些最优秀的武士在最初激烈的战斗中牺牲了，"钝刀"的长子也是其中之一。"钝刀"和"小狼"最终设法在峡谷的上方组织了一条防线，但他们的弹药很快就耗尽了。"小狼"中了七枪后才和"钝刀"撤退，去追赶逃往大角山方向的妇女和孩子。在他们身后，麦肯齐放火烧了他们的小屋，之后，他将俘获的马赶到峡谷边上，命令手下开枪把它们都打死了，正如在帕洛杜罗峡谷处理科曼奇人和基奥瓦人的马那样。

对于"钝刀"手下的夏延人来说，这次逃亡和"双月"手

下的夏延人在 3 月遭到"老鹰"酋长雷诺兹的突袭之后的那次逃亡，可以说如出一辙。不过，这一次天气更冷，而且他们只有几匹马，几乎没有毯子、长袍，甚至连鞋子都没有。和"双月"的人一样，他们只知道一个避难所——博克斯埃尔德溪（Box Elder Creek）边"疯马"的村庄。

在逃亡的第一个晚上，十二个婴儿和几个老人被冻死了。第二天晚上，他们宰杀了一些马，取出它们的内脏，将小孩子塞到马腹里面去，以防他们被冻僵。老人们则把手脚伸进去，放在孩子们旁边。他们在冰天雪地里跋涉了三天，光着脚留下了长长的血迹，最后终于来到了"疯马"的营地。

"疯马"给"钝刀"的人送上食物、毯子和住所，但告诉他们做好再次逃跑的准备。奥格拉拉人没有足够的弹药来投入战斗。"熊皮大衣"迈尔斯正在北边搜索他们，"三星将军"克鲁克则从南方过来了。为了生存，他们必须再次逃亡。

在"树木爆裂之月"（Moon of Popping Trees），"疯马"沿着舌河将营地向北转移到了离新建成的基奥堡不远处，"熊皮大衣"的士兵正在那里过冬。寒冷和饥饿对于孩子们和老人们来说是难以忍受的，一些酋长告诉"疯马"，是时候去和"熊皮大衣"谈判了，看看他到底想让他们做什么。他们的妇女和孩子哭着喊着要吃的，渴望得到温暖的庇护所，他们不想再颠沛流离了。"疯马"知道"熊皮大衣"想把他们囚禁在保留地，但他同意如果酋长们愿意，他们可以去。他带着大约三十个酋长和武士出发了，来到了离堡垒不远的一座小山上。八个酋长和武士自告奋勇地骑马到城堡中去，其中一人拿着一根顶端系着一块大白布的长矛。当他们靠近要塞时，"熊皮大衣"手下的乌鸦人雇佣兵冲了出来。乌鸦人无视停战旗而直接向苏人开

307

火了。八个人中，只有三个人逃回来了。一些在山上观望的苏人想骑马冲过去报复乌鸦人，但"疯马"坚持让他们赶快回到营地。他们得收拾行装再次逃跑了。既然"熊皮大衣"知道附近有苏人，那么他一定会冒着风雪来搜捕他们的。

1877 年 1 月 8 日早上，"熊皮大衣"在巴特尔比尤特（Battle Butte）追上了他们。他命令士兵在一英尺深的雪中冲锋。"疯马"已经没有能够保卫他的人民的弹药了，但他手下有一些优秀的军事酋长，他们有丰富的经验来迷惑和打击士兵，而印第安人的大部队则翻过狼山脉（Wolf Mountains）逃往大角山了。"小大人""双月"和"驼峰"齐心协力，诱使部队进入了峡谷。他们把穿着笨重冬装的士兵们困在那里达四个小时之久——从结冰的悬崖上跌跌撞撞地往下摔。那时，天下起了雪，到了下午的早些时候，暴风雪变得很猛烈。"熊皮大衣"受够了，带着士兵撤退回了温暖的基奥堡。

借着冰雪的掩护，"疯马"带着印第安人来到他们熟悉的308 小粉河地带。他们于 2 月在那里安营，靠着他们找到的猎物过活。这时，送信人员带来了"斑点尾巴"的消息：一群布鲁莱人从南边过来了。营地里的一些印第安人认为，或许"斑点尾巴"厌倦了在保留地上被人告诉该做什么的生活，因此逃了出来，但"疯马"更清楚情况。

在寒冷的冬季，"三星将军"克鲁克带着士兵离开雪地，回到费特曼堡。在等待春天到来的时候，他去拜访"斑点尾巴"，并向他保证，如果布鲁莱酋长愿意作为和平使者去寻找"疯马"并说服他投降的话，那么，苏人保留地就不必转移到密苏里河。这就是"斑点尾巴"来"疯马"营地的目的。

在"斑点尾巴"到来之前，"疯马"告诉父亲他要出去一

30. "小大人"。照片来自美国陆军通信兵部队。

趟。他让父亲去和"斑点尾巴"握手，并告诉他，只要天气好转，妇女和儿童可以上路了，奥格拉拉人就会过去投降。然后，他独自去了大角山。"疯马"还没有想好是否要投降，也许他会让他的人民去投降，而他自己则会一个人待在粉河地区，像一头离开牛群的老野牛那样。

"斑点尾巴"到来后，他猜到"疯马"是在刻意躲着他。他派人出去寻找这位奥格拉拉人的酋长，但"疯马"已经消失在茫茫雪地中了。然而，在回到内布拉斯加州之前，"斑点尾巴"说服"大脚"带着明尼康茹人投降，并且他还得到了"摸云"（Touch-the-Cloud）和其他三个酋长的承诺，说他们会在春天的早些时候把他们的人带到"斑点尾巴"的印第安事务处。

4月14日，"摸云"来到"斑点尾巴"的事务处投降，随行的还有大量来自"疯马"村庄的明尼康茹人和圣阿尔克人。就在这之前的几天，"三星将军"克鲁克又派"红云"出去寻找"疯马"，并向他保证，只要他投降，他可以在粉河地区获得一片保留地。4月27日，"红云"找到了"疯马"，并把"三星将军"的承诺对他说了。"疯马"的900个奥格拉拉人正饿着肚子，而且武士们也没有弹药了，马又瘦又虚弱。一听说可以在粉河地区得到一片保留地，他就立即同意去罗宾逊堡投降。

苏族最后一位军事酋长现在成了一名保留地印第安人，他下了战马、被解除了武装，对他的人民也不再拥有任何权力，他成了军队的一名俘虏，尽管军队从未在战斗中打败过他。然而，他仍然是年轻人心目中的英雄，他们对他的追捧引起了保留地其他一些年长的酋长们的嫉妒。"疯马"仍旧和大家保持着距离，他和他的追随者之所以坚持活着，就是在等"三星将

31. "疯马"。没有任何经过确认的"疯马"的真实照片存世，但是"阿莫斯斯坏心公牛"（Amos Bad Heart Bull）用象形技艺画的这幅画描述了他在罗宾堡被迹堡被杀的情景。摘自《奥格拉拉苏人的象形文字史》，内布拉斯加州大学出版社，版权所有©1967。经特别许可后使用。

311

军"兑现他的诺言：在粉河地区给他一片保留地。

夏末，"疯马"听说"三星将军"想让他去华盛顿和"上父"开会。"疯马"不肯去。对于此前已经承诺过的保留地，他认为没有再谈论的意义。他见过那些曾去过华盛顿"上父"家中做客的酋长们的遭遇；他们回来的时候，因为沾染上了白人的生活习气而变得肥头大耳，没有一点英武之气。他不喜欢"红云"和"斑点尾巴"身上的变化，他们也知道这一点，因此同样不喜欢他。

8月，有消息传来，住在夏宁山脉（Shining Mountains）的内兹珀斯人（Nez Percés）正在与蓝衫军作战。在事务处，小军官开始征召印第安武士，以对内兹珀斯人展开侦查。"疯马"告诉年轻人，不要去与远处的其他印第安人为敌，但有些人根本不听，他们被士兵收买了。8月31日，在这些前苏族武士穿上蓝大衣准备出发的那天，"疯马"感觉非常厌恶，他说他要带着他的人北上到粉河地区去。

"三星将军"从印第安事务官那里听说这个情况后，命令八个连的骑兵赶赴位于罗宾逊堡外的"疯马"营地，计划将他逮捕。然而，在士兵们到达之前，"疯马"已经得到了朋友们的通风报信。他不知道士兵们过来的目的，于是，他让他的人都分散开去，然后他独自一人前往"斑点尾巴"的事务处，想找他的老朋友"摸云"帮忙。

士兵们在那里找到并逮捕了他，同时告诉他，他们要带他回罗宾逊堡见"三星将军"。到达罗宾逊堡后，"疯马"被告知，那天已经太晚了，他已经无法和"三星将军"谈话了。他被交由詹姆斯·肯宁顿（James Kennington）上尉和事务处的一名警察看管。"疯马"恶狠狠地瞪了那个警察一眼。原来那个警察正是"小大人"，正是他，不久前还对前来窃取黑山的委员们不屑一顾，还说哪个酋长胆敢第一个提出卖掉黑山，他就会把那个酋长杀掉。而且，同样是这个"小大人"，最近还在狼山的冰坡上和"疯马"并肩战斗，一起对付"熊皮大衣"迈尔斯。现在，白人收买了他，让他当了保留地的警察。

"疯马"跟着上尉和"小大人"，任由他们带他往前走。他当时一定是想通过做梦到真实世界去，以便逃离这个黑暗的影子世界，这里的一切都很疯狂。他们从一个肩上扛着带刺刀的步枪的士兵身边经过，然后来到了一栋建筑物的门口。建筑物的窗户是用铁栏杆封起来的，他能看见铁栏杆后面的人的腿上拴着铁链。这就像一个关押动物的陷阱，"疯马"则像被困住的动物一样猛烈挣扎。"小大人"抓住他的一只胳膊。双方扭打了几秒钟。有人下了命令，接着，二等兵威廉·金托斯（William Gentles）就端起刺刀，猛地一下，深深地刺进了"疯马"的腹部。

那晚，1877 年 9 月 5 日，"疯马"死了，时年 35 岁。第二天拂晓，士兵们把这位死去的酋长的尸体带给了他的父母。他们把"疯马"的尸体放进一个木箱，系在一个由小马拉着的雪橇上，然后拖着来到了"斑点尾巴"的事务处。在那里，他们把他安放在了一个脚手架上。整个"干草之月"，前来哀悼者络绎不绝。然后，在"叶落之月"，一个令人心碎的消息传来了：苏族保留地必须从内布拉斯加州撤出，苏人必须迁移到密苏里河边上一片新的保留地。

1877 年，秋高气爽，士兵们驱赶着长长的印第安人队伍，向东北方向那片贫瘠的土地走去。一路上，有几个部落趁机溜走了，他们转向了西北方向，决心逃到加拿大去，加入"坐牛"的队伍。"疯马"的父母跟着他们一起逃走了，他们随身带着儿子的心脏和骨头。在一个只有他们知道的地方，他们把"疯马"埋在"伤膝溪"。

313

"坐牛"之歌

I - ki - či - ze wa - oŋ koŋ he wa - na he - na - la ye - lo

he i - yo - ti - ye ki - ya wa - oŋ

我一直都是

武士。

现在一切都结束了。

我经过了

一个艰难的时期。

第十三章　内兹珀斯人的大逃亡

1877 年　　1 月 1 日，维多利亚女王被宣布为印度女皇。1 月
25 日，美国国会通过了选举委员会法案，要求重新
计票；海斯和蒂尔顿二人的总统竞选结果仍悬而未
决。2 月 12 日，铁路工人开始罢工，以抗议减薪。2
月 26 日，南方民主党人秘密会见了海斯的共和党代
表，达成了 1877 年妥协，南方民主党同意支持共和
党人，以换取联邦军队从南方撤出并结束重建工作。
2 月 27 日，选举委员会宣布重新计票，计票结果有
利于海斯。3 月 2 日，国会确认海斯当选。3 月 5 日，
海斯宣誓就任总统。4 月 10 日，海斯总统开始从南
部各州撤军，这标志着重建时代的结束。4 月 15 日，
马萨诸塞州的波士顿和萨默维尔之间架设了第一条
商业电话线路。7 月 14 日，大罢工迫使火车停运。7
月 20 日，罢工骚乱在美国蔓延。7 月 21~27 日，军
队镇压了铁路工人，全国大罢工结束。10 月 17 日，
宾夕法尼亚铁路公司和标准石油公司之间签订合同，
石油运输的垄断得到强化。12 月，爱迪生发明留声
机。托尔斯泰的《安娜·卡列尼娜》出版。

316　　白人所言只是一面之词。他们这么做只是为了取悦自己。太多东西都不是真实的。白人说自己的行为才是最好的，而印第安人的行为则是最坏的。

——"黄狼"，内兹珀斯人

大地是在太阳的帮助下创造出来的，它应该保持原样。……这个国家没有分界线，任何人都不应该给它划上分界线。……我看到全国各地的白人都在发财，看到他们想把毫无价值的土地给我们。……大地和我是合二为一的。土地的尺度和我们身体的尺度也是一致的。如果你们能开口说话，请告诉我们，你们是造物主派来和我们谈话的。也许你们认为造物主派你们来这里是为了让你们以自认为合适的方式来处置我们。幸好我不这么认为，否则，我都会误以为你们有权那么处置我。请不要误解我，但要充分理解我对这片土地的热爱。我从来没有说过土地是我的，可以按我的意愿随意处置它。有权处置它的人只能是创造它的人。我认为我有权在我的土地上生活，同时，你们也有权在你们的土地上生活。

——山雷（"约瑟夫"酋长），
内兹珀斯人

1805 年 9 月，路易斯和克拉克从落基山脉向西行进时，整个探险队都半饥半饱，还得了痢疾——身体虚弱得无法自卫。他们当时在内兹珀斯人（这个名字是法国猎人起的，他们发现一些印第安人的鼻子上戴着角贝的壳）的领地内。当时，如果内兹珀斯人愿意的话，他们完全可以终结路易斯和克拉克在克利尔沃特河（Clearwater River）河畔的探险活动，抢走他们的马匹。但相反，内兹珀斯人欢迎美国白人的到来，为他们提供了食物，并且，当这些探险者乘着独木舟继续朝太平洋海岸前进的时候，他们帮忙照看了他们的马几个月。

内兹珀斯人和美国白人之间长久的友谊就是这样开始的。 317
70 年以来，这个部落一直都在吹嘘没有一个内兹珀斯人杀过一个白人。但白人对土地和黄金的贪婪，最终打破了这种友谊。

1855 年，华盛顿领地总督艾萨克·史蒂文斯（Isaac Stevens）邀请内兹珀斯人参加了一次谈判。"他说这个国家有很多白人，而且还会有更多的白人过来；他希望在这块土地上专门划出一块，这样印第安人和白人就可以分开了。他说，如果要让他们保持和平，就必须给印第安人单独划出一块地，同时，印第安人必须留在里面。"

被白人称作"老约瑟夫"的酋长图卡卡斯（Tuekakas）告诉史蒂文斯总督，大地不属于任何一个人，一个人不能出售他并不拥有的东西。

总督无法理解"老约瑟夫"的这种态度。他敦促"老约瑟夫"签署条约，并接受作为签约礼物的毛毯。"把你的文件拿走，"酋长回答，"我是不会用我的手碰它的。"

被白人称为律师的阿莱娅（Aleiya）签署了条约，其他几个内兹珀斯人也签署了条约，但"老约瑟夫"把他的人带回了瓦洛厄河谷（Wallowa Valley）的家中。瓦洛厄河谷是一个绿油油的山谷，有蜿蜒的河水、宽阔的草地、山林和透亮的蓝色湖泊。"老约瑟夫"的内兹珀斯人养了许多很好的马和牛，住在很好的房子里，当他们需要从白人那里得到任何东西时，他们就拿这些牲畜去交换。

第一份条约签署后才几年，政府官员再次蜂拥至内兹珀斯人的地区，想要更多的土地。"老约瑟夫"警告他的人民不要再接受政府的礼物，甚至一条毯子也不要去拿。"过一段时间，"他说，"他们会说你们已经接受了他们出的价钱，把土地出售给他们了。"[1]

1863 年，一项新的条约被呈交给内兹珀斯人，它夺走瓦洛厄河谷和其余四分之三的土地，只留下现在爱达荷的一小块保留地。"老约瑟夫"拒绝签署条约，但律师和其他几个酋长——他们中没有一人曾经在蜿蜒河谷（Valley of Winding Waters）① 居住过——签署了放弃他们人民的土地的条约。"老约瑟夫"称之为"小偷条约"，他非常生气，以至于撕毁了一名白人传教士递给他的《圣经》，后者想让他皈依基督教。为了让白人知道他仍然拥有瓦洛厄河谷，他在他的人民居住的土地的边界围了许多木桩。

不久之后，"老约瑟夫"去世了（1871 年），部落酋长的位子传给了他的儿子山雷，也就是"小约瑟夫"，那时他大约 30 岁。当政府官员命令内兹珀斯人离开瓦洛厄河谷而迁移到拉普怀（Lapwai）保留地时，"小约瑟夫"拒绝服从。"无论是律师

---

① 即瓦洛厄河谷。——译者注

32. "约瑟夫" 酋长，内兹珀斯人。来自国家档案馆。

还是其他酋长，都无权出售这块土地，"他说，"它一直属于我的人民。这是我们的祖辈传下来的，只要我们印第安人的心中尚存一滴温暖的血，我们就会保卫这片土地。"[2]他请求"上父"尤利西斯·格兰特让他的人民留在他们一直居住的地方，于是，在 1873 年 6 月 16 日，总统发布了一项行政命令，要求白人定居点从瓦洛厄河谷迁出。

很快，新的一批委员过来了，他们开始在山谷中建立一个新的印第安事务处。其中一人提到了建立学校会对"约瑟夫"的人民有好处。"约瑟夫"回答内兹珀斯人不想要白人学校。

"你为什么不想要学校？"那个委员问道。

"学校教导我们要有教堂。""约瑟夫"回答。

"你不想要教堂吗？"

"是的，我们不想要教堂。"

"你为什么不想要教堂？"

"教堂会让我们因为上帝而争吵，""约瑟夫"说，"我们不想学那种东西。我们有时会和人因为世上的事而争吵，但我们从不因为上帝而争吵。我们不想学习那方面的东西。"[3]

与此同时，白人定居者正在侵占山谷，他们的眼睛紧盯着内兹珀斯人的土地。附近的山上发现了黄金。淘金者偷走了印第安人的牲畜，牧场主则偷走了印第安人的牛，并给它们打上烙印，这样印第安人就无法说牛是他们的了。白人政客前往华盛顿，说了大量关于内兹珀斯人的谎言。他们指控印第安人对和平构成了威胁，并偷窃定居者的牲畜。这完全是颠倒黑白，但正如"约瑟夫"所说的："我们没有可以在法律委员会面前为我们辩护的朋友。"[4]

在承诺把瓦洛厄河谷永远留给"约瑟夫"的人民两年后，　320
"上父"又发布了一个新的公告，重新允许白人到河谷定居。
内兹珀斯人被要求在"合理的时间内"迁移到拉普怀保留地。
"约瑟夫"并不打算放弃他父亲传给他的河谷，但在 1877 年，
政府派"独臂军官"——霍华德将军——将瓦洛厄地区所有的
内兹珀斯人赶出河谷。

在以公正的态度和科奇斯及其手下的阿帕奇人打了四年交
道后，奥利弗·奥蒂斯·霍华德慢慢认识到，军队容不下任何
"印第安人的同情者"。现在，他来到了西北部，决心通过迅
速、严格地执行命令来恢复他在军队中的地位。私下里，他对
信任的朋友们说："从'约瑟夫'和他的内兹珀斯印第安人部
落手中夺走河谷是一个巨大的错误。"但在 1877 年 5 月，他叫
"约瑟夫"来拉普怀开会，以便确定他们必须交出那片土地的
日子。

"约瑟夫"选择了"白鸟"（White Bird）、"窥镜"（Looking
Glass）、他弟弟奥洛科特（Ollokot）以及瓦洛厄的先知"羚羊"
（Toohoolhoolzote）和他一起去拉普怀。先知是一个个子很高、脖
子很粗、长得非常丑的印第安人，但他非常雄辩。"那个人简直
就是一个从地狱里逃出来的逃犯。"一个白人这样说起他。会议
在拉普怀堡警卫室对面的一座大楼里举行。会议开始后，"约
瑟夫"让"羚羊"代表瓦洛厄的内兹珀斯人发言。

"一部分内兹珀斯人放弃了他们的土地，"先知说，"但我
们从来没有。大地是我们身体的一部分，我们永远不会放弃
大地。"

"你很清楚，政府已经划出了一块保留地，印第安人必须
到保留地去。"霍华德这样说道。

"是什么人假装在那里分割土地，并把我们安放在上面？""羚羊"问道。

"我就是那个人。"霍华德开始发脾气了，"我的命令是很明确的，必须执行。"

先知继续挑战这位"独臂军官"，质问他：如果这块土地是内兹珀斯人的祖先传下来的，那它怎么可能属于白人呢。"我们来自大地，我们的身体最终必须回归我们的大地母亲。"他说。

"我不想冒犯你的宗教，"霍华德不耐烦地回答，"但你必须谈谈实际的事情。我听你说大地是你们的母亲、你们是大地的酋长已经不下二十遍了。我再也不想听了，请马上谈正事。"

"谁能在我自己的领地上命令我该做什么？""羚羊"反驳道。[5]

双方就一直这样争论着，最后，霍华德觉得自己有必要来硬的了。他下令逮捕先知并把他关押在警卫室，然后，他直截了当地对"约瑟夫"说，内兹珀斯人必须在三十天内从瓦洛厄河谷迁移到拉普怀保留地。

"我的人民一直都是白人的朋友，""约瑟夫"说，"你为什么只给我们这么短的时间？我无法在三十天内做好搬家的准备。我们的牲口很分散，而且蛇河（Snake River）的水位很高。让我们等到秋天河水水位变低的时候，再搬过去吧。"

"你们耽搁哪怕一天，"霍华德厉声回答，"士兵们都会立即把你们赶到保留地去，到那时，你们在保留地之外的所有牛马，都会落入白人手中。"

"约瑟夫"知道别无选择了。让不到 100 名的武士来保住河谷是完全不可能的。他带着部属回到家里的时候，发现士兵们已经在那里了。他们连忙开了一次会，会上大家决定立即收拾东西，搬到拉普怀保留地去。"白人很多，我们不能和他们待在一起。我们像鹿，他们则像灰熊。我们的国家很小，而他们的国家很大。我们愿意让事物保持伟大的神灵所创造的状态。但他们却不是这样的，只要他们觉得不合适，他们就会动手去改天换地。"[6]

在长途跋涉开始之前，有些武士谈论要与白人一战，而不是像狗一样被赶出自己的出生地。从警卫室出来后，"羚羊"说只有鲜血才能洗刷"独臂军官"给他带来的耻辱。然而，"约瑟夫"主张继续保持和平。

为了满足霍华德将军的最后期限，他们不得不把大部分家畜留在河谷。他们来到蛇河边时，山里的积雪融化了，河水很湍急。他们奇迹般地用野牛皮筏将妇女和孩子送到了对岸，没有发生严重的事故，但在他们自己过河时，一群白人过来偷走了一些等待过河的牛。然后，当他们急忙把牲畜赶过河时，许多牲畜都被湍急的水流冲走了。

酋长们比以往任何时候都愤怒，要求"约瑟夫"在落基峡谷（Rocky Canyon）停下来，并召开一次会议。"羚羊"、"白鸟"和奥洛科特都认为应该与白人战斗。"约瑟夫"对他们说"宁可和平地生活，也不要发动战争，然后倒在地上死去"。其他人都说他是懦夫，但他拒绝让步。

当他们在峡谷中安营时，有一天晚上，一小队武士溜走了，等他们回来后，内兹珀斯人再也不能声称他们从未杀死过一个白人了。武士们杀了十一个人，以此来报复白人偷走他们牲畜、将他们赶出河谷。

像许多热爱和平的印第安酋长一样，"约瑟夫"现在被夹在白人的压力和他那绝望的人民的愤怒之间，左右为难。他选择和他的人民站在一起。"只要我做得到，我愿意献出我自己的生命来阻止我的人民杀害白人。我责怪我的年轻人，我也责怪白人。……如果可能的话，我会带着我的人去野牛地带（蒙大拿），而不是与白人打仗。……我们转移到了16英里外的白鸟溪（White Bird Creek），在那里扎营，打算在再次出发之前归拢我们的牲畜；但是，士兵们对我们发起了进攻，第一场战斗打响了。"[7]

尽管与白人士兵的人数比是一比二，内兹珀斯人还是设法在6月17日将霍华德的士兵引入了一个他们在白鸟峡谷（White Bird Canyon）设置的陷阱，然后从侧翼向他们发起冲锋，最终消灭了三分之一的士兵，并击退了其余的士兵。十天后，"独臂军官"集结了大量的增援部队前来战斗，但是内兹珀斯人借着山野的掩护偷偷地溜走了。在一系列精明的军事行动中，"约瑟夫"战胜了前来追击的士兵，重创了他们的一支先遣分队，并一路赶往克利尔沃特河。"窥镜"酋长正带着更多的武士在那里等他。

内兹珀斯人的队伍现在总计有250名武士、450名非战斗人员，同时还带着他们的行李和2000匹马。在白鸟峡谷的战斗中，他们缴获了不少步枪和弹药。

撤离克利尔沃特河（他们的父辈曾在那里欢迎白人文明的先驱者路易斯和克拉克）之后，"约瑟夫"召集酋长们开了一次会。他们都清楚自己再也无法回到蜿蜒河谷了，也不可能在抵达拉普怀保留地之后不遭受任何惩罚。他们只剩下一条路可走：那就是逃往加拿大。苏人的"坐牛"已经逃到那片祖母（英女王）的土地上了，美国士兵不敢冲到那里去杀他。如果内兹珀斯人能到达洛洛小径（Lolo Trail），穿越比特鲁特山脉（Bitterroot Mountains），他们或许就能够成功地逃到加拿大。

因为内兹珀斯人常年习惯于翻过比特鲁特山脉到蒙大拿去狩猎，所以他们很快就把载满行李的霍华德的军队远远地甩在身后。7 月 25 日，当他们沿着洛洛溪（Lolo Creek）河口附近的峡谷前进的时候，侦察兵发现前方有士兵。蓝衫军正用圆木在峡谷出口的一个狭窄地段构筑路障。

"约瑟夫""窥镜"和"白鸟"举着白旗，骑马来到那道工事前，不露声色地下了马，并与指挥官查尔斯·罗恩（Charles Rawn）上尉握了手。酋长们注意到营地里大约有 200 名士兵。

"如果你愿意放我们过去的话，我们可以平静地从你们身边走过去，""约瑟夫"对上尉说，"但是，我们无论如何都要过去。"[8]

罗恩告诉"约瑟夫"，他们只有放下武器才能从这里通过。"白鸟"回复说他们的武士是永远都不会那样做的。

罗恩上尉知道霍华德将军正从西面赶来，约翰·吉本（John Gibbon）上校率领的另一支大部队则正从东边赶来，因此，他决定拖延时间。他建议他们第二天再见面讨论是否让他们通过的问题。酋长们表示同意，但为期两天的谈判一直没有取得结果，内兹珀斯酋长们决定不再等下去。

7 月 28 日清晨，"窥镜"让武士们躲入了峡谷比较高的那一侧山坡的树林中。与此同时，"约瑟夫"带领非战斗人员和牲畜沿着另一条山沟爬上了山顶，等罗恩上尉发现内兹珀斯人的动静之后，内兹珀斯人已经绕过了他在峡谷中设置的那道障碍。上尉去追赶印第安人，但在与"约瑟夫"手下负责断后的武士们发生了几次小冲突之后，他决定不再冒险投入全面的战

324

斗，而是回到他那道现在已经毫无用处的工事。

酋长们认为他们已经摆脱了霍华德，但他们不知道吉本的军队正在朝他们逼近，所以，他们错误地决定向南到自己熟悉的狩猎区比格霍尔（Big Hole）。在那里，他们可以让马休息一下，并狩猎野生动物。如果白人不来打扰他们的话，也许他们就不必到祖母的领地去与"坐牛"会合了。

8月9日晚上，"单跛脚军官"（吉本上校）带领一支由当地的志愿兵和一些骑着马的步兵组成的部队过来了，并隐藏在一个山坡上，那里可以俯瞰内兹珀斯人在比格霍尔河边上的营地。天快亮时，志愿兵问吉本在进攻中是否接受俘虏。吉本回答说他不想要印第安人俘虏，无论男女都不要。凌晨的空气很冷，士兵们靠威士忌来暖身子，有几个人都喝醉了。天一亮，吉本就下令发起进攻。步兵先扫射了一通，然后向内兹珀斯人的营帐冲去。

听到枪声时，15岁的考托利克斯（Kowtoliks）正在睡觉。"我从毯子里一骨碌地跳了起来，跑了大约三十英尺，然后就扑倒在地，双手双膝着地，继续爬行。一个名叫帕西康米（Patsikonmi）的老妇人从帐篷里走了出来，跪在地上，也以同样的方式爬着。她在我左边，胸部中枪了。我听到子弹打中她的声音。她对我说，你最好不要待在这里。跑吧，我中枪了。然后，她就死了。我拼了命地跑，躲进了灌木丛。士兵们到处开枪。只要在帐篷里或者任何地方看到任何印第安人，他们都会开枪，我看到小孩子被他们打死了，男人们在雨点般的子弹前倒下了。"[9]

另一个十几岁的名叫"黑鹰"的男孩，是被打穿他家帐篷的子弹吓醒的。他吓得赶紧跑了起来，跳进河里，但河水太冷

了。他又爬上了岸，把马赶上了一道山坡，士兵们没有注意到，　325
所以部落的马被保住了。

　　与此同时，印第安人已从遭袭的初步恐慌中回过神来了。
在"约瑟夫"指挥大家去营救非战斗人员时，"白鸟"则指挥
武士们进行反击。"打！打倒他们！"他大声命令道，"我们的
射击能力和士兵一样好。"[10]事实上，内兹珀斯人的枪法比吉本
手下的人更准。"我们那时已经冲到士兵们中间了，""黄狼"
说，"他们被吓坏了，赶紧往河对岸跑去。他们表现得好像喝
醉了一样。我们认为有些人之所以被打死了，是因为他们喝
醉了。"

　　当士兵们试图架设起一门榴弹炮时，内兹珀斯人蜂拥而来，
夺走了大炮，并将它破坏了。一个武士端着步枪对准了吉本上
校，在那之后，上校就变成了"双跛脚军官"。

　　那时，"约瑟夫"已经让整个营地动起来了。在几个武士
把吉本的士兵压制在一个由圆木和巨石构筑成的防线后面时，
内兹珀斯人又开始了逃亡。他们背朝加拿大往南边逃去，因为
他们认为这是摆脱追兵的唯一出路。武士们杀死了30名士兵，
打伤至少40名士兵。但在吉本无情的黎明袭击中，80名内兹
珀斯人被打死，其中超过三分之二是妇女和儿童，他们的尸体
上布满弹孔，头颅被靴后根和枪托砸碎了。"空气中弥漫着悲
伤的气氛，""黄狼"说，"有些士兵真的表现得很疯狂。"[11]

　　如果不是霍华德将军带着一支新的骑兵部队前来营救的话，
内兹珀斯人的后防部队很可能会饿死并杀死吉本的路障士兵。
武士们匆忙撤退，追上了"约瑟夫"，警告他"独臂酋长"又
在跟踪他们。

　　"我们已经尽可能快地撤退了，""约瑟夫"说，"六天后，

霍华德将军又逼近了我们，我们只好出去攻击他，几乎缴获了他所有的马和骡子。"[12]实际上，印第安人缴获的大多是骡子，但那些骡子驮着霍华德的补给和弹药。8月22日，印第安人穿过塔吉山口（Targhee Pass）进入了黄石公园，把霍华德的士兵们甩在身后。

就在五年前，华盛顿的大议会把黄石地区定为美国的第一个国家公园，而1877年的夏天，第一批美国游客就正在这个公园游览自然奇观。其中就包括"大武士"谢尔曼，他来到西部视察，想搞清楚数量不到300的内兹珀斯武士——还带着一群妇女和孩子，是怎么把整个西北部的军队耍得团团转的。

当谢尔曼得知逃跑的印第安人正在穿越黄石公园，几乎就在他豪华营地的视野内时，他开始向四面八方的要塞指挥官下达紧急命令，要在这些鲁莽的印第安武士周围部署一个天罗地网。离那里最近的是第7骑兵团，自从卡斯特带着这个团在小比格霍恩河遭受惨败之后，在一年的时间里，这个团的力量已经得到了恢复。这个团急于通过战胜任何愿意与之战斗的印第安人来恢复荣誉，于是立即从西南方向开赴黄石公园。在9月的第一个星期，内兹珀斯人的侦察兵和第7骑兵团的侦察兵几乎每天都会去对方那里侦察。通过巧妙的移动，印第安人在峡谷溪（Canyon Creek）与第7骑兵团发生了一场小规模的战斗，之后，成功摆脱了该团，并向北逃往加拿大。当然，他们不知道"大武士"谢尔曼已经下令让"熊皮大衣"迈尔斯带着增援部队从基奥堡出发，横插过来，以便挡住他们的去路。

9月23日，几乎每天都在与后防线作战的内兹珀斯人，终于在牛岛渡口（Cow Island Landing）渡过了密苏里河。在接下来的三天里，侦察兵没有报告任何关于追兵的迹象。在第二十九天，他们找到了一个小野牛群。由于缺乏食物和弹药，加上马奔跑了一路，他们决定在熊掌山脉（Bear Paw Mountains）扎营。第二天，在用野牛肉填饱了空肚子之后，他们将尝试再次长征，赶往加拿大边境。

"我们都知道霍华德将军离我们有两天的路程，""黄狼"说，"保持领先并不难。"[13]

然而，第二天早上，两个侦察兵从南边疾驰而来，大喊道："士兵！士兵！"在大家准备逃跑时，另一个侦察兵出现在远处的悬崖上，挥舞着毯子向他们示意：敌人就在我们边上！很快就会发动攻击！

是"熊皮大衣"迈尔斯的骑兵。几小时前，他手下的印第安侦察兵发现了内兹珀斯人的踪迹。30名苏族和夏延侦察兵在这支骑兵队伍中，他们是在罗宾逊堡被蓝衫军收买的，这些年轻的武士背叛了自己的人民，穿上了士兵制服——正是这种行为导致"疯马"被刺杀。

600匹奔腾的马发出的雷鸣般的马蹄声使大地颤抖，但"白鸟"平静地把武士们部署在营地前面。第一波骑兵冲过来时，内兹珀斯武士开火了，他们的火力有着致命的精确性。几秒钟之内，他们就打死24名士兵，打伤42名士兵，成功地挡住了一场疯狂的冲锋。

"我们近距离作战，""约瑟夫"酋长说，"我们在士兵离我们不到二十步的时候才开火，打得他们撤退回了主线，顾不上他们死伤的士兵还在我们手中。我们夺取了他们的武器和弹药。在第一天和第二天晚上，我们总计失去了18名男人和3名妇女。"死者中有"约瑟夫"的弟弟奥洛科特，以及主张对白人强硬的老先知"羚羊"。

夜幕降临后，内兹珀斯人试图向北撤离，但"熊皮大衣"已经在他们的营地周围设置好一条警戒线。武士们彻夜挖掘壕沟，准备迎接士兵们天亮后会发起的第二次进攻。

然而，"熊皮大衣"并没有发起进攻，而是派一个人举着白旗过来了。那人要求"约瑟夫"投降，以便保全印第安百姓的性命。"约瑟夫"酋长说他会考虑一下，并会很快让迈尔斯将军知道他的决定。天开始下雪，武士们希望他们能够借助暴风雪的掩护逃往加拿大。

当天晚些时候，迈尔斯的一些苏族侦察兵又骑着马举着停战旗过来了。"约瑟夫"走上前去迎接他们。"他们说他们相信迈尔斯将军是真诚的，他们真的希望和平。于是，我朝迈尔斯将军的帐篷走去。"

在接下来的两天里，"熊皮大衣"违反了休战约定，把"约瑟夫"给囚禁了。在这段时间里，迈尔斯指挥炮兵重新发起进攻，但内兹珀斯武士们一直坚守阵地；尽管被囚禁了，但"约瑟夫"一直拒绝投降。在这两天里，刮起了一股刺骨的寒风，战场上一阵阵地下起了雪。

第三天，武士们设法把"约瑟夫"给解救了出来。他们抓获了迈尔斯的一名军官，并威胁说除非迈尔斯释放他们的首领，否则他们就要杀了他。不过，就在同一天，霍华德将军和他那支笨重的军队赶来增援迈尔斯了，"约瑟夫"知道自己的武士在日渐减少，注定会失败。当迈尔斯再次派人举着停战旗要求进行和平商谈时，"约瑟夫"同意过去听迈尔斯提出的投降条件。条件简单而直接："如果你们愿意放下你的武器，"迈尔斯说，"我会饶恕你们的命，把你们送到你们的保留地去。"[14]

回到被围困的营地之后，"约瑟夫"最后一次召集他手下的酋长们开了会。"窥镜"和"白鸟"想继续战斗，如果必要的话，就战斗到死。大家战斗了 1300 英里，不能现在放弃。"约瑟夫"勉强同意再考虑一下。那天下午，在持续了四天的围攻战的最后一场小规模进攻中，一名狙击手打中了"窥镜"的左前额，"窥镜"很快就丧命了。

"第五天，""约瑟夫"说，"我去见了迈尔斯将军，把枪交给了他。"他还发表了一篇雄辩的投降演讲，查尔斯·厄斯金·斯科特·伍德（Charles Erskine Scott Wood）① 中尉用英语把它记录了下来。很快，这篇演讲就成了所有美国印第安人的演讲中被引用得最多的一篇：

> 告诉霍华德将军我知道他的心。他对我说的话我一直都在心里记着。我厌倦了打仗。我们的一些首长被打死了。"窥镜"死了。"羚羊"死了。老人们都死了。现在是由年轻一辈说"是"还是"不是"。指挥这些年轻人的那个首长［奥洛科特］死了。天气很冷，我们没有毯子。孩子们被冻死了。我的百姓中有些人逃到山上，没有毯子，没有食物，没有人知道他们会被冻死在哪里。我希望有时间去找我的孩子，看看能找到多少。也许，我会在死去的人中找到他们。听我说，我的酋长们！我累了，我的心又痛又伤心。从现在太阳升起的这一刻开始，我将永不再战斗。[15]

329

天黑后，当投降事宜正得到安排时，"白鸟"和一队不屈

---

① 伍德中尉不久之后离开了部队，成了一名律师、讽刺诗人和散文家。他和"约瑟夫"酋长以及内兹珀斯人打交道的那段经历影响了他后期的生活。他成了一名热心于社会正义的斗士，是被压迫者的捍卫者。——作者注

不挠的武士结队穿过峡谷，开始徒步向加拿大边境行进。第二天，他们进入加拿大境内，第三天，他们看见远处骑着马的印第安人。一个走近的印第安人做了一个手势：你们是哪个部落的印第安人？

内兹珀斯人，他们回答说，你们呢？

对方回答是苏人。

第二天，"坐牛"把逃出来的内兹珀斯人带到了他在加拿大的村庄。[16]

然而，"约瑟夫"酋长和其他人已经没有自由了。军队并没有像"熊皮大衣"迈尔斯所承诺的那样把他们送到拉普怀保留地，而是像牛一样把他们运到了堪萨斯州的莱文沃思堡。在那里，在一片沼泽地上，他们被当作战俘关押起来。在将近100人死去之后，他们被转送到了印第安领地一片贫瘠的平原上。就像莫多克人一样，内兹珀斯人因疟疾和忧伤过度而纷纷生病、死去。

官员和基督教徒经常来拜访他们，对他们表达同情，并无休无止地给各种组织写报告。"约瑟夫"获准前往华盛顿访问，在那里，他会见了政府所有的"大酋长"们。"他们都说他们是我的朋友，"他说，"我将得到公正的对待，但是，尽管他们嘴上都说得挺好，我就是不明白为何什么都没有为我的人民做。……迈尔斯将军答应过我们可以回到自己的领地。我相信了迈尔斯将军的话，否则，我是决不会投降的。"

随后，他动情地呼吁公正地对待内兹珀斯人："我听了很多人说这说那，但什么都没做。光说好听的是没有用的，除非这些话能够转化为某种行动。言语无法补偿我那些死去的人。白人现在占据了我的领地，却没有为此支付任何酬劳。……好

听的话无法给我的人民带来健康，也无法阻止他们死去。好听 330
的话不能给我的人民一个安居乐业的家。我厌倦了空谈。当我
想起所有的好听的话和言而无信时，我心里很不好受。……当
生而自由的人，被禁锢、被剥夺了去他想去的地方的自由时，
你们得小心河水是有可能会倒流的。……我问过一些伟大的白
人首领，他们从哪里获得这种权力：由他们规定印第安人只能
待在一个地方，而白人则可以去他们喜欢的地方。他们无法告
诉我答案。

"让我成为一个自由的人，自由旅行，自由停留，自由工
作，在我自己选择的地方进行自由的贸易，自由选择自己的老
师，自由信奉父辈传下来的宗教，自由思考、说话和行动，我
将遵守每一条法律，若有违反，愿意接受惩罚。"[17]

但是，这些话没有人听。他们把"约瑟夫"送回了印第安
地区，他在那里一直待到1885年。那一年，只有287名被俘虏
的内兹珀斯人还活着，他们中的大多数人不是太年轻，对部落
以前那种自由自在的生活没有记忆，就是年迈多病、精神崩溃，
无法对美国的强大力量构成威胁。一些幸存者被允许返回到他
们在拉普怀的保留地。"约瑟夫"酋长和大约150人被认为太
危险了，不能与他们能够施加影响的其他内兹珀斯人待在一起。
政府把他们运到了华盛顿科尔维尔（Colville）保留地的内斯佩
勒姆（Nespelem），在那里，他们继续过着流亡的生活。当
"约瑟夫"于1904年9月21日去世时，保留地的医生说他死于
"心伤"。

第十四章　夏延人出亡记

1878 年　　1 月 10 日，美国参议院作出了一项决议：举行一次关于妇女选举权的听证会。6 月 4 日，英国从土耳其手中夺走了塞浦路斯。7 月 12 日，黄热病开始在新奥尔良流行，4500 人死亡。10 月 18 日，爱迪生成功地细分电流，使之适合于家庭使用；纽约交易所的天然气股票下跌。12 月，在俄罗斯圣彼得堡，大学生与警察和哥萨克人发生冲突。在奥地利，费迪南德·曼利夏（Ferdinand Mannlicher）发明了带弹匣的连发步枪。大卫·休斯（David Hughes）发明了麦克风。纽约交响乐协会成立。吉尔伯特和沙利文出演了音乐剧《H. M. S. 皮纳福号军舰》①。

---

①　这个音乐剧是以一艘停靠在朴次茅斯港的名为 H. M. S. 皮纳福号军舰（H. M. S. Pinaford）为故事场景而展开的爱情故事。——译者注

我们一直在南方，在那里受了很多苦。许多人死于我们搞不清楚名字的疾病。我们望着出生的地方，渴望回到那里。我们只剩下为数不多的人了，我们只想要一小块地，可以供我们住。我们连夜离开我们的小屋，逃跑了。军队一路追击我们。我骑马过去，告诉军队说我们不想战斗，我们只想北上，如果他们不管我们，我们也不会杀任何人。我们得到的唯一答复是子弹齐射。从那以后，我们不得不奋力战斗，但我们没有去杀任何没有首先向我们开火的人。我的兄弟，"钝刀"，带了一半的人，在罗宾逊堡附近投降了……他们放下了他们的枪，但接下来白人把他们都给杀了。

——"小狼"，北夏延人

我们所要求的一切就是允许我们活着，和平地活着。……　332
我们听从"上父"的意愿搬到了南方。在那里，我们发现没有一个夏延人能够活下去，所以我们回家了。我们认为，与其死于疾病，不如死于战斗。……你们可以在这里杀了我，但你们不可能让我再回去了。我们是不会回去的。唯一能把我们带到那里的方法就是拿棍棒敲碎我们的头颅，把我们拖出去，把死去的我们拖到那里去。

——"钝刀"，北夏延人

我认为，印第安人中的夏延人部落，是我所接触过的许多印第安部落中最优秀的一个。

——"三根手指"（拉纳尔德·S. 麦肯齐上校）

1877 年，在"绿草之月"（Moon of Greening Grass），当"疯马"带着他的奥格拉拉苏人在罗宾逊堡投降时，在冬天加入他的行列的夏延人也放弃了他们的马和武器，把自己交给士兵们处置。夏延人的酋长中包括"小狼""钝刀""站鹿"和"野猪"（Wild Hog）。他们加起来大约有 1000 人。"双月"和350 名夏延人在小比格霍恩河之战后与其他人分开了，他们沿着舌河来到基奥堡，向"熊皮大衣"迈尔斯投降。

来到罗宾逊堡的夏延人希望按照"小狼"与"钝刀"1868年签署的条约，与苏人一起在保留地生活。但是，印第安事务局的事务官们告诉他们，条约规定他们要么住在苏人保留地，要么住在为南夏延人专门划出的另一块保留地。事务官们建议将北夏延人转移到印第安领地去，与他们的近亲南夏延人在一起生活。

333　　"我们的人民不喜欢这种提议，""木腿"说，"我们所有人都想留在这片靠近黑山的地区。但是我们有一个大酋长，'站鹿'，他一直说我们去那里反而更好些。我想在我们整个部落里，认同他的夏延人不到十个。我有一种感觉，他这样说只是为了抬高自己在白人眼中的地位。"[1]

当行政当局正在决定如何处置北夏延人时，罗宾逊堡的蓝衫军军官招募了一些武士担任侦察兵，以帮助他们寻找仍分散在外、不愿接受投降的必然性的部落。

骑兵中尉威廉·P. 克拉克（William P. Clark）说服了"小狼"和他的几个武士为他效力。克拉克出征时总戴着一顶白帽子，于是夏延人给他起了"白帽子"这个绰号。印第安人很快就发现，"白帽子"是真的喜欢印第安人，他对他们的生活方式、文化、语言、宗教和习俗很感兴趣（克拉克后来发表了一篇关于印第安手语的学术论文）。

"小狼"本可以跟着"白帽子"留在罗宾逊堡的，但当华盛顿当局下令将夏延人经陆路转移到印第安领地去时，他决定和他的人民一起过去。临走前，这位忧心忡忡的夏延人酋长要求与"三星将军"克鲁克举行最后一次会议。克鲁克将军试图安抚他们，让他们去看看印第安领地；如果不喜欢，他们可以再回到北方。（至少口译员是这样翻译克鲁克的话的。）

夏延人想让"白帽子"跟着他们一起南下，但军队将护卫任务交给了亨利·W. 劳顿（Henry W. Lawton）中尉。"他是个好人，""木腿"说，"总是对印第安人很好。"[2]他们把劳顿叫作"白高个"。劳顿白天让老人和病人坐在军车里，晚上让他们睡在军用帐篷里，他们为此很高兴。"白高个"确保每个人都得到了足够的面包、肉、咖啡和糖。

南下时，他们远离城镇，沿着熟悉的狩猎路线前进，但他们可以看到平原正在发生变化，到处都是铁路、栅栏和建筑物。他们看到了几个小小的野牛群和羚羊群，"白高个"给由酋长们挑选出来的 30 名武士发了步枪，允许他们出去打猎。

334

在"马换毛之月"从罗宾逊堡出发的夏延人总计有 972人。1877 年 8 月 5 日，其中的 937 人在跋涉了将近一百个日夜之后，终于来到夏延 - 阿拉帕霍保留地的里诺堡。一路上死了几个老人，还有几个年轻人偷偷溜回北边去了。

"三根手指"麦肯齐在里诺堡迎接他们。他收缴了他们的马和仅有的武器，但这次他没有打死他们的马，而是答应他们的事务官，会在他们在新土地上定居并开始耕种之后，把那些马归还给他们。然后，他把夏延人交给了事务官约翰·D. 迈尔斯（John D. Miles）。

　　大约过了一天，南夏延人邀请他们的北方亲戚来参加一个为新来的客人准备的传统的部落盛宴，就在那次宴会上，"小狼"和"钝刀"第一次发现有些事不对劲。盛宴上唯一的东西不过就是一壶清水汤，南夏延人只能拿出这点东西来招待他们。在这片空旷的土地上没有足够的食物——没有野生动物，没有干净的饮用水，事务官也没有为他们提供足够多的口粮。更糟糕的是，夏天酷暑难耐，蚊子和尘土满天飞。

　　"小狼"去找事务官，告诉他他们来这里只是为了看看保留地的情况。现在，他们不喜欢这里，因此准备回到北方去，毕竟"三星将军"克鲁克曾这样答应过。事务官回复说只有华盛顿的"上父"才能决定北夏延人何时以及是否能返回黑山地区。他答应多弄一些食物；同时，一群牛正被从得克萨斯州赶来供他们食用。

　　得克萨斯的长角牛骨瘦如柴，肉和皮一样硬，但至少北夏延人现在可以像他们的亲戚一样煮汤了。夏末，北方人开始犯寒战、发烧和骨头疼等疾病。病人很痛苦，骨瘦如柴地死去。"我们的人民死了，死了，死了，一个接一个地离开了这个世界。"[3]

　　"小狼"和"钝刀"不停地向里诺堡的事务官和军官抱怨，最后，军队派了"白高个"劳顿中尉来北夏延人的营地视察。"他们没有得到足够的食物来填饱肚子，"劳顿报告说，"他们中的许多妇女和儿童因缺粮而生病。我看到发给他们一点东西后，他们说自己不能吃，要把这些东西带给他们的孩子们，孩子们正哭着要吃的。……我发现发给他们的牛肉质量很差，这种肉基本上是不会给任何人吃的。"

　　里诺堡的医生没有奎宁来阻止疟疾的流行，而疟疾正在夺去北夏延人的生命。"他经常因为没有药，只好把办公室锁起来，然后走开，因为他不想自己被印第安人叫过去，到了现场之后却无能为力。"[4]

"白高个"把酋长们召集在一起，不是为了对他们发表讲话，而是想听听他们的看法。"我们是听了克鲁克将军的话才来到南方的，""钝刀"说，"这片地方对我们来说还很陌生。我们希望安顿在一个我们能永久定居的地方，然后送孩子们上学。"

其他酋长和首领对"钝刀"所说的话表示不耐烦。他说话不够强硬。他们进行了简短的磋商，然后选择了"野猪"来代表他们发言。

"自从我们到了这里后，""野猪"说，"我们就没有从事务官那里得到过玉米、硬面包、玉米糁子、大米、豆类或盐；酵母粉和肥皂只是偶尔才有。我们本应得到七天的糖和咖啡，但实际只有三天左右的量；牛肉也差不多。面粉很糟糕，都非常黑了，根本发不起来。"至于肉牛，"野猪"补充说："很多肉牛都一瘸一拐的，看起来马上要被饿死的样子。"

其他的酋长也开始大声说起话来，讲述人民生病和死亡的情况。夏延人同意使用白人的药，但他们找不到能够给他们开药的医生。他们说，如果"白高个"让他们去打猎，他们可以吃野牛肉来恢复健康。

336

只有他们的事务官才有权允许他们去捕猎野牛，劳顿回答说，但他答应请"三根手指"麦肯齐（他当时在希尔堡指挥）来为他们说情。

麦肯齐虽然曾杀戮夏延人和他们的马匹，但现在，他们已经手无寸铁了，因此他对幸存者还是抱有一丝同情的。在收到劳顿中尉的报告后，"三根手指"向谢里登将军强烈地抱怨说：

337

33. "钝刀"。由史密森学会提供。

"我的任务是确保印第安人顺从，而政府却让他们挨饿——而且，政府这种行为是对协议的公然违反。"同时，他建议里诺堡的指挥官约翰·K.米兹纳（John K. Mizner）少校与事务官合作，为夏延人获取口粮。"如果印第安人因饥饿而不顾事务官的意愿跑出去狩猎野牛，不要试图迫使他们返回，否则，军队将成为帮凶。"⁵

直到寒冷的月份来临后，事务官迈尔斯才准许北夏延人出去狩猎野牛，同时，他派一些南方人去监视他们，以确保他们不会骑着他还给他们的马跑到北方去。这次狩猎野牛是一次惨痛的失败，如果不是每个人都饿肚子要吃肉的话，猎人们一定会拿这次行动开玩笑的。南部平原上到处都是野牛的骨头，白人猎人扔下一堆阴森森的野牛骨头。除了几只郊狼，夏延人没有找到其他任何猎物。他们杀死了郊狼并吃了它们的肉，在冬天过去之前，他们不得不吃掉了所有的狗，以补充事务处微薄的牛肉配给。有人说要吃事务官供他们打猎用的马，但酋长们没有允许。如果他们最后决定回到北方去，他们将需要他们能得到的每一匹马。

在这段时间里，"三根手指"和"白高个"一直在尽力为夏延人争取更多的食物，但华盛顿方面没有回应。当被要求作出解释时，新任内政部部长卡尔·舒尔茨（Carl Schurz）表示，"这些细节本质上并不是部长需要知道的。这是印第安事务局的事"。然而，舒尔茨被任命为部长的明确目的就是对印第安事务局进行改革。他宣称，北夏延人的不满情绪是那些想"保持旧传统，不让印第安人工作"的酋长们散播的。他承认拨款不足以购买足够多的口粮，这不符合条约的规定，但希望通过"最大限度的节约"和"谨慎的管理"，印第安事务局可以在仅

338

有少量不足的情况下度过这一年。［当年前往华盛顿的印第安领地的一些酋长们发现，舒尔茨对印第安事务的无知简直让人惊叹。夏延人叫他"马哈伊奇洪"（Mah-hah-Ich-hon），也就是"大眼睛"的意思。他们惊叹于一个拥有如此明亮的大眼睛的人，居然会这么无知。[6]］

随着"暖月"的到来，蚊子开始在保留地的洼地上成群结队，很快，北夏延人又开始发烧、发冷。更严重的是，孩子们中暴发了麻疹。在"红樱桃之月"，葬礼是如此之多，以至于"小狼"觉得酋长们必须去找一下迈尔斯。他和"钝刀"都老了——都五十好几了，他们都清楚发生在自己身上的事没什么大不了的。但是，他们有责任保护年轻人以及部落本身，保护它不被从地球上抹去。

迈尔斯同意和他们见面，"小狼"作为代表发言。"自从我们来到这个地方后，我们每天都有人在死去，"他说，"这对我们来说不是一个好地方，我们希望回到黑山老家去。如果你没有允许我们返回那里的权力，那么，就让我们中的一些人去华盛顿，告诉他们这里的情况，或者你写信给华盛顿，申请让我们回到北方去。"

"我现在不能这么做，"迈尔斯回答说，"再在这里待一年，然后，我们再看看能为你们做些什么。"

"不，""小狼"坚定地说，"我们不能再待一年了，我们现在就要走。用不了一年，我们可能都死了，我们都已经不在世了，还谈什么北上。"

一些年轻人随后请求发言。"我们病得很重，快要死了，"一个人说，"我们死后，都没有人会记住我们的名字。"

"我们将不惜一切代价北上，"另一人说，"如果在战斗中

34. "小狼"。由史密森学会提供。

牺牲了，我们的名字将会被我们所有的人民铭记并流传下去。"[7]

8月，酋长们一直在商议，他们内部也存在分歧。"站鹿""火鸡腿"和其他一些人害怕回到北方去。士兵们会来追击他们、杀掉他们，待在保留地里等死还好一些。9月初，"小狼""钝刀""野猪"和"左手"把他们的部落转移到了离其他人几英里远的地方，这样，一旦决定回北方，他们很快就可以出发。他们每天都在做买卖，把长期以来珍视的东西卖出去，以便换取马匹以及南夏延人和阿拉帕霍人愿意放弃的为数不多的几把旧枪。但他们没有试图愚弄印第安事务官。事实上，当"小狼"下定决心要在"干草之月"北上时，他去见了迈尔斯，告诉他自己要回老家了。"我不想看到血迹。如果你想派士兵来追击我，我希望你能在我稍微远离事务处的时候再这么做。如果你们想打仗，我就跟你打，我们可以在那里血战一场。"

迈尔斯显然不相信酋长们真的会尝试这种不可能的长途跋涉；他推断他们和他一样清楚：军队会过来拦截他们。不过，他还是采取了预防措施，把埃德蒙·格里尔（1864 年在沙溪幸存下来的南夏延人混血儿）派到"小狼"营地去警告他。

"如果你走了，"格里尔对"小狼"说，"你会有麻烦的。"

"我们不想惹麻烦，""小狼"回答说，"我们不想找麻烦。我们只是想回到原来的地方而已。"[8]

在 9 月 9 日的晚上，"小狼"和"钝刀"让他们手下的人收拾好行李，准备在天亮时出发。他们把空空的帐篷抛在了身后，向北翻越沙山——一共有 297 名男子、妇女和儿童。他们中只有不到三分之一的人是武士，是这个骄傲的、注定要失败的部落里最坚强的人。没有足够多的马，他们就轮流骑马前进。几个年轻人骑马走在前面，一边走一边寻找更多的马。

在夏延人数以千计的岁月里，他们的马比平原上的任何部落都多。他们被称为美丽的民族，但无论在南方还是北方，命运都与他们作对。经过二十年的屠杀，他们比野牛更接近于灭绝的状态。

连续三天，他们仿佛被一种共同的意志驱使着，神经紧张，肌肉紧绷，没有让马停歇片刻。9 月 13 日，他们越过了里诺堡以北 150 英里处的锡马龙河，并选了一个四条峡谷交错的地方作为防御阵地。雪松林为武士们提供了极好的掩护。

士兵们在那里追上了他们，他们派了一个阿拉帕霍人到峡谷来谈判。阿拉帕霍人用毯子给他们传递信号，警告夏延人掉头返回保留地。"小狼"现身后，阿拉帕霍人走上前，告诉他带队的军官并不想打仗，但如果夏延人不跟着他回到里诺堡，他们就会遭到攻击。

"我们要往北去，""小狼"回答说，"我们答应来这个地方的时候，我们就被许诺过可以回去。如果可能的话，我们打算和平地北上，途中不伤害或破坏白人的任何财产，除非我们首先受到骚扰，否则，我们不会攻击任何人。如果士兵们与我们作战，我们将与他们作战；如果不是士兵的白人也来参与战斗，我们也将与这些白人作战。"[9]

阿拉帕霍人将"小狼"的话传达给了军官约瑟夫·伦德布罗克（Joseph Rendlebrock）上尉后不久，士兵们就进入峡谷并开始射击。士兵们这样做是愚蠢的，因为夏延人在他们四围的雪松树林中躲着呢。他们整日整夜把士兵困在那里，士兵们没有水喝。第二天早晨，夏延人开始一小队一小队地往北方溜走，士兵们也只能撤退。

从那一刻开始，这场战斗就变成了一场横穿堪萨斯州和内

342　布拉斯加州的持久战。士兵们从各个堡垒里蜂拥而来——骑兵们从华莱士堡、海斯堡、道奇堡、赖利堡和卡尼堡疾驰而来，步兵们则坐着火车在锡马龙和普拉特之间的三条平行铁轨上来回穿梭。夏延人为了继续快速前进，用白人的马替换了疲惫的坐骑。他们试图避免战斗，但牧场主、牛仔和定居者，甚至是小镇上的商人，也加入追捕他们的行列。10000 名士兵和 3000 名白人不断地骚扰着逃亡的夏延人，让防守的武士们不断减少，同时，落在后面的老少都被掳走了。在 9 月的最后两个星期里，士兵们总计有五次追上了他们，但每一次他们都成功逃脱了。他们坚持在崎岖的山路上前进，使得士兵们无法使用马车或带轮子的大炮，然而，他们刚从一队追击的蓝衫军那里逃脱，总是又有另一队士兵追了上来。

在"叶落之月"的头几天，他们穿过联合太平洋铁路，渡过普拉特河，往他们熟悉的内布拉斯加州沙山跑去。"三星将军"克鲁克派出多路部队前来拦截他们，但他承认"要抓住他们就像要抓住一群受惊的乌鸦一样困难"[10]。

早晨，泛黄的草地开始结霜，但在印第安领地漫长而炎热的夏天之后，清新的空气就像一剂补药。六个星期的逃亡使他们的衣服和毯子都破烂不堪，他们也没有足够多的食物；他们仍然缺少马，因此，一半的人只能轮流骑马和跑步。

某一天晚上，在营地，酋长们清点了一下人数。从印第安领地出发的人中，有 34 人失踪了。一些人在战斗中走散了，沿着其他小路向北行进，但大多数人死于白人的子弹。老人们身体虚弱，孩子们饱受食物和睡眠不足的折磨，几乎没有人能走得更远。"钝刀"说，他们应该去"红云"的事务处，请求"红云"给他们食物和住所，以便可以挨过即将来临的"寒冷之月"。在"红云"为粉河地区而战时，他们曾多次帮助他。现在，轮到他帮助夏延人了。

"小狼"对这样的话嗤之以鼻。他要去夏延人的家园，到 343 舌河河谷去，在那里，他们可以找到大量的肉和皮，重新过上夏延人的生活。

最后，酋长们友好地解决了这个问题：想去舌河的人可以跟着"小狼"，那些厌倦了追逐逃亡的人则可以跟着"钝刀"去找"红云"。第二天早上，53个男人、43个女人和38个孩子继续和"小狼"一起向北走。大约150人则跟着"钝刀"转向西北方向——为数不多的武士，还有老人、孩子和伤员。经过一番深思熟虑，"野猪"和"左手"也跟随"钝刀"，目的是和他们的孩子们待在一起，毕竟，他们是这个美丽的民族仅存的坚强的苗子。

10月23日，大草原上下了一场暴风雪，"钝刀"的人离罗宾逊堡只剩两个晚上的路程了。湿漉漉的雪花蒙住了挣扎着行走的人们的眼睛，马也变得浑身雪白，前进速度慢了下来。突然，从呼啸的暴风雪中，一支骑兵队伍像幽灵一样冒了出来。夏延人被包围了。

带队的军官约翰·B.约翰逊上尉派一名翻译上前，迅速安排了一场谈判。"钝刀"告诉上尉他不想惹麻烦，他只想去"红云"或"斑点尾巴"那里，这样一来，他的人就可以找到食物和住所了。

上尉告诉他，"红云"和"斑点尾巴"已经向北转移到达科他了。内布拉斯加州已经没有保留地了，但是罗宾逊堡还没有被关闭。士兵们会带他们到那里去。

起初，"钝刀"反对，但黄昏来临了，冰冷的暴风雪像刀割一样；夏延人冻僵了，饥肠辘辘。"钝刀"只好答应跟着士兵们去罗宾逊堡。

夜幕很快就降临了，士兵们在一条小溪边扎营，驻守在夏延人周围。那天晚上，酋长们彼此不安地交谈着，不知道士兵们会如何处置他们。他们决定拆散最好的步枪和手枪，如果带队的军官命令他们交出武器，他们就把坏枪交给他们。在黑暗的几个小时里，他们把枪拆开，把枪管交给妇女们藏在衣服下面，把弹簧、锁、撞针、子弹和其他一些小零件绑在珠子和鹿皮鞋上，好像它们是装饰品一样。果然，第二天早上，约翰逊上尉命令手下解除夏延人的武装。他们把坏了的步枪、手枪、弓箭放下来堆在一起，上尉让士兵们上前把它们当作纪念品拿走。

10 月 25 日，他们到达了罗宾逊堡，被分配到一个原木营房，它原是为容纳 75 名士兵而建造的。尽管 150 个夏延人住在里面很拥挤，但终于能有个避难所了，他们还是很高兴的。士兵们给了他们毯子、大量的食物和药品，看守营房的卫兵眼中流露出友好和钦佩的神情。

"钝刀"每天都会问哨所指挥官凯莱布·卡尔顿（Caleb Carlton）少校，他们什么时候可以去"红云"的新事务处。卡尔顿告诉他，他们必须等到他接到华盛顿的命令。为了表示对夏延人的同情，他允许几个武士外出打猎，并借给他们一些猎枪和马。他们打回来的猎物寥寥无几；罗宾逊堡周围的大草原空无一物，所有的帐篷早就消失了。不过，夏延人很享受这种无忧无虑的漫游时光，尽管一次只能出去一天。

在"狼群一起奔跑之月"（Moon When the Wolves Run Together）的月初，他们的朋友卡尔顿少校离开了要塞，一个新的指挥官来了，亨利·W. 韦塞尔斯（Henry W. Wessells）上尉。夏延人听到士兵们说他是"飞翔的荷兰人"（Flying Dutchman）①；韦塞尔斯总是在堡垒周围飞奔，监视夏延人，未经通知就进入他们的营地，窥视着各个角落，眼睛四处打探。正是在这个月，也就是白人所说的 12 月，"红云"被从达科他带过来与他们商议。

"我们的心为你们感到难过，""红云"说，"你们的死者中也流淌着我们的鲜血。这让我们的心碎。但是我们能做什么呢？'上父'是万能的。他的人民布满了整片土地。我们必须照他所说的做。我们恳求他允许你们和我们住在一起。我们希望他能让你们来。我们将把我们所拥有的与你们分享。但是记住，他所下达的指示，你们是必须照做的。我们帮不了你们。山上的雪很厚。我们的马也很瘦。猎物很少。你们无法抵抗，我们也不能。所以，你们要听你们的老朋友一言，不要反对'上父'对你们所说的话。"

可以说"红云"在晚年已经变得老态龙钟了。"钝刀"听说他在达科他保留地是被关押起来的。夏延人的酋长站了起来，悲伤地看着这位老苏族兄弟那张布满了皱纹的脸。"我们知道你是我们的朋友，我们可以相信你的话，"他说，"我们感谢你同意让我们分享你们的土地。我们希望'上父'会让我们来找你。我们所要求的就是被允许活下去，和平地活下去。我不想和任何人打仗。我也是一个老人了，我战斗的日子也结束了。

345

---

① "飞翔的荷兰人"是传说中的一艘永远无法返乡的幽灵船，这艘船注定永久地在海上漂泊。据说，如果有船只靠近并和它上面的荷兰人打招呼的话，那些荷兰人往往会被要求给早已死去的人带信。因此，如果哪艘船撞见了"飞翔的荷兰人"，往往会被认为是一种凶兆。——译者注

我们遵从'上父'的意愿，去到他让我们去的遥远的南方。在那里，我们发现没有哪个夏延人能活下去。疾病蔓延在我们中间，每家每户都在哀悼死者。而且，条约中的承诺也未被遵守，我们的口粮一直短缺。那些没有被疾病折磨的人，也被饥饿折磨着。待在那里就意味着我们都会死去。我们向这位'上父'的请愿没有得到理睬。我们认为与其病死，还不如为夺回家园而战。然后，我们就开始行军了。剩下的你都知道了。"

"钝刀"转向韦塞尔斯上尉："告诉'上父'，'钝刀'和他的人民只要求在他们出生的北方终老。告诉他，我们不想再打仗了。我们不能生活在南方，那里没有猎物。在北方，在口粮短缺时，我们还可以打猎。告诉他，如果他让我们待在这里，我'钝刀'的人不会伤害任何人。同时告诉他，如果他想把我们送回南方去，我们就用自己的刀自相残杀。"[11]

韦塞尔斯结结巴巴地说了几句话。他答应会让"上父"知道"钝刀"说了什么。

不到一个月，即1879年1月3日，韦塞尔斯上尉得到了一则来自陆军部的消息。谢里登将军和"大眼睛"舒尔茨已经决定如何处置"钝刀"的夏延人了。谢里登说："除非他们被送回到原来的地方，否则，整个保留地系统将受到冲击，这将危及其稳定。"舒尔茨表示同意："印第安人应该被带回到他们的保留地。"[12]

按照陆军部的方式，命令立即被付诸实施，根本不管当时正处隆冬时节。雪花飘落到帐篷上，那是一个寒冷刺骨的、暴风雪肆虐的季节。

"'上父'希望我们死吗？""钝刀"问韦塞尔斯上尉，"如果是这样的话，我们就死在这里。我们不会回去的！"[13]

韦塞尔斯回答说，他会给夏延人五天时间来考虑。在那期间，他们被囚禁在营房里，没有食物，也没有取暖的木柴。

夏延人就这样在军营里挤了五天。几乎每天晚上都在下雪，他们把雪从窗台上刮下来取水。但除了前几顿饭留下的残羹剩饭和骨头外，他们什么吃的也没有，营房里的霜冻刺痛了他们的手和脸。

1月9日，韦塞尔斯把"钝刀"和其他酋长召集到了他的指挥部。"钝刀"不肯去开会，但"野猪""乌鸦"和"左手"跟着士兵们一起去了。几分钟后，"左手"跑了回来，手腕上戴着镣铐，士兵们向他涌了过来，在他们把他的嘴堵上之前，他大喊了几声，好让营房里的人知道发生了什么事。"野猪"告诉韦塞尔斯上尉，再也不会有一个夏延人到南方去，于是，上尉命令他戴上镣铐。为了逃跑，"野猪"试图杀死士兵，但他们已经制服了他。

过了一会儿，韦塞尔斯来到营房外面，透过窗户对他们说话。"让妇女和儿童出来吧，"他命令道，"这样他们就不用受苦了。"

"我们宁愿一起死在这里，也不愿被送去南方，"他们回答道。[14]

韦塞尔斯走了，士兵来了，他们用铁链和铁棍把营房的门给拴上了。夜幕降临，雪地上的月光让外面的一切都像白昼一样明亮；月光在六个士兵的刺刀上闪闪发光，他们穿着连帽军大衣来回跺脚。

一个武士把冰冷的炉子推到一边，掀开一块木板。干燥的土地上有五根枪管，他们在来的第一天就藏在了那里。他们从装饰品和鹿皮鞋上拿下扳机、撞针和弹匣等。很快，他们把步枪和几把手枪重新组装起来了。年轻人在脸上涂上油彩，穿上最好的衣服，女人们则在每扇窗户下用马鞍和包裹堆成小堆，以便每个人都能迅速地跳出来。然后，武士中最好的射手在指定的窗口就位，每个人都选定了一个外面的守卫作为目标。

晚上9点45分，第一枪响了。与此同时，每一扇窗都向外推开了，夏延人涌了出来。他们捡起死伤卫兵的步枪，朝哨所外的断崖那里跑去。大约十分钟后，第一拨骑兵就追上他们了，有些骑兵还穿着冬天的睡衣。在妇女们和儿童们过第一条小溪的时候，武士们迅速组织起一条防线。由于武器很少，武士们只能不停地开火、后退，开火、后退。越来越多的士兵涌过来了，他们形成了一条弧线，对着每一个在雪地上奔跑的印第安人开枪。在第一个小时的战斗中，超过一半的武士战死了，然后，士兵们开始追上那些分散开来的妇女和儿童，在他们投降之前屠杀了许多人。死者中有"钝刀"的女儿。

当早晨来临时，士兵们把65名夏延人（其中23人受伤了）押回罗宾逊堡。大多数都是妇女和儿童。在逃跑的人中，只有38人还活着，他们自由了；其中的32人在一起，向北翻过山丘，他们遭到了四个骑兵连和一个山地炮连的追击。另外6人则藏在离罗宾逊堡几英里远的岩石丛中。"钝刀"也在里面，其余几人则是他的妻子和幸存下来的儿子、儿媳以及孙子，还有一个叫"红鸟"（Red Bird）的小男孩。

骑兵连续好几天都在追击那32个夏延人，直到最后将他们困在帽溪断崖（Hat Creek Bluffs）附近的一个深野牛坑里。骑兵们冲向坑边，拿着卡宾枪对着里面开枪，后撤，重新装弹，并重复这一动作，直到印第安人不再还击为止。只有9个夏延人幸存了下来，其中大部分是妇女和儿童。

在 1 月的最后几天，"钝刀"一行人一直摸黑前进，北上来到松岭（Pine Ridge）。在那里，他们成了"红云"保留地的囚犯。

"小狼"和他的追随者在奈厄布拉勒河（Niobrara River）支流之一的"失落的乔克切里溪"（Lost Chokecherry Creek）的冰冻河岸边上挖了一个隐蔽的深洞，在那里挨过了冬天。"眼酸之月"（Sore Eye Moon）到来后，天气稍有转暖，他们就继续向北前往舌河流域。在博克斯埃尔德溪，他们遇到了"双月"和另外五个北夏延人，他们在基奥堡为蓝衫军做侦察员。

"双月"告诉"小狼"，"白帽子"克拉克一直在找他，想和他见面谈一谈。"小狼"回答说他很高兴去见他的老朋友"白帽子"。他们在离夏延人营地半英里的地方见了面，克拉克中尉放下武器，以表示对他们之间友谊的信心。中尉说，他的任务是把夏延人带到基奥堡去，他们的一些亲戚已经投降了，现在住在那里。他补充说，和平的代价是他们必须交出枪和马；他们可以在去基奥堡之前留着那些马，但他们现在就必须交出枪。

"自从我在'红云'的事务处和你分开之后，""小狼"回答说，"我们一直在南方，遭受了很大的苦难。……我的兄弟，'钝刀'，带着一半的人，在罗宾逊堡附近投降了。他以为你还在，会照顾他。他们放下了枪，但白人把他们都给杀了。我现在在大草原上，我需要枪。到基奥堡后，我会把枪和马交你，但我现在不能放下枪。你是唯一一个愿意在战斗打响前开口和我说话的人，看来，长久以来让我们心潮澎湃的风，现在似乎要停了。"[15]

当然，"小狼"不得不放下了他的枪，但那是在他确信

"白帽子"不会让士兵杀他的人之后。他们去了基奥堡，在那里，大多数年轻人都当了侦察兵。"很长一段时间以来，除了在树林里砍伐木头并把它们运出来外，我们没有做过什么事，""木腿"说，"我在基奥堡学会了喝威士忌。……我大部分的工资都花在了买威士忌上。"[16]夏延人因无聊和绝望而喝威士忌；这使白人商人变得富有，也摧毁了部落中剩下的领袖阶层，也摧毁了"小狼"。

349　　在华盛顿的官僚主义耽搁了数月之后，来到罗宾逊堡的孤儿寡母们和剩余的武士们，终于被转移到"红云"的松岭事务处，在那里，他们见到了"钝刀"。接着，又经过了好几个月的等待，基奥堡的夏延人才在舌河得到了一片保留地，"钝刀"和松岭的少数人被允许到那里去和他们的人民一起生活。

　　对他们中大多数人来说已经太晚了。夏延人已经失去力量了。在沙溪大屠杀发生之后的几年里，厄运一直笼罩着这个美丽的民族。部落的苗子都随风飘散了。"我们将不惜一切代价北上，"一位年轻的武士曾这样说，"如果我们在战斗中牺牲了，我们的名字将会被我们所有的人民铭记并流传下去。"但很快就没有人会在意地记住他们的名字，接着，就不再有人能说出他们的名字了。

第十五章 "站熊"成人

1879 年　1 月 11 日，英国 – 祖鲁战争在南非爆发。2 月 17
日，在俄国圣彼得堡，虚无主义者企图暗杀沙皇亚
历山大二世。10 月 21 日，爱迪生展示了他的第一
盏白炽灯。亨利·乔治（Henry George）的《进步
与贫困》出版。易卜生《玩偶之家》的第一阶段
开始创作。

你们把我从东边赶到这里，我在这里已经有两千多年了。……我的朋友们，如果你们把我从这片土地上赶走，我会很难过的。我希望死在这片土地上。我希望在这里终老。……我甚至不想把它的任何一部分交给"上父"。即使他给我一百万美元，我依旧不会把这块土地给他。……当人们想宰牛的时候，他们会把牛赶到畜栏里，然后宰杀它们。我们也一样。……我的孩子们被打死了，我弟弟也被杀了。

——"站熊"，庞卡人

士兵们来到了村子的边界，然后就像赶一群马一样，把我们赶到了奈厄布拉勒河的另一边；士兵们一路把我们赶到了普拉特河。他们把我们赶在前面，好像我们是一群小马，我说："如果我必须去那里，那我就去。让士兵们走开，我们的女人害怕他们。"于是，我来到了温暖的土地［印第安领地］。我们发现那里的土地不好，我们一个接一个地死去，我们说："谁会同情我们呢？"我们的动物死了。哦，天气非常炎热。"这片土地真的病了，我们很快都会死在这里，我们希望'上父'能把我们带回去。"这就是我们所说的。我们已经有一百人死在那里了。

——"白鹰"，庞卡人

1804 年，在密苏里河右岸的奈厄布拉勒河口，路易斯和克 352
拉克遇到了一个友好的印第安人部落，即庞卡人。当时这个部
落只有二三百人，是白人带来的天花大规模流行之后的幸存者。
半个世纪后，庞卡人仍然在那里，仍然友好并渴望与白人进行
贸易，他们的部落已增加到大约一千人。与大多数平原印第安
人不同，庞卡人种植玉米和蔬菜，由于他们很富裕，拥有许多
马，他们不得不经常击退北部来犯的苏族部落。

1858 年，也就是政府官员在西部为不同部落划定边界的那
一年，庞卡人放弃了他们的部分领土，以换取官员保护他们的
人身和财产的承诺，并让他们在奈厄布拉勒河边拥有一个永久
的家园。然而，十年后，在条约制定者与苏人谈判时，由于华
盛顿一些官僚的错误，在 1868 年的条约中，庞卡人的土地被划
归苏人管辖。

尽管庞卡人一次又一次地向华盛顿抗议，但官员们没有采
取任何行动。来自苏族部落的野蛮年轻人来索要马匹作为贡品，
并威胁把他们赶出这片所谓的苏人的土地。"在这项条约签订
之后的七年里，"部落成员彼得·勒克莱尔（Peter Le Claire）
说："庞卡人不得不像新英格兰的朝圣者那样，在花园和玉米
地里劳作……一手拿锄头，一手拿步枪。"[1]

国会最后终于承认了美国有"保护"庞卡人的条约义务，
但并没有把他们的土地交还给他们，而是拨出一小笔钱，"以
补偿部落因苏人的盗窃和谋杀而遭受的损失"[2]。然后，在 1876
年卡斯特战败后，国会决定将庞卡人列入将被流放到印第安领
地的北方部落名单。毫无疑问，庞卡人与卡斯特之战无关，他
们从未与美国发生过任何战争，但华盛顿有人安排国会拨款
2.5 万美元，"用于将庞卡人迁往印第安领地，并为他们在那里

提供住所，前提是取得该部落的同意"。最后一句话，和禁止白人在庞卡人领地上定居的条约承诺一样，被刻意忽略了；十年来，白人定居者不断地入侵庞卡人的领地，他们的眼睛贪婪地盯着能种出最好的印第安玉米的肥沃的冲积平原。

1877 年 1 月初，美国印第安事务督察爱德华·C. 肯布尔（Edward C. Kemble）最先给庞卡人带来了他们即将被驱逐的消息。"圣诞节后，突然有一个白人来看望我们，"酋长"白鹰"说，"我们事先没有得到过他要来的消息，他来得很突然。他们把我们都叫到了教堂，告诉了我们他来的目的。"

"白鹰"讲述了接下来的情景：

> "华盛顿'上父'说你们要迁走，我正是为此而来。"他说。
>
> "我的朋友，是你让我们突然听到了这些话，"我说，"当'上父'有什么事情要与我们商量时，他通常会派人去通知所有人，但是你这一次来得太突然了。"
>
> "不，'上父'说你们必须迁走。"他说。
>
> "我的朋友，我要你给'上父'寄封信，如果他真的这么说，我希望他派人来通知我们。"我说，"只有这样，只有当我从正确的渠道听到这些话后，我才会认为它们是真的。"
>
> "我会给他寄封信。"他说。他马上发了电报。电报很快就传到了"上父"手中。
>
> "'上父'说让你和你的十个酋长过去，"他说，"你们可以去看看那片土地，从那里经过，然后到华盛顿去。你们要看看那片温暖的土地［印第安领地］，如果你们在那

里看到任何好的土地，就告诉他，"他说，"当然，如果那里有任何坏的土地，也都请告诉他。"

所以，我们去了那片温暖的土地。我们来到一条铁路的终点站，穿过欧塞奇人（Osage）的土地，然后进入一片岩石遍布的土地，第二天早上来到考人（Kaw）的土地。离开堪萨斯保留地之后，我们来到了阿肯色市，也就是说，在参观了两个印第安部落的土地，看到了那里到处都是岩石、树木非常低矮之后，我来到了白人的城镇。我们病了两次，我们看到了那片土地上的人是什么样的状况，我们看到了丛生的岩石，我们觉得那两个部落勉力为生。

第二天早上，他对我们说："我们去什卡斯卡河（Shicaska River）看看。"

我说："我的朋友，我看过那些地方了，在途中，我生病了。从现在起，我将停止这段旅程，我不想再去看什么地方了，我要去见'上父'。我要马上见'上父'。带我去见'上父'。这两个部落又穷又病，这地又很贫瘠，所以，我已经看够了。"

"不行，"他说，"得先去看印第安领地的其他土地。"

"我的朋友，"我说，"求你带我去见'上父'。你以前说过，无论我们看到什么，无论好坏，我们都可以告诉他，我想告诉他。"

"不行，"他说，"我不想带你去见他。如果你选定了这片土地的任何一部分，我就带你去见他；否则，就不去了。"

"如果你不带我去见'上父'，"我说，"那就带我回家吧。"

354

"不行，"他说，"不管你怎么说，我都不会带你去见'上父'的。他也没说我应该带你回到你的领地。"

"我到底该怎么办呢，"我说，"你既不愿意带我去见'上父'，也不愿意把我带回我自己的领地。你以前说是'上父'叫我过来的，现在看来不是这样；你没有说实话，没有直说。"

"不行，"他说，"我不会带你回去的，如果你愿意的话，你可以自己步行回去。"

"这让我的心感到悲伤，"我说，"因为我根本不熟悉这片土地。"我们以为我们会死，想到那个我就想哭，但我知道自己要表现得像个男人。说完这番话之后，白人看起来心情不好，独自上楼去了。他上楼后，我们几个酋长坐着考虑该怎么办。我们说："他现在不说带我们去见'上父'，也不说要带我们回到我们的领地去。我们不认为这是'上父'安排的。"我们带了一个口译员，于是我们对他说，"既然他不会带我们回去，我们希望他给我们一份能够向白人出示的文件，因为我们不熟悉这片土地。"口译员上楼去见那个人，之后，他回来说："他是不会给你们什么文件的。他不想为你们提供证明。"我们又派口译员过去说："我们要从'上父'那里得到一些应得的钱，这样我们就可以回家了。"口译员回来报告说："他不想给你们什么钱。"[3]

"白鹰""站熊""大麋鹿"（Big Elk）和其他被肯布尔督察扔在印第安领地的庞卡酋长只好自己启程回家了。那是"鸭子回来并躲起来之月"（Moon When the Ducks Come Back and

Hide），大雪覆盖了堪萨斯州和内布拉斯加州的整个平原。由于他们身上只有很少的几块钱，因此，他们全程都是徒步前进的——总计五百多英里，而且他们每人只带了一条毯子，也没有备用的鞋子。如果不是他们的老朋友奥托人（Oto）和奥马哈人（Omaha）提供帮助的话（他们曾在他们的保留地休息并拿了一些食物），那些年长的酋长中估计很难在这段冬季的长途跋涉中幸存。

四十天后，当他们到达奈厄布拉勒时，他们发现肯布尔督察正在那里等着他们。

以下是"白鹰"的叙述：

> "搬走，"他说，"准备搬走。"
>
> 我们不愿意。我说："我刚回来，很累。我们每个人都不愿意搬家。"
>
> "不行，"他说，"'上父'希望你们立刻搬走，你们必须搬到印第安领地去。"[4]

然而，酋长们团结一致，决心要求政府履行条约义务，这样一来，肯布尔只好返回华盛顿，去向印第安事务局局长汇报。局长把这个问题交给了内政部部长舒尔茨，后者又把问题交给了"大武士"谢尔曼。谢尔曼建议动用军队来迫使庞卡人搬迁，"大眼睛"舒尔茨一如既往地赞同。

那年4月，肯布尔又回到了奈厄布拉勒，利用军队，迫使部落的170名成员与他一起前往印第安领地。没有一个主要的酋长和他一起去。"站熊"强烈抗议，他被逮捕并被带到了兰德尔堡。"他们把我捆起来后关了起来，然后把我带到了兰德尔堡。"他说。[5]几天后，政府派了一名新的事务官 E. A. 霍华德（E. A. Howard），去处理剩下的四分之三的部落成员，"站熊"也被释放了。

"白鹰""站熊"和其他酋长继续坚持认为政府无权把他们从他们的土地上赶走。霍华德回答说他与政府的决定无关，他只是被派来和他们一起去他们的新家园。4 月 15 日，经过四个小时的讨论，霍华德要求得到一个最终答案："你们到底是和平地去，还是被武力强迫着去?"[6]

酋长们沉默了，但在他们回家之前，一个年轻的庞卡人匆匆忙忙地过来警告他们。"士兵们已经往村庄这里来了。"酋长们当时明白接下来不会再有商谈了。他们将不得不离开自己的家园，到印第安领地去。"士兵们带着枪和刺刀来了，""站熊"说，"他们用枪对着我们，我们的人民和孩子们都在哭。"

他们是在 1877 年 5 月 21 日出发的。"士兵们来到了村庄边上，""白鹰"说，"然后就像赶一群马一样，把我们赶到了奈厄布拉勒河的另一边；士兵们一路把我们赶到了普拉特河。"[7]

事务官霍华德有条不紊地记录了那 50 天在陆地上行进的过程。在他们出发后的第二天早上，一场大雷雨让奈厄布拉勒河突然涨起了水，将几名士兵从马背上冲了下来；庞卡人没有看着他们被淹死，而是一头扎进去把他们救了起来。第二天，一个孩子死了，他们不得不停下来在大草原上安葬那个孩子。5 月 23 日，一场持续了两个小时的雷雨把他们困在了野外，淋了一整天的雨。第二个孩子死了；几个庞卡人在夜里生病了。第二天，由于桥梁被冲毁了，他们不得不涉水过河。天气变冷了。5 月 26 日，雨下了一整天，没有柴火可烧。

5 月 27 日，大部分庞卡人由于在野外风餐露宿而生病了。

"站熊"的女儿"草原花"得了肺炎，病得很重。第二天，雷雨滂沱，道路变得异常泥泞，根本无法前进。

现在是"天气开始变热之月"（Hot Weather Begins Moon），几乎每天都有阵雨。6月6日，"草原花"死了，"站熊"在内布拉斯加州的米尔福德（Milford）墓地为她举行了一场基督教的葬礼。"米尔福德的女士们以最隆重的礼仪整理并装扮了她女儿的遗体，"霍华德骄傲地说，"'站熊'被带到坟墓旁对周围的人说，他想抛弃印第安人的道路，走白人的道路。"

当晚，一场龙卷风袭击了庞卡人的营地，摧毁了帐篷，掀翻了货车，把人卷到了数百英尺高的地方，其中的几人被摔下来之后受了重伤。第二天，又有一个孩子死了。

6月14日，他们来到了奥托人的保留地。奥托人同情庞卡人，给了他们十匹小马，帮助他们完成接下来的旅程。为了等待洪水消退，他们等了三天；生病的人继续增加；"小白杨"（Little Cottonwood）成了第一个死去的成年男子。霍华德为他准备了一副棺材，并在堪萨斯州的布卢沃特（Bluewater）附近为他安排了一场基督教的葬礼。

6月24日，生病变得非常普遍，霍华德在堪萨斯州曼哈顿聘请了一名医生来给庞卡人治病。第二天，两名妇女在途中死去。霍华德给她们安排了基督教的葬礼。

那时已经是"仲夏之月"了。"野牛酋长"的一个孩子死了，在堪萨斯州的伯灵顿接受了基督教的葬礼。一个名叫"野牛特拉克"（Buffalo Track）的庞卡人一时暴怒，试图杀死"白鹰"酋长，他把部落的苦难都归咎到酋长身上。霍华德把"野牛特拉克"赶了出去，并把他送回北部的奥马哈保留地。庞卡人对他受到的惩罚很羡慕。

357

　　夏日的炎热和蚊虫的叮咬又折磨了他们一个星期，最后，7月9日，在一场雷雨中，他们来到了他们的新家夸爪保留地（Quapaw），他们发现比他们先来的那一小群庞卡人，在帐篷里过着悲惨的生活。

　　"我认为，将庞卡从北部的达科他转移到南方的印第安领地，"事务官霍华德在给上级的报告中写道，"将被证明是一个错误，当人们在这里待了一段时间并染上疟疾后，他们肯定都会因天气原因而悲惨地死去。"[8]

　　霍华德不祥的预言最终被证明简直太准确了。像莫多克人、内兹珀斯人和北夏延人一样，庞卡人死得太快了，在他们抵达印第安领地一年后，几乎四分之一的人都被按照基督教的葬礼埋葬了。

　　1878年春天，华盛顿官员决定给他们在阿肯色河西岸划出一片新的保留地，但没有为他们的迁移拨款。庞卡人走了150英里来到他们的新土地，但几个星期以来，没有事务官前来给他们发放粮食或药品。"土地很好，""白鹰"说，"但到了夏天，我们又生病了。我们就像被践踏的草，我们和我们的牲畜都一样。后来，天气变冷了，我们不知道有多少人死了。"[9]

　　其中的一名死者是"站熊"的大儿子。"最后，我只剩下了一个儿子，后来他也病了。他临终时要我答应他一件事。他求我在他死后，把他带回到我们古老的墓地，把他埋在奈厄布拉勒河湍急的水流旁。我答应了他。他死后，我和随行的人把他的尸体放进一个箱子里，然后，坐上马车，向北出发了。"[10]

　　这支送葬的队伍由66名庞克人组成，他们都是"站熊"家族的成员，跟在由两匹骨瘦如柴的马拉着的旧马车后面。那是1879年1月，也就是"雪化之月"（Snow Thaws Moon）。（讽刺的是,在遥远的北方,"钝刀"手下的夏延人正在罗宾逊堡为自由而进行最后一次孤注一掷的战斗。)对于"站熊"来说,这是第二次在冬季回家。他带领他的人民沿着远离定居点和士兵的小径,在士兵们找到他们之前,来到了奥马哈保留地。

与此同时,"大眼睛"舒尔茨曾多次试图通过事务官安排将"站熊"手下的庞卡人送回印第安领地。最后在3月,他要求美国陆军部给位于内布拉斯加州奥马哈的"三星将军"克鲁克的指挥部发电报,命令他立即将这些逃亡的庞卡人抓起来,并将他们送回印第安领地。为此,克鲁克派了一队士兵来到奥马哈保留地;他们逮捕了"站熊"和他的庞卡人,把他们带回了奥马哈堡,在那里,他们被看守起来,等着被运往印第安领地。

十多年来,"三星将军"一直在与印第安人作战、谈判,并向他们许下他无法兑现的诺言。起初,他不情愿承认自己对于印第安人勇气的钦佩之情;自从印第安人在1877年投降以来,他开始对宿敌有了尊敬和同情。在过去几周,罗宾逊堡的夏延人受到的待遇让他很气愤。"要求部落的这一小部分人必须回到保留地,是一种非常不必要的强权行为。"他在自己的官方报告中直言不讳地写道。[11]

当克鲁克去奥马哈堡的警卫室看那些庞克人时,他对印第安人可怜的状况感到震惊。"站熊"对他为什么回到北方的简单叙说,以及他对自己无法控制的现状的隐忍接受,都让克鲁克很感动。"我认为上帝要我们活下去,""站熊"对克鲁克说,"但我错了。上帝要把这个国家给白人,而我们则都要死去。那好吧,那好吧。"[12]

克鲁克被他的所见所闻触动了,他答应"站熊",他会尽他所能拒绝执行将庞卡人送回到印第安领地的命令。这时，克鲁克采取行动来践行自己的诺言。他去见了奥马哈一家报纸的编辑托马斯·亨利·蒂比斯（Thomas Henry Tibbies），试图利用新闻界的力量。

在克鲁克接到了转移庞卡人的命令后，蒂比斯让他们的遭遇传遍了整个城市、整个州，然后通过电报传遍了整个国家。奥马哈教会向舒尔茨部长发出呼吁，要求释放庞卡人，但"大眼睛"却懒得回答。年轻的奥马哈律师约翰·L. 韦伯斯特（John L. Webster）自愿为庞卡人提供无偿的法律服务，不久之后，这名律师得到了联合太平洋铁路公司首席法务官安德鲁·波普尔顿（Andrew Poppleton）的支持。

律师们必须迅速地工作，以便为庞卡人提供辩护；克鲁克将军随时都可能接到华盛顿的命令，迫使他押送印第安人南下，到时候，他们就无能为力了。所有的努力都集中在争取埃尔默·S. 邓迪（Elmer S. Dundy）法官的合作上，他是一名粗犷的边疆居民，生活中有四大兴趣：文学、马、狩猎和司法。碰巧，邓迪外出猎熊了，在信使们找到法官并将他带回奥马哈之前，庞卡人的支持者们焦急万分地等了好几个小时。

在克鲁克的默许下，邓迪法官向将军签发了人身保护令，要求他将庞卡人带到法庭上，并证明他对他们到底有何权利。克鲁克服从了令状，出示了来自华盛顿的军事命令，美国地方检察官也出庭了，以印第安人"不是法律意义上的人"为由，否认庞卡人有获得令状的权利。

于是，1879 年 4 月 18 日，现在几乎被遗忘了的民权案件"'站熊'诉克鲁克案"就这样开始了。庞卡人的律师韦伯斯特和波普尔顿认为，印第安人和任何白人一样都是"人"，他们

35. "站熊"，庞卡人酋长。由内布拉斯加州历史学会提供。

361

有权拥有宪法所规定的自由权。当美国检察官说"站熊"和他
的人民必须遵守政府为部落印第安人所制定的规章制度时，韦
伯斯特和波普尔顿回答说，"站熊"和其他任何印第安人都有
权脱离他们的部落，像其他公民一样生活在美国法律的保护
之下。

在"站熊"被允许代表他的人民发言时，整个案件进入了
最高潮。"我现在和士兵们及军官们在一起。我想回到北方的
老家去。我想拯救我自己和我的部落。我的兄弟们，在我看来，
我好像站在一片草原大火前。我要带着我的孩子们跑开，以便
保住他们的命；或者，我就好像站在一条涨水的河边，我要带
着我的人民逃到更高的地方去。哦，我的兄弟们，全能的上帝
在俯视着我，知道我是一个什么样的人，并且听见了我说的话。
我的兄弟们，愿全能的上帝差遣一个神灵来俯视你们，让你们
来帮帮我。如果一个白人拥有土地，而有人把他的土地骗走了
的话，那么，他会试图夺回自己的土地，而你们是不会为此责
怪他的。看着我。可怜我吧，帮助我拯救妇女和儿童的生命。
我的兄弟们，一种我无法抗拒的力量，逼得我无路可走了。我
需要帮助。我已经束手无策了。"[13]

362 邓迪法官裁定，印第安人是《人身保护法》意义上的
"人"，和白人一样，脱离原籍是印第安人的一项自然的、固有
的和不可剥夺的权利，在和平时期，任何权力机关——无论是
民事的还是军事的——都不能在未经印第安人同意的情况下将
他们从一个地区运送到另一个地区，或者违背他们的意愿，将
他们限制在任何特定的保留地。

"我从来没有被要求过审理或裁决一个如此强烈地引起我

同情的案件，"他说，"庞卡人是所有印第安部落中最和平、最友好的部落之一。……如果可以用武力强迫他们转移到印第安领地，并以同样的方式强迫他们留在那里的话，我看不出有什么理由不把他们强行关押到林肯、莱文沃思、杰斐逊城的监狱，或者是军队指挥官们指定的任何其他地方。这个国家居然存在这种专横的权力，我认为这是不可想象的。"[14]

当邓迪法官命令将"站熊"和他的庞卡人释放时，法庭上的听众都站了起来，一名报纸记者说："大家发出了此前在法庭上从未听到过的那种呐喊。"克鲁克将军是第一个来到"站熊"身边对他表示祝贺的人。[15]

起初，美国地方检察官考虑过对判决提出上诉，但在研究了邓迪法官的书面意见（一篇关于人权的精彩判决）后，他没有向最高法院提出上诉。美国政府在奈厄布拉勒河口附近给他们分配了几百英亩无人认领的土地，这样，他们终于又回到了家中。

在印第安领地幸存下来的530名庞卡人得知了这一惊人的转变后，他们中的大多数人都开始为加入内布拉斯加州的亲戚做准备。然而，印第安事务局并不同意。该局通过其事务官通知庞卡酋长：只有华盛顿的大议会才可以决定是否允许他们返回，以及他们何时才能返回。官僚们和政客们（印第安帮）认为邓迪法官的决定是对保留地系统的一个巨大威胁；这个判决将危及一小群企业家，他们通过向被困在保留地的数千名印第安人提供劣质食物、劣质毯子和有毒的威士忌而发家致富。如果庞卡人被允许离开他们在印第安领地的新保留地——作为自由的美国公民离开，那么，这将开创一个先例，它很可能摧毁军政合一的保留地制度。

"大眼睛"舒尔茨在年度报告中承认，印第安领地的庞卡人"遭受了严重的不公待遇"，但他强烈反对允许他们返回家乡，因为这会让其他印第安人"心神不宁，想依样画葫芦"，从而导致保留地制度土崩瓦解。[16]

与此同时，油水很厚的庞卡事务处的负责人威廉·H. 怀特曼（William H. Whiteman）试图诋毁"站熊"部落的名声，称他们是"部落中的叛徒"，然后，他又用光鲜亮丽的言辞写下他在印第安领地开发保留地所耗费的大量材料和物资。怀特曼没有提及不断要求返回家园的庞卡人中普遍存在的不满情绪，也没有提及他与"大蛇"之间的恩怨。

"大蛇"是"站熊"的哥哥，一个手像火腿一样粗、肩膀像野牛一样健硕的巨人。和许多巨人一样，"大蛇"很安静，举止温和（庞克人称他为和事佬），但当他看到"白鹰"和其他头目遭到怀特曼的恐吓时，他决定采取行动。毕竟，他是"站熊"的兄弟，那个为他的人民赢得自由的庞卡人。

为了测试新的法律，"大蛇"请求允许离开保留地，北上和他的兄弟会合。正如他所料，怀特曼拒绝为他提供离开的许可。"大蛇"的下一步行动不是离开印第安领地，而是只走了100英里地来到夏延人的保留地。与他同行的还有另外30个庞卡人，他们认为这是对法律的一种温和的考验，即印第安人是一个人，不能违背他的意愿而把他限制在任何特定的保留地。

怀特曼的反应和一个认为自己的权威受到了威胁的顽固官僚别无二致。1879年5月21日，他发电报给印第安事务局局长，报告了"大蛇"一行叛逃到夏延人保留地的事情，要求将他们逮捕，并羁押在里诺堡，"直到整个部落从美国内布拉斯加州地方法院最近在'站熊'案中作出的判决所造成的士气低落中恢复过来"。[17]

"大眼睛"舒尔茨同意了逮捕行动，但显然害怕在法庭上遭到另一个挑战，因此，他要求"大武士"谢尔曼尽快不露声色地把"大蛇"和跟着他的那帮"叛徒"押回庞卡人的保留地。

5月22日，谢尔曼以他一贯的直率态度给谢里登将军发了电报："尊敬的内政部部长要求将庞卡人逮捕起来，并羁押在印第安领地的里诺堡……然后送到庞卡人的保留地去。请据此执行。"然后，就好像预料到谢里登会对邓迪法官最近的判决感到担心一样，谢尔曼写道："内布拉斯加州的庞卡人人身保护令，不适用于该特定案件以外的其他任何情形。"[18]对"大武士"谢尔曼来说，推翻法律要比到法庭上去争论容易得多。

这样一来，"大蛇"对他哥哥在法律上的那场胜利的第一次测试失败了，而且他再也没有了测试机会。在"玉米发穗之月"（Corn Is in Silk Moon）被带回到庞卡人保留地之后，"大蛇"就被标记为需要消灭的人。怀特曼向华盛顿报告说，"大蛇""对其他印第安人有非常糟糕的影响……他极度阴郁，脾气暴躁"。在其中的一段中，怀特曼指责"大蛇"曾多次威胁要杀死他，而在另一段中，他抱怨这位庞卡人自从回来之后就再也没有和他说过话。怀特曼非常愤怒，请求印第安事务局局长"逮捕大蛇，把他送到里诺堡，让他在监禁中度过余生"。[19]

最后，在10月25日，怀特曼得到了谢尔曼的授权，即他可以逮捕"大蛇"，并将他关押在事务处的警卫室。为了逮捕他，怀特曼要求给他派一队士兵。五天后，斯坦顿·A.梅森（Stanton A. Mason）中尉和13名士兵来到了事务处。怀特曼告诉梅森，他将向庞卡人发出通知，命令那些通过做一些特殊工作而获得酬劳的人，第二天到他的办公室报到。"大蛇"会在其列，只要他一进到办公室，梅森就可以逮捕他。

10月31日中午时分，"大蛇"走进了怀特曼的办公室，他被告知坐到椅子上。梅森中尉和八名武装人员进来围住了他，梅森告诉他，他被捕了。"大蛇"想知道他为什么会被捕。怀特曼当时直言不讳地说，针对他的一项指控是，他威胁到了怀特曼的生命安全。"大蛇"平静地否认了这一点。根据事务处商人 J. S. 舍伯恩（J. S. Sherburne）的说法，"大蛇"随后站起来扔掉了毯子，以示他根本没有携带武器。

"毛熊"（Heary Bear）的声明如下："那个军官叫'大蛇'过来，让他站起来并走过去。'大蛇'不肯站起来，对军官说，他想让军官告诉他到底做了什么。他说他没有杀人，没有偷马，也没有做错事。'大蛇'说了这些话之后，军官跟事务官说了几句话，然后对'大蛇'说他曾试图杀死两个人，而且手段卑鄙。'大蛇'矢口否认。事务官告诉他，他最好跟着军官走，然后，他就会明白是怎么一回事了。'大蛇'说他没做错事，他宁愿死也不愿意走。然后，我走到'大蛇'面前，告诉他这个人（军官）不会无缘无故地逮捕他，他最好还是走，也许，他会平安回来的；我尽我所能地哄他跟着军官走；我告诉他，他有妻子和孩子，想想他们，不要被杀掉。然后，'大蛇'站起来对我说他不想去，如果他们想杀了他，就在那里杀好了。'大蛇'非常冷静。然后，军官叫他站起来，并告诉他，如果他不跟着他走会发生什么。军官还说，光说没用；我是来抓你的，我要你跟我走。之后，军官从一个士兵那里拿来手铐，拿着手铐过来了。军官和一个士兵试图将手铐铐在'大蛇'手上，但是'大蛇'把他们俩都推开了。然后军官给士兵们下达

了命令，四个士兵试图过来给'大蛇'戴上手铐，但依旧被'大蛇'推开了。一个胳膊上有条纹的士兵也试了一下，但 366
'大蛇'也一把将这个士兵推开了。他们试了好几次，想抓住大蛇、制服他。'大蛇'当时坐着，有六个士兵过来抓住了他。他站起来把他们都推倒了。就在这时，在他前面的一个士兵用枪打中了'大蛇'的脸，另一个士兵用枪管击中了他的头部。这让他往后退到了墙上。他挺直了身子。血顺着他的脸流了下来。我看到枪都指着他，很害怕，我不想看到他被杀。所以我背过身去。然后，枪响了，'大蛇'倒在地上死了。"[20]

内政部首先发表声明说，"站熊"的哥哥"'大蛇'，一个坏人"，因"意外中枪而死"。[21]然而，自从"'站熊'案"以来，美国媒体对印第安人的待遇越来越敏感，它们要求国会进行调查。这一次，军政保留地体系是在华盛顿熟悉的气氛中运作的，因此，调查没有结果。

印第安领地的庞卡人得到了一个惨痛的教训。白人的法律是一种错觉，并不适用于他们。因此，像夏延人一样，人数日渐减少的庞卡部落被分裂成两个——一个在北方自由活动的"站熊"部落，另一个则被囚禁在印第安领地。

第十六章 "尤特人必须离开！"

军队征服了苏族。你们可以随意支使他们。但我们从未打扰过你们白人。所以你们必须等着，直到我们采纳你们做事的方式为止。

——"神箭乌雷"（Ouray the Arrow），尤特人的酋长

我告诉军官这是一件非常糟糕的事情；委员发出这样的命令是非常糟糕的。我说这很糟糕，我们不应该打仗，因为我们是兄弟，军官说那没什么区别，即使是同一个母亲，美国人也会相互打仗。

——尼卡加特（"杰克"），怀特河尤特人

尤特人是落基山脉的印第安人，在过去的一代人中，他们目睹了白人像无穷无尽的蝗虫一样入侵科罗拉多。他们看到白人将他们的宿敌夏延人赶出科罗拉多平原。一些尤特武士加入"掷绳者"基特·卡森的行列，参加白人对纳瓦霍人的战争。那时候，尤特人认为白人是他们的盟友，他们喜欢去丹佛，用牛皮到商店里换一些华而不实的商品。但每一年，来自东方的奇怪的人越来越多，他们侵入尤特人的山脉，挖掘黄色和白色的金属。

1863 年，科罗拉多总督（约翰·埃文斯）和其他官员来到圣胡安山脉（San Juan Mountains）的科内霍斯（Conejos），会见"神箭乌雷"和其他九名尤特人酋长。在那里，他们签署了一项条约，把科罗拉多山顶（大陆分水岭）以东的所有土地都划给了白人，大陆分水岭以西的土地则归尤特人所有。作为十年内每年分发一万美元的货物和一万美元给养的交换，尤特人同意放弃其领地内所有地区的采矿权，并承诺不会骚扰任何可能到他们山上挖掘的美国公民。

五年后，科罗拉多的白人觉得留给尤特人的土地太多了。凭借政治压力，他们说服了印第安事务局，让他们相信尤特人是一个持续的麻烦——他们到处游荡，出入城镇和采矿营地，从定居者那里偷走牲畜。他们说他们希望尤特人被安置到一片有明确界限的保留地上，但他们的真实目的其实是想得到更多尤特人的土地。1868 年初，印第安事务局大张旗鼓地邀请乌雷、尼卡加特（"杰克"）和其他八位酋长来到华盛顿。"掷绳者"卡森是以他们值得信赖的朋友和顾问的身份，陪着他们一起去的。在华盛顿，他们被安顿在一家高级旅馆里，饭菜很丰盛，同时，他们还得到了大量的烟草、糖果和奖章。

36. 乌雷。由科罗拉多州历史学会提供。

到签署条约的时候,官员们坚持要求一位来访的酋长必须代表其他七人。"神箭乌雷"是所有尤特人一致同意的首领。他一半是阿帕奇人,一半是康帕格里尤特人(Uncompahgre Ute),是个英俊、圆脸、眼睛锐利的印第安人,他说英语和西班牙语的流利程度,和他说两种印第安语的时候一样。当渴望占有土地的政客们试图让他处于守势时,乌雷足够老练,把尤特人的情况介绍给了报社记者。"印第安人与美国签订的条约,"他说,"就像一头被箭射中的野牛与猎人签订协议。他所能做的是躺在地上并屈服。"[1]

官员们用色彩鲜艳的地图和关于边界的油腔滑调的措词也无法糊弄乌雷。他没有接受科罗拉多西部的一个小角落,而是保住了1600万英亩的西部斜坡森林和草地,这比他的人民以前所主张的范围要小得多,但比科罗拉多的政客们想给他们的要多得多。将设立两个事务处,一个设在洛斯皮诺斯,它将为康帕格里尤特人和其他南方部落服务;另一个设在怀特河,将为北方部落服务。乌雷还要求在新条约中加入一些保护性条款,规定矿工和定居者应该远离尤特人的保留地。根据这项条约,任何未经授权的白人都不会"被允许越过、定居或居住在"分配给尤特人的土地上。

尽管有这样的限制,矿工们仍不断地非法侵入他们的领地。弗雷德里克·W. 皮特金(Frederick W. Pitkin)就是其中的一员,他是一个来自新英格兰的北方佬,冒险进入了圣胡安山脉,在银矿开采中发了横财。1872年,皮特金成为富有矿主的拥护者,他们希望将圣胡安地区——尤特人保留地的四分之一——划入科罗拉多。印第安事务局屈从于矿主们的意愿,派出了一个由费利克斯·R. 布吕诺(Felix R. Brunot)为首的特别委员

370

会，与尤特人就这块土地的转让进行谈判。

1873 年 9 月，布吕诺率领的委员会在洛斯皮诺事务处会见了乌雷和七个尤特人的代表。布吕诺告诉酋长们，"上父"让他来和他们谈谈放弃部分保留地土地的事宜。他向他们保证，他自己不想要那块地，他不是来告诉他们该怎么办的，而是想听听他们对这件事的看法。"如果我们认为这对我们的孩子最有利的话，"他说，"那么，现在做一些我们不喜欢的事情其实是不错的。"

酋长们想知道如果他们放弃自己的土地，会给他们的孩子带来什么好处。布吕诺解释说，政府会因为尤特人放弃那些土地而为他们拨出一大笔钱，而且部落每年都会获得相应的利息。

"我不在意所谓的利息，"乌雷回答说，"我宁愿把钱存在银行里。"他接着抱怨说，政府并没有履行条约中的承诺，把那些侵入尤特人保留地的白人赶出去。

布吕诺坦率地回答，如果政府试图赶走那些矿工的话，将会引起一场战争，尤特人将因此失去他们的土地而得不到任何报酬。"最好的办法是，"他说，"如果你们能放弃这些山脉，也就是卖掉它们，那你们每年都能得到一些东西。"

371 "矿工们根本就不把政府放在眼里，他们不遵守法律，"乌雷表示他认同布吕诺的说法，"他们说他们根本就不把政府放在眼里。政府远在天边，他们说不论谁过来签订条约，最终都会回到美国政府那里去，而且一切都会按照他们的意愿进行。"

"假设你们把山卖了，"布吕诺接着说，"如果山上没有金子，那你们就赚了。尤特人得到了报酬，美国人最终也会离开。但如果那里有矿，那麻烦就免不了。我们不能把矿工给赶走。"

"你们为什么不能阻止他们？"乌雷问道，"难道政府没有足够的实力来履行与我们签订的协议吗？"

"我想阻止他们，"布吕诺说，"但乌雷你也清楚，这是很难做到的。"

乌雷说，他愿意卖掉这些山，但他并不愿意把山脉周围那些很好的狩猎场也卖掉。"白人可以去挖金子，然后再离开。我们不希望他们在那里盖房子。"

布吕诺回答说，他认为这样不可行。一旦矿工们来到尤特人的地区并在那里挖矿，就没有办法再迫使他们离开尤特地区。"我可以要求'上父'把矿工们赶走，"他答应说，"但是还有一千个人会告诉他，不要去管那些矿工。也许他会照我说的做，也许不会。"[2]

经过七天的讨论，酋长们同意接受政府提出的以每年 2.5 万美元购买 400 万英亩土地的提议。作为一种奖励，乌雷将获得每年 1000 美元的薪水，为期十年，"或者只要他继续担任尤特人大酋长，与美国和平相处"。这样一来，乌雷就成了印第安事务处的一分子，这使得他有动力维持现状。

尤特人生活在一个有着丰富野生动物、浆果和坚果的美丽草地和森林的天堂里，他们自给自足，即便没洛斯皮诺斯和怀特河的事务官提供的粮食，也完全可以活得很好。1875 年，洛斯皮诺斯的事务官 F. F. 邦德（F. F. Bond）回应了一份对他辖区内的尤特人进行人口普查的请求："清点清楚他们的人数是完全不可能的。你不妨试试看，一群蜜蜂在飞的时候，你是否搞得清楚到底有多少只。他们像他们捕猎的鹿一样，四下游荡。"怀特河的事务官 E. H. 丹福思（E. H. Danforth）估计有 900 名尤特人将他的事务处作为总部，但他同时承认，他无法劝说印第安人定居在该事务处周围的山谷中。在这两个地方，

372

尤特人通过饲养小牛群和种植几排玉米、土豆和蔓菁来让他们的事务官放心，但实际上他们根本就不需要这些。

1878 年春天，一位新的事务官到怀特河报到了，尤特人在保留地上自由自在的生活开始走向终结。这位事务官名叫内森·C. 米克（Nathan C. Meeker），他以前曾是一个诗人、小说家、报社记者以及农业殖民合作社的组织者。米克的大部分事业都失败了，尽管他是因为需要钱才来担任事务官的，但他有一种传教士的热情，并真诚地相信他作为一个优秀种族的一员，有责任"提升和启迪"尤特人。正如他所说的，他决心让他们从野蛮状态中走出来，从田园牧歌阶段过渡到野蛮阶段，最后进入"开明、科学和宗教的阶段"。米克相信他可以在"五年、十年或二十年"内完成这一切。[3]

米克以一种无情的、专横的方式，有计划地摧毁尤特人所珍视的一切，让他们崇拜自己，因为他相信自己是按照上帝的形象造的。他的第一个不受欢迎的行动是将该事务处转移到怀特河下游 15 英里处，那里有适合耕种的优良牧场。在这里，米克计划为尤特印第安人建立一个农业合作社，但他忽略了一个事实，即尤特人长期以来一直将该地区作为狩猎场和牧马场。他选择建造事务处办公大楼的地方，是尤特人赌赛马的一个传统赛道。

米克发现昆肯特（道格拉斯）是怀特河所有酋长中最好说话的。他 60 岁左右，头发还是黑的，下巴上的小胡子则白了。道格拉斯拥有 100 多匹马，按照尤特人的标准，他已经很富有了，但他在年轻人中的大多数追随者，都被尼卡加特（"杰克"）抢走了。

373　　　和乌雷一样，"杰克"也有一半阿帕奇人的血统。小时候，他和一个摩门教家庭住在一起,学会了几句英语,在苏族战争期间,他曾在克鲁克将军的部队中充当侦察兵。第一次见米克时,"杰克"穿着他的侦察兵制服——边疆鹿皮衣服,穿着一双军靴,戴着一顶宽边帽。1868 年,他和乌雷一起去华盛顿时,总是戴着"上父"发给他的银质奖章。

在米克搬迁事务处的那段时间里,"杰克"和他的人正在进行一次野牛狩猎活动,当他们回到原来的地点时,他们发现一切都不见了。他们在那里扎了营,过了几天,米克过来命令"杰克"搬到新的地方去。

"我告诉他(米克)原事务处所在地是由条约规定的,""杰克"随后说,"我不知道有什么法律或条约提到事务处要搬迁到新的地点去。然后,他就告诉我,我们最好都到下游去,如果我们不这样做的话,他将强迫我们这样做,因为他们有士兵。"4 米克试图安抚"杰克",答应为他的人弄到奶牛,但"杰克"回答说,尤特人既不需要奶牛,也不需要牛奶。

卡洛(Colorow)是排名第三的酋长,一个 60 多岁的穆阿什尤特人。在 1868 年条约签订后的几年里,卡洛和他的人住在丹佛附近的一片临时保留地。只要他们愿意,他们就可以在城里自由漫步,去餐馆吃饭,去剧院看戏,为白人市民进行小丑表演。1875 年,保留地关闭了,卡洛带着他的穆阿什人(Muaches)来到怀特河边,加入了"杰克"的行列。他们很怀念丹佛那种刺激的生活,但也喜欢在怀特河地区的狩猎活动。穆阿什人对米克所设想的农业社会不感兴趣,他们只有在需要几袋面粉或一些咖啡和糖的时候,才会到事务处来。

卡纳拉(约翰逊)是巫医酋长,他是乌雷的妹夫,也是赛马场的管理者,正是在那里,米克想建造新的事务处大楼。约翰逊喜欢戴一顶他在丹佛买来的帽子。出于某种原因，米克选择约翰逊作为最有可能帮助他带领尤特人走出野蛮的人。

为了帮助他进行伟大的"十字军东征"，米克把他的妻子阿维利亚（Arvilla）和女儿乔西（Josie）也带到了事务处。他雇了七个白人工人，包括一个铺设灌溉渠的测量员、一个伐木工、一个架桥工、一个木匠和一个泥瓦匠。这些人被期望在建造新的农业天堂时可以教授尤特人他们各自的手艺。

米克想让尤特人称他为米克神父（在他们野蛮的状态下，他把他们当作孩子看待），但他们中的大多数人都叫他"尼克"，这让他很不高兴。

1879 年春天，米克已经在建造几座大楼，40 英亩的土地已经被开垦出来了。大部分工作是由他的白人员工完成的，他们为此得到了报酬。米克不明白为什么尤特人在建造他们自己的合作农业社区时，也希望得到报酬，但是为了挖灌溉渠，他同意向 30 名尤特人支付报酬。他们都卖力地工作着，直至米克的资金用完；然后，他们就去打猎或赛马了。"他们简直没有什么需求，他们不想养成文明的习惯，"米克向印第安事务局局长抱怨说，"我们所说的便利和舒适并没有得到他们足够的重视，因此，他们也不愿意通过自己的努力来获得那些东西……绝大多数人对白人的行为不仅漠不关心，甚至还很蔑视。"他提议采取行动来纠正这种野蛮状况：首先，带走尤特人到处游走和打猎所依赖的数百匹马，用一些驮马来代替那些马，以便犁地和牵引，然后，一旦尤特人被迫放弃狩猎，留在事务处附近，他就不再给那些不工作的人发放口粮。"如果哪个印第安人不工作，"他在给科罗拉多州参议员亨利·M. 特勒（Henry M. Teller）的信中写道，"我将把他的口粮减少到让他饿肚子的程度。"[5]

37. "杰克"。摘自拍摄于 **1874** 年的一张集体照。由科罗拉多州历史学会提供。

米克渴望写下自己的想法和观察结果，然后把它们交付出版的积习，最终让他和尤特人之间的关系彻底崩溃。1879 年春天，他写了一篇虚构的、与一个尤特妇女的对话，试图表明印第安人为何无法理解工作的乐趣或物质财富的价值。在对话的过程中，米克宣布保留地属于政府，它只是被分配给尤特人使用。"如果你不使用，它就不会发挥作用，"他告诫道，"外面的白人就会进来，不久，你就什么都没有了。"[6]

这篇小文章最初发表在《格里利（科罗拉多）论坛报》（Greeley〔Colorado〕Tribune）上。一位蔑视所有印第安人——尤其是尤特人——的丹佛编辑兼政客威廉·B. 维克斯（William B. Vickers）看到了这篇文章。维克斯当时担任弗雷德里克·皮特金的秘书，也就是那名富有的矿工，1873 年从尤特人手中夺走圣胡安山脉事件的主导者。在科罗拉多于 1876 年成为一个州时，皮特金利用他的影响力成为首任州长。1877 年苏人战争结束后，皮特金和维克斯发动了一场宣传运动，主张将所有的尤特人流放到印第安领地，以便留出大量宝贵的土地供白人免费使用。维克斯抓住了内森·米克在报纸上发表的文章，将其作为把尤特人从科罗拉多州赶出去的一个很好的论据，并为此为《丹佛论坛报》写了一篇文章：

> 尤特人是实际的、务实的共产主义者，政府应该对自己姑息和鼓励他们游手好闲、肆意浪费财产的行为感到羞愧。他们靠一个父亲式的但又愚蠢的印第安事务局的赏金过活，实际上，他们变得太懒了，甚至懒得按照常规方式来领取口粮，而是坚持把他们想要的东西带到任何他们能找到的地方。被转移到印第安领地后，政府的开支将只有

现在的一半左右，就可以确保尤特人的温饱。

> 尊敬的 N.C. 米克，怀特河事务处著名的主管人，曾是印第安人亲密的朋友和狂热的崇拜者。他去了那个事务处任职，坚信他能通过友善的对待、耐心的训诫和良好的榜样，成功地管理好印第安人。但是，他的努力彻底失败了，最后，他不情愿地接受了一个边疆地带的真理，即唯一善良的印第安人是死去的印第安人。[7]

维克斯的文章还有很多其他内容，这篇文章在科罗拉多州被大量重印，标题都是"尤特人必须离开！"1879 年夏末，当被要求公开发表演讲时，科罗拉多州边疆地区的大多数白人演说都发出了"尤特人必须离开！"的呐喊，这为他们赢得了掌声与呐喊。

尤特人从各种途径得知米克发表的文章背叛了他们。他们特别生气，因为他们的事务官居然说保留地不属于他们，他们通过事务处的口译员向他发出正式的抗议。米克重申他的论调，并补充说，他有权耕种他选定的任何保留地，因为这是政府的土地，而他是政府的代理人。

与此同时，威廉·维克斯通过炮制关于印第安人犯罪和暴行的报道，来加速推动他发起的"尤特人必须离开"的运动。他甚至把空前干旱年份里的众多森林火灾归咎于尤特人。7 月 5日，维克斯起草了一份电报，发给了印第安事务局局长，并请皮特金州长签了字：

> 每天都有报告说一伙怀特河尤特人离开了保留地，毁坏了森林。……他们已经烧毁了数百万美元的木材，并还

在威胁着定居者和矿工。……我对印第安人有组织地破坏科罗拉多州的木材一点都不感到奇怪。这些野蛮人应该被转移到印第安领地去，在那里，他们再也不能破坏这个州最好的森林。[8]

局长答应州长会采取行动，然后向米克发出了警告，要求他让尤特人待在保留地内。当米克派人去找酋长们时，他发现他们正在举行一次愤怒的会议。他们已经听说了州长的虚假指控，以及州长要把他们送到印第安领地去的威胁。一个名叫佩克（Peck）的白人朋友在保留地北面的熊河开了一家供应店，他在丹佛的一家报纸上读到了这些报道，并将相关情况告诉了尼卡加特（"杰克"）。

根据新闻报道，尤特人在熊河沿岸放火，烧毁了前尤特事务官詹姆斯·B. 汤普森的一栋房子。"杰克"被这件事弄得心烦意乱，佩克同意和他一起去丹佛见皮特金州长，告诉他这不是真的。他们选择了一条经过汤普森家的路线。"我们路过那里，""杰克"后来说，"我们看到汤普森的房子还好好地矗立着，它根本就没有被烧毁。"

378　　经过重重困难，"杰克"终于获准进入皮特金州长的办公室。"州长问我怀特河畔的情况，说报纸上有关于我们的报道。我告诉他我也注意到了，这正是我来丹佛的原因。我说我不明白为什么情况会变成这样。……然后他说，'这是你们的印第安事务官写给我的一封信。'我告诉他，印第安事务官（米克）能写东西，所以他写了信；但我不会写字，因此我亲自来拜见他，以便当面进行回应。我们谈了许多，然后我告诉他，我希望他不要相信信中所写的那些东西。……他问我汤普森的房子被烧毁是不是真的。我告诉他,我亲眼看到了房子没有被烧毁。然后,我跟州长谈了那个印第安事务官的事,告诉他最好给华盛顿写信,建议另派一个事务官来接替他的位置,他答应第二天就写信。"[9]

毫无疑问,皮特金并不打算找谁来替代米克。从州长的角度来看,一切都在朝着正确的方向发展。他所要做的就是等待米克和尤特人摊牌,然后也许——"尤特人必须离开!"

大约在同一时间,米克正在编写他要向印第安事务局局长提交的月度报告。他写道,他正计划在尤特人保留地建立一支警察部队。"他们情绪不好。"他这样写道。但仅仅几天之后,他就采取了一些行动,而他肯定知道这些行动会让尤特人变得更加好战。尽管没有直接证据表明米克同情皮特金州长的"尤特人必须离开"的计划,但他所采取的每一步似乎都是为了激起印第安人的反抗。

米克也许不想让尤特人离开,但他确实希望他们的马被放逐。9月初,他命令他的一个白人工人谢德拉克·普赖斯(Shadrach Price)开始犁一块尤特人牧马的草地。一些尤特人立刻提出了抗议,问米克为什么不在别的地方开荒;他们需要草来养马。牧场的西边是一片鼠尾草草地,昆肯特(道格拉斯)表示愿意把那块地让出来以供开垦、耕种,但米克固执地坚持犁这片草地。尤特人接下来派了几个年轻人带着步枪过去了。他们来到农夫身边,命令他停下来。谢德拉克·普赖斯只能服从,但当他向米克报告时,米克派他回去继续完成工作。这一次,尤特人在普赖斯头顶上鸣枪示警,农夫赶紧解开犁地的马,离开了牧场。

379

米克大发雷霆。他给印第安事务局局长写了一封愤怒的信。

"这是一批糟糕的印第安人，"他写道，"他们长期以来一直靠免费的口粮过活，他们被奉承和宠爱得太过头了，以至于他们认为自己是所有人的领主。"[10]

那天下午，大巫医酋长卡纳拉（约翰逊）来到事务处会见米克。他告诉米克，正在耕种的土地已经被分配给了他的牧马人。现在，既然开垦已经停下来了，他不希望重新开始。

米克打断了约翰逊慷慨激昂的讲话。"问题是这个，约翰逊。你的马太多了。你最好把其中一些给杀了。"[11]

约翰逊带着不相信的神情盯着米克看了一会儿。突然，他向米克走去，抓住他的肩膀，把他推到了门廊上，又把他推到了拴马的栏杆上。然后，约翰逊一声不吭地走开了。

后来，约翰逊从他的角度讲述了这次冲突的过程："我告诉事务官，他命令那些人来耕种我的土地是不对的。事务官说我是一个总找麻烦的人，我很可能会被关起来。我告诉他我不知道我为什么要坐牢。我告诉他，换一个好的事务官来会好一些，好人是不会说这种话的。然后，我抓住他的肩膀，告诉他他最好还是卷铺盖走人。我没有对他做任何其他的事，我只是抓了他的肩膀。我没有生他的气。然后，我就回家了。"[12]

在米克采取进一步行动之前，他把尼卡加特（"杰克"）叫到了他的办公室谈话。"杰克"是这样回忆那次会面的情况的："米克告诉我，约翰逊一直欺负他。我告诉米克，这没什么，只是一件小事，他最好把这件事放下。米克说不管是不是小事，都不重要，他会记住并提出指控的。我还是告诉他，如果为这么一件小事情小题大做，那么，事情会变得非常糟糕。米克说，他不喜欢自己被一个年轻人抓住，他是一个老人，没有反击的力量，他不想让一个年轻人那样抓着他；他说他是一个老人，约翰逊虐待了他，他不会再和他说话了；他要请求局长派士兵来，将尤特人从他们的土地上赶出去。然后，我告诉他，他那样做会很糟糕。米克说，不管怎么说，这片土地并不属于尤特人。我回答说，这块土地确实属于尤特人，这就是政府在这里设立事务处的原因，因为这是尤特人的土地，我再次告诉他，他和约翰逊之间的冲突是一件很小的事情，他最好把它放下，不要太大惊小怪。"[13]

接下来的一天，米克一直在想着他和尤特人之间日益恶化的关系，后来，他终于下定决心，一定要给他们一个教训。他发了两封电报，一封给皮特金州长，要求州长为他提供军事保护，另一封是给印第安事务局局长：

我被一个主要的酋长约翰逊袭击了，我被迫离开自己的房子，并受了重伤。现在看来，所有的麻烦都是约翰逊造成的。……他的儿子向农夫开了枪，反对耕种的人很多。耕作停止了；我、家庭成员和手下雇员的生命都没有安全保障；需要立即得到保护；我已请求皮特金州长与波普将军商议。

在接下来的一周里，内政部和陆军部笨重的机器慢慢地开始运转了。9月15日，米克接到通知，命令已下达至骑兵部队，骑兵部队正准备向怀特河进军；米克被授权逮捕"接下来胆敢作乱的任何头目"。[14]

陆军部命令在弗雷德·斯蒂尔堡（Fort Fred Steele）驻防的托马斯·T. 索恩伯勒（Thomas T. Thornburgh）少校"带领足够数量的骑兵到科罗拉多州的怀特河尤特人事务处去，并等待进

381 一步的命令"。因为索恩伯勒出去猎鹿了，因此，命令迟迟没有被送到他手上，他接到命令的时候已经是 9 月 21 日了。他到怀特河需要行军 150 英里，为此，他带上了大约 200 名骑兵和步骑兵。[15]

9 月 25 日，索恩伯勒到达了设防溪（Fortification Creek）。部队距离怀特河事务处大约还有一半路程。少校决定派一名向导前去通知米克，他可以在四天内到达事务处；他要求米克把那里的现状告诉他。同一天，卡洛和尼卡加特（"杰克"）得知了士兵即将到来的消息；当时尤特人的酋长们正带着他们的人民到牛奶河（Milk River）去进行传统的秋季狩猎活动。

"杰克"骑马北上熊河，在那里与部队见面。"到底是怎么一回事？"他问他们，"你们来这里干什么？我们不想和士兵们战斗。我们有一个共同的父亲。我们不想和士兵们战斗。"

索恩伯勒和他的军官们告诉"杰克"，他们收到了一封电报，要他们到事务处去；电报说印第安人正在烧毁附近的森林，还烧毁了汤普森先生的屋子。"杰克"回答说那是个谎言；尤特人没有烧毁任何森林或木屋。"你把你的士兵留在这里，"他对索恩伯勒说，"我是一个好人。我是尼卡加特。把你的士兵留在这里，我们一起到事务处去。"索恩伯勒回答说，他接到的命令是，他要带着士兵去事务处。除非他收到米克相反的指示，否则，他将不得不把士兵带到怀特河。[16]

"杰克"再次坚持认为尤特人不想打仗。他说士兵们进入他们的保留地是不好的。然后，他离开了索恩伯勒，急忙往事务处赶去，他要警告米克，如果他让士兵们来到怀特河，就会有坏事发生。

在去米克办公室的路上，"杰克"停下来去见了昆肯特

（道格拉斯）。他们原本是对立的酋长，但现在怀特河所有的尤特人都处于危险之中，"杰克"觉得酋长们不能再分裂了。年轻的尤特人听过太多关于白人要把他们送到印第安领地的言论；一些人说他们听到米克到处吹嘘，士兵们带来了一车手铐、脚镣和绳子，几个坏的尤特人将被吊死，其他人则将被囚禁。如果他们发现士兵们是来把他们从家园带走的话，他们会和士兵战斗到死，甚至连酋长们也无法阻止他们战斗。道格拉斯说他不想和这件事发生任何关系。"杰克"走后，他把美国国旗挂在一根杆子上，挂在他的小屋上方。（也许他并没有听说过这件事：1864 年，尽管夏延人的"黑水壶"悬挂了美国国旗，但沙溪大屠杀还是发生了。）

382

"我告诉事务官（米克）士兵们要来了，""杰克"说，"我希望他能做点什么来阻止他们过来。他说这不关他的事，他与此事无关。然后我对事务官说，我希望他和我一起去士兵们所在的地方见见他们。事务官就说我一直骚扰他；他不会去。这些是他在办公室里对我说的，说完之后，他站起来走进了另一个房间，关上并锁上了门。那是我最后一次见到他。"[17]

当天晚些时候，米克显然改变了主意，决定听从"杰克"的建议。他给索恩伯勒少校发了一封信，建议他先停下纵队，他自己带五名士兵前来事务处。"印第安人似乎认为只要军队过来，就是一种真正的宣战。"他写道。[18]

第二天（9 月 28 日），当消息传到鹿溪（Deer Creek）边的索恩伯勒的营地时，卡洛也赶到了那里，试图说服少校不要再往前走了。"我告诉他，我根本不知道军队为什么会来，"卡洛事后说，"也不知道为什么要打仗。"[19] 当时，部队离怀特河只有35 英里了。

38. 昆肯特，又名道格拉斯。由科罗拉多州历史学会提供。

　　读完米克的信后,索恩伯勒对卡洛说,他将把他的部队转移到尤特人保留地的牛奶河边界;他将在那里扎营,然后他将带着五个人前往事务处,与米克商议。

　　在卡洛和他的武士们离开索恩伯勒的营地后不久,少校召开了一次军官会议,会上,他决定改变计划。部队不会停在保留地边上,而是会沿着科尔克里克峡谷(Coal Creek Canyon)继续前进。索恩伯勒解释说,这是出于军事需要,因为卡洛和"杰克"的营地就在那个地方的南边。如果军队在牛奶河停下来,而尤特人决定封锁峡谷的话,那他们就可以阻止士兵去事务处了。相反,在峡谷的南端,他们和怀特河之间就只隔着一条几英里宽的开阔地带。

384

　　卡洛骑马走在部队前面,于29日上午9点左右到达了营地。他发现他的人民对于士兵们的到来非常激动。"我看到几个武士朝士兵们来的方向走去,"他说,"后来,我也离开了,来到第一批出去的武士们聚集的地方。"在那里,他遇见了"杰克"和大约60名武士。两位酋长交换了信息,"杰克"把他与米克之间那场糟糕的会面的情况告诉了卡洛,卡洛则把索恩伯勒少校答应不会带着士兵过牛奶河的情况告诉了他。"然后,我告诉'杰克',我认为他最好建议年轻人不要进行任何战争示威,他说最好带着他们从路边上走开一点。到那时为止,我们还没有看到任何士兵从我们所在的地方出来,因此,我们就从路边走开了,往边上走了一段。'杰克'接着说,当士兵们到达牛奶河(保留地边界)时,他会过去见见他们。"[20]

　　卡洛和"杰克"都不知道索恩伯勒的部队已经过了牛奶河。在那里让马饮水后,索恩伯勒决定让一队士兵护送马车沿着峡谷内的路前进,而他则带着其余骑兵走一条更直接的路线,

39. 卡洛。可能是威廉·杰克逊拍摄的照片。由科罗拉多州历史学会提供。

从一道很高的山脊上翻过去。具有讽刺意味的是,这将让他们正好迎面撞上由"杰克"带领的那些愤怒的尤特人,本来,"杰克"为了避免任何可能的遭遇,而带着他们从路边离开。

大约就在这个时候,一个出去侦察的年轻的尤特人跑回来了。"部队并没有在他们昨天答应的地方停下来,而是继续向前行进了。"他向"杰克"报告说。

"杰克"那时非常担心,带着他的一小队武士开始攀登山脊。几分钟后,他就看到士兵们护送着马车,沿着灌木丛中蜿蜒的道路,向峡谷前进。"我和二三十个武士站在山上,忽然看见三四十个士兵站在我前面,他们一看见我,就一个接一个地进入了战斗队形。前一年,我在克鲁克将军的部队待过,曾与苏人作过战,我马上就知道,这名军官以这种方式部署他的士兵,意味着战斗;所以,我告诉我的人也去部署。"

这支先遣骑兵部队的指挥官是塞缪尔·彻里(Samuel Cherry)中尉。在命令士兵们部署后,彻里让他们在山脚下停下来,等待索恩伯勒少校上前。索恩伯勒骑马向前走了几码,然后向山脊上观看的印第安人挥舞了他的帽子。几个人挥手回应。

"杰克"等了四五分钟,等着其中一名军官发出见面商谈的信号,但他们坚守阵地,好像在期待尤特人先采取行动。"然后,""杰克"后来说,"我和另一个印第安人走上前去迎接他们。"彻里中尉下了马,开始朝尤特人走去。走了几步,他挥了挥帽子。一秒钟后,一声枪响突然打破了寂静。"当我们还隔着一段距离的时候,在冲突线之间,""杰克"说,"一声枪响了。我不知道是哪边开的枪,但我知道我无法阻止战斗,尽管我不停地向我的人挥舞着帽子,大喊着'别开枪,我们只是想谈谈';但他们以为我是在鼓励他们投入战斗。"[21]

当战斗愈演愈烈，蔓延到了为防御而围成一圈的马车那里时，战斗的消息传到了正在事务处的昆肯特（道格拉斯）耳中。他立刻去了米克的办公室，告诉他士兵们已经进入了保留地。道格拉斯确信尤特武士会和他们战斗。米克回答说，他相信不会有任何麻烦，然后，他让道格拉斯第二天早上和他一起去见士兵。

下午早些时候，怀特河边所有的尤特人都听说了士兵们在牛奶河与他们的人发生了战斗。大约有十二人拿起了步枪，在事务处各栋大楼中间走动，朝他们看到的每一个白人工人开枪。在那天结束前，他们杀死了内森·米克和他所有的白人男性雇员。他们俘虏了三个白人妇女，然后逃到了皮斯溪（Piceance Creek）边一个尤特人的老营地。一路上，三个白人妇女都遭到强奸。

牛奶河边的战斗持续了将近一个星期，300 名尤特武士几乎包围了 200 名士兵。索恩伯勒少校在第一次小规模的冲突中就丧生了。战斗结束时，他的部队有 12 人死亡，43 人受伤。37 名尤特人牺牲了，他们不顾一切地献出了生命，以拯救自己的保留地免遭军事占领，并防止自己被作为囚犯押送到印第安领地。

在南部 150 英里处的洛斯皮诺斯事务处，乌雷酋长听到了战斗的消息之后很惊愕。他知道只有立即采取行动，才能挽救他的酋长地位和整个尤特人的保留地。他在 10 月 2 日派人送来了一封信：

致怀特河事务处的各位酋长、长官和全体尤特人：

特此请求并命令你们停止对白人的敌对行动，不要伤害任何无辜的人或任何其他人，只保护你们自己的生命和财产不受非法和未经授权的盗马贼和亡命之徒的伤害，因为任何进一步的行动最终都会给各方带来灾难。[22]

乌雷的信和骑兵增援部队的到来终结了这场战斗，但要让尤特人免遭灾难已经太晚。皮特金州长和威廉·维克斯在科罗拉多州到处散播印第安人的野蛮暴行的故事，其中许多故事的目标是洛斯皮诺斯的无辜平民，他们中的大多数人都在平静地生活着，根本就不知道怀特河发生了什么。维克斯呼吁科罗拉多州的白人公民站起来"消灭红魔"，鼓动全州城镇和村庄组织民兵组织。大量的报社记者从东边涌过来，报道了这场激动人心的新"印第安战争"，以至于皮特金州长决定交给他们一份特别声明，以供发表：

> 我认为这件事的结束将终结对科罗拉多的劫掠。印第安人和白人今后不可能和平共处了。这次袭击没有挑衅，白人现在明白，他们很容易在该州任何一个印第安人拥有足够兵力的地方受到攻击。

388

> 我的想法是，除非被政府迁走，否则，他们必须被消灭。我可以在 24 小时内召集 25000 人来保护定居者。政府愿意自费解决印第安人这个麻烦。向矿工和定居者开放 12000000 英亩土地所带来的好处，将远远超过解决印第安人所需要的所有开支。[23]

怀特河尤特人交出了他们的三名女俘虏，然后，不可避免地，一个调查委员会成立了，以查出原因，确定责任，并制定惩罚措施。在牛奶河发生的战斗被称为伏击，但事实并非如此；怀特河事务处发生的事件也被称为大屠杀，那倒是符合事实。

"杰克"和卡洛以及他们的追随者最终被免除了惩罚，理由是他们进行的是一场公平的战斗。道格拉斯和印第安事务处的其他人则被判定为杀人犯，但没有人能说清楚是谁开枪打死了内森·米克和那些雇工。

道格拉斯作证说，当他听到第一声枪响时，他正在事务处的储藏室里。"我离开储藏室，走了一小段路。然后，我直接从那里回家了。当我出发到我家时，想到朋友们陷入了怎样的境地，我不禁哭了起来。"[24]但由于阿维利亚·米克在秘密听证会上发誓说道格拉斯强迫她与他发生了性关系，这位60岁的酋长被送进了莱文沃思监狱。他没有被指控或因任何罪行而受审；公开指控强奸会使米克夫人难堪。在那个性沉默的时代，这一行为涉及一名印第安人，这一事实让人倍感厌恶。

然而，矿工们和政客们对个别惩罚并不感兴趣。他们想惩罚整个尤特人的七个部落，把他们从那片等待挖掘、筑坝和适当砍伐的1200万英亩土地上赶出去，以便在这个过程中发财。

389　　1880年，当印第安事务局把乌雷带到华盛顿以捍卫他的人民的未来时，他已是垂死之人。由于患有肾炎，他屈从于"大眼睛"舒尔茨和其他官员的意愿，这帮人已经决定"尤特人必须离开"，到犹他的一片新保留地去——那是摩门教徒不想要的一个地方。1881年8月，在军队押送他的人民从科罗拉多州前往犹他的350英里的长途跋涉之前，乌雷去世了。除了科罗拉多州南部的一小群尤特人被允许居住在该州西南角的一小块土地上之外，印第安人被彻底扫地出门了。夏延人和阿拉帕霍人、基奥瓦人和科曼奇人、希卡里亚人（Jicarilla）和尤特人——他们原来都对那里的山脉和平原了如指掌，但现在，在那片已经归属白人的土地上，除了名字之外，再也找不到他们的踪迹了。

第十七章　最后的阿帕奇酋长

1880 年　6 月 1 日，美国总人口为 50155783 人。

1881 年　3 月 4 日，詹姆斯·加菲尔德宣誓就任总统。3 月 13 日，在俄国，虚无主义者暗杀了沙皇亚历山大。7 月 2 日，加菲尔德被刺客刺杀，并于 9 月 19 日去世；切斯特·A. 阿瑟成为总统。

1882 年　4 月 3 日，杰西·詹姆斯（Jesse James）① 在密苏里州的圣约瑟夫被人开枪射杀。9 月 4 日，爱迪生在纽约中央车站点亮了第一盏商用电灯。马克·吐温的《哈克贝利·费恩历险记》出版。

1883 年　3 月 24 日，纽约和芝加哥之间的第一次电话打通了。11 月 3 日，美国最高法院裁定，美国印第安人生来就是外来者和从属者。罗伯特·路易斯·史蒂文森的《金银岛》出版。

1884 年　1 月，俄国废除了人头税，那是农奴制的最后遗产。3 月 13 日，在苏丹，围攻喀土穆开始了。

1885 年　1 月 26 日，喀土穆落入马赫迪之手；总督查理·乔治·戈登阵亡。3 月 4 日，格罗弗·克利夫兰成为内战以来首位民主党总统。

---

① 美国历史上一个著名的强盗，和科尔·杨格等人组成了著名的詹姆斯 - 杨格帮（James Younger Gang）。——译者注

1886 年　　5 月 1 日，大罢工在美国各地蔓延，要求 8 小时工作制。5 月 4 日，无政府主义者在芝加哥干草广场朝警察扔炸弹，造成 7 人死亡，60 人受伤。自由女神像于 10 月 28 日在贝德洛岛落成。12 月 8 日，美国劳工联合会成立。

392　　　我和我的家人过着平静的生活，吃得饱，睡得好，照顾我的人民，我非常满足。我不知道那些坏消息是从哪里来的。在那里，我们做得很好，我的人也很好。我表现得很好。我没有杀过马或人，不论是美国人还是印第安人。我不知道负责我们的人怎么了。他们知道这是事实，却总说我是一个坏人，甚至是那里最坏的人，但我到底做了什么？我和我的家人在树荫下安详地生活着，做克鲁克将军告诉我必须做的事情，并努力听从他的建议。我现在想知道是谁下令逮捕我的。我向光明和黑暗祈祷，向上帝和太阳祈祷，让我和家人安静地生活在那里。我不知道为什么有人要说我坏话。报纸上经常刊登我将被绞死的消息。我不想再这样了。当一个人试图做正确的事时，这样的故事就不应该出现在报纸上。我的人现在所剩无几了。他们做了一些坏事，但我希望现在把它们都抹去，让我们再也不要提他们了。我们剩下的人很少了。

　　　　　　　　　　——戈亚斯莱（Goyathlay），又称杰罗尼莫

　　在科奇斯于 1874 年去世后，他的大儿子塔扎（Taza）成为奇里卡瓦人的酋长，而塔格利托（汤姆·杰福兹）则继续担任阿帕奇山口保留地的事务官。与他父亲不同，塔扎无法获得所有奇里卡瓦人的效忠。几个月后，阿帕奇人就分裂成几个派系，尽管塔扎和杰福兹都作出了很大的努力，科奇斯此前严厉禁止的袭击行动还是重新出现了。由于奇里卡瓦保留地靠近墨西哥，墨西哥就成了不断从亚利桑那和墨西哥进出并发动袭击的阿帕奇人的中转站和避难所。渴求土地的定居者、矿工和政客们不失时机地要求将所有的奇里卡瓦人都转移到其他地方去。

　　到 1875 年，美国政府的印第安政策开始转向将部落集中到印第安领地或大型区域保留地。怀特山位于亚利桑那东部，占地 250 万英亩，面积超过西南部所有阿帕奇保留地的总和。这个地方的事务处在圣卡洛斯，已经成了七个阿帕奇部落的管理中心，当华盛顿官员收到有关奇里卡瓦保留地问题的报告时，他们认为这是一个把奇里卡瓦人迁移到圣卡洛斯的绝佳借口。

　　圣卡洛斯的印第安事务处位于圣卡洛斯河和希拉河的交汇处，军官们认为那是一个最不受人欢迎的艰苦岗位。"那是一片砾石平地，"有人这样写道，"高出河底大约 30 英尺，到处都是事务处单调的土坯建筑。散落的、瘦骨嶙峋的、垂头丧气的、几乎没有叶子的棉白杨林，标示着溪流的方向。雨是如此罕见，以至于当它来临时，它看起来就像一种现象。干燥、炎热、尘土飞扬、沙砾密布的大风几乎不停地席卷着平原，把每一处植被都卷走了。夏天，阴凉处的温度为 110℉，称得上凉爽的天气。在一年中的所有其他时间，苍蝇、蚊子以及难以形容的虫子……成群结队。"[1]

1875 年，担任事务官的是约翰·克拉姆，几个月前，他从格兰特营救出了爱斯基明津及其手下的阿拉瓦帕人，帮助他们在希拉河沿岸的灌溉土地上几乎实现了自给自足。克拉姆以其顽固的方式，迫使军队从广阔的怀特山保留地撤出，他用一个阿帕奇人连队取代军队来管理事务处，并建立了阿帕奇法庭系统来审判罪犯。尽管他的上级对克拉姆允许印第安人自决的非正统方法有所质疑，但他们无法对他在圣卡洛斯维持和平的成功表示不满。

1876 年 5 月 3 日，克拉姆收到了印第安事务局局长的电报，命令他前往奇里卡瓦人保留地，去负责那里的印第安人，中止杰福兹的职务，并将奇里卡瓦人转移到圣卡洛斯。克拉姆对这项令人不快的任务毫无热情；他怀疑热爱自由的奇里卡瓦人能否适应怀特山保留地受管制的生活。克拉姆坚持让骑兵保持一定距离，他带着手下的印第安警察来到了阿帕奇山口，通知奇里卡瓦人他们要被迁走了。他惊讶地发现杰福兹和塔扎很合作。塔扎和他的父亲科奇斯一样，想要维持和平。如果奇里卡瓦人为了维持和平而必须离开他们的家园去怀特山的话，那么，他们会照办的。然而，只有大约一半的奇里卡瓦人经陆路到了圣卡洛斯。当军队进入被遗弃的保留地围捕顽抗者时，他们中的大多数人越过边界逃往了墨西哥。他们中的领导人有一个 46 岁的贝东科赫阿帕奇人（Bedonkohe Apache），他年轻时曾与科罗拉多的曼加斯结盟，后来，他追随科奇斯，现在他认为自己是一个奇里卡瓦人。他叫戈亚斯莱，白人更熟悉他的另一个名字：杰罗尼莫。

尽管自愿前往圣卡洛斯的奇里卡瓦人对克拉姆的感情，不像其他阿帕奇部落那么强烈，但他们并没有给他带来麻烦。

40. 杰罗尼莫。摘自弗兰克·兰德尔于 **1886** 年拍摄的一张照片。由史密森学会提供。

1876 年夏天的晚些时候，当克拉姆获得印第安事务局的许可，带着 22 名阿帕奇人去东部旅游时，他邀请塔扎一起去。不幸的是，当他们一行人访问华盛顿时，塔扎突然死于肺炎，最后被安葬在国会公墓。当克拉姆回到圣卡洛斯时，他遇到了塔扎的弟弟奈切。"你把我哥哥带走了，"奈切说，"他本来身体很好，很强壮，但是你没有带他回来，你就说他死了。我不知道。我想也许你没有好好照顾他。你让他被那些白脸人恶魔杀死了。我心里很痛苦。"[2]

克拉姆试图通过要求爱斯基明津说明塔扎的死亡和埋葬情况来安抚奈切，但奇里卡瓦人仍然心存怀疑。没有塔格利托·杰福兹的建议，他们不确定自己能在多大程度上信任约翰·克拉姆或其他白人。

396

在 1876 ~ 1877 年的冬天，那些来自墨西哥的亲戚偶尔会溜到保留地来，告诉他们边境南边发生的事情。他们听说杰罗尼莫和他的队伍正在袭击他们的宿敌墨西哥人，并收获了大量的牛群和马。春天，杰罗尼莫将这些偷来的牲畜带到新墨西哥，卖给白人农场主，并买了新的枪支、帽子、靴子和许多威士忌。这些奇里卡瓦人在他们的表亲米布雷斯印第安人所在的奥霍卡连特（Ojo Caliente）事务处附近的一个藏身处安顿下来了，该事务处的负责人是维克多里奥。

1877 年 3 月，约翰·克拉姆接到了华盛顿的命令，让他把手下的阿帕奇警察带到奥霍卡连特去，以便将那里的印第安人转移到圣卡洛斯。此外，他还要逮捕杰罗尼莫和在附近发现的其他奇里卡瓦人"叛徒"。

杰罗尼莫事后说："从圣卡洛斯派了两个连的侦察兵过来。他们派人叫我和维克多里奥到镇上去。送信的人没有说他们要我们做什么，但由于他们看起来很友好，我们认为他们是想开会，于是我就骑马去见军官们。我们一到镇上，士兵们就迎面而来，他们解除了我们的武装，把我们两人带到了指挥部，在那里，我们受到了军事法庭的审判。他们只问了我们几个问题，然后维克多里奥就被释放了，我则被判关进警卫室。侦察兵把我带到警卫室，把我锁了起来。当我问他们为什么这么做时，他们说是因为我逃离了阿帕奇山口。

"我不认为我是附属于阿帕奇山口的那些士兵的，也不认为我想去什么地方时应该先问过他们。……我被囚禁了四个月，其间，我被转移到了圣卡洛斯。现在想起来，我当时还面临着另一个审判，虽然我并不在场。事实上，我当时不知道我还有另一个审判，但我是这样被告知的，无论如何，我被释放了。"[3]

尽管维克多里奥没有被捕，但 1877 年春天，他和大部分温泉阿帕奇人被转移到圣卡洛斯。克拉姆努力赢得了维克多里奥的信任，通过赋予他比在奥霍卡连特时更大的权力。接连好几个星期，怀特山保留地的阿帕奇社区看起来会和平地生活下去，但随后，军队突然把一个连的士兵调到了希拉河（托马斯堡）。军队宣布这是一项预防措施，因为"几乎所有最难对付的印第安人现在都集中在了圣卡洛斯"。[4] 397

398

克拉姆大发雷霆。他给印第安事务局局长发了电报，要求当局允许他再组织一个连的阿帕奇警察来代替士兵，并要求撤走士兵。华盛顿的报纸获悉克拉姆的大胆要求，并将其发表出来。这引起了陆军部的愤怒。在亚利桑那和新墨西哥，那些军队的承包商担心大批士兵的离开会让他们失去利润丰厚的生意，因此他们谴责这位 26 岁的暴发户"厚颜无耻"，他居然认为自己一个人就可以做到自阿帕奇战争开始以来数千名士兵都无法

41. 奈切和他的妻子。由亚利桑那历史学会提供。

做到的事情。

军队留在圣卡洛斯，约翰·克拉姆辞职了。尽管和蔼可亲，但克拉姆从来没有学会像阿帕奇人那样思考，像汤姆·杰福兹那样把自己变成阿帕奇人。他无法理解那些反抗到底的酋长。他不能将他们视为宁愿死也不肯放弃遗产的英雄人物。在约翰·克拉姆的眼里，杰罗尼莫、维克多里奥、纳纳、洛科（Loco）、奈切和其他武士都是不法之徒、小偷、杀人犯和酒鬼，他们太反动了，根本不愿意走白人的路。约翰·克拉姆就这样把阿帕奇人抛在了圣卡洛斯。他去了亚利桑那的墓碑镇（Tombstone），创办了一家宣扬白人文化的报纸，名叫《墓志铭》（Epitaph）。

在 1877 年的夏末之前，圣卡洛斯的情况变得混乱。尽管印第安人的数量增加了几百人，但额外的补给却迟迟没有送达。更糟糕的是，新事务官没有在各个营地分发口粮，而是要求所有部落的人都到事务处主楼来领取口粮。有些阿帕奇人要走 20 英里，而如果老人和孩子不能来，他们就得不到口粮。矿工们还侵占了保留地的东北部，拒绝离开。克拉姆建立的自我监控系统崩溃了。

9 月 2 日晚，维克多里奥带领他的温泉部落离开保留地，他们打算回到奥霍卡连特。阿帕奇警察来追击他们，夺回了温泉印第安人从怀特山畜栏里抢走的大部分马和骡子，但把人放走了。一路上与牧场主和士兵进行了几次战斗之后，维克多里奥回到了奥霍卡连特。一年来，军队让他和他的人民活在温盖特堡士兵的看护下，然后，士兵们在 1878 年底接到将他们带回圣卡洛斯的命令。

维克多里奥恳求军官让他的人民在他们出生的地方生活，但

42. 维克多里奥。由亚利桑那历史学会提供。

当他意识到不可能时，他喊道："你可以把我们的妇女和孩子带上你的马车，但是我们男人是不会去的！"[5]

维克多里奥和他的大约 80 名武士逃到了米布雷斯山区，在没有家人陪伴的情况下，度过了一个艰难的冬天。1878 年 2 月，维克多里奥带着几个人来到了奥霍卡连特的哨所，并提出如果军队把他们的家人从圣卡洛斯送回来，那么，他们就投降。军队拖延了几个星期才作出决定，最后宣布可以妥协。温泉阿帕奇人可以在新墨西哥安家，但他们必须和梅斯卡佩罗人一起生活在图拉罗萨（Tularosa）。维克多里奥同意了，这是两年来他和他的人民第三次不得不重新开始生活。

1879 年夏天，维克多里奥遭到了一项古老的指控，他被指控偷马和谋杀，警察进入保留地逮捕了他。维克多里奥逃走了，这一次他下定决心，再也不住在保留地上看白人的脸色行事了。他确信自己已经被他们判了死刑，所有的阿帕奇人都难逃劫数，除非他们像西班牙人入侵时在墨西哥所做的那样进行反击。

维克多里奥在墨西哥建立据点后，开始招募游击队，与美国"永久开战"。在 1879 年底之前，他有一支由 200 名梅斯卡佩罗人和奇里卡瓦人组成的武士队伍。为了获得马匹和补给，他们突袭了墨西哥的牧场，然后大胆地闯入了新墨西哥和得克萨斯州，把他们能找到的定居者都杀死了，对追赶的骑兵部队展开伏击，再冲回边境。

随着战斗的持续，维克多里奥的仇恨变得更加强烈了。他成了一个无情的杀手，他不断地折磨和残害受害者。他的一些追随者认为他已经疯了，于是离开了他。政府悬赏 3000 美元抓捕他。最后，美国和墨西哥军队决定合作，集中力量追捕他。1880 年 10 月 14 日，墨西哥士兵在奇瓦瓦（Chihuahua）和埃尔帕索之间的特雷斯卡斯蒂略山（Tres Castillos Hills）上困住了维克多里奥的队伍。他们屠杀了包括维克多里奥在内的 78 名阿帕奇人，同时还俘虏了 68 名妇女和儿童。大约 30 名武士逃脱了。

逃走的人中有一位已经过了 70 岁生日的米布雷斯武士。他就是纳纳。在他记忆中，他一直在和讲西班牙语的白人和说英语的白人作战。在纳纳的心目中，毫无疑问，抵抗必须继续下去。他会招募另一支游击队，而武士们最好的来源是保留地，那里有数以百计的年轻人被关了起来，无所事事。1881 年夏天，这个伤痕累累、满脸皱纹的小阿帕奇人和他的少数追随者渡过了格兰德河。在不到一个月的时间里，他们打了八次仗，俘获了 200 匹马，并带着 1000 名骑兵逃回了墨西哥。纳纳并没有在怀特山附近开展突袭行动，但那里的阿帕奇人听说了他的英勇事迹，军队的反应是派遣数百名士兵守卫保留地。

9 月，圣卡洛斯的奇里卡瓦人对营地附近的骑兵示威感到震惊。谣言满天飞；据说军队正准备逮捕所有曾经怀有敌意的酋长。本月晚些时候的一天晚上，杰罗尼莫、朱阿（Juh）、奈切和大约 70 名奇里卡瓦人溜出了怀特山，向南逃到了他们此前在墨西哥的塞拉马德雷山寨（Sierra Madre）。

六个月后（1882 年 4 月），装备精良的奇里卡瓦人回到了怀特山。他们决心解放他们所有的人民，以及其他任何想和他们一起回到墨西哥的阿帕奇人。这个设想非常大胆。他们骑马冲到了洛科酋长的营地，说服大部分剩余的奇里卡瓦人和温泉阿帕奇人一起到墨西哥去。

由乔治·A. 福赛思（George A. Forsyth）上校指挥的六个骑兵连迅速展开了追击。（他在那场"罗马鼻"被杀的战斗中幸存了下来；见第七章。）在马蹄峡谷（Horse Shoe Canyon），福赛思追上了逃跑的阿帕奇人，但在一次出色的垫后行动中，印第安人把士兵挡住了足够长的时间，使得他们的主力部队得以进入墨西哥。但这时，一个意想不到的灾难发生了。一个墨西哥步兵团偶然发现了阿帕奇人，他们屠杀了大部分骑马走在前面的妇女和儿童。

成功逃脱的酋长和武士包括洛科、奈切、查托（Chato）和杰罗尼莫。他们非常悲痛，而且队伍人数也减少了许多，于是很快就加入了纳纳和他的游击队。对他们所有人来说，这是一场生存之战。

怀特山地区爆发的每一次逃亡行动，都会招来更多的士兵。他们蜂拥而至，驻扎在托马斯堡、阿帕奇堡、鲍伊堡，而士兵每增加一次，就会让保留地的阿帕奇人发动一次新的骚乱，逃往墨西哥的人也越来越多，他们在逃亡的路上，不可避免地会对沿途的牧场主发动袭击。

为了消除混乱、恢复秩序，军队再次召见了乔治·克鲁克将军，他和十年前离开亚利桑那北上与苏人和夏延人作战时相比，已经判若两人了。在审判"站熊"的过程中，他从苏人和夏延人以及庞卡人那里逐步了解到印第安人也是人，而他的大多数同僚还没有接受这个观点。

1882 年 9 月 4 日，克鲁克在惠普尔兵营（Whipple Barracks）接过了亚利桑那战区的指挥权，然后匆匆赶往怀特山保留地。他在圣卡洛斯和阿帕奇堡与阿帕奇人举行了会议；他还单独找到了一些印第安人，与他们私下交谈。"我立刻发现，所有阿帕奇部落都普遍存在着一种对我们人民的不信任感，"他报告说，"我费了好大工夫才让他们开口说话，但在打消了他们的

43. 纳纳。由亚利桑那历史学会提供。

猜疑之后，他们就和我畅所欲言了。他们告诉我……他们对每个人都失去了信心，不知道该相信谁或相信什么；不负责任的各方不断地告诉他们，他们将被解除武装，他们将在保留地受到军队的攻击，并将被驱逐出他们的家园；他们很快就得出结论，在战斗中牺牲比被这样摧毁更有男子气概。"克鲁克确信， 404
阿帕奇保留地"不仅最有理由这样抱怨，而且在保持和平方面表现出了非凡的忍耐力"。

在调查初期，他发现印第安人的"口粮和政府为他们的生存和生活而购买的货物，遭到了恶棍一般的事务官和其他一些道德败坏的白人的巧取豪夺"。他发现了大量的证据，证明白人试图煽动阿帕奇人采取暴力行动，以便把他们赶出保留地，让保留地成为掠夺土地的场所。[6]

克鲁克下令立即将保留地内所有的白人非法居留者和矿工赶走，然后要求印第安事务局在推行改革方面给予充分合作。各个部落不再被强迫住在圣卡洛斯或阿帕奇堡附近，而是有权选择保留地的任何一部分来建造他们的家园和牧场。干草合同将授予阿帕奇人，而不是白人供应商；军队将购买印第安人种植的所有多余的玉米和蔬菜，并用现金付款。他们期望可以自我管理，建立自己的警察系统和法院系统，就像他们在约翰·克拉姆治下所做的那样。克鲁克承诺，除非他们无法自我约束，否则他们不会在保留地看到任何士兵。

起初，阿帕奇人将信将疑。他们记得克鲁克在过去的日子里，在他还被叫作追捕科奇斯人和奇里卡瓦人的"灰狼"之时，所做的一切都是很残酷的。但他们很快就发现他是认真的。口粮变得更加充足了，事务官和商人们不再欺骗他们了，也没有士兵来欺负他们，"灰狼"鼓励他们培育牛群，寻找更好的地方来种植玉米和豆类。只要他们留在保留地内，他们就是自由的。

但他们无法忘记那些在墨西哥的真正自由的亲戚，总有一些年轻人溜向南方，一些人回来后会给他们讲激动人心的冒险和美好的生活。

克鲁克也对在墨西哥的奇里卡瓦人和温泉阿帕奇人有很多想法。他知道他们再次越境突袭只是时间问题，他知道他必须为此做好准备。不久前，美国政府与墨西哥签署了一项协议，允许对方士兵越境追捕敌对阿帕奇人。他正准备利用这一协议，希望通过这样做，阻止亚利桑那和新墨西哥的平民逼迫他发动战争。

"这种情况经常发生，"克鲁克说道，"边境报纸……散布各种有关印第安人的夸大之词和谎言，这些文章被其他地区高质量和广泛发行的报纸转载，而印第安人方面的声音却很少被听到。这样一来，广大民众对这种事情就会产生错误的看法。然后，当冲突爆发时，公众的注意力就转向了印第安人，他们的罪行和暴行受到谴责，而那些行事不公正、迫使他们走上这条道路的人却逍遥法外，并且这些人对印第安人的指责声是最大的。没有人比印第安人更了解这一事实，因此，印第安人看到的是一个只惩罚他们却允许白人随心所欲地掠夺他们的政府，这样的政府没有公正可言。"

一想到要与阿帕奇人再打一场游击战，克鲁克就十分厌恶。他知道，在这片崎岖不平的地区，通过战斗把他们制服几乎是不可能的。"所有的利益都岌岌可危，我们无法与之战斗，"他坦率地承认，"作为一个国家，我们对目前的状况负有太大的责任。因此，我们必须使他们确信，今后他们将受到公正的对待，并得到保护，不受白人的侵犯。"[7]

克鲁克相信，他可以说服杰罗尼莫和其他游击队领导人，让他们相信他的意图是良好的——不是通过与他们战斗，而是通过与他们交谈。达成此目标的最好的地方是他们自己的墨西哥据点，那里不会有肆无忌惮的印第安战争鼓吹者或散布谣言的报纸，来挑起一场牟利的、掠夺土地的战争。

在等待边境突袭以给他一个进入墨西哥的借口时，克鲁克悄悄地组建了他的"远征军"。这支部队由大约 50 名精心挑选的士兵和文职翻译以及大约 200 名来自保留地的年轻阿帕奇人组成，其中许多人曾经在墨西哥发动过袭击。在 1883 年的最初几周，他通过新建成的、横跨亚利桑那的南太平洋铁路，把这支部队的一部分转移到了离边境线大约 50 英里的地方。3 月 21 日，三个小酋长——查托、奇瓦瓦和博尼托——袭击了墓碑镇附近的一个采矿营地。克鲁克一得知这个情况，就立即开始为进入墨西哥做最后的准备。然而，经过数周的搜寻之后，他的侦察兵才找到了奇里卡瓦人在墨西哥马德雷斯山脉的大本营。

在那个"树叶深绿之月"（Season When the Leaves Are Dark Green）（5 月），杰罗尼莫发动了一次针对墨西哥牧场主的突袭行动，目的是抢夺牲畜。墨西哥士兵追击他们，但杰罗尼莫伏击了这些士兵，并严惩了他们，然后逃走了。当阿帕奇人返回他们的基地时，一个之前留下来当警卫的阿帕奇人来见杰罗尼莫，告诉他说"灰狼"（克鲁克）已经占领了营地，并俘虏了所有的妇女和儿童。

贾森·贝齐内斯（Jason Betzinez）是杰罗尼莫的堂兄弟之一，当时他和阿帕奇人一起骑着马，后来，他说起了杰罗尼莫是如何挑选两名老武士举着停战旗下山，去询问"灰狼"来这里的目的。贝齐内斯说："那两个人没有回到杰罗尼莫站的地方，而是来到半山腰上，叫我们都下去。……我们的武士们下了山，来到了克鲁克将军的帐篷，在那里，经过领导人之间长时间的会谈，我们都向将军投降了。"[8]

实际上，在达成协议之前，杰罗尼莫与克鲁克进行了三次漫长的谈判。这位阿帕奇人的酋长宣称他一直希望和平，但他在圣卡洛斯受到了坏白人的虐待。克鲁克说这可能是真的，但如果杰罗尼莫想回到保留地，"灰狼"会确保他受到公平的对待。然而，所有回去的奇里卡瓦人都必须从事农业和畜牧业以维持生计。"我不会夺走你的武器，"克鲁克补充道，"因为我不怕你。"[9]

407　　杰罗尼莫喜欢克鲁克直截了当的态度，但当将军宣布他必须在一天左右带着部队回到亚利桑那时，杰罗尼莫决定考验他一下，以确保克鲁克确实真正信任他。这位阿帕奇酋长说他需要几个月的时间来把所有人都召集起来。"我会留在这里，"他说，"直到我把奇里卡瓦人的最后一个男人、女人和孩子都带过去。"查托也会留下来帮助他。他们会一起把所有的人带到圣卡洛斯。[10]

令杰罗尼莫惊讶的是，克鲁克同意了这个提议。5月30日，部队向北出发了。251名妇女和儿童以及123名武士，包括洛科、曼加斯（曼加斯·科罗拉多的儿子）、奇瓦瓦、博尼托，甚至还包括了满脸皱纹的纳纳——除了杰罗尼莫和查托之外，所有的军事酋长都离开了。

八个月过去了，这回轮到克鲁克吃惊了。杰罗尼莫和查托忠于他们的诺言，于1884年2月越过边界，被护送到了圣卡洛斯。"不幸的是，杰罗尼莫犯了一个错误，他把从墨西哥人那里偷来的一大群牛一起赶来了。"贾森·贝齐内斯说。"这对杰罗尼莫来说似乎再正常不过了，他觉得他只是在为他的人民提供充足的食物。但当局持不同的观点，他们把酋长的牛给拦截了下来。"[11]诚实的"灰狼"下令将牛卖掉，然后他将1762.50美元的收益退还给了墨西哥政府，以便墨西哥政府能够在找到牛的主人的情况下将钱分发给他们。

一年多以来，克鲁克将军可以夸口说，亚利桑那和新墨西哥的印第安人没有犯下过"任何形式的暴行或掠夺"。杰罗尼莫和查托相互较劲，看谁的牧场最好，克鲁克则密切监督着他们的事务官，看他是否给印第安人发放了足够的物资。然而，在保留地和军队驻地之外，很多人批评克鲁克对阿帕奇人太过宽容；克鲁克曾谴责过的那些散布"各种关于印第安人的夸大之词和谎言"的报纸，那时转而开始攻击他。一些造谣者甚至声称克鲁克已经在墨西哥向杰罗尼莫投降了，他与这位奇里卡瓦酋长达成了协议，以便生还。至于杰罗尼莫，他们把他变成了一个可怕的恶魔，把几十个暴行安在他身上，同时呼吁治安团体的成员们去绞死他，如果政府不绞死他的话。奇里卡瓦人的官方翻译米奇·弗里（Mickey Free）向杰罗尼莫翻译了报纸上的这些故事。"当一个人试图做正确的事情的时候，"杰罗尼莫说，"这样的故事不应该出现在报纸上。"[12]　408

"玉米播种时节"（Corn Planting Time）（1885年春天）过后，奇里卡瓦人开始变得不满。除了领取口粮、赌博、争吵、吃面包、喝提斯温酒外，男人们几乎没什么可做的。提斯温酒在保留地是被禁止的，但奇里卡瓦人有足够的玉米来酿造它，而喝酒是过去留下来的为数不多的乐趣之一。

5月17日晚上，杰罗尼莫、曼加斯、奇瓦瓦和老纳纳喝提斯温酒喝得酩酊大醉，他们决定回到墨西哥去。他们去找查托，邀请他一起去，但查托很清醒，拒绝加入他们的行列。他和杰罗尼莫发生了激烈的争吵，在杰罗尼莫和其他人离开之前，争吵几乎以暴力结束。这群人中有92名妇女和儿童，8名男孩和34名男子。当他们离开圣卡洛斯时，杰罗尼莫切断了电报线。

白人和阿帕奇人都给出了许多理由，来解释他们为什么突然从一个一切都很平静的保留地逃走。有人说是因为他们喝提斯温酒喝醉了；其他人说，关于奇里卡瓦人的坏消息让他们害怕被逮捕。"在部落被运到圣卡洛斯之前，大家曾戴过一次铁镣，"贾森·贝齐内斯说，"一些酋长下定决心不再接受这种羞辱。"

杰罗尼莫后来是这样解释的："在我离开之前的某个时候，一个名叫瓦迪斯凯（Wadiskay）的印第安人和我聊过一次天。他说，'他们要逮捕你'，但我没有理会他，因为我知道我没有做错什么；曼加斯的妻子韦拉也来对我说，他们要把我抓起来，并把我和曼加斯关到警卫室里，我从美国士兵和阿帕奇士兵那里，从查托和米奇·弗里那里，听到了美国人要逮捕我并把我绞死的传言，于是我就逃走了。"[13]

杰罗尼莫一行在亚利桑那逃亡是谣言泛滥的一个信号。报纸的头条新闻是：阿帕奇人逃跑了！"杰罗尼莫"这个名字本身就成了一种血腥的召唤。"图森帮"（Tucson Ring）的承包商看到了一个推动军事行动的有利可图的机会，他们呼吁克鲁克将军出动军队，保护手无寸铁的白人公民免遭凶残的阿帕奇人的伤害。然而，杰罗尼莫其实在拼命避免与白人公民发生任何冲突；他所想做的就是带着他的人快速越过边境，前往古老的马德雷山脉避难所。两天两夜，奇里卡瓦人一路骑马前进，没有在任何地方扎营休息。中途，奇瓦瓦改变了去墨西哥的想法；他让他的部落成员离开小路，打算回到保留地去。追赶的士兵追上奇瓦瓦，逼他打了一仗，迫使他在进入墨西哥之前就开始了血腥的掠夺。他所犯下的每一次攻击都被归咎于杰罗尼莫，因为很少有亚利桑那人听说过奇瓦瓦。

与此同时，克鲁克则试图顶住"图森帮"和他们在华盛顿的政治盟友的压力，以避免大规模的军事行动。他知道一对一谈判是应对三十多名阿帕奇武士的唯一途径。不过，为了当地居民的利益，他命令辖区内的每个堡垒都派出一些骑兵，但他把找出抵抗力强的奇里卡瓦人的任务，完全交给了他信任的阿帕奇侦察兵。让他高兴的是，查托以及科奇斯的小儿子阿尔奇斯（Alchise）都自告奋勇去寻找杰罗尼莫。

随着秋天的临近，很明显克鲁克将必须再次越过边境进入墨西哥。华盛顿给他下达的命令非常明确：杀死逃犯或让其无条件投降。

此时，奇里卡瓦人已经发现墨西哥军队正在马德雷山等着他们。被夹在只想杀死他们的墨西哥人和愿意把他们囚禁起来的美国人之间，杰罗尼莫和其他酋长最终决定听从查托和阿尔奇斯的意见。

1886 年 3 月 25 日，"敌对的"阿帕奇酋长在边境以南几英里处的漏斗峡谷（Cañon de los Embudos）与克鲁克会面了。经过三天紧张的谈判，奇里卡瓦人同意投降。克鲁克告诉他们必须无条件投降，当他们问这意味着什么时，他坦率地告诉他们，他们很可能会被带到遥远的东部佛罗里达去，被当作囚犯关押起来。他们回答说他们不想投降，除非"灰狼"答应在监禁两年后将他们送回保留地。克鲁克仔细考虑了这个建议，这对他来说似乎是公平的。他相信自己能说服华盛顿，让华盛顿认为这样的投降总比不投降好，所以他同意了。

"我把自己交给你，"杰罗尼莫说，"任你处置。我投降了。我曾经像风一样四处走动。现在我向你投降，就这样吧。"

在会议结束的时候，阿尔奇斯恳求克鲁克同情他犯了错的奇里卡瓦兄弟。"他们现在都是好朋友了，我很高兴他们投降了，因为他们都是同一民族——和我是一家人；就像你杀死一头鹿一样，鹿的所有部分都是一体的；奇里卡瓦人也是如此。……现在我们想沿着开阔的道路前进，喝美国人的水，而不是躲在山里；我们希望生活没有危险和不适。我很高兴奇里卡瓦人投降了，我很高兴我能为他们说话。……我从来没有对你撒过谎，你也从来没有对我撒过谎，现在我告诉你，这些奇里卡瓦人真的想做正确的事，想和平共处。如果他们不这样，那就是我在撒谎，你就不要再相信我了。没关系，你要去鲍伊堡了，我要你把今天在这里说的话都记在心里。"[14]

克鲁克确信奇里卡瓦人会带着他的侦察队来到鲍伊堡，于是他急忙给华盛顿的陆军部发了一封电报，告知奇里卡瓦酋长们的条件。不过，他得到了一条令他惊愕的答复："不同意在东边监禁他们两年，然后返回保留地作为投降条件。"[15]"灰狼"又许下了一个他无法兑现的诺言。最大的打击是，第二天，他听说杰罗尼莫和奈切在鲍伊堡南边几英里处脱离了队伍，逃回墨西哥去了。一个来自"图森帮"的商人用威士忌把他们给灌醉了，还谎称如果他们回来的话，亚利桑那的白人一定会绞死他们。根据贾森·贝齐内斯的说法，奈切喝醉了，朝空中开了

一枪。"杰罗尼莫认为他们与军队发生了战斗。他和奈切带着 411
大约 30 名追随者，一窝蜂地跑了起来。"情况或许远比这要复
杂。"我害怕背信弃义，"杰罗尼莫事后说，"当我们开始怀疑时，
我们就掉头回去了。"奈切后来告诉克鲁克："我担心我会被带到一
个我不喜欢的地方，一个我不知道的地方。我以为所有被带走的人
都会死。……我自己是这么推想的。……我们相互间谈论着这件
事。我们都喝醉了……因为那里有很多威士忌，我们想喝一杯，
然后就喝了。"16

由于杰罗尼莫的逃亡，美国陆军部严厉谴责了克鲁克的疏
忽大意、未经授权的投降条件以及他对印第安人的宽容态度。
他立即辞职了，取而代之的是渴望晋升的准将纳尔逊·迈尔斯，
即"熊皮大衣"。

1886 年 4 月 12 日，"熊皮大衣"接过了指挥权。在陆军
部的全力支持下，他迅速率领 5000 名士兵投入战场（约占
陆军战斗力量的三分之一）。他手下还有 500 名阿帕奇侦察
兵和数千名非正规民兵。他组织了一支由骑兵组成的突击队
且建立起一套昂贵的日光反射信号器，以便在亚利桑那和新
墨西哥之间来回传递信息。这支强大的军事力量的目标就是
制服杰罗尼莫和他由 24 名武士组成的"军队"。同时，在整
个 1886 年夏天，这支"军队"也一直受到墨西哥军队数千
名士兵的追击。

最后，"大鼻子"中尉查尔斯·盖特伍德（Charles Gatewood）
和另外两名阿帕奇侦察兵马丁内（Martine）和卡伊塔
（Kayitah），发现了杰罗尼莫和奈切藏在塞拉马德雷斯山脉的峡
谷里。杰罗尼莫放下了步枪，与"大鼻子"中尉握手，平静地
询问他的健康状况。他随后询问了美国的相关情况。奇里卡瓦

人过得怎么样？盖特伍德告诉他，投降的奇里卡瓦人已经被运往佛罗里达州了。如果杰罗尼莫向迈尔斯将军投降的话，他也可能被送到佛罗里达加入他们的行列。

杰罗尼莫想知道所有关于"熊皮大衣"迈尔斯的事。他的声音是刺耳还是悦耳？他是残忍还是善良？他说话的时候是看着你的眼睛还是低头看着地面？他会信守诺言吗？然后，他对盖特伍德说："我们需要你的建议。把你自己当成我们中的一员，而不是白人。记住今天所说的一切，作为一个阿帕奇人，你会建议我们在这种情况下做些什么？"

"我相信迈尔斯将军，也相信他的话。"盖特伍德回答说。[17]

杰罗尼莫投降了，这是他最后一次投降。华盛顿的"上父"（格罗弗·克利夫兰）相信报纸上所有关于杰罗尼莫邪恶行径的骇人听闻的故事，建议对他处以绞刑。不过，更了解情况的人的建议占了上风，杰罗尼莫和他幸存的武士们被押到了佛罗里达州的马里昂堡。他发现他的大多数朋友死在那片温暖潮湿的土地上，它与他们出生的那片高海拔的、干燥的土地完全不同。一百多人死于肺结核。政府带走了他们所有的孩子，把他们送到宾夕法尼亚州卡莱尔的印第安学校，超过 50 名孩子死在了那里。

不仅"敌对的人"被转移到了佛罗里达州，许多"友好的人"也被转移到了那里，包括为克鲁克工作的侦察兵。马丁内和卡伊塔曾带着盖特伍德中尉去了杰罗尼莫的藏身处，他们不仅没有得到他们完成任务该得的十匹马的奖励，反而被送到佛罗里达州关押了起来。查托曾试图劝阻杰罗尼莫离开保留地，然后还帮助克鲁克找到了他，但他也突然被赶出了农场，被送到了佛罗里达州。他失去了他的土地和所有的牲畜，他的两个孩子被带到了卡莱尔，最后都死在了那里。奇里卡瓦人是注定要灭绝的；他们为了维护自己的自由而拼命战斗。

他们并不是孤例。靠自己在希拉的牧场实现了经济独立的阿拉瓦帕人爱斯基明津，因被控与不法分子"阿帕奇孩子"交流而被捕。爱斯基明津和 40 名幸存的阿拉瓦帕人被送到了佛罗里达州，与奇里卡瓦人生活在一起。后来，所有这些人又都被转移到了阿拉巴马州的弗农山兵营（Mount Vernon Barracks）。

如果不是乔治·克鲁克、约翰·克拉姆和休·斯科特（Hugh Scott）等少数白人朋友的努力，阿帕奇人很快就会被赶到莫比尔河上那个黄热病盛行的哨所去。尽管"熊皮大衣"迈尔斯和陆军部反对，他们还是成功地让爱斯基明津和他的阿拉瓦帕人回到了圣卡洛斯。然而，亚利桑那的公民拒绝杰罗尼莫的奇里卡瓦人在该地定居。当基奥瓦人和科曼奇人从休·斯科特中尉那里得知了奇里卡瓦人的困境后，他们将保留地的一部分分给了他们的阿帕奇老对手。1894 年，杰罗尼莫把幸存的流亡者带到了希尔堡。1909 年，他死在了那里，死时还是一名俘虏，最后他被埋葬在了阿帕奇公墓。一个传说流传至今：他死后不久，骨头就被人秘密地移走了，并被带到了西南部的某个地方——也许是莫戈永山（Mogollons），也许是奇里卡瓦山，也许是墨西哥马德雷斯山脉的深处。他是阿帕奇人的最后一个酋长。

野牛来了

听，他说，野牛从那边来了，

这是他的话，野牛从那边来了，

它们走一会儿，停一会儿，它们过来了

野牛从那边来了。

第十八章　鬼魂之舞

1887 年 2 月 4 日，美国国会成立州际商务委员会以监管铁
路。6 月 21 日，英国庆祝维多利亚女王金婚。7 月
2~4 日，联邦老兵和邦联老兵在葛底斯堡重聚。

1888 年 5 月 14 日，巴西废除奴隶制。11 月 6 日，格罗弗·
克利夫兰比本杰明·哈里森赢得更多的民众支持，
但哈里森凭借选举人票赢得了总统选举。

1889 年 3 月 4 日，本杰明·哈里森宣誓就任总统。3 月 23
日，哈里森总统允许白人在俄克拉荷马（前印第安
领地）建立定居点。3 月 31 日，埃菲尔铁塔在巴黎
落成。5 月 31 日，5000 人在约翰斯敦洪水中丧生。
11 月 2~11 日，北达科他、南达科他、蒙大拿和华
盛顿先后成为联邦的州。

1890 年 1 月 25 日，内莉·布莱（Nellie Bly）以 72 天 6 小
时 11 分钟在环游世界比赛中获胜。6 月 1 日，美国
人口达到 62622250 人。7 月 3~10 日，爱达荷和怀
俄明成为美国第四十三个和第四十四个州。

如果一个人失去了什么，回去仔细寻找，他会找到的，这正是印第安人现在所做的，他们不过是要求你们给他们过去答应过的东西；我不认为他们应该被当作野兽对待，这就是我带着我的情感长大的原因。……我觉得我的人民得到了一个坏名声，我希望它有一个好名声；它曾经有一个好名声；我有时坐下来想，到底是谁给了它坏名声。

——"坐牛"

我们这里的土地对我们来说是地球上最珍贵的东西。男人占有土地并从中致富，对我们印第安人来说，保留土地是非常重要的。

——"白雷"（White Thunder）

416　　所有的印第安人都必须跳舞，在任何地方，继续跳舞。很快，在明年春天，伟大的神灵就会到来。他会把各种各样的猎物都带回来。猎物无处不在。所有死去的印第安人都会复活。他们都像年轻人一样坚强，再次年轻。又老又瞎的印第安人又能看见了，变年轻了，玩得很开心。当伟大的神灵从这条路走来时，所有的印第安人都会到远离白人的高山上去。白人不再能伤害印第安人了。当印第安人在高处时，洪水滔天，所有的白人都死了，被淹死了。在那之后，水一路狂飙，然后，除了印第安人，谁都不见了，到处都是各种各样的猎物。然后，巫医告诉印第安人，让所有的印第安人继续跳舞，好时光就会到来。不跳舞的印第安人，不相信这些话的人，会长得很矮，只有一英尺高，而且会一直这样。其中的一些人会变成木头，被火烧毁。

——沃沃卡（Wovoka），派尤特人的弥赛亚

　　当提顿苏族部落在 1876～1877 年的战争之后投降时，他们失去了粉河地区和黑山。政府的下一步行动是将大苏族保留地的西部边界从 104°经线改成 103°经线，这样又切掉了与毗邻黑山的另一条 50 英里的狭长地带，并夺走了夏延河几条支流之间的一块宝贵的三角洲。1877 年，政府把苏人赶出内布拉斯加州后，留给他们的只是 103°经线和密苏里河之间的一块铁砧形状的地区，这片位于达科他的 35000 平方英里的土地，在勘测人员眼中几乎一文不值。

417　　一些政府官员想把提顿人全部转移到印第安领地；其他人则想在密苏里河沿岸为他们建立事务处。在"红云"和"斑点尾巴"的强烈抗议之后，妥协最终达成。"红云"的奥格拉拉人定居在松岭的瓦齐阿汉汉（Wazi Ahanhan）保留地的西南角。在这里，各种各样的奥格拉拉人部落沿着向北流入怀特河的小溪——黄药河、豪猪尾河（Porcupine Tail）和伤膝河（Wounded Knee）——建立了永久的营地。在松岭的东面，"斑点尾巴"和他的布鲁莱人则在小怀特河畔定居下来；他们的事务处被称为罗斯巴德事务处。针对其余的苏族部落则建立了另外四个事务处——分别是布鲁莱河下游、乌鸦溪、夏延河和立岩事务处。这些事务处将在那里存在近一个世纪，但大苏族保留地总计 35000 平方英里中的大部分，将被逐渐从印第安人手中夺走。

　　当提顿人在他们的新村庄定居下来后，一股来自北欧的移民潮涌入了达科他东部，冲击着大苏族保留地的密苏里河边界。在密苏里河畔的俾斯麦，一条向西推进的铁路被保留地挡住了。前往蒙大拿和西北部的定居者叫嚣着要在保留地上修建铁路。

急于以高额利润将廉价土地出售给移民者的倡导者们，策划了一个计划，以破坏苏族保留地。

在过去，苏人会奋力阻止所有这些入侵者进入他们的领地，但现在，他们下了马，被解除了武装，甚至连吃饱穿暖都做不到了。他们幸存下来的最伟大的军事酋长，"坐牛"，已经流亡到加拿大去了。他和他的 3000 追随者是自由的、有武装的、骑在马上的。总有一天，他们会回来的。

和在墨西哥自由自在的杰罗尼莫一样，在加拿大的"坐牛"同样为美国政府深恶痛绝，他是印第安人反叛行动的一个危险的象征。军队疯狂地试图迫使这位洪克帕帕人酋长和他的追随者回到自己的控制之下。最后，1877 年 9 月，陆军部与加拿大政府安排艾尔弗雷德·特里将军和一个特别委员会在加拿大皇家骑警的护送下进入了加拿大，前往沃尔什堡（Fort Walsh）。特里在那里会见了"坐牛"，并向他保证完全赦免他，条件是他交出所有的武器和马匹，并把他的人带到大苏族保留地位于立岩的洪克帕帕事务处。

"坐牛"一开始不愿意和"一星将军"特里见面。"和这帮 418 美国人谈是没有什么用的，"他对加拿大骑警局局长詹姆斯·麦克劳德（James MacLeod）说，后者一直在帮助美国政府让"坐牛"离开加拿大，最终，他说服这位洪克帕帕人在 10 月 17 日到沃尔什堡去与美国人见面。[1]

"一星将军"特里作了一个简短的开场白。"你们这群人，"他对"坐牛"说，"是唯一没有投降的。……我们已经走了几百英里，给你们带来了'上父'的信息，正如我们之前告诉你们的，他渴望与他所有的人民和平共处。已经有太多白人和印第安人流血了。是时候停止流血了。"

"我们做了什么，以至于你想让我们停下来？""坐牛"反驳道，"我们什么也没做。是你们迫使我们开始进行这些掠夺的。我们不能去别的地方，所以，我们在这个国家避难。……我想知道你们为什么来这里。……你们来这里是为了撒谎，但我们不想听。我不希望你们这样对我说话，也就是说，在我的祖母（维多利亚女王）的屋子里对我说这样的谎话。别再说了。回你们的老家去吧。……你们给了我一部分土地，然后把我赶走了。我现在来到这里是想和这边的人待在一起，我打算留在这里。"

"坐牛"让他的几个追随者发言，包括一个桑蒂人和一个加入他的部落的扬克顿人。他们的发言和他先前的发言如出一辙。然后，他做了一件非常不寻常的事：他把一个名叫"只说一次的女人"（The-One-Who-Speaks-Once）介绍给了大家。一些印第安人后来说，允许一个女人在会议上与一个客人说话，这是对特里的蓄意侮辱。"我去过你们国家，"她对特里说，"我想在那边抚养我的孩子，但你们根本不给我任何时间。我来到这个国家是为了抚养我的孩子，并得到一点安宁。这就是我要对你说的。我要你们回到你们原来的地方去。我要和这些人住在一起，一起抚养我的孩子。"[2]

会议结束后，"一星将军"特里知道再向"坐牛"提出任何要求都是没有用的。他最后的希望是麦克劳德局长，局长同意向"坐牛"说明加拿大政府对洪克帕帕人的立场。麦克劳德告诉"坐牛"，女王政府认为他是在加拿大避难的美国印第安人，他不能自称为英国印第安人。"你们不能指望女王政府给你们任何东西，"他说，"只有在你们表现得好的情况下，你们才能得到保护。你们唯一的希望是野牛，而不用很多年，野牛就会被耗尽的。你们不能怀着敌意越境。如果你们这样做的话，你们不仅会让美国人成为你们的敌人，骑警和英国政府也会成为你们的敌人。"

麦克劳德说的话并没有改变"坐牛"的决定。他会留在祖母的土地上。

第二天早上，"一星将军"特里启程返回了美国。"边境附近存在大量对我们怀有强烈敌意的印第安人，"他警告美国陆军部，"这对我们印第安领地的和平构成了长期威胁。"[3]

"坐牛"手下的流亡者在加拿大生活了四年，如果加拿大政府更加合作的话，他们很可能会在萨斯喀彻温省（Saskatchewan）的平原上终老。然而，从一开始，女王政府就认为"坐牛"是一个潜在的麻烦制造者，也是一个昂贵的客人，因为政府必须指派额外的骑警来监视他。有时，他会成为议会的笑料。1878年2月18日，加拿大下议院的一名议员提出了一个问题，即"'坐牛'越境给政府增加了多少开支"。

约翰·麦克唐纳爵士（Sir John McDonald）：我不明白一只"坐牛"怎么能越过边境。

麦肯齐先生：除非他站起来。

约翰爵士：那他就不是一只"坐牛"了。[4]

每当流亡到加拿大的苏族出现问题时，加拿大议会通常都会进行这样的讨论。他们没有提供任何形式的援助，甚至连食物和衣服都没有；在寒冷的冬天，印第安人因缺少住所和毯子而受苦。猎物稀少，他们从来都没有足够的肉吃，也没有足够的动物皮来做衣服和帐篷。年轻人的思乡之情似乎比老年人更浓烈。"我们开始思念自己的家乡，我们之前在那里很快乐。"一名年轻的奥格拉拉人说。[5]暑往寒来，一些饥寒交迫的、衣衫褴褛的家庭向南迁移，越过边境，在达科他的苏族事务处投降了。

"坐牛"乞求加拿大人为他的人民提供一个可以供他们生活下去的地方。但他被一再告知：他不是英国国民，因此无权获得土地。在 1880 年那个寒冷的冬天，苏人的许多马在暴风雪中被冻死了，当春天来临后，更多的流亡者开始徒步向南跋涉。"坐牛"的几个最忠诚的副手，包括高尔和"乌鸦王"也放弃了，他们到大苏族保留地去了。

最后，在 1881 年 7 月 19 日，"坐牛"和他的 186 名追随者骑着马穿过边界，来到布福德堡（Fort Buford）。他上身穿着一件破烂的花布衬衫，下身穿着一条破旧的裤子，身上披着一条脏毯子。当他把温彻斯特步枪交给指挥官时，他显得老态龙钟。军队没有把他送到立岩的洪克帕帕事务处，而是违背了赦免他的承诺，把他作为一名战俘关押在了兰德尔堡。

1881 年夏末，"斑点尾巴"被刺杀，这给"坐牛"的回归蒙上了阴影。凶手不是白人，而是"斑点尾巴"自己的人"乌鸦狗"（Crow Dog）。在没有任何警告的情况下，"乌鸦狗"射杀了这位著名的布鲁莱酋长，当时，酋长正骑着马在罗斯巴德保留地的一条小径上走着。

罗斯巴德事务处的白人官员驳回了这起谋杀案，认为这是围绕一个妇女而争吵的高潮，但"斑点尾巴"的朋友说，这次事件是一个阴谋，目的是破坏酋长的权力，并将权力移交给那些会屈从于印第安事务局事务官的意愿的人。"红云"认为白人选了一个胆小懦弱的刺客来解决"斑点尾巴"，因为"斑点尾巴"一直坚定地要求他的人民的待遇得到改善。"这件事是一个印第安人干的，所以都推给这个印第安人了，"他说，"但是，是谁唆使了这个印第安人呢？"[6]

在"斑点尾巴"之死引起的愤怒平息之后，大保留地上的每一个苏人都把注意力转到了在兰德尔堡的"坐牛"身上。许多酋长及其手下前来看望他，祝他一切顺利，并向他表示敬意。记者也来采访了他。"坐牛"并没有像他想象的那样被击垮被遗忘，而是更出名了。1882年，来自不同苏族机构的代表来咨询他对一项新的政府提案的看法，根据这个提案，大保留地将被分割成更小的区域，同时将出售大约一半的土地供白人定居。"坐牛"劝他们不要卖掉土地；苏人没有多余的土地了。

尽管苏人很抵制，但在1882年，他们还是差一点把14000平方英里的土地拱手交给一个由牛顿·埃德蒙兹领导的委员会，他是通过谈判从印第安人手中夺走土地的老手。这个委员会的其他成员还包括边疆律师彼得·香农（Peter Shannon）和新任内政部部长的兄弟詹姆斯·特勒（James Teller）。陪着他们的那名"特别翻译"正是塞缪尔·D. 欣曼牧师，他从"小乌鸦"时代起就在苏族中传教。欣曼认为印第安人需要更少的土地和更多的基督教。

在委员会从一个事务处到另一个事务处的过程中，欣曼告诉酋长们，他之所以来是为了把保留地的不同部分分给六个事务处。他说，这是必要的，因为这样一来不同的苏族部落就拥有不同的保留地了，而且只要他们活着，这些地方就一直属于他们。"在我们安排好保留地之后，"欣曼告诉"红云"，"'上父'会给你们25000母牛和1000头公牛。"[7]然而，为了获得那些牲畜，苏人必须在委员们带来的一些文件上签字。由于没有

421

一位苏族首领能读懂，因此他们不知道他们正在用 14000 平方英里的土地来换取承诺中的母牛和公牛。

在不愿签署这些的苏族事务处，欣曼时而哄骗他们，时而恐吓他们。为了得到大量的签名，他甚至哄骗年仅 7 岁的男孩在文件上签名。（根据条约，只有成年印第安男子才能签名。）在松岭保留地的伤膝溪举行的一个会议上，欣曼告诉印第安人，如果他们不签字的话，他们将不再得到任何补给或年金，而且，他们将被送到印第安地区。

许多老一辈的苏人，看到在"用笔触碰"相关文件之后，自己的土地范围都缩小了，因此他们怀疑欣曼是在试图窃取他们的保留地。"黄毛"（Yellow Hair）是松岭的一个小酋长，他坚决反对签字，但后来被欣曼的威胁吓得不敢这么做。签字仪式结束，委员们离开后，"黄毛"拿起一团球形的泥土，嘲弄地把它送给了松岭事务处的事务官瓦伦丁·麦吉利卡迪博士（Dr. Valentine McGillycuddy）。"我们已经放弃了几乎所有的土地，""黄毛"说，"你最好现在把剩下的全部都拿走，我把它交给你。"[8]

1883 年初，埃德蒙兹和欣曼带着他们得到的大把签名来到了华盛顿，并成功地在国会提出了一项议案，将大保留地约一半的土地割让给美国。幸运的是，苏人在华盛顿有足够多的朋友来对这项议案提出质疑，并指出即使所有的签名都是合法的，埃德蒙兹和欣曼仍然没有得到所需的所有成年苏族男子中四分之三的人的签名。

另一个由参议员亨利·L. 道斯（Henry L. Dawes）领导的委员会立即被派往了达科他，调查埃德蒙兹和欣曼所使用的方法。委员会的成员很快就发现了先行者的诡计。

在调查过程中，道斯问"红云"是否认为欣曼先生是一个诚实的人。"欣曼先生愚弄了你们这些大人物，""红云"答道，"他跟你们说了很多事情，你们得出来问问我们。"

"红狗"作证说，欣曼曾说过要给他们母牛和公牛，但没有说过苏人需要放弃土地才能得到牛的事情。"小伤口"说："欣曼先生告诉我们，现在保留地上没有哪个印第安人知道自己的边界在什么地方，'上父'和他的议会认为最好对保留地进行划分，这就是我们签署那份文件的原因。"

"他有没有说过'上父'将获得剩下的所有土地？"道斯参议员问道。

"没有，先生，他没说过那个。"

当"白雷"告诉道斯，他们签署的文件简直就是一份流氓文件，参议员问他那是什么意思。

"说那是一份流氓文件是因为，他们拿走这块地的价格太低了，这就是我的意思。"

"你的意思是只要能够得到更高的报酬，这里的印第安人会愿意放弃这些土地吗？"道斯问道。

"不，先生；他们是不会愿意放弃土地的，""白雷"回答说，"这里的土地对我们来说是地球上最珍贵的东西。男人们占有土地并从中致富，对我们印第安人来说，保留土地是非常重要的。"[9]

就在道斯带领的委员会来到达科他之前不久，"坐牛"被从兰德尔堡的监狱中释放了，并被转送到位于立岩的洪克帕帕事务处。8月22日，当委员们来听取印第安人的说法时，他从他位于格兰德河边上的营地中过来了，来到事务处总部出席会议。委员们故意不理睬这位在世的最著名的苏族酋长，先是邀请"奔跑的羚羊"（Running Antelope）的人作证，然后又邀请了黑脚苏族酋长"老草"（Old Grass）的儿子、年轻的约翰·格拉斯（John Grass）的人作证。

最后，道斯参议员才转向翻译说："问问'坐牛'，看他有什么话要对委员会说。"

"如果你愿意的话，我当然会和你说话，""坐牛"回答说，"我认为只有你们愿意他说话的人，才可以开口说话。"

"我们以为印第安人会挑选代表来为他们说话，"道斯说，"但是任何想发言的人，或者这里的印第安人希望发言的都可以发言，如果他有什么要说的，我们都很乐意听。"

"在你说这番话的时候，你知道我是谁吗？"

"我知道你是'坐牛'，如果你有什么话要说，我们很乐意听你说说。"

"你认得我吗？你知道我是谁吗？"

"我知道你是'坐牛'。"

"你说你知道我是'坐牛'，但你知道我的地位吗？"

"我不知道你和这个事务处的其他印第安人有什么区别。"

424　　"我是奉伟大的神的旨意来到这里的，根据他的旨意，我是酋长。我的心又红又甜，我知道它是甜的，因为凡靠近我的，都向我伸出舌头；你们却来这里和我们说话，你们说你们不知道我是谁。我想告诉你们，如果伟大的神选择谁做这个地区的酋长，那个人就是我。"

"无论你今天以何种身份在这里，如果你想对我们说什么，我们都会听你的；否则，我们将散会。"

"是的，没关系，""坐牛"说，"你们的举止像喝了威士忌的人，我来这里是要给你们提些建议。"他用手挥了一下，会议室里的每个印第安人都站了起来，跟着他出去了。[10]

没有什么比苏人团结在像"坐牛"这样强大的酋长周围，更让委员们感到沮丧了。这样的事态危及政府的整个印第安政策，该政策的宗旨是根除部落中的一切印第安人，使他们变成白人。就在不到两分钟的时间里，就在他们的眼皮子底下，他们见证了"坐牛"阻止这项政策的力量。

那天的晚些时候，洪克帕帕的其他酋长和"坐牛"交谈；他们向他保证他们的忠诚，但告诉他，他不应该冒犯委员们。这些人不像前一年来到那里的偷地的窃贼；这些"上父"的代表是来帮助他们保住他们的土地，而不是来夺走土地的。

"坐牛"不太确定白人是否值得信任，但他说，如果他犯了错误，他愿意为此道歉。他向委员们转达了他想再开一次会的想法。

"我是来为我的不好的行为向你们道歉的，"他一开口就这样说道，"我收回我所说的话。我收回那些话，因为我认为我让你们的心不好受了。……我收回我所说的那些导致人们离开会议的话，我也想为自己的离开而道歉。我现在就直截了当地和你们说话。我知道伟大的神正从上面俯视着我，并且会听到我所说的话，因此，我会尽我所能直言不讳；我希望有人能倾听我的愿望，并帮助我实现这些愿望。"

然后，他回顾了他有生之年苏族的历史，列举了政府的种种失信行为，但他说，他已经承诺要走白人的道路，并将遵守他的承诺。"如果一个人失去了什么，回去仔细寻找，他会找到的，这正是印第安人现在所做的，他们不过是要求你们给他们过去答应过的东西；我不认为他们应该被当作野兽对待，这就是我带着我的情感长大的原因。……'上父'对我说，过去他针对我的一切指控都已被原谅和抛弃了，今后他不会针对我，我接受了他的承诺，走了进来；他告诉我不要偏离白人的道路，我告诉他我不会的，我正在尽我所能沿着这条道路前进。我觉得我的人民得到了一个坏名声，我希望它有一个好名声；它曾经有一个好名声；我有时坐下来想，到底是谁给了它坏名声。"

"坐牛"继续描述印第安人的处境。他们没有白人所拥有的一切。如果他们想变得像白人，他们必须拥有工具、牲畜和马车，"因为这是白人谋生的方式"。

委员们没有宽宏大量地接受"坐牛"的道歉，也没有耐心倾听他说话，而是立即发起了攻击。参议员约翰·洛根（John Logan）对他之前带着印第安人离开会场以及指责委员们喝醉酒提出了批评。"我想进一步说，你不是这个地方的大酋长，"洛根接着说，"你没有追随者，没有权力，没有控制权，也没有获得任何控制权的力量。你只是在政府的特许下才住在印第安保留地的。你们靠政府吃饭，靠政府穿衣，你们的孩子靠政府才接受教育，你们现在所拥有的一切都是因为政府。如果不是政府的话，你们今天会在山里受冻挨饿。我对你们说这些话只是为了告诉你们，你们不能侮辱美利坚合众国人民或其委员会。……政府现在为你们的孩子们提供食物、衣服和教育，政府希望你们成为农民，让你们变得文明，让你们变得和白人一样。"[11]

为了加快苏人变成白人的进程，印第安事务局指派詹姆斯·麦克劳克林（James McLaughlin）担任立岩事务处的事务官。麦克劳克林，或印第安人口中的"白毛"，是印第安事务方面的老手，他娶了一个混血的桑蒂女人做妻子，他的上级相信他能有效地摧毁苏族文明，并用白人的文明取而代之。在道斯委员会离开后，"白毛"麦克劳克林试图削弱"坐牛"的影响力，在涉及洪克帕帕人的事务中，他与高尔和黑脚苏人约翰·格拉斯打交道。"白毛"的每一个举动都是为了让"坐牛"靠后站，是为了向立岩的苏人证明，他们的老英雄已经无力领导或帮助他们了。

"白毛"的策略对"坐牛"在苏人中的受欢迎程度没有任何影响。所有到保留地的访客，无论是印第安人还是白人，都想见"坐牛"。1883年夏天，当北太平洋铁路庆祝其横贯大陆的轨道的最后一节铁轨铺好的时候，一位负责庆祝仪式的官员决定让一位印第安酋长出席仪式，向"上父"和其他政要发表欢迎致辞。他们选了"坐牛"——根本没有考虑任何其他印第安人，一名懂苏族语言的年轻军官被指派与"坐牛"酋长一起准备演讲。"坐牛"将以苏族语发表致辞，然后由军官翻译。

9月8日，"坐牛"和年轻的蓝衫军官来到了俾斯麦参加盛大的庆祝活动。他们骑着马走在队伍的最前面，然后坐上了讲台。当轮到"坐牛"讲话时，他站了起来，开始用苏族语发表演讲。那名年轻的军官一脸沮丧地听着。原来"坐牛"改变了原本说好的那些漂亮的欢迎词。"我讨厌所有的白人，"他说，"你们是小偷和骗子。你们夺去了我们的土地，使我们成为被遗弃的人。"[12]"坐牛"知道只有那个军官才能听懂他在说什么，因此，他不时地停下来让大家鼓掌；他则鞠躬、微笑，然后又接着骂了起来。最后，他坐了下来，困惑的翻译站到了他之前的位置。这名军官只写下了一个简短的翻译——几句表示友好的话，但他添加了几个老掉牙的印第安比喻，让观众起立为"坐牛"鼓掌。洪克帕帕酋长简直太受欢迎了，铁路官员又把他带到圣保罗参加了另一个仪式。

427

第二年夏天，美国内政部部长授权"坐牛"在美国的十五座城市巡游。"坐牛"的出现带来了一种轰动效应，使得威廉·F.科迪（William F. Cody）——"野牛比尔"（Buffalo Bill）——觉得应该让"坐牛"参加他的狂野西部秀（Wild West Show）。印第安事务局起初对这项提议提出了一些反对意见，但当"白毛"麦克劳克林被问及意见时，他表现得很热情。他说，无论如何，让"坐牛"去参加狂野西部秀吧。在立岩，"坐牛"是印第安抵抗运动的永恒象征，是麦克劳克林决心要根除的印第安文明的坚定捍卫者。"白毛"很希望"坐牛"永远巡回演出。

于是，在1885年夏天，"坐牛"加入了"野牛比尔"的狂野西部秀，走遍美国和加拿大。他吸引了很多人。有时候会出现"杀害卡斯特的凶手"这种嘘声，但每次演出结束后，同样是这帮人，把硬币塞给他，要他的签名照。"坐牛"把大部分钱都给了一群衣衫褴褛、饥肠辘辘的男孩，无论他走到哪里，他们似乎都围着他。他曾经对狂野西部秀的另一个明星安妮·奥克利（Annie Oakley）说，他不明白白人怎么会对自己的穷人如此漠不关心。"白人知道如何制造一切，"他说，"但他不知道如何分配。"

演出季结束后，他带着"野牛比尔"送给他的两份告别礼物——一顶白色的大礼帽和一匹表演马——回到了立岩。这匹马经过训练，只要一听到枪响，就会坐下来，然后抬起一只蹄子。

1887年，"野牛比尔"邀请"坐牛"去欧洲巡演，但酋长拒绝了。"这里需要我，"他说，"有关要拿走我们的土地的言论越来越多了。"[13]

直到第二年，土地掠夺才开始，一个委员会从华盛顿过来了，提议将大苏族保留地分割成六个较小的保留地，然后将900 万英亩土地供白人定居。委员们向印第安人提出的土地购买价格是每英亩 50 美分。"坐牛"立即行动起来，他说服高尔和约翰·格拉斯苏人不能接受这种骗局；他们已经没有多余的土地了。在大约一个月的时间里，委员们试图说服立岩的印第安人："坐牛"在误导他们，出让土地是为了他们的利益，即便他们不签字，他们无论如何都可能失去土地。只有 22 个苏人在立岩签了字。委员们在乌鸦溪和布鲁莱河下游事务处未能获得所需的四分之三的签名，只好放弃了。他们甚至没有去松岭或罗斯巴德，就直接回华盛顿去了。他们建议政府无视 1868 年的条约，不要去征求印第安人的同意，直接占领土地。

1888 年，美国政府还没有完全准备好废除这一项条约，但第二年，国会迈出了废除条约的第一步——只要废除条约是必要的。政客们更倾向于让印第安人相信，即便他们不同意，这些土地同样会被夺走，以此来迫使印第安人出售他们保留地的大部分。如果这项计划奏效的话，政府就不必违反条约了。

华盛顿的官员们知道印第安人信任乔治·克鲁克将军，于是那些官员就首先让他相信，除非印第安人自愿同意分割保留地，否则，苏人将失去一切。克鲁克同意担任一个新委员会的主席，并被授权可以向印第安人提出每亩 1.5 美元的价格，而不是上一个委员会提出的 50 美分。

1889 年 5 月，克鲁克与俄亥俄州的查尔斯·福斯特（Charles Foster）和密苏里州的威廉·华纳（William Warner）这两位热心的政治家一起前往大苏族保留地。他下定决心要得到所需的四分之三的成年男性的签名。"三星将军"克鲁克把他的蓝色制服留在了芝加哥，准备穿皱巴巴的灰色法兰绒衣服去与他以前的敌人见面。他刻意选择罗斯巴德事务处作为他的第一站。自从"斑点尾巴"被刺杀以来，布鲁莱人就分成了几个派系，克鲁克认为他们不太可能在反对土地出售的事情上形成统一战线。

但他没有考虑到"空心角熊"（Hollow Horn Bear），后者坚持要求委员们召集六个事务处的所有酋长一起过来开会，而不是从一个事务处到另一个事务处。"你的想法是在这里把事情解决了，""空心角熊"指责道，"然后去其他事务处，告诉他们我们已经签好了。"

克鲁克回答说，"上父"已经命令委员们与不同事务处的印第安人协商，"因为现在是春天了，如果让你们都聚到一个地方来，你们的庄稼就会遭殃"。然而，"空心角熊"不买账，"高鹰"（High Hawk）也不买账。"你现在为我们勘察的土地只是一小块，""高鹰"说，"我也希望我的孩子们能生儿育女，走遍全国，现在你们等于是要我砍掉'工具'，不要再生孩子了。"

"黄毛"说："每当我们给你任何土地时，我们就永远都收不回了，所以这次我们想在放弃这片土地之前好好考虑一下。"

"东边的白人就像鸟一样，"克鲁克对他们说，"他们每年都在孵化卵，而东边没有足够的空间了，他们必须扩散到别处去；他们来到了西部，正如你们在过去几年里所看到的那样。他们还在不断地涌来，而且还会继续，直到他们席卷整个国家；你们无法阻止它。……华盛顿的一切都是由多数人决定的，这些人来到了西部，看到印第安人有一大片不使用的土地，他们就说'我们想要这块土地'。"[14]

经过九天的讨论，大多数布鲁莱人听从了克鲁克的建议并签署了协议。第一个在协议上签名的是"乌鸦狗",即把"斑点尾巴"杀死的那个刺客。

6月,在松岭,委员们不得不和"红云"打交道,"红云"让几百名骑兵围着会场逡巡,以此来展示他的力量。尽管"红云"和他忠实的副手们一直坚持立场,但委员们还是设法得到了一半奥格拉拉人的签名。为了弥补不足,他们继续到较小的事务处——布鲁莱河下游、乌鸦溪和夏延河——获得签名。 430
7月27日,他们到达了立岩。这里是关键所在。如果大部分的洪克帕帕人和黑脚苏人拒绝签字的话,那么协议就无法达成。

"坐牛"参加了第一次议会,但他一直保持沉默。"坐牛"在场,大家一致保持坚定的反对立场。"印第安人都特别认真地听着,"克鲁克说,"但都没有任何表示赞成的意思。他们看起来都已经下定了不放弃土地的决心,只不过想听听我们到底会提出什么新鲜的论点。"

约翰·格拉斯是立岩苏人的主要发言人。"当我们有很多土地的时候,"他说,"我们可以按照你们给的价格,不管你们给的价格是什么,但现在我们只剩下一小部分了,你们还想买走剩余部分。我们不是那些把自己的土地挂出来出售的人。是'上父'追着我们让我们卖土地的。我们认为你们提出的土地价格不够高,我们不想以那样的价格卖掉土地。"[15]

实际上,"坐牛"和他的追随者们不想以任何价格出售。正如"白雷"六年前对道斯所说的那样,对他们来说土地是"地球上最珍贵的东西"。

经过几天毫无成果的讨论,克鲁克意识到他无法通过大会说服什么人。于是,他让詹姆斯·麦克劳克林和他一起努力,来逐一说服印第安人,告诉他们即便他们拒绝出售土地,政府最终也会把他们的土地夺走。"坐牛"仍然不肯让步。为什么为了让美国政府免于违反条约的尴尬就要让印第安人卖掉土地？

"白毛"麦克劳克林与约翰·格拉斯进行了几次秘密会面。"我和他交谈，直到他同意他会表态支持批准协议，并会为此努力，"麦克劳克林后来说，"最后，我们给他确定了演讲内容，这样他就可以从以前的立场上优雅地退下来，并去争取其他酋长的积极支持，以便最终解决这一问题。"16

在没有通知"坐牛"的情况下，麦克劳克林于 8 月 3 日安排了最后一次与委员们的会议。他在会场周围部署了四列他的431 印第安警察，以防止"坐牛"或任何他的热心支持者打断会议。在"坐牛"强行穿过警察进入会议现场之前，约翰·格拉斯已经发表了麦克劳克林帮他写的演讲词。

这是他第一次讲话："除非你们反对我发言，否则，我想说点什么；如果你反对，我将不发言。没有人告诉我们要开会，我们刚刚才来到这里。"

克鲁克瞥了麦克劳克林一眼。"'坐牛'之前知道我们要举行一次会议吗？"他问道。

"是的，先生，"麦克劳克林撒谎道，"是的，先生，大家都知道。"17

这时，约翰·格拉斯和酋长们走向前去签署协议。一切都结束了。大苏族保留地被分成了好几个孤立的小块，每一块周围都会出现大量白人移民。"坐牛"还没来得及离开场地，一名新闻记者就问他印第安人放弃土地的感觉如何。

"印第安人！""坐牛"喊道，"除了我，已经没有印第安人了！"

在苏族大保留地被分割大约一年后的"干草之月"（1890年10月9日），夏延河事务处的一个明尼康茹人来到立岩拜访"坐牛"。那人名叫"踢熊"（Kicking Bear），他带来了派尤特人的弥赛亚沃沃卡的消息——沃沃卡建立了鬼舞教（Ghost Dance）。"踢熊"和他的姐夫"矮牛"（Short Bull）一起到遥远的戈尔山脉找到了弥赛亚，现在已经回来了。听说这次朝圣之后，"坐牛"就派人去把"踢熊"叫过来，以便更多地了解鬼舞。

"踢熊"告诉"坐牛"，有一个声音命令他去和印第安人的鬼魂见面，这些鬼魂将返回并居住在地球上。在"铁马"的车厢里，他和"矮牛"以及其他九个苏人向日落的地方走去，一直走到铁路停下来。在那里，他们遇到了两个从未见过的印第安人，他们像兄弟一样问候他们，给了他们肉和面包。他们为朝圣者提供了马匹，他们骑了四天马，直到来到内华达州金字塔湖（Pyramid Lake）附近的一个食鱼族（派尤特人）营地。 432

食鱼族告诉来访者，基督又回到了地球。一定是基督让他们来这里的，"踢熊"说，这是命中注定的。为了见到弥赛亚，他们不得不再次启程，前往沃克湖（Walker Lake）事务处。

"踢熊"和他的朋友们在沃克湖等了两天，其他数百名印第安人用几十种不同的语言交谈着。这些印第安人都是从不同的保留地来见弥赛亚的。

就在第三天日落前，基督出现了，印第安人生了一堆大火来照亮他。"踢熊"一直以为基督是一个像传教士一样的白人，但这人看起来像是个印第安人。过了一会儿，他站起来对等候的人群讲话。"我已经派人去请你们了，很高兴见到你们，"他说，"过一会儿，我要和你们谈谈你们死去的亲人。我的孩子们，

44. 沃沃卡，派尤特人的弥赛亚。由史密森学会提供。

45. "踢熊"。大卫·F.巴里（David F. Barry）摄，来自丹佛公共图书馆西部藏书。

433

46. "矮牛"，苏人。大卫·F.巴里摄，来自丹佛公共图书馆。

47. 约翰·格拉斯。大卫·F.巴里摄，来自丹佛公共图书馆西部藏书。

我要你们听我对你们所说的一切。我要教你们跳舞，我要你们跳舞。准备好跳舞吧，等舞会结束后，我就和你们说话。"然后他开始跳舞，每个人都加入进来，基督一边跳舞一边唱歌。他们就这样一直跳着鬼魂舞，直到深夜弥赛亚对他们说他们跳得足够多了。[18]

第二天早上，"踢熊"和其他人靠近弥赛亚，看他是否有受难的伤疤，保留地的传教士曾告诉他们基督身上有受难的伤疤。他的手腕上有一道疤，脸上也有一道，但他们看不见他的脚，因为他穿着软帮皮鞋。一整天他都在和他们交谈。一开始，他说，上帝创造了地球，然后派基督到地球上教导人们，但是白人对他很不好，在他身上留下了疤痕，所以他回到了天堂。现在，他作为一个印第安人回到了地球，他要让一切恢复原状，让一切变得更好。

在下一个春天，当草长到膝盖高的时候，地球上会覆盖上一层新的土壤，它将埋葬所有的白人，新的土地上将覆盖甘草、流水和树木。成群的野牛和野马会回来。跳鬼舞的印第安人将被带到空中，在新土地席卷而过的时候，被悬浮在那里，然后他们会被安置到新土地上，他们祖先的鬼魂庇护左右，那里只有印第安人居住。

在沃克湖待了几天之后，"踢熊"和他的朋友们学会了如何跳舞，然后他们骑着马返回铁路。当他们骑马一路前进时，弥赛亚飞到他们的头顶，教他们新舞蹈的歌曲。到了铁路后，他离开了他们，告诉他们回到他们的人民身边，教会人民他们所学到的那些东西。第二个冬天过去后，他会带着他们父辈的鬼魂来看望他们。

回到达科他后，"踢熊"在夏延河开始教大家跳新的舞蹈，

434

"矮牛"则把这种舞蹈带到了罗斯巴德，其他人则在松岭教大家跳这种舞。"踢熊"说，"大脚"的明尼康茹人中大多都是妇女，她们的丈夫或男性亲属在与"长发""三星将军""熊皮大衣"的战斗中丧生了；她们跳舞一直跳到昏倒，因为她们想把死去的武士们带回家园。

"坐牛"听了"踢熊"讲述有关弥赛亚和鬼魂舞的一切。他不相信死人能复活，但他的人听过弥赛亚，他们很担心如果不跳这种舞蹈，那么，当鬼魂复活之日弥赛亚从他们身边经过时，弥赛亚会让他们消失。"坐牛"不反对他的人跳鬼魂舞，但他听说一些保留地的事务官正带着士兵过来阻止仪式。他不想让士兵进来恐吓大家，或者向他的人民开枪。"踢熊"回答说，如果印第安人穿上弥赛亚的神圣衣服——画着魔法符号的鬼魂衫，那么，他们就不会受到任何伤害。即使是蓝衫军的子弹也不能打穿鬼魂衫。

"坐牛"带着一丝怀疑让"踢熊"留在了立岩，教大家跳 435 鬼魂舞。这是在"叶落之月"，在西部几乎所有的印第安保留地，鬼魂舞就像大风下的燎原之火。从达科他到亚利桑那，从印第安领地到内华达州，焦躁不安的印第安事务局的官员们和军官们试图弄清楚它的含义。到了初秋，官方的说法来了：停止鬼魂舞。

"不能让一个已经站在文明门槛上的民族，陷入一种有害的宗教体系。""白毛"麦克劳克林说。尽管麦克劳克林是一名天主教徒，但和其他大多数事务官一样，他没有认识到鬼魂舞是完全符合基督教的。除了仪式上的不同，它的信条和任何基督教教派的信条都是一样的。

"你不能伤害任何人或给任何人带来伤害。你不能打架。

永远做对的事情。"弥赛亚命令道。该教义宣扬非暴力和兄弟般的爱，呼吁印第安人除了跳舞和唱歌以外，不要采取任何行动。弥赛亚会让亡灵复活。

但是，由于印第安人在跳舞，事务官们变得惊慌失措，于是通知了士兵们，士兵们开始朝保留地赶来。

"踢熊"到立岩教"坐牛"的人跳鬼魂舞一个星期后，"白毛"麦克劳克林派了十几名印第安警察将他从保留地带走了。警察们对"踢熊"的神圣气质感到敬畏，于是将麦克劳克林的命令转达给了"坐牛"，但"坐牛"拒绝采取行动。10月16日，麦克劳克林派出了一支更大的警察部队，这次，"踢熊"被押送出保留地。

第二天，麦克劳克林通知印第安事务局局长，说躲在立岩的"有害宗教体系"背后的真正人物是"坐牛"。他建议逮捕"坐牛"，将其从保留地移走，并将其关押到军事监狱。印第安事务局局长与陆军部部长进行了磋商，他们一致认为这样会带来更多的麻烦，而非防止麻烦。

到11月中旬，鬼魂舞在苏人保留地如此盛行，以至于几乎所有其他活动都停止了。没有学生出现在校舍里，营业中的商店空荡荡的，小农场的活也没有人干。在松岭，受惊的事务官给华盛顿发了电报："印第安人在雪中跳舞，狂野而疯狂。……我们需要保护，现在就需要保护。印第安酋长们应该被抓起来关押到某个军事岗哨，直到事情平息，这件事应该立即办理。"[19]

"矮牛"带领他的信徒们沿着怀特河来到荒地（Badlands）①，几天之内，他们的人数就增加到了3000多人。

---

① 美国西部一片不毛之地，位置大约在南达科他州西南部和内布拉斯加州西北部。——译者注

他们不顾寒冷的天气，穿上鬼魂衫，从黎明一直跳到午夜。"矮牛"告诉跳舞的人，如果士兵来阻止仪式的话，不要害怕他们。"他们的马会沉到地里去，"他说，"骑马的只能从马上跳下来，然后，也会沉到地里去。"[20]

在夏延河，"大脚"的人数增加到了 600 人，大部分是寡妇。当事务官试图干涉时，"大脚"带着他们离开了保留地，来到深溪（Deep Creek）边上的一个圣地。

11 月 20 日，华盛顿的印第安事务局命令所有事务官电告所有鬼舞者中"煽动骚乱者"的名字。名单很快就传到了华盛顿，并被转交给了在芝加哥陆军总部的"熊皮大衣"迈尔斯。迈尔斯在"煽动者"中看到了"坐牛"的名字，立刻认定他是这一切的罪魁祸首。

迈尔斯知道士兵强行逮捕会带来许多麻烦，他想让"坐牛"安静地离开。为此，"熊皮大衣"拜访了"坐牛"喜欢或信任的为数不多的白人之一——"野牛比尔"。"野牛比尔"同意去见"坐牛"，并试图说服他到芝加哥来和迈尔斯开会。（关于科迪是否知道，只要他成功完成任务，就意味着"坐牛"会被送进军事监狱，记录尚不清楚。）

当"野牛比尔"到达立岩时，他遇到了一位不合作的事务官。麦克劳克林担心科迪会把逮捕行动搞砸，那样反而会激起"坐牛"的愤怒，于是迅速安排让华盛顿撤销了这位表演明星的权力。科迪连"坐牛"都没见到，只好闷闷不乐地离开立岩，回到了芝加哥。

与此同时，军方已经派军队到松岭事务处，这导致军队和印第安人之间的关系紧张起来。前印第安事务官瓦伦丁·麦吉利卡迪博士被派到那里去协助解决问题。"我认为应该让舞蹈继续下去，"麦吉利卡迪说，"军队的到来吓坏了印第安人。既然基督复临安息日会的信徒为救世主的第二次降临准备升天长袍，美国军队不会去拦阻他们，那么，为什么印第安人不能享有同样的特权？如果军队留下来，麻烦肯定会来。"然而，这种观点并没有占上风。12 月 12 日，指挥耶茨堡部队的威廉·F. 德拉姆（William F. Drum）中校接到了迈尔斯将军的命令："保护'坐牛'的安全。呼吁印第安事务官（麦克劳克林）合作并提供最有助于实现目标的援助。"[21]

1890 年 12 月 15 日拂晓前，43 名印第安警察把"坐牛"的木屋包围了。一个骑兵中队则在三英里外等待着，准备随时过来提供支援。带队的印第安警察头目"牛头"（Bull Head）中尉发现"坐牛"躺在地上睡着了。当他醒来时，酋长带着难以置信的神情盯着"牛头"。"你想在这里干什么？"他问道。

"你已经是我的囚犯了，""牛头"说，"你必须去事务处。"

"坐牛"打了个呵欠，坐了起来。"好吧，"他回答说，"让我穿上衣服，我和你一起去。"他让警察给他的马套上马鞍。

当"牛头"带着"坐牛"走出小屋时，他发现外面聚集了一大群跳鬼魂舞的印第安人。他们的人数是警察的四倍。其中一个舞者"抓熊"（Catch-the-Bear），朝"牛头"走了过去。"你竟然以为你能把他抓走，""抓熊"喊道，"不可能！"

"跟我走吧，""牛头"平静地对他的囚犯说，"别管其他人说什么。"但是"坐牛"退缩了，"牛头"和"红战斧"（Red Tomahawk）中士不得不强拉着他朝马走去。

就在这时，"抓熊"扔下毯子，拿起一把来复枪。他朝"牛头"开了一枪，打伤了他的侧面。当"牛头"倒下时，他试图射杀袭击者，但子弹却击中了"坐牛"。几乎同时，"红战斧"对着"坐牛"的头就是一枪，把他打死了。在交战过程中，"野牛比尔"送给"坐牛"的那匹老马开始表演起它的把戏。只见它笔直地坐着，抬起了一只蹄子，那些观看的人都觉得它是在跳鬼魂舞。但是，当马不再跳舞、走到一旁之后，激烈的战斗又开始了。要不是骑兵中队及时赶到，那些印第安警察会全军覆没。[22]

第十九章　伤膝谷

世上没有希望，上帝似乎遗忘了我们。有人说他们看见了神的儿子，其他人说没有看见。如果他来了，他会像以前一样做一些大事。我们对此表示怀疑，因为我们既没有看到过他，也没有看到过他的神迹。

人民不知道，他们不在乎。他们抓住了希望。他们像疯子一样尖叫着向他祷告。他们说听见他许下了诺言。

白人被吓坏了，他们调士兵过来支援。我们乞求活命，但白人认为我们想要他们的命。我们听说士兵来了。我们并不害怕。我们希望能把我们的苦难告诉他们，并得到他们的帮助。一个白人说士兵想杀了我们。我们不相信，但有些人因此受到惊吓，逃到巴德兰兹劣地去了。

——"红云"

如果不是鬼舞教的持续力量，苏人在"坐牛"遇刺的悲痛和愤怒中可能会站起来反抗那些端着枪的士兵。他们普遍相信白人很快就会消失，他们的亲人和朋友很快就会回来，因此，他们没有报复。然而，数百名失去了领袖的洪克帕帕人逃离了立岩，他们不是躲到某个鬼舞营地，就是逃到松岭去找最后一位大酋长"红云"。在"鹿角脱落之月"（12月17日），大约100名逃跑的洪克帕帕人来到了切里溪边"大脚"的明尼康茹人营地。同一天，陆军部发布了逮捕和监禁"大脚"的命令。他也在那份"煽动骚乱者"的名单上。

440

一得知"坐牛"被杀，"大脚"就带着他的人到松岭去了，希望"红云"能保护他们不受士兵的伤害。途中，他得了肺炎，开始大咳血，不得不坐马车前进。12月28日，当明尼康茹人来到豪猪溪（Porcupine Creek）附近时，他们发现四支骑兵部队正在逼近。"大脚"立即下令在他的马车上升起一面白旗。下午2点左右，他从毯子上坐了起来，迎接美国第7骑兵团的塞缪尔·惠特赛德（Samuel Whitside）少校。"大脚"的毯子上都是他咳出来的血，当他和惠特赛德低声交谈时，鲜红的血不停地从鼻子里往下流，在严寒中马上结冻了。

惠特赛德告诉"大脚"，他接到命令，要带他到伤膝溪边上的一个骑兵营地去。明尼康茹人的酋长回答说，他就是朝那个方向走的；他正带着他的人到松岭去，以确保他们的安全。

惠特赛德少校转过身命令他手下的混血侦察兵约翰·香格罗（John Shangreau）解除"大脚"的人的武装。

"听着，少校，"香格罗回答说，"如果你这样做，这里很可能会发生一场战斗；如果发生了，你能杀死所有的妇女和儿童，但男人都会从你身边逃脱。"

惠特赛德坚持说，他的命令是把"大脚"的印第安人逮捕起来，并解除他们的武装，让他们下马。

"我们最好把他们带到营地，然后再拿走他们的马匹和枪。"香格罗说。

"好吧，"惠特赛德同意了，"你告诉'大脚'到伤膝谷边上去扎营。"[1]

少校瞥了一眼生病的酋长，然后下令把他的军队救护车拉过来。救护车比颠簸的、没有弹簧的货车更暖和，让"大脚"坐起来舒服一些。在酋长被转移到救护车上后，惠特赛德带着部队排成一列向伤膝溪出发了。两支骑兵部队走在前面，救护车和马车紧随其后，印第安人则跟在他们身后，另外两支骑兵部队和两门霍奇基斯大炮则跟在最后面。

暮色降临时，一行人爬过那片土地上的最后一个高地，开始沿着山坡走向那条被称作伤膝溪的小溪。微小的冰晶在昏暗的光线中翩翩起舞，为阴暗的景色增添了一丝超自然的气息。在这条冰冻的溪流的某个地方，"疯马"的心脏躺在某个秘密的地方，鬼舞者们相信，他那脱离了肉体的灵魂正在迫不及待地等着新大地，它肯定会伴随着春天的第一片绿草而来。

441

在伤膝溪的骑兵营地，部队让印第安人停下来仔细清点人数。共有120名男子、230名妇女和儿童。由于夜色渐浓，惠特赛德少校决定等到早上再解除这些俘虏的武装。他立即在军营南边给他们安排一片宿营区，给他们发放口粮，由于印第安人的帐篷不够，他还给他们提供了一些帐篷。惠特赛德命人在"大脚"的帐篷里放一个炉子，并派了团里的一名军医去给这位生病的酋长看病。为了确保没有一个俘虏逃脱，少校在苏人的帐篷周围部署了两支骑兵部队作为哨兵，然后把他的两门霍奇基斯大炮架在俯瞰营地的山脊上。这两门炮的射程可以达到两英里以上，能覆盖整个印第安人的营地。

在那个 12 月的夜晚，第 7 团的其余士兵晚些时候摸黑从东边过来了，他们悄悄地在惠特赛德少校部队的北部扎营。担任卡斯特之前所在团团长的是詹姆斯·W. 福赛思（James W. Forsyth）上校，他成了现场指挥官。他告诉惠特赛德，他接到的命令是让他把"大脚"的人带到联合太平洋铁路上去，然后运往奥马哈的一座军事监狱。

在山坡上又架设了两门霍奇基斯大炮之后，福赛思和他的军官们晚上开始喝一小桶威士忌，庆祝"大脚"成为瓮中之鳖。

"大脚"酋长躺在帐篷里，病得无法入睡，几乎不能呼吸。尽管他的人民穿着保护性的鬼魂衫，尽管他们对新的弥赛亚的预言笃信不疑，但他们还是很害怕驻扎周围的骑兵。14 年前，在小比格霍恩河，其中的一些武士帮着击败了一些军官——包括莫伊伦（Moylan）、瓦纳姆（Varnum）、华莱士（Wallace）、戈弗雷和埃杰利（Edgerly）等，印第安人不知道这些军官是否还有复仇之心。

"第二天早上，号角声响起了，""大脚"手下一个几年后改名为杜威·比尔德（Dewey Beard）的武士瓦苏马扎（Wasumaza）说，"然后我就看到士兵们骑上马，把我们给包围了。有人宣布，所有人都要到中间去谈话，谈话结束后，大家将被转移到松岭事务处。'大脚'被从帐篷里抬了出来，他坐在帐篷前，年长的男人围在他周围，坐在他旁边，而他则在营地的正中间。"

48. 死去的"大脚"。拍摄于伤膝溪战场。由史密森学会提供。　　443

在给印第安人发放了早餐配给后，福赛思上校宣布立即解除印第安人的武装。"他们要求我们交出枪和武器，""白矛"（White Lance）说，"我们所有人都把枪交了出来，把它们堆放在中间。"军官对缴获的武器数量不满意，所以他们派了士兵小分队去帐篷里搜查。"他们直接进入帐篷，将包裹从里面拿出来，然后把它们扯开，""犬兵"酋长说，"他们拿走了我们的斧头、刀和帐篷桩，把它们堆在我们交出来的枪边上。"[2]

士兵头目仍然不满意，他命令武士们放下毯子，接受武器搜查。所有印第安人的脸上都流露出了愤怒，但只有巫医"黄鸟"（Yellow Bird）公开表示抗议。他跳了几步鬼魂舞，唱了一首圣歌，向武士们保证士兵们的子弹无法打穿他们的圣衣。"子弹是不会朝你射来的，"他用苏族语高呼道，"大草原很大，子弹不会射向你。"[3]

士兵们只发现了两支步枪，其中一支是新的温彻斯特步枪，属于明尼康茹人中一个名叫"黑郊狼"（Black Coyote）的年轻武士。"黑郊狼"把温彻斯特步枪举过头顶，大喊着他花了很多钱才买下这把枪，这把枪是属于他的。几年后，杜威·比尔德回忆说"黑郊狼"是一个聋人。"如果他们让他一个人待着，他会把枪放到该放的地方。但他们抓住了他，让他向东旋转。即使在那时，他仍然毫不在意。他没有用枪指着任何人。他的打算就是把枪放下。他们上前去抓住了他原本就要放下的步枪。444 就在他们把他转过来之后，突然传来了一声枪响，非常响亮。我不记得有人被打中了，但在那之后，我又听到了一声爆响。"

"那声爆响听起来很像帆布撕裂的声音，那是撞击声。""粗糙的羽毛"（Rough Feather）说。"怕敌者"（Afraid-of-the-Enemy）则说像"闪电"的声音。[4]

"转鹰"（Turning Hawk）说"黑郊狼""是一个疯子，一个影响很坏的年轻人，事实上是个无名小卒"。他说"黑郊狼"开了枪，"士兵们立刻还击，接着滥杀无辜"[5]。

在暴力的最初几秒钟，卡宾枪的枪声震耳欲聋，空气中弥漫着火药味。"大脚"也是躺在冰原上的垂死者之一。随后，枪声短暂地平息了下来，一小群印第安人和士兵用刀、棍棒和手枪进行近距离的格斗。由于几乎没有印第安人有武器，他们很快就不得不逃跑，那时，山上的大炮向他们开火了，那些大炮几乎每秒就能发射一枚炮弹，把印第安人的营地炸平了，弹片撕碎了帐篷，杀死了男人、女人和孩子。

"我们试图逃跑，"路易丝·"鼬熊"（Louise Weasel Bear）说，"但他们对我们不停地开枪，就像射杀野牛一样。我知道有一些白人也是善良的，但是士兵们一定很坏，因为他们故意射杀了儿童和妇女。印第安的武士是不会对儿童这样做的。"

"我当时跟着其他一些逃跑的人从那里跑开了，"另一名年轻女子哈基克塔温（Hakiktawin）说，"我的祖父、祖母和哥哥在穿过峡谷时被打死，我的右臀部和右手腕都被打中，我走不动了，在士兵把我抓住之后，一个小女孩来到我身边，爬进了毯子里。"[6]

当这场疯狂的屠杀结束时，"大脚"和一半以上的人死亡或者重伤；当时就有153人死亡，但许多受伤的人爬到别处去之后，也死了。据估计，在最初的350名男子、妇女和儿童中，最终的死亡人数接近300。士兵这边则是25人死亡，39人受伤，其中的大多数人是被自己人的子弹或弹片击中的。

在受伤的骑兵被转移到松岭事务处去的时候，一队士兵在伤膝谷战场检查，把还活着的印第安人集合起来，押着他们上

445

了马车。那天结束的时候，很明显一场暴风雪就要来了，死去的印第安人都被扔在他们倒下的地方。（暴风雪过后，当一个埋葬队回到伤膝溪边时，他们发现包括"大脚"在内的尸体，都被冻成了奇形怪状。）

马车带着受伤的苏人（4名男子和47名妇女、儿童）天黑后来到了松岭。因为所有的营房都挤满了士兵，他们只能躺在敞篷的货车里，忍受着严寒，一个无能的军官则在为他们寻找避难所。最后，他们打开了圣公会教堂，搬走了那里的长凳，把干草铺在粗糙的地上，供大家入住。

那天是1890年圣诞节后的第四天。当第一具破碎的、浑身是血的尸体被抬进烛光点亮的教堂时，那些清醒的人可以看到屋檐下挂着装扮圣诞节的绿植。在圣坛的前面，讲道台上方，则挂着一条字迹粗糙的横幅：愿地球和平，愿人类幸福。

我当时不知道到底有多少东西就这样结束了。当年老的我 446现在站在这座很高的山上回首往事时，我仍然可以看到被屠杀的妇女和儿童成堆地散落在弯弯曲曲的沟壑中，就和我年轻时所见一模一样。我还看到别的东西也死在了那血淋淋的泥泞里，埋在了那场暴风雪里。一个民族的梦想在那里破灭了。那是一个美丽的梦想……这个民族之环被打碎了，碎片散落一地。再也没有中心了，圣树也死了。

——"黑麋鹿"（Black Elk）

土地是永恒的

447

老人们说土地是永恒的。

你们说得没错。

你们是对的。

49. 年老的"红云"。"他们向我们许下许多诺言，多到我都记不清。　　449
但他们只信守了其中的一个：他们答应夺走我们的土地，然后他们真
的夺走了我们的土地。"复制自国会图书馆的藏品。**E. S.** 柯蒂斯
（**E. S. Curtis**）摄。

注 释

第二章 纳瓦霍人的长征

1. U.S. Congress. 49th. 1st session. House of Representatives Executive Document 263, p. 14.
2. U.S. Congress. 39th. 2nd session. Senate Report 156, p. 314.
3. Official record. *The War of the Rebellion*. Series I, Vol. 15, p. 580.
4. U.S. Interior Dept., Report, 1863, pp. 544–45; Document published in Kelly, Lawrence C. *Navajo Roundup*. Boulder, Pruett, 1970; Cremony, John C. *Life Among the Apaches*. San Francisco, 1868, p. 201.
5. U.S. Congress. 39th. 2nd session. Senate Report 156, p. 103.
6. *Ibid.*, pp. 108, 116.
7. *Ibid.*, pp. 136, 139.
8. Document in Kelly, *Navajo Roundup;* Bailey, Lynn R. *Long Walk*. Los Angeles, Westernlore, 1964, p. 157; Senate Report 156, p. 141.
9. Senate Report 156, pp. 153–54, 255; Document in Kelly, *Navajo Roundup*.
10. U.S. Congress. 49th. 1st session. House of Representatives Executive Document 263, p. 15.
11. Senate Report 156, pp. 144, 157, 162–67, 174, 179, 183–84, 259–60; Bailey, *Long Walk*, pp. 164–66; Document in Kelly, *Navajo Roundup;* Kelleher, William A. *Turmoil in New Mexico, 1846–1868*. Santa Fe, Rydal Press, 1952, p. 441.
12. *Ibid.*, pp. 221–22.
13. *Ibid.*, p. 223.
14. U.S. Office of Indian Affairs. Report, 1867, p. 190.
15. U.S. Congress. 49th. 1st session. House of Representatives Executive Document 263, p. 15. .

第三章 "小乌鸦"的战争

1. "Big Eagle's Story of the Sioux Outbreak of 1862." Minnesota Historical Society, *Collections*. Vol. VI, 1894, p. 385.
2. Folwell, William W. *A History of Minnesota*. St. Paul, Minnesota Historical Society, 1924. Vol. II, p. 232.
3. *Ibid.*, p. 233. Meyer, Roy W. *History of the Santee Sioux*. Lincoln, University of Nebraska Press, 1967, p. 114.
4. "Big Eagle's Story," p. 389.
5. "Ta-oya-te-duta Is Not a Coward." *Minnesota History*, Vol. 38, 1962, p. 115.

6. "Big Eagle's Story," p. 390.
7. Carley, Kenneth, ed. "As Red Men Viewed It; Three Indian Accounts of the Uprising." *Minnesota History*, Vol. 38, 1962, p. 144.
8. *Ibid.*, pp. 144–45.
9. *Ibid.*, pp. 145–46.
10. *Ibid.*, p. 148.
11. *Ibid.*, p. 146.
12. "Big Eagle's Story," pp. 394–97.
13. Heard, Isaac V. D. *History of the Sioux War*. New York, Harper & Brothers, 1864, p. 147.
14. Carley, Kenneth. *The Sioux Uprising of 1862*. St. Paul, Minnesota Historical Society, 1961, p. 54.
15. Heard, pp. 147–48.
16. Riggs, S. R. "Narrative of Paul Mazakootemane." Minnesota Historical Society, *Collections*, Vol. III, 1880, pp. 84–85.
17. Heard, pp. 151–52.
18. *Ibid.*, p. 150.
19. "Big Eagle's Story," pp. 398–99. Sibley Order Book 35. Folwell, p. 182.
20. Oehler, C. M. *The Great Sioux Uprising*. New York, Oxford University Press, 1959, p. 197.
21. Riggs, p. 8.
22. Folwell, pp. 202–05. Oehler, p. 208.
23. Lincoln to Sibley, December 6, 1863.
24. Folwell, p. 211.
25. Heard, p. 284.
26. "Big Eagle's Story," pp. 399–400.
27. Heard, p. 311.
28. *Ibid.*, p. 312. Trenerry, Walter N. "The Shooting of Little Crow: Heroism or Murder?" *Minnesota History*, Vol. 38, 1962, pp. 152–53.
29. Winks, Robin W. "The British North American West and the Civil War." *North Dakota History*, Vol. 24, 1957, pp. 148–51. Folwell, pp. 443–50.

第四章　夏延人的战争

1. Grinnell, George Bird. *The Fighting Cheyennes*. Norman, University of Oklahoma Press, 1956, pp. 145–46. Hyde, George E. *Life of George Bent*. Norman, University of Oklahoma Press, 1968, pp. 131–32.
2. U.S. Congress. 39th. 2nd session. Senate Report 156, pp. 93–94.
3. Berthrong, Donald J. *The Southern Cheyennes*. Norman, University of Oklahoma Press, 1963, p. 185.
4. U.S. Congress. 39th. 2nd session. Senate Report 156, p. 94.
5. *Ibid.*, pp. 55–56.
6. U.S. Secretary of the Interior. Report, 1864, pp. 374–75.
7. *Ibid.*, pp. 374, 377.
8. Hoig, Stan. *The Sand Creek Massacre*. Norman, University of Oklahoma Press, 1961, p. 99.
9. Hyde, p. 142.

10. U.S. Congress. 39th. 2nd session. Senate Executive Document 26, p. 44.
11. Official record. *The War of the Rebellion.* Series I, Vol. 41, Pt. 3, p. 462.
12. U.S. Congress. 39th. 2nd session. Senate Report 156, p. 77.
13. *Ibid.*, pp. 87–90.
14. Hyde, p. 146.
15. Berthrong, p. 213.
16. U.S. Congress. 39th. 2nd session. Senate Executive Document 26, p. 226.
17. U.S. Congress. 38th. 2nd session. Senate Report 142, p. 18.
18. U.S. Congress. 39th. 2nd session. Senate Executive Document 26, p. 25.
19. *Ibid.*, p. 47. U.S. Congress. 39th. 2nd session. Senate Report 156, pp. 53, 74.
20. *Ibid.*, p. 66.
21. George Bent to George E. Hyde, April 14, 1906 (Coe Collection, Yale University).
22. U.S. Congress. 39th. 2nd session. Senate Report 156, pp. 66, 73.
23. U.S. Congress. 39th. 2nd session. Senate Executive Document 26, p. 70.
24. U.S. Congress. 39th. 2nd session. Senate Report 156, pp. 73, 96.
25. *Ibid.*, p. 53. Berthrong, p. 220.
26. Bent, George. "Forty Years with the Cheyennes." *The Frontier*, Vol. IV, No. 6, December, 1905, p. 3. Hyde, pp. 152, 158–59.
27. U.S. Congress. 39th. 2nd session. Senate Executive Document 26, pp. 73–74.
28. Hyde, p. 177.
29. U.S. Commissioner of Indian Affairs. Report, 1871, p. 439.
30. U.S. Secretary of the Interior. Report, 1865, pp. 701–11.
31. Kappler, Charles J. *Indian Affairs, Laws and Treaties.* Vol. 2, pp. 887–88.

第五章　粉河入侵

1. Official record. *The War of the Rebellion.* Series I, Vol. 48, Pt. 2, pp. 1048–49.
2. Bent, George. "Forty Years with the Cheyennes." *The Frontier*, Vol. IV, No. 7, January, 1906, p. 4.
3. Holman, Albert M. *Pioneering in the Northwest.* Sioux City, Iowa, 1924.
4. Bent, p. 5.
5. *Ibid.*
6. Grinnell, George Bird. *The Fighting Cheyennes.* Norman, University of Oklahoma Press, 1956, pp. 210–11.
7. Humfreville, J. Lee. *Twenty Years Among Our Hostile Indians.* New York, Hunter and Co., 1903, p. 356.
8. Palmer, H. E. "History of the Powder River Indian Expedition of 1865." Nebraska State Historical Society, *Transactions and Reports*, Vol. II, p. 216.
9. Grinnell, George Bird. *Two Great Scouts and Their Pawnee Battalion.* Cleveland, Arthur H. Clark Co., 1928, p. 117.

10. Hyde, George E. *Life of George Bent*. Norman, University of Oklahoma Press, 1968, pp. 239–40.
11. Hafen, L. R. and Ann W. *Powder River Campaign and Sawyers Expedition of 1865*. Glendale, Calif., A. H. Clark Co., 1961, p. 97.

第六章 "红云"的战争

1. U.S. Congress. 40th. 2nd session. House Executive Document 97, p. 9.
2. U.S. Department of the Interior. Report, 1866, pp. 206–07.
3. Olson, James C. *Red Cloud and the Sioux Problem*. Lincoln, University of Nebraska Press, 1965, p. 31.
4. U.S. Congress. 50th. 1st session. Senate Executive Document 33, p. 5.
5. *Ibid.*, p. 18.
6. Carrington, Frances C. *My Army Life and the Fort Phil Kearny Massacre*. Philadelphia, Lippincott, 1911, pp. 291–92. Carrington, Margaret I. *Ab-sa-ra-ka, Land of Massacre*. Philadelphia, Lippincott, 1878, pp. 79–80.
7. Carrington, H. B. *The Indian Question*. Boston, 1909, p. 9.
8. U.S. Congress. 50th. 1st session. Senate Executive Document 33, pp. 20–21.
9. John Stands in Timber and Margot Liberty. *Cheyenne Memories*. New Haven, Yale University Press, 1967, p. 172.
10. *Ibid.*, pp. 174–76. Hyde, George E. *Life of George Bent*. Norman, University of Oklahoma Press, 1968, pp. 276–77.
11. Lockwood, James D. *Life and Adventures of a Drummer Boy; or Seven Years a Soldier*. Albany, N.Y., 1893, pp. 188–89.
12. Neihardt, John G. *Black Elk Speaks*. Lincoln, University of Nebraska Press, 1961, p. 17.
13. Stanley, Henry M. *My Early Travels and Adventures*. New York, Scribner's, 1895, Vol. I, pp. 201–16.
14. Simonin, Louis L. *The Rocky Mountain West in 1867*. Lincoln, University of Nebraska Press, 1966, p. 107.
15. U.S. Congress. 40th. 2nd session. House Executive Document 97, p. 5. U.S. Congress. 41st. 3rd session. Senate Executive Document 39, pp. 63–66.
16. *Omaha Weekly Herald*, June 10, 1868.
17. U.S. Congress. 44th. 2nd session. Senate Executive Document 9, p. 38.

第七章 "唯一善良的印第安人是死去的印第安人"

1. Hyde, George E. *Life of George Bent*. Norman, University of Oklahoma Press, 1968, p. 253.
2. Hancock, Winfield Scott. *Reports of . . . upon Indian Affairs*. 1867, pp. 45–46, 77.
3. *Ibid.*, p. 47.
4. U.S. Secretary of the Interior. Report, 1867, p. 311.
5. Hyde, p. 259.
6. U.S. Secretary of the Interior. Report, 1867, p. 312.

7. Stanley, Henry M. *My Early Travels and Adventures*. New York, Scribner's, 1895, Vol. I, pp. 37–38. Grinnell, George B. *The Fighting Cheyennes*. Norman, University of Oklahoma Press, 1956, pp. 250–52.

8. U.S. Congress. 40th. 2nd session. House Executive Document 97, p. 12.

9. U.S. Congress. 40th. 1st session. Senate Executive Document 13, pp. 11–12, 95, 121.

10. Berthrong, Donald J. *The Southern Cheyennes*. Norman, University of Oklahoma Press, 1963, p. 294.

11. *Chicago Tribune*, November 4, 1867. Jones, Douglas C. *The Treaty of Medicine Lodge*. Norman, University of Oklahoma Press, 1966, pp. 165–69.

12. Brill, Charles J. *Conquest of the Southern Plains*. Oklahoma City, 1938, p. 107.

13. Grinnell, p. 286.

14. Keim, De Benneville Randolph. *Sheridan's Troopers on the Borders*. Philadelphia, McKay, 1885, p. 103.

15. U.S. War Department. Report, 1869, pp. 47–48.

16. *Ibid.*, p. 48. Berthrong, p. 332.

17. Sheridan Papers, January 1, 1869, as quoted in Berthrong, pp. 333–34.

18. Ellis, Edward S. *The History of Our Country*. Indianapolis, 1965, Vol. 6, p. 1483.

第八章　多诺霍加瓦的起落

1. U.S. Department of the Interior. Report, 1870, pp. 672–82. *U.S. Congress*. 41st. 3rd session. Senate Executive Document 39, p. 2.

2. Parker, Arthur C. *The Life of General Ely S. Parker*. Buffalo, N.Y., Buffalo Historical Society, 1919, pp. 102–03.

3. U.S. Congress. 41st. 3rd session. Senate Executive Document 30, pp. 38–39.

4. *Ibid.*, p. 39.

5. *Ibid.*, pp. 40–41.

6. *Ibid.*, pp. 42–44.

7. *The New York Times*, June 17, 1870.

8. Olson, James C. *Red Cloud and the Sioux Problem*. Lincoln, University of Nebraska Press, 1965, p. 127.

9. *Cheyenne* (Wyoming) *Daily Leader*, March 3, 1870.

10. U.S. Congress. 41st. 3rd session. House of Representatives Report 39, p. 284.

第九章　科奇斯和阿帕奇游击队

1. Conner, Daniel E. *Joseph Reddeford Walker and the Arizona Adventure*. Norman, University of Oklahoma Press, 1956, p. 37.

2. McClintock, James H. *Arizona*. Chicago, 1916, Vol. I, pp. 176–78.

3. Conner, pp. 38–42.

4. U.S. Congress. 39th. 2nd session. Senate Report 156, pp. 305–06.

5. U.S. Secretary of the Interior. Report, 1871, p. 485.

6. *Ibid.*, p. 486.
7. *Ibid.*, p. 488.
8. U.S. Secretary of the Interior. Report, 1871, p. 470.
9. *Ibid.*, pp. 475–79.
10. Ellis, A. N. "Recollections of an Interview with Cochise, Chief of the Apaches." Kansas State Historical Society, *Collections*, Vol. 13, 1915, pp. 391–92.
11. Howard, O. O. *My Life and Experiences Among Our Hostile Indians.* Hartford, Conn., 1907, pp. 204–19.
12. Schmitt, Martin F., ed. *General George Crook.* Norman, University of Oklahoma Press, 1946, p. 182.
13. Clum, Woodworth. *Apache Agent, the Story of John P. Clum.* Boston, Houghton Mifflin, 1936, pp. 99–100, 129.
14. Lockwood, Frank C. *Pioneer Days in Arizona.* New York, Macmillan, 1932, pp. 171–72.

第十章　"杰克船长"的苦难

1. U.S. Congress. 43rd. 1st session. House Executive Document 122, p. 173.
2. Riddle, Jeff C. *The Indian History of the Modoc War.* 1914, p. 44.
3. *Ibid.*, pp. 45–46.
4. U.S. Congress. 43rd. 1st session. House Executive Document 122, p. 173.
5. *Ibid.*, p. 174.
6. *Ibid.*, pp. 50–51.
7. Riddle, p. 61.
8. Britt, Albert. *Great Indian Chiefs.* New York, Whittlesey House, 1938, pp. 235–36.
9. Sherman to Canby, March 12, 1873, as quoted in Murray, Keith A. *The Modocs and Their War.* Norman, University of Oklahoma Press, 1959, pp. 156–57.
10. Meacham, A. B. *Wigwam and Warpath*, Boston, 1875, p. 441.
11. *Ibid.*, pp. 444–52.
12. Riddle, pp. 69–77.
13. U.S. Congress. 43rd. 1st session. House Executive Document 122, pp. 140–41.
14. Riddle, pp. 90–91.
15. *Ibid.*, pp. 143–44.
16. U.S. Congress. 43rd. 1st session. House Executive Document 122, p. 111.
17. *Ibid.*, pp. 140–41.

第十一章　为拯救野牛而战

1. Kappler, Charles J. *Indian Affairs, Laws and Treaties.* Vol. 2, p. 980.
2. Nye, W. S. *Carbine and Lance.* Norman, University of Oklahoma Press, 1937, p. 95.

3. Leckie, William H. *Military Conquest of the Southern Plains.* Norman, University of Oklahoma Press, 1963, p. 113.
4. Tatum, Lawrie. *Our Red Brothers.* Philadelphia, Winston, 1899, p. 29.
5. U.S. Bureau of American Ethnology. Annual Report, 17th, 1895–96, p. 208.
6. L. Tatum to E. Hoag, as quoted in Nye, pp. 173–74.
7. Nye, p. 179.
8. *Ibid.,* p. 182.
9. Leckie, p. 151.
10. U.S. Bureau of American Ethnology. Annual Report, 17th, 1895–96, p. 329.
11. Carter, Captain R. G. *On the Border with Mackenzie.* New York, Antiquarian Press, 1961, pp. 355–56.
12. U.S. Department of the Interior. Report, 1872, p. 516.
13. *Army and Navy Journal,* Vol. 10, October 26, 1872, p. 165.
14. Battey, Thomas C. *Life and Adventures of a Quaker Among the Indians.* Boston, Lee and Shepard, 1891, p. 90.
15. Nye, p. 209.
16. *Ibid.,* p. 219.
17. Battey, pp. 202–03.
18. Garretson, Martin S. *The American Bison.* New York Zoological Society, 1938, p. 128. Hornaday, W. T. *The Extermination of the American Bison.* Washington, Smithsonian Institution, 1889, pp. 496–501.
19. Nye, W. S. *Bad Medicine and Good.* Norman, University of Oklahoma Press, 1962, pp. 179–80.
20. *Ibid.,* p. 182.
21. Nye, *Carbine and Lance,* p. 246.
22. Battey, p. 296.
23. Nye, *Carbine and Lance,* p. 300.

第十二章　黑山战争

1. New York *Herald,* August 27 and September 25, 1874.
2. Gilbert, Hila. *"Big Bat" Pourier.* Sheridan, Wyoming, Mills Company, 1968, p. 43.
3. Kappler, Charles J. *Indian Affairs, Laws and Treaties.* Vol. 2, p. 1002.
4. U.S. Commissioner of Indian Affairs. Report, 1875, p. 187.
5. Gilbert, p. 43.
6. Mills, Anson. *My Story.* Washington, D.C., 1918, p. 168.
7. U.S. Commissioner of Indian Affairs. Report, 1875, p. 199.
8. U.S. Congress. 44th. 1st session. House Executive Document 184, pp. 8–9.
9. U.S. Secretary of War. Report, 1875, p. 21.
10. U.S. Congress. 44th. 1st session. House Executive Document 184, pp. 10, 17–18.
11. U.S. Secretary of War. Report, 1876, p. 441.

12.　Neihardt, John G. *Black Elk Speaks*. Lincoln, University of Nebraska Press, 1961, p. 90.

13.　Marquis, Thomas B. *Wooden Leg, a Warrior Who Fought Custer.* Lincoln, University of Nebraska Press, 1957, pp. 165, 168. De Barthe, Joe. *Life and Adventures of Frank Grouard.* Norman, University of Oklahoma Press, 1958, p. 98.

14.　Garland, Hamlin. "General Custer's Last Fight as Seen by Two Moon." *McClure's Magazine*, Vol. 11, 1898, p. 444.

15.　*Ibid.*, p. 445.

16.　Marquis, p. 185.

17.　Vestal, Stanley. *Sitting Bull, Champion of the Sioux*. Norman, University of Oklahoma Press, 1957, pp. 150–51.

18.　Neihardt, p. 106.

19.　Marquis, p. 205.

20.　U.S. Bureau of American Ethnology. Annual Report, 19th, 1888–89, p. 564.

21.　McLaughlin, James. *My Friend the Indian*. Boston, Houghton Mifflin Co., 1910, pp. 168–69.

22.　Neihardt, pp. 108–09.

23.　*Leavenworth* (Kansas) *Weekly Times*, August 18, 1881.

24.　Garland, p. 446.

25.　Robinson, D. W. "Editorial Notes on Historical Sketch of North and South Dakota." *South Dakota Historical Collections*, Vol. I, 1902, p. 151.

26.　*St. Paul* (Minnesota) *Pioneer Press*, July 18, 1886.

27.　McLaughlin, pp. 172–73.

28.　New York *Herald*, September 24, 1876. Easterwood, T. J. *Memories of Seventy-Six*. Dundee, Oregon, 1880, p. 15.

29.　McLaughlin, p. 175.

30.　*Leavenworth* (Kansas) *Weekly Times*, August 18, 1881.

31.　U.S. Bureau of American Ethnology. Annual Report, 10th, 1888–89, p. 565.

32.　*Leavenworth* (Kansas) *Weekly Times*, August 18, 1881.

33.　New York *Herald*, November 16, 1877.

34.　Graham, W. A. *The Custer Myth*. Harrisburg, Pa., Stackpole Co., 1953, p. 110.

35.　U.S. Congress. 44th. 2nd session. Senate Executive Document 9, pp. 5, 31.

36.　New York *Herald*, September 23, 1876.

37.　U.S. Congress. 44th. 2nd session. Senate Executive Document 9, pp. 8, 38–40, 66.

38.　De Barthe, pp. 157–58.

39.　Mills, pp. 171–72.

40.　U.S. Secretary of the Interior. Report, 1877, p. 724.

41.　U.S. War Department. Military Division of the Missouri. Record of Engagements with Hostile Indians. 1882, p. 62.

第十三章　内兹珀斯人的大逃亡

1. Chief Joseph. "An Indian's Views of Indian Affairs." *North American Review*, Vol. 128, 1879, p. 417.
2. *Ibid.*, p. 418.
3. U.S. Commissioner of Indian Affairs. Annual Report, 1873, p. 527.
4. Chief Joseph, p. 419.
5. U.S. Secretary of War. Annual Report, 1877, p. 594. McWhorter, Lucullus V. *Yellow Wolf: His Own Story.* Caldwell, Idaho, 1940, p. 39.
6. Chief Joseph, pp. 420, 423.
7. *Ibid.*, p. 425.
8. *Ibid.*, p. 426.
9. McWhorter, p. 144.
10. Shields, G. D. *Battle of the Big Hole.* Chicago, 1889, pp. 51–52.
11. McWhorter, pp. 120, 132.
12. Chief Joseph, p. 427.
13. McWhorter, p. 204.
14. Chief Joseph, pp. 425, 428.
15. U.S. Secretary of War. Report, 1877, p. 630.
16. Chief Joseph, p. 432.
17. *Ibid.*

第十四章　夏延人出亡记

1. Marquis, Thomas B. *Wooden Leg, a Warrior Who Fought Custer.* Lincoln, University of Nebraska Press, 1957, p. 308.
2. *Ibid.*, p. 310.
3. *Ibid.*, p. 320.
4. U.S. Congress. 46th. 2nd session. Senate Report 708, pp. 153, 266, 269.
5. *Ibid.*, pp. 267–68, 271–72.
6. *Ibid.*, pp. 146–47, 217–19.
7. *Ibid.*, p. 278. Grinnell, George B. *The Fighting Cheyennes.* Norman, University of Oklahoma Press, 1956, p. 401.
8. Grinnell, p. 403.
9. Campbell, C. E. "Down Among the Red Men." Kansas State Historical Society, *Collections*, Vol. 17, pp. 677–78.
10. U.S. Congress. 46th. 2nd session. Senate Report 708, p. 241.
11. Bronson, Edgar B. *Reminiscences of a Ranchman.* New York, McClure Company, 1908, pp. 167–69.
12. U.S. Congress. 46th. 2nd session. Senate Report 708, pp. 244, 251.
13. "Liquidation of Dull Knife." *Nebraska History*, Vol. 22, 1941, pp. 109–10.
14. U.S. Congress. 46th. 2nd session. Senate Report 708, p. 242.
15. *Ibid.*, p. 249.
16. Marquis, p. 333.

第十五章　"站熊"成人

1. Howard, James H. *The Ponca Tribe.* (U.S. Bureau of American Ethnology, Bulletin 195.) Washington, D.C., 1965, p. 21.
2. U.S. Congress. 46th. 3rd session. Senate Executive Document 30, p. 7.
3. *Ibid.,* pp. 14–15.
4. *Ibid.,* p. 15.
5. *Ibid.,* p. 31.
6. U.S. Secretary of the Interior. Report, 1877, p. 493.
7. U.S. Congress. 46th. 3rd session. Senate Executive Document 30, pp. 15, 31.
8. U.S. Secretary of the Interior. Report, 1877, pp. 493–96.
9. U.S. Congress. 46th. 3rd session. Senate Executive Document 30, p. 16.
10. Tibbles, Thomas H. *Buckskin and Blanket Days.* New York, Doubleday, 1957, p. 197.
11. U.S. Secretary of War. Report, 1879, p. 78.
12. Tibbles, p. 198.
13. Sheldon, Addison E. *Nebraska, the Land and the People.* Chicago, Lewis, 1931, Vol. I, p. 117.
14. *U.S. v. Crook,* 5 Dillon, 453.
15. Foreman, Grant. *The Last Trek of the Indians.* Chicago, University of Chicago Press, 1946, p. 253.
16. U.S. Secretary of the Interior. Report, 1880, pp. 22–25.
17. U.S. Congress. 46th. 3rd session. Senate Executive Document 14, p. 4.
18. *Ibid.,* p. 5.
19. *Ibid.,* pp. 5–6.
20. *Ibid.,* p. 13.
21. Tibbles, p. 15.

第十六章　"尤特人必须离开！"

1. Sprague, Marshall. *Massacre; the Tragedy at White River.* Boston, Little, Brown, 1957, p. 92.
2. U.S. Secretary of the Interior. Report, 1873, pp. 465–79.
3. U.S. Secretary of the Interior. Report, 1879, p. 124.
4. U.S. Congress. 46th. 2nd session. House Executive Document 83, p. 66.
5. U.S. Secretary of the Interior. Report, 1879, pp. 124–25. Wellman, Paul. *Death on Horseback.* Philadelphia, Lippincott, 1947, p. 217.
6. Sprague, p. 157.
7. *Ibid.,* p. 163.
8. U.S. Secretary of the Interior. Report, 1879, p. 84.
9. U.S. Congress. 46th. 2nd session. House Executive Document 84, p. 68.
10. *Ibid.,* pp. 53–54.
11. Sprague, p. 176.
12. U.S. Congress. 46th. 2nd session. House Executive Document 84, pp. 7–8.

13. U.S. Congress. 46th. 2nd session. House Miscellaneous Document 38, p. 199.
14. U.S. Secretary of the Interior. Report, 1879, pp. 91–92.
15. U.S. Secretary of War. Report, 1879, p. 9.
16. U.S. Congress. 46th. 2nd session. House Miscellaneous Document 38, p. 193.
17. U.S. Congress. 46th. 2nd session. House Executive Document 83, p. 72.
18. U.S. Secretary of the Interior. Report, 1879, pp. 92–93.
19. U.S. Congress. 46th. 2nd session. House Executive Document 83, p. 62.
20. *Ibid.*, p. 63.
21. U.S. Congress. 46th. 2nd session. House Miscellaneous Document 38, p. 14.
22. U.S. Secretary of the Interior. Report, 1879, p. 94.
23. Emmitt, Robert. *The Last War Trail; the Utes and the Settlement of Colorado.* Norman, University of Oklahoma Press, 1954, pp. 234–35.
24. U.S. Congress. 46th. 2nd session. House Executive Report 83, p. 3.

第十七章　最后的阿帕奇酋长

1. Davis, Britton. *The Truth About Geronimo.* Chicago, Lakeside Press, 1951, p. 48.
2. Clum, Woodworth. *Apache Agent; the Story of John P. Clum.* Boston, Houghton Mifflin, 1936, p. 198.
3. Barrett, S. M. *Geronimo's Story of His Life.* New York, Duffield & Company, 1907, pp. 131–32.
4. U.S. Secretary of War. Report, 1877, p. 134.
5. Thrapp, Dan L. *The Conquest of Apacheria.* Norman, University of Oklahoma Press, 1967, p. 179.
6. U.S. Secretary of War. Report, 1883, pp. 159–65.
7. *Ibid.*, p. 167.
8. Betzinez, Jason, with W. S. Nye. *I Fought with Geronimo.* Harrisburg, Pa., Stackpole Company, 1959, p. 116.
9. Thrapp, p. 290.
10. Bourke, John G. *An Apache Campaign in the Sierra Madre.* New York, Charles Scribner's Sons, 1958, p. 114.
11. Betzinez and Nye, p. 122.
12. U.S. Congress. 51st. 1st session. Senate Executive Document 88, p. 12.
13. *Ibid.*, p. 11. Betzinez and Nye, p. 129.
14. U.S. Congress. 51st. 1st session. Senate Executive Document 88, pp. 16–17.
15. Crook, George. *Résumé of Operations Against Apache Indians, 1882 to 1886.* Omaha, Nebraska, 1886, p. 12.
16. Betzinez and Nye, p. 135. Barrett, p. 139. U.S. Congress. 51st. 1st session. Senate Executive Document 83, p. 33.
17. Faulk, Odie B. *The Geronimo Campaign.* New York, Oxford University Press, 1969, pp. 125–26.

第十八章　鬼魂之舞

1. Vestal, Stanley. *Sitting Bull, Champion of the Sioux.* Norman, University of Oklahoma Press, 1957, p. 215.
2. U.S. Secretary of the Interior. Report, 1877, pp. 723–25.
3. *Ibid.*, pp. 726–27.
4. Canada. House of Commons Debates, Session 1878, pp. 353–54.
5. Neihardt, John G. *Black Elk Speaks.* Lincoln, University of Nebraska Press, 1961, p. 159.
6. DeBarthe, Joe. *Life and Adventures of Frank Grouard.* Norman, University of Oklahoma Press, 1958, p. 248.
7. U.S. Congress. 48th. 1st session. Senate Report 283, p. 137.
8. *Ibid.*, pp. 135–36, 149.
9. *Ibid.*, pp. 139, 143, 158.
10. *Ibid.*, pp. 71–72.
11. *Ibid.*, pp. 79–81.
12. Glaspell, Kate E. "Incidents in the Life of a Pioneer." *North Dakota Historical Quarterly*, Vol. 8, 1941, pp. 187–88.
13. Vestal, pp. 251, 255.
14. U.S. Congress. 51st. 1st session. Senate Executive Document 51, pp. 52, 58, 65.
15. *Ibid.*, pp. 21, 203.
16. McLaughlin, James. *My Friend the Indian.* Boston, Houghton Mifflin Co., 1910, p. 285.
17. U.S. Congress. 51st. 1st session. Senate Executive Document 51, p. 213.
18. U.S. Bureau of Ethnology. Report, 14th, 1892–93, Part 2, p. 795.
19. Olson, James C. *Red Cloud and the Sioux Problem.* Lincoln, University of Nebraska Press, 1965, p. 326.
20. U.S. Bureau of Ethnology. Report, 14th, 1892–93, Part 2, p. 789.
21. U.S. Commissioner of Indian Affairs. Report, 1891, p. 333.
22. Schmitt, Martin F., and Dee Brown. *Fighting Indians of the West.* New York, Scribner's, 1948, p. 335. Utley, Robert M. *The Last Days of the Sioux Nation.* New Haven, Yale University Press, 1963, p. 159.

第十九章　伤膝谷

1. Utley, Robert M. *The Last Days of the Sioux Nation.* New Haven, Yale University Press, 1963, p. 195.
2. McGregor, James H. *The Wounded Knee Massacre from the Viewpoint of the Survivors.* Baltimore, Maryland, Wirth Brothers, 1940, pp. 105, 118, 134.
3. Utley, p. 210.
4. McGregor, pp. 106, 109, 126.
5. U.S. Bureau of Ethnology. Report. 14th, 1892–93, Part 2, p. 885.
6. McGregor, pp. 111, 140.

参考文献

"The Affair at Slim Buttes." *South Dakota Historical Collections*, Vol. VI, 1912, pp. 493–590.

Allen, Charles W. "Red Cloud and the U.S. Flag." *Nebraska History*, Vol. 22, 1941, pp. 77–88.

Allison, E. H. "Surrender of Sitting Bull." *South Dakota Historical Collections*, Vol. VI, 1912, pp. 231–70.

Anderson, Harry H. "Cheyennes at the Little Big Horn—a Study of Statistics." *North Dakota History*, Vol. 27, 1960, pp. 81–93.

Andrist, Ralph K. *The Long Death; the Last Days of the Plains Indian.* New York, Macmillan, 1964.

Army and Navy Journal, Vol. 10, 1872–73.

Bailey, Lynn R. *Long Walk.* Los Angeles, Westernlore, 1964.

Barrett, S. M. *Geronimo's Story of His Life.* New York, Duffield & Co., 1907.

Battey, Thomas C. *Life and Adventures of a Quaker Among the Indians.* Boston, Lee and Shepard, 1891.

Beal, Merrill D. *"I Will Fight No More Forever"; Chief Joseph and the Nez Percé War.* Seattle, University of Washington Press, 1963.

Bent, George. "Forty Years with the Cheyennes." *The Frontier*, Vol. IV, 1905–06.

Berthrong, Donald J. *The Southern Cheyennes.* Norman, University of Oklahoma Press, 1963.

Betzinez, Jason, and W. S. Nye. *I Fought with Geronimo.* Harrisburg, Pa., Stackpole, 1960.

"Big Eagle's Story of the Sioux Outbreak of 1862." Minnesota Historical Society, *Collections*, Vol. VI, 1894, pp. 382–400.

Blankenburg, William B. "The Role of the Press in an Indian Massacre, 1871." *Journalism Quarterly*, Vol. 45, 1968, pp. 61–70.

Bourke, John G. *An Apache Campaign in the Sierra Madre.* New York, Scribner's, 1958.

———. *Mackenzie's Last Fight with the Cheyennes.* New York, Argonaut Press, 1966.

———. *On the Border with Crook.* New York, Scribner's, 1891.

Brandes, Ray. *Frontier Military Posts of Arizona.* Globe, Arizona, 1960.

Brill, Charles J. *Conquest of the Southern Plains.* Oklahoma City, 1938.

Britt, Albert. *Great Indian Chiefs.* New York, Whittlesey House, 1938.

Bronson, Edgar Beecher. *Reminiscences of a Ranchman.* New York, McClure Company, 1908.

Brown, Dee. *Fort Phil Kearney; an American Saga.* New York, Putnam's, 1962.

———. *The Galvanized Yankees.* Urbana, University of Illinois Press, 1963.

Brown, Mark H. *The Plainsmen of the Yellowstone.* New York, Putnam's, 1961.

Bryant, Charles S., and A. B. Murch. *A History of the Great Massacre by the Sioux Indians in Minnesota.* Cincinnati, 1864.

Campbell, C. E. "Down Among the Red Men." Kansas State Historical Society, *Collections*, Vol. XVII, 1928, pp. 623–91.

Carley, Kenneth, ed. "As Red Men Viewed It; Three Indian Accounts of the Uprising." *Minnesota History*, Vol. 38, 1962, pp. 126–49.

———. *The Sioux Uprising of 1862.* St. Paul, Minnesota Historical Society, 1961.

Carrington, Frances C. *My Army Life and the Fort Phil Kearny Massacre.* Philadelphia, Lippincott, 1911.

Carrington, H. B. *The Indian Question.* Boston, 1909.

Carrington, Margaret I. *Ab-sa-ra-ka, Land of Massacre.* Philadelphia, Lippincott, 1878.

Carter, R. G. *On the Border with Mackenzie.* New York, Antiquarian Press, 1961.

Chicago Tribune, 1867 and 1872.

Chief Joseph. "An Indian's Views of Indian Affairs." *North American Review*, Vol. 128, 1879, pp. 412–33.

Clum, John P. "Eskiminzin." *New Mexico Historical Review*, Vol. 4, 1929, pp. 1–27.

Clum, Woodworth. *Apache Agent, the Story of John P. Clum.* Boston, Houghton Mifflin, 1936.

Collins, John C. *Across the Plains in '64.* Omaha, Nebraska, 1904.

Conner, Daniel Ellis. *Joseph Reddeford Walker and the Arizona Adventure.* Norman, University of Oklahoma Press, 1956.

Cook, James H. *Fifty Years on the Old Frontier.* New Haven, Yale University Press, 1923.

Cook, John R. *The Border and the Buffalo.* New York, Citadel Press, 1967.

Cremony, John C. *Life Among the Apaches.* San Francisco, 1868.

Crook, George. *Autobiography*, edited by Martin F. Schmitt. Norman, University of Oklahoma Press, 1946.

———. *Résumé of Operations Against Apache Indians, 1882 to 1886.* Omaha, Nebraska, 1886.

Davis, Britton. *The Truth About Geronimo.* Chicago, Lakeside Press, 1951.

DeBarthe, Joe. *Life and Adventures of Frank Grouard.* Norman, University of Oklahoma Press, 1958.

Densmore, Frances. *Teton Sioux Music* (Bureau of American Ethnology Bulletin 61). Washington, D.C., 1918.

Easterwood, Thomas J. *Memories of Seventy-Six.* Dundee, Oregon, 1880.

Ellis, A. N. "Recollections of an Interview with Cochise, Chief of the Apaches." Kansas State Historical Society, *Collections*, Vol. 13, 1915, pp. 387–92.

Emmitt, Robert. *The Last War Trail; the Utes and the Settlement of Colorado.* Norman, University of Oklahoma Press, 1954.

Ewers, John C. *Indian Life on the Upper Missouri.* Norman, University of Oklahoma Press, 1968.

Falk, Odie B. *The Geronimo Campaign.* New York, Oxford University Press, 1969.

Fechet, E. G. "The True Story of the Death of Sitting Bull." Nebraska State Historical Society, *Proceedings and Collections*, Second Series, Vol. II, 1898, pp. 179–90.

Finerty, John F. *Warpath and Bivouac.* Chicago, Lakeside Press, 1955.

Folwell, William W. *A History of Minnesota*, Vol. II. St. Paul, Minnesota Historical Society, 1924.

Foreman, Grant. *The Last Trek of the Indians.* Chicago, University of Chicago Press, 1946.

Fritz, Henry E. *The Movement for Indian Assimilation, 1860–1890.* Philadelphia, University of Pennsylvania Press, 1963.

Garland, Hamlin. "General Custer's Last Fight as Seen by Two Moon." *McClure's Magazine*, Vol. 11, 1898, pp. 443–48.

Garretson, Martin S. *The American Bison.* New York Zoological Society, 1938.

Gilbert, Hila. *"Big Bat" Pourier.* Sheridan, Wyoming, Mills Company, 1968.

Gilles, Albert S., Sr. "Wer-que-yah, Jesus-Man Comanche." *Southwest Review*, Vol. 53, 1968, pp. 277–91.

Glaspell, Kate E. "Incidents in the Life of a Pioneer." *North Dakota Historical Quarterly*, Vol. 8, 1941, pp. 184–90.

Graham, W. A. *The Custer Myth.* Harrisburg, Pa., Stackpole, 1953.

Grange, Roger T., Jr. "Treating the Wounded at Fort Robinson." *Nebraska History*, Vol. 45, 1964, pp. 273–94.

Grinnell, George B. *The Fighting Cheyennes.* Norman, University of Oklahoma Press, 1956.

———. *Two Great Scouts and Their Pawnee Battalion.* Cleveland, A. H. Clark, 1928.

Hafen, Le Roy R. and Ann W. *Powder River Campaigns and Sawyers' Expedition of 1865.* Glendale, Calif., A. H. Clark, 1961.

Hancock, Winfield Scott. *Reports of . . . upon Indian Affairs, with Accompanying Exhibits*, 1867.

Heard, Isaac V. D. *History of the Sioux War.* New York, Harper, 1864.

Hoig, Stan. *The Sand Creek Massacre.* Norman, University of Oklahoma Press, 1961.

Holman, Albert M. *Pioneering in the Northwest.* Sioux City, Iowa, 1924.

Hornaday, William T. "The Extermination of the American Bison." U.S. National Museum, *Annual Report,* 1887, pp. 496–501.

Howard, Helen A., and D. L. McGrath. *War Chief Joseph.* Caldwell, Idaho, Caxton Printers, 1941.

Howard, James H. *The Ponca Tribe* (Bureau of American Ethnology Bulletin 195). Washington, D.C., 1965.

Howard, O. O. *My Life and Experiences Among Our Hostile Indians.* Hartford, Connecticut, 1907.

Hyde, George E. *Life of George Bent;* written from his letters. Edited by Savoie Lottinville. Norman, University of Oklahoma Press, 1967.

———. *Red Cloud's Folk; a History of the Oglala Sioux Indians.* Norman, University of Oklahoma Press, 1937.

———. *A Sioux Chronicle.* Norman, University of Oklahoma Press, 1956.

———. *Spotted Tail's Folk; a History of the Brulé Sioux.* Norman, University of Oklahoma Press, 1961.

Jackson, Donald. *Custer's Gold, the United States Cavalry Expedition of 1874.* New Haven, Yale University Press, 1966.

John Stands in Timber and Margot Liberty. *Cheyenne Memories.* New Haven, Yale University Press, 1967.

Jones, Douglas C. *The Treaty of Medicine Lodge.* Norman, University of Oklahoma Press, 1966.

Josephy, Alvin M., Jr. *The Nez Percé Indians and the Opening of the Northwest.* New Haven, Yale University Press, 1965.

———. *The Patriot Chiefs.* New York, Viking, 1961.

Kappler, Charles J. *Indian Affairs, Laws and Treaties.* 4 Vols. Washington, D.C., 1904–1927.

Lavender, David. *Bent's Fort.* New York, Doubleday, 1954.

Leckie, William H. *The Military Conquest of the Southern Plains.* Norman, University of Oklahoma Press, 1963.

"The Liquidation of Dull Knife." *Nebraska History,* Vol. 22, 1941, pp. 109–10.

Lockwood, Frank C. *Pioneer Days in Arizona.* New York, Macmillan, 1932.

McCreight, M. L. *Firewater and Forked Tongues; a Sioux Chief Interprets U.S. History.* Pasadena, Calif., Trail's End Pub. Co., 1947.

McGillycuddy, Julia B. *McGillycuddy Agent.* Palo Alto, Stanford University Press, 1941.

McGregor, James H. *The Wounded Knee Massacre from the Viewpoint of the Survivors.* Baltimore, Wirth Bros., 1940.

McLaughlin, James. *My Friend the Indian.* Boston, Houghton Mifflin, 1910.

McWhorter, Lucullus V. *Yellow Wolf: His Own Story.* Caldwell, Idaho, 1940.

Marquis, Thomas B. *Wooden Leg, a Warrior Who Fought Custer.* Lincoln, University of Nebraska Press, 1957.

Marriott, Alice. *The Ten Grandmothers*. Norman, University of Oklahoma Press, 1945.

Mayhall, Mildred P. *The Kiowas*. Norman, University of Oklahoma Press, 1962.

Meacham, A. B. *Wigwam and Warpath*. Boston, 1875.

Meyer, Roy W. *History of the Santee Sioux*. Lincoln, University of Nebraska Press, 1967.

Murray, Keith A. *The Modocs and Their War*. Norman, University of Oklahoma Press, 1959.

Neihardt, John G. *Black Elk Speaks*. Lincoln, University of Nebraska Press, 1961.

New York *Herald*, 1872.

Nye, W. S. *Bad Medicine and Good; Tales of the Kiowas*. Norman, University of Oklahoma Press, 1962.

———. *Carbine and Lance; the Story of Old Fort Sill*. Norman, University of Oklahoma Press, 1937.

———. *Plains Indian Raiders*. Norman, University of Oklahoma Press, 1968.

Oehler, C. M. *The Great Sioux Uprising*. New York, Oxford University Press, 1959.

Olson, James C. *Red Cloud and the Sioux Problem*. Lincoln, University of Nebraska Press, 1965.

Omaha Weekly Herald, 1868.

Palmer, H. E. "History of the Powder River Indian Expedition of 1865." Nebraska State Historical Society, *Transactions and Reports*, Vol. II, 1887, pp. 197–229.

Parker, Arthur C. *The Life of General Ely S. Parker*. Buffalo, N.Y., Buffalo Historical Society, 1919.

A Pictographic History of the Oglala Sioux, drawings by Amos Bad Heart Bull, text by Helen H. Blish. Lincoln, University of Nebraska Press, 1967.

Praus, Alexis A. *A New Pictographic Autobiography of Sitting Bull* (Smithsonian Miscellaneous Collections, Vol. 123, No. 6). Washington, D.C., 1955.

Riddle, Jeff C. *The Indian History of the Modoc War*. 1914.

Riggs, S. R. "Narrative of Paul Mazakootemane." Minnesota Historical Society, *Collections*, Vol. 3, 1880, pp. 82–90.

Robinson, D. W. "Editorial Notes on Historical Sketch of North and South Dakota." *South Dakota Historical Collections*, Vol. I, 1902, pp. 85–162.

Robinson, Doane. "Crazy Horse's Story of Custer Battle." *South Dakota Historical Collections*, Vol. VI, 1912, pp. 224–28.

———. *A History of the Dakota or Sioux Indians*. Minneapolis, Ross & Haines, 1967.

Sacks, Benjamin H. "New Evidence on the Bascom Affair." *Arizona and the West*, Vol. 4, 1962, pp. 261–78.

Salzman, M., Jr. "Geronimo the Napoleon of Indians." *Journal of Arizona History*, Vol. 8, 1967, pp. 215–47.

Sandoz, Mari. *Cheyenne Autumn*. New York, Hastings House, 1953.

———. *Crazy Horse, the Strange Man of the Oglalas*. New York, Knopf, 1945.

———. *Hostiles and Friendlies*. Lincoln, University of Nebraska Press, 1959.

Schellie, Don. *Vast Domain of Blood; the Camp Grant Massacre*. Los Angeles, Westernlore, 1968.

Schmeckebier, Lawrence F. *The Office of Indian Affairs; Its History, Activities, and Organization*. Baltimore, Johns Hopkins Press, 1927.

Schmitt, Martin F., and Dee Brown. *Fighting Indians of the West*. New York, Scribner's, 1948.

Scott, Hugh L. *Some Memories of a Soldier*. New York, Century Co., 1928.

Seymour, Flora W. *Indian Agents of the Old Frontier*. New York, Appleton-Century, 1941.

Sheldon, Addison E. *Nebraska, the Land and the People*. Vol. I. Chicago, Lewis Publishing Co., 1931.

Shields, G. O. *Battle of the Big Hole*. Chicago, 1889.

Sonnichsen, C. L. *The Mescalero Apaches*. Norman, University of Oklahoma Press, 1958.

Sprague, Marshall. *Massacre; the Tragedy at White River*. Boston, Little, Brown, 1957.

Stanley, F. *Satanta and the Kiowas*. Borger, Texas, 1968.

Stanley, Henry M. *My Early Travels and Adventures*. Vol. I. New York, Scribner's, 1895.

Stewart, Edgar I. *Custer's Luck*. Norman, University of Oklahoma Press, 1955.

Stirling, M. W. *Three Pictographic Autobiographies of Sitting Bull* (Smithsonian Miscellaneous Collections, Vol. 97, No. 5). Washington, D.C., 1938.

Swanton, John R. *The Indian Tribes of North America*. Washington, D.C., 1952.

"Ta-oya-te-duta Is Not a Coward." *Minnesota History*, Vol. 38, 1962, p. 115.

Tatum, Lawrie. *Our Red Brothers and the Peace Policy of President Ulysses Grant*. Philadelphia, Winston, 1899.

Taylor, Alfred A. "Medicine Lodge Peace Council." *Chronicles of Oklahoma*, Vol. 2, 1924, pp. 98–118.

Thrapp, Dan L. *The Conquest of Apacheria*. Norman, University of Oklahoma Press, 1967.

Tibbles, Thomas Henry. *Buckskin and Blanket Days*. New York, Doubleday, 1957.

Towl, Edwin S. "Judge Elmer S. Dundy." Nebraska State Historical Society, *Proceedings and Collections*, Second Series, Vol. V, 1902, pp. 83–95.

Trenerry, Walter N. "The Shooting of Little Crow: Heroism or Murder?" *Minnesota History*, Vol. 38, 1962, pp. 150–53.

Turner, Katherine C. *Red Men Calling on the Great White Father*. Norman, University of Oklahoma Press, 1951.

Tyler, Barbara Ann. "Cochise: Apache War Leader, 1858–1861." *Journal of Arizona History*, Vol. 6, 1965, pp. 1–10.

Urquhart, Lena M. *Colorow, the Angry Chieftain*. Denver, Golden Bell Press, 1968.

U.S. Board of Indian Commissioners. *Reports*, 1869–1891.

U.S. Bureau of American Ethnology. *Annual Reports*, 10th, 14th, 17th, and 46th.

U.S. Census Office. *Report on Indians Taxed and Indians Not Taxed in the United States*. Washington, D.C., 1894.

U.S. Commission to Investigate the Affair of the Red Cloud Indian Agency. *Report*, July, 1875. Washington, D.C., 1875.

U.S. Commissioner of Indian Affairs. *Annual Reports*, 1860–1891.

U.S. Congress. 38th. 2nd session. Senate Report 142.

U.S. Congress. 39th. 2nd session. House Miscellaneous Document 37.

U.S. Congress. 39th. 2nd session. Senate Executive Document 26.

U.S. Congress. 39th. 2nd session. Senate Report 156.

U.S. Congress. 40th. 1st session. Senate Executive Document 13.

U.S. Congress. 40th. 2nd session. House Executive Document 97.

U.S. Congress. 41st. 3rd session. House Report 39.

U.S. Congress. 41st. 3rd session. Senate Executive Document 39.

U.S. Congress. 43rd. 1st session. House Executive Document 122.

U.S. Congress. 44th. 1st session. House Executive Document 184.

U.S. Congress. 44th. 2nd session. Senate Executive Document 9.

U.S. Congress. 46th. 2nd session. House Executive Document 83.

U.S. Congress. 46th. 2nd session. House Miscellaneous Document 38.

U.S. Congress. 46th. 2nd session. Senate Report 708.

U.S. Congress. 46th. 3rd session. Senate Executive Document 14.

U.S. Congress. 46th. 3rd session. Senate Executive Document 30.

U.S. Congress. 48th. 1st session. Senate Report 283.

U.S. Congress. 49th. 1st session. House Executive Document 356.

U.S. Congress. 49th. 2nd session. Senate Executive Document 117.

U.S. Congress. 50th. 1st session. Senate Executive Document 33.

U.S. Congress. 50th. 2nd session. Senate Executive Document 17.

U.S. Congress. 51st. 1st session. Senate Executive Document 51.

U.S. Interior Department. *Annual Reports*, 1860–1891.

U.S. National Park Service. *Soldier and Brave*. New York, Harper & Row, 1963.

U.S. War Department. *Annual Reports*, 1860–1891.

U.S. War Department. Military Division of the Missouri. *Record of Engagements with Hostile Indians . . . 1868–1882*. Washington, D.C., 1882.

Utley, Robert M. "The Bascom Affair; a Reconstruction." *Arizona and the West*, Vol. 3, 1961, pp. 59–68.

———. *Custer and the Great Controversy*. Los Angeles, Westernlore, 1962.

———. *Frontiersmen in Blue; the U.S. Army and the Indian, 1848–1865*. New York, Macmillan, 1967.

———. *The Last Days of the Sioux Nation*. New Haven, Yale University Press, 1963.

Vaughn, J. W. *The Battle of Platte Bridge*. Norman, University of Oklahoma Press, 1964.

———. *Indian Fights; New Facts on Seven Encounters*. Norman, University of Oklahoma Press, 1966.

———. *The Reynolds Campaign on Powder River*. Norman, University of Oklahoma Press, 1961.

———. *With Crook at the Rosebud*. Harrisburg, Pa., Stackpole, 1956.

Vestal, Stanley. *Sitting Bull, Champion of the Sioux*. Norman, University of Oklahoma Press, 1957.

———. *Warpath and Council Fire*. New York, Random House, 1948.

Wallace, Ernest, and E. Adamson Hoebel. *The Comanches, Lords of the South Plains*. Norman, University of Oklahoma Press, 1952.

Ware, Eugene F. *The Indian War of 1864*. New York, St. Martin's Press, 1960.

Welsh, William. *Report and Supplementary Report of a Visit to Spotted Tail's Tribe of Brulé Sioux Indians*. Philadelphia, 1870.

West, G. Derek. "The Battle of Adobe Walls (1874)." *Panhandle-Plains Historical Review*, Vol. 36, 1963, pp. 1–36.

The Westerners. Potomac Corral, Washington, D.C. *Great Western Indian Fights*. New York, Doubleday, 1960.

White Bull, Joseph. *The Warrior Who Killed Custer*... Translated and edited by James H. Howard. Lincoln, University of Nebraska Press, 1968.

Winks, Robin W. "The British North American West and the Civil War." *North Dakota History*, Vol. 24, 1957, pp. 139–52.

Wright, Peter M. "The Pursuit of Dull Knife from Fort Reno in 1878–1879." *Chronicles of Oklahoma*, Vol. 46, 1968, pp. 141–54.

索 引

（索引页码为原书页码，即本书边码）

Birch Coulee fight, 52–53
Black Bear, 104, 110–14, 132
Black Coyote, 442, 444
Black Eagle, 324
Black Elk, 290, 292, 296, 446
Black Hawk, 5
Black Hills, 105, 113–18, 122,
    273–85, 289, 297–305, 333–34,
    416
Black Horse, 131
Black Jim, 234, 236, 240
Black Kettle, 10, 67–78; speech
    in Denver, 79–80; portrait,
    81; 84–87; at Sand Creek,
    88–101; 148–50, 158–67; killed,
    168–72
Black Moon, 115
Blackfeet, 177–78, 180
Board of Indian Commissioners,
    180, 189
Bogus Charley, 236
Bonito, 406–07
Bosque Redondo reservation,
    21–22, 25–33, 197–200
Boston Charley, 221, 225,
    235–40
Boutelle, Frazier, 224
Bozeman Trail, 97, 105, 123–35,
    140–45, 286
Brady, Mathew, 183
Brave Bear, 296
Bridger, James, 112, 130–33
Briesly, C. B., 204–05
Brughiere, Johnny, 304
Brunot, Felix R., 370–71
Buffalo, slaughter of, 268, 336
    264–65
Buffalo-Calf-Road-Woman, 299
Buffalo Chief, 161
Bull Bear (Cheyenne), 77–78; por-
    trait, 81; 82, 105, 148–50, 153–56,
    161–63
Bull Bear (Comanche), 260
Bull Head, 437

Bureau of Indian Affairs, 180, 206,
    222, 256, 268, 284, 332, 338, 355,
    362, 368, 370, 376, 389, 394, 404,
    420, 435–36

C

Cadette, 21
California Indians, 220
Camp Grant, 200–02; massacre at,
    204–06; 215–16
Camp McDowell, 207–08, 213
Camp Robinson. See Fort
    Robinson
Camp Supply, 169, 172
Camp Verde, 214–15
Camp Weld, 79
Canalla, 373, 379–80
Canby, Edward R. S., 15–16, 24, 29,
    228–37; killed, 238–39
Canyon de Chelly, 23–27, 30
Captain Jack. See Kintpuash
Carey, Asa, 29
Carleton, James, 20–26, 29–33, 192,
    196–99
Carr, Eugene A., 172–73
Carrington, Henry B., 128–34,
    137–38
Carson, Christopher (Kit), 20–27,
    100, 367–68
Catch-the-Bear, 437
Chato (Chiricahua Apache), 402,
    406–09, 412
Chato (Mescalero Apache), 21
Cherokees, 7
Cherry, Samuel, 386
Cheyenne River Agency, 300, 417,
    430–31, 434
Cheyennes, 10, 105–18, 217, 327,
    332, 389; (Northern), 70, 96–97,
    126–40, 145, 149, 172, 176, 188,
    276–306, 331–49, 358–59;
    (Southern), 67–102, 148–76, 243,

图书在版编目（CIP）数据

魂归伤膝谷：美国西部印第安人史／（美）迪伊·
布朗（Dee Brown）著；邓海平译. —— 北京：社会科学
文献出版社，2023.1

书名原文：Bury My Heart at Wounded Knee：An
Indian History of the American West

ISBN 978 - 7 - 5201 - 9771 - 7

Ⅰ.①魂… Ⅱ.①迪… ②邓… Ⅲ.①美国印第安人
- 民族历史 Ⅳ.①K712.8

中国版本图书馆 CIP 数据核字（2022）第 033236 号

魂归伤膝谷：美国西部印第安人史

著　　者／〔美〕迪伊·布朗（Dee Brown）
译　　者／邓海平

出 版 人／王利民
责任编辑／刘　娟
责任印制／王京美

出　　版／社会科学文献出版社·甲骨文工作室（分社）（010）59366527
　　　　　　地址：北京市北三环中路甲29号院华龙大厦　邮编：100029
　　　　　　网址：www.ssap.com.cn
发　　行／社会科学文献出版社（010）59367083
印　　装／南京爱德印刷有限公司

规　　格／开本：889mm×1194mm　1/32
　　　　　　印　张：17.5　字　数：406千字
版　　次／2023年1月第1版　2023年1月第1次印刷
书　　号／ISBN 978 - 7 - 5201 - 9771 - 7
著作权合同
登 记 号／图字01 - 2017 - 0189号
定　　价／98.00元

读者服务电话：4008918866